让法律被信仰

法之治

财税法学

张怡 主编
陈治 副主编

法律出版社
LAW PRESS·CHINA

前　言

随着财税法治改革广度与深度的不断推进,财税法日益摆脱原有的宏观调控之法的狭隘定位,而呈现出跨部门的、立足领域法基础上的广阔发展前景。“财政是国家治理的基础和重要支柱”,这就要求从国家治理的高度,通过对制度资源的整合、调配乃至重构实现财税法治新的功能定位。可以说,财税法治的完善程度不仅关乎自身逻辑体系的自主性、实效性,而且是影响国家治理现代化的关键因素,是牵动整个国家治道变革的“牛鼻子”。近年来,中央出台的多项重大决策都极为重视财税法治的作用。党的十九大报告中指出:“加快建立现代财政制度,建立权责清晰、财力协调、区域均衡的中央和地方财政关系。建立全面规范透明、标准科学、约束有力的预算制度,全面实施绩效管理。深化税收制度改革,健全地方税体系。”这是我国在全面建成小康社会决胜阶段、中国特色社会主义进入新时代的关键时期,党中央对我国财税法治建设提出的总要求。如何适应新时代财税法治研究的新趋势,破解长期困扰财税法治改革深入推进的体制、机制障碍,亟待学界作出回应。在财税法治研究不断勃兴的背景下,国家教育部日前公布的法学教育课程设置规划将财税法列为核心课程,这既显示出国家对财税法学教育的高度重视,同时也是对如何完善财税法学教学教材体系提出了新要求。本书便是基于这一背景形成,通过对财政法、预算法、非税收入法、税收实体法、税收程序法等内容的全方位梳理,希望在兼顾学理剖析之深度与实践展示之广度,兼容前瞻性与可行性基础上,为财税法治完善与财税法学教学水平的提升贡献自己的力量。

本书主要面向研究生层次的读者群体,定位于在研究生掌握基本的财税法知识基础上,为其提供一个深入研读财税法的参考文本。本书由西南政法大学经济法学院张怡教授担任主编,其承担教材整体框架设计、第五章流转税法撰写以及全书审定工作。西南政法大学经济法学院陈治教授担任副主编,其协助主编进行全书统稿、修订及第二章预算法的撰写工作。

具体分工及章节内容为:

第一章:财政与财政法基础,主要介绍财政法的理论基础、基本原则及制度体系等内容,由兰州大学法学院副教授陈国文博士撰写;

第二章:预算法,主要介绍预算与预算法的基本理论、预算管理职权、预算收支范围、预算运行程序等内容,由西南政法大学经济法学院教授陈治博士撰写;

第三章:非税收入法,主要介绍非税收入特点、非税收入法律体系等内容,由广东五邑大学经济管理学院副教授唐峻博士撰写;

第四章:税法概述,主要介绍税收与税法基本理论、税法要素、税法基本原则、纳税人权利保护等内容,由中国石油大学(华东)法学系教授秦勇博士撰写;

第五章:流转税法律制度,主要介绍“营改增”背景下流转税制度变迁、增值税法律制度、消费税法律制度等内容,由西南政法大学经济法学院教授张怡博士与李悦博士研究生撰写;

第六章:所得税法,主要介绍企业所得税与个人所得税制度,由西南政法大学经济法学院副教授李玉虎博士撰写;

第七章:财产和资源税法,主要介绍环境与资源税法律制度、土地税法律制度、房产税法律制度等内容,由上海海事大学法学院副教授王慧博士撰写;

第八章:税收程序法,主要介绍税收征收管理法律制度、税收处罚法律制度、税收行政复议与行政诉讼法律制度、税收代理与税务筹划法律制度等内容,由四川师范大学法学院副教授刘洲博士撰写。

感谢法律出版社法治与经济分社沈小英社长和陈妮编辑一如既往地对西南政法大学财税法学科建设、财税法学教学团队的大力支持。敬请学界同人批评指正。

编者

2019 年 1 月

目　　录

第一章　财政与财政法基础

第一节　财政与财政法概述

一、财政和财政学

（一）财政的语源及含义

“财政”一词是我国近代以来应对现代化挑战的历程中中西文明交汇的产物。在我国固有文化中，对财政一词所指称的对象通常以“国用”“度支”等词称之，如《礼记·王制》中所言，“冢宰制国用，必于岁之杪，五谷皆入，然后制国用”；王安石在变法时提出“善理财者，民不加赋而国用饶”，晚晴国家治理转型中，将“户部”改为“度支部”时，仍用传统的“度支”一词。近代以来，随着与西方文明的接触，“财政”一词逐渐引入汉语词汇。据称，是日本人福泽谕吉于 1869 年撰写《财政论》时第一次使用汉字“财政”一词，不过他当时用“财政”一词所指称的并不是现代通常意义上的财政现象，而指的是总体上的经济现象。到了 19 世纪 80 年代，“财政”一词的含义才固定下来，用以指称现代财政现象。① 甲午战争之后，梁启超提到“财政者，天下之事也”，1902 年金邦本从日文译出《欧美财政史》一书，这是我国出现的第一本以“财政”一词命名的书。② 1903 年清政府设立“财政处”，1906 年将财政处并入从户部改造而来的度支部，③反映了带有新意的新词嵌入旧有话语体系并逐步融合，进而将旧词和旧制度加以熔铸的文明成长过程。1912 年北洋政府设置财政部和财政总长，完全废弃了“度支”“尚书”等传统概念，至此，“财政”一词成为指称现代意义上的财政现象的专门术语。

财政通常是指国家为了满足社会的公共需要而组织收入、安排支出的各种活动和制度。人类结成各类群体共同生活，必然产生共同的需要，共同需要的不可分割性或者“被动消费”的性质，使共同需要的满足方式完全不同于私人需要的满足方式。国家作为社会的人格化代表，在共同体生活的地域中垄断了合法的强制力，因而能够克服共同需要满足中面临的种种困难：一是通过强制手段获得收入以克服公共产品一旦提供任

---

① 参见［日］神野直彦：《财政学——财政现象的实体化分析》，彭曦等译，南京大学出版社 2012 年版，第 4 页。

② 参见胡寄窗、谈敏：《中国财政思想史》，中国财政经济出版社 2016 年版，第 677 页。

③ 参见刘守刚：《中国财政史十六讲——基于财政政治学的历史重撰》，复旦大学出版社 2017 年版，第 259 页。

何人均可免费享用而出现的“搭便车”问题；二是通过安排支出提供公共产品以克服私人主体因面临收费困难而不愿提供的问题。由此可见，财政是以国家或政府为主体的经济活动，因此，学者们通常也把财政称为“财政经济”、“国家经济”或“公共经济”。

（二）财政学

本教材论述的对象是财政法，即调整财政关系的法律规范。为了对财政主体的行为进行有效的法律调整，必须对财政运行的规律有所把握，而研究财政运行规律的学问就是财政学。可以说，财政学是财政法最重要的知识基础之一。

在我国近代转型之前的国家治理和理财实践中积累了丰富的财政文献，也产生出杰出的财政智慧，但由于种种原因，直到近代我国仍然没有出现科学意义上或者熊彼特所说的“分析”意义上的财政学。中世纪晚期，随着欧洲民族国家的崛起，国与国之间的激烈竞争迫使各国必须采取有效的财政措施，以最大限度地筹集公共收入。活跃的实践极大地激发了包括官员、行政顾问、商人、学者在内的社会各阶层的探索热情，产生了无数探讨税收的性质、税收的经济效果、公共支出的作用、课征直接税和间接税的利弊等问题的书籍和小册子，以致出现了“财政法学”这一学问领域。[①] 这一波财政学探索的洪流最终汇聚到亚当·斯密手中，《国富论》第五篇成为迄当时为止最全面、最系统、分析水平最高的财政学专题研究。亚当·斯密从国防、公共秩序、君主养尊费、公共工程等方面界定了国家支出的规模，进而探讨了为满足国家支出需要而筹措经费的税收和非税收各种方式，并提出至今仍为理财家所遵循的税收四原则。后世学者把斯密对财政功能的界定概括为“资源配置职能”。

财政学的另一个来源是德国的官房学或宫廷理财学。在普鲁士等级国家时期，[②] 政府或者国王的财政收入主要来自国王的领地，因此增加财政收入的主要途径就是提高领地的产出效率。在探索如何通过对国王领地的优化管理以增加财政收入的过程中产生了“官房学”，到了19世纪后半期，随着德国的统一、君主立宪制的确立及资本主义的充分发展，在借鉴和吸收古典经济学的基础上，德国学者把传统的官房学改造成近代意义的财政学，正如德国财政学家科尔姆所称：财政学是宫廷理财学和古典经济学奇妙婚姻的产物。[③] 德国学者通常对政府的公共活动持有更加积极的评价，许多在斯密及强调市场作用的人看来是非生产性的政府行为，德国学者则认为是生产性的活动，因此德国学者主张通过政府的财政收支实现社会政策目标，其代表人物为当时财政学集大成者瓦格纳，这一学派也被称为“社会政策学派”。后世学者将财政的这一职能概括为“社会分配”职能。

---

① 参见［美］约瑟夫·熊彼特：《经济分析史》（第1卷），朱泱等译，商务印书馆1996年版，第306页。

② “等级国家”是德国法学家拉德布鲁赫在《法学导论》中使用的概念。他认为在欧洲大陆国家的演进是按照等级国家、专制国家、立宪国家的进程。等级国家类似于封建国家时期。

③ 参见［日］神野直彦：《财政学——财政现象的实体化分析》，彭曦等译，南京大学出版社2012年版，第29页。

第一次世界大战之后,世界经济动荡不安,宣告了自由放任体系的终结。面对生产过剩的资本主义经济危机,凯恩斯根据有效需求理论,提出通过税收、国债等财政政策增加公共支出以实现总需求与总供给的平衡。后世学者将凯恩斯的这一主张概括为财政的"经济稳定"职能。1959 年马斯格雷夫出版《财政学的理论与实践》一书,将古典经济学的"资源配置"职能、德国正统学派的"社会分配"职能与凯恩斯的"经济稳定"职能融会贯通,创立"新古典综合派财政学",可以说是对几百年来财政学发展的系统总结。

另外,公共选择学派的财政学和财政社会学也对财政现象在更广阔的范围内提出了丰富的洞见,财政法的研习者对此也应有所关注。

拓展思考 财政学问与国家治理

荀子在《解蔽》篇中有如下一段话:"农精于田而不可以为田师,贾精于市而不可以为市师,工精于器而不可以为器师。有人也,不能此三技而可使治三官。曰:精于道者也,精于物者也。精于物者以物物,精于道者兼物物。"无独有偶,培根在《论学问》中有几句话与此类似:"有一技之长者可以一一处理、判断具体专门的事务,然而总体规划、全面运作则有赖于博学之士。"财政联系国家和人民,综合政治和经济,靠伦理断其优劣,依法律推进落实,是国家治理之纲,必须建立在坚实的学问基础之上。近代以来国家治理与财政学问高度相关,从学术流布和传承中可以窥见国家崛起的轨迹。

亚当·斯密的《国富论》第五编"是一篇自成体系的关于财政学的论文,后来成了十九世纪所有财政学论著的基础,直到财政学上的社会观点出现为止"。① 英国首相诺斯和皮特都曾在财政事务方面接受过斯密的指导。1848 年密尔的《政治经济学原理》第五编"论政府的影响"同样主要论述财政问题。1876 年中国第一任驻英公使郭嵩焘拜访日本公使,适逢日本财政官员井上馨赴英"考求出入经制之宜,以制国用","询其所读洋书",一是亚当·斯密,二是约翰·密尔,并言"所言经国事宜,多可听者"。1887 年日本即制定了亚洲第一部所得税法。因此可以说 19 世纪 70 年代以前,英国是世界财政学的中心,这与英国当时的经济地位是相称的。

前面引文中熊彼特所说的财政学上的"社会"观点出现,指的是德国的财政学。19 世纪后半期德国成为世界财政学的中心,瓦格纳、斯坦因、舍弗勒被称为德国财政学的"三剑客"。德国财政学受到李斯特的影响,强调政府活动的生产性功能,倾向于把财政看成是国家实现社会政策的工具,因此被称作"社会政策学派"。瓦格纳十卷本的《财政学》成为几十年来各国财政学教材的范本。

美国财政学的代表人物塞利格曼曾于瓦格纳任教时的柏林大学求学,后长期在哥

---

① [美]约瑟夫·熊彼特:《经济分析史》(第 1 卷),朱泱等译,商务印书馆 1996 年版,第 283 页。

伦比亚大学任教;美国另一财政学代表人物亚当斯也是德国财政学的传承者。塞利格曼在美国 1913 年所得税法制定中发挥过重要作用,而亚当斯则长期担任美国财政部顾问。塞利格曼指导的学生在财政学和财政立法中产生了重大影响,如罗伯特·黑格,当今所得税法中不断提及的黑格—西蒙斯所得定义就是出自其手;另一名学生卡尔·肖普是日本战后税制体系的主要设计者,同时也是增值税的先驱,享有"增值税智力之父"的高度评价。当然,对我们中国人来说,塞利格曼最著名的学生就是马寅初。马寅初的《财政学与中国财政——理论与实践》一书至今仍是财政学和财税法的必备参考书。而中华民国时期另一位著名财政学家何廉曾在亚当斯指导下撰写博士学位论文《对于国家行政机构和所得税征收过程的一个比较研究》。可以看出,19 世纪末期以来,随着美国学者取法德国以及熊彼特、马斯格雷夫等人由欧赴美,美国逐渐成为世界财政学的中心。

改革开放至今,中国已成为世界第二大经济体,中国的财政学问也应当享有与此相称的地位,为我国国家治理能力和治理体系现代化提供学问基础。

二、财政法及其调整对象

(一)财政法

国家或政府的财政活动把社会系统中的私人部门和公共部门紧密联系起来,通过公平分配税负以筹措资金,通过提供市场所不能提供、不愿提供的公共产品以满足共同体的公共需要,因此财政是国家与人民之间、人与人之间的重要联系纽带,财政能力是国家能力的重要体现,财政治理体系是国家治理体系的重要组成部分。由于法律具有普遍性、稳定性的品质,法律能够为各类主体提供明确的、可以信赖的预期,因此法律成为现代大型社会普遍采用的行为调整手段,凡是重要的社会关系都应当受到法律的调整以形成较为理想的社会秩序。在法律体系中,调整财政这一重要的社会关系的法就是财政法。

财政法是一个历史范畴,随着国家形态和社会结构的发展而发展。在传统的等级社会中,法律是统治者意志的体现,而财政活动虽然获得法律的形式,其实质不过是统治者的命令,税收负担的分配、财政管理及财政支出的范围和方向均以统治者及其代理人的利益和意志为转移。虽然在税收负担的分配方面能体现某些量能课税的平等因素,但等级社会普遍存在的免税特权使公共负担落在无权无势的中下阶层肩上;在财政支出方面虽能考虑一些公共福利,但统治者的需要往往凌驾于共同体的需要之上,因此传统社会的统治秩序经常由于财政危机而崩溃。在等级社会中,纳税人的身份与被统治者的身份是合二为一的,纳税只不过是被统治这一政治地位的财政表现。纳税人虽然有时也能获得"轻徭薄赋""蠲免赋税"的待遇,但这不过是统治者财政措施的反射利益,纳税人并未据此获得权利主体的地位。因此,"在过去的社会生活中,法律确实会对捐税作出某种形式的规定(order),但这种规定是由于统治阶级出于自身利益决定并实行的，而不是由一个拥有法律与独立行政的稳固团体（国家）确立的……这种捐（contribution）并不是税（taxation），它只是一种强征”。[①] 就此而言，传统等级社会的财政法只是为统治者财政措施包上了法律的外壳，只是工具意义上的财政法，它缺乏正义这一法律的灵魂。

近代以来，随着欧洲民族国家的兴起，财政获得了前所未有的重要意义，国家的生死存亡取决于国王及其顾问班子的资金筹措能力。与以农业为基础的封建领地收入相比，工商业的动产收入是更有吸引力、更有弹性的财政来源。但动产易于隐藏、便于流动的属性内在地制约着王权的征税能力，国王若想成功地对工商业征税，就必须善待工商业，工商业利益之所在即国王利益之所在，由此工商业者获得了财政事务方面的谈判能力。作为纳税人的工商业者在与国王进行的税收谈判中，逐渐获得了除纳税人和被统治者之外新的身份，即公民的身份。在社会结构的演变中，纳税人、被统治者获得公民身份具有全新的意义，它对国家、统治、财政、法律以及最终对国家和人民的关系赋予新的理念，国家不再是统治者依靠权力和行政措施强制维持的人员和土地的集合体，而是平等的自由人组成的共同体，国家是共同体的人格化代表；共同体必然产生需要公共资金支持的公共事务，作为公民的纳税人向国家缴税不再是为了满足统治者的私人需要，而是为了共同体的集体需要，更进一步说是纳税人自己的共同需要。共同需要成为联系纳税人与纳税人之间、国家与纳税人之间的纽带，在平等参与税收负担与公共事务的议决过程中，逐渐产生了纳税人的代表机构——议会。[②] 作为公共事务商讨机构的议会是传统社会进入现代社会的标志，自议会产生以来，纳税人通过代表行使税收同意权一直是议会的核心功能。正是通过议会，人民主权得以确立，纳税人成了目的意义上的国家的统治者，国家成为公共权力的受托人；正是通过议会的财政审议权，以行政权为代表的工具性意义上的国家的征税权和用税权受到法律的控制，以满足共同体的公共需要，共同需要的实质要素和议会同意的形式要素奠定了财政法的正当性基础。因此，只有现代国家才有真正意义上的财政法。

党的十八届三中全会通过的《中共中央关于全面深化改革若干重大问题的决定》提出“财政是国家治理的基础和重要支柱”“建立现代财政制度”；党的十八届四中全会通过的《中共中央关于全面推进依法治国若干重大问题的决定》指出“法律是治国之重器，良法是善治之前提”。这两个文件提出的重要论断对我国财政法治的发展具有重要的指导意义。

---

① ［美］理查德·A. 马斯格雷夫等主编：《财政理论史上的经典文献》，刘守刚、王晓丹译，上海财经大学出版社 2015 年版，第 53 页。

② 英语词汇“parliamen”中古时期来自法语“parler”，即“speak”，说话的意思，英语中的同源词“parley”意为商谈，可见所谓议会就是公共事务的商谈机构。参见［法］伏尔泰：《巴黎高等法院史》，吴模信译，商务印书馆 2015 年版，第 1 页。而“公共事务几乎没有一项不是产生于捐税，或导致捐税”。参见［法］托克维尔：《旧制度与大革命》，冯棠译，商务印书馆 1996 年版，第 127 页。

(二)财政法的调整对象

财政法的调整对象是财政关系,财政关系是财政主体之间形成的社会关系。财政法调整对象的范围一方面随着国家机构之间权力关系的变化而变化,另一方面也随着财政职能的扩展而扩展。以世界上第一个实现财政法治化的英国为例,早期的议会主要行使征税批准权,即国王征税必须获得议会的同意,由此实现了税收法治。至于税收的支用,则由国王自主决定,这一成果体现在1628年的《权利请愿书》。第二个阶段议会获得关于财政支出的批准权,1665年议会为英荷战争拨款,法案中明确规定:此次征税仅仅是为了此次战争,所征税款也只能用于本次战争,①这就确立了议会控制财政开支的惯例,奠定了支出法治的基础。第三个阶段是19世纪60年代通过预算把收入和支出整合起来,实现了财政收入、财政支出和财政管理全面的法治化。再从财政职能的演变来看,从19世纪的自由放任国家到20世纪的福利国家和规制国家,国家总是不断赋予财政以新的职能以实现国家任务,相应地,财政法的调整范围也不断扩大,从征税到用税,从经济增长到社会收入分配,财政法的调整范围几乎覆盖了当今国家公私生活的各个领域。

从对法律素材的形式分类来看,财政法的调整对象可分为财政收入关系、财政支出关系和财政管理关系。财政收入关系从个人向国家缴纳的基础关系来看,可分为捐助关系、契约关系和强制关系。② 捐助关系如中国先秦时期的"贡""助",后世财政危机时期的"报效",英国中世纪的"aid"等。这种关系在现代社会虽有遗迹,但基本上退出了历史舞台。基于契约关系的收入,主要是国家直接控制生产资料从中获得经营收益,或者将生产资料授权或出租于私人以获得租金收益等,如汉代的盐铁专营,唐代"租庸调"制度下的田租,英国国王的封建领地收入,以及当代各国的国有资产收益和国家机关提供公共服务时所收取的费用等。基于契约型关系的财政收入往往因激励约束难题而不能满足国家财政开支需要,因此这一类型的财政关系只是居于补充地位。强制性财政收入关系是国家通过主权者的身份,把纳税人个人财产或收入的一部分转移到国家所形成的收入,国家在此过程中并未支付任何对价。这类收入包括税收、罚款、征收、没收等形式,其中最主要的形式是税收。国家主要以税收形式获得财政收入意味着国家转型为税收国家,税收国家成立的前提是对私经济主体的财产予以充分的承认和保护,因为市场经济中私经济主体活跃的经济活动是税收的源泉,也因此是国家力量的源泉。正如斯坦因所言:"国家要能把东西取走(作为税收),其必要的前提是,私经济体得有东西上缴。"③私经济体创造税收潜力的能力与国家财政需要之间的利益兼容,是

---

① Frederic William Maitland, *The Constitutional History of England*, Clark, New Jersey, The Lawbook Exchange, Ltd., p. 310.

② Gdwin Robert Anderson Seligman, *Essays in Taxation*, New York, Macmillan and Co., 1895, p. 267.

③ [美]理查德·A. 马斯格雷夫等主编:《财政理论史上的经典文献》,刘守刚、王晓丹译,上海财经大学出版社2015年版,第56页。

税收形式优于其他收入形式的主要原因,因此税收法律关系是财政法中最基本的法律关系。

财政支出关系主要包括财政拨款关系、财政采购关系、财政贷款关系、财政投资关系等;财政管理关系主要包括财政预算关系、国库经理关系和审计监督关系,以及上下级政府之间的财政平衡关系等。

第二节　财政法的体系和渊源

一、财政法的体系

财政法的体系,是指以财政法律规范为内容的法律体系。一国实证意义上的财政法律规范往往制定于不同历史时期,表达随时代而变化的不同政策要求,并体现在不同的规范性法律文件中,因此不可避免地存在逻辑和价值方面的矛盾,影响法律秩序的安定性。对财政法律规范素材按照一定的标准加以分类排列,通过价值位阶的适当安排,保证所有的财政法律规范统一于宪法确立的价值下,以形成财政法的内在体系;对财政法的概念予以科学界定,通过下位概念到上位概念的抽象程度递进关系,建立严密的逻辑关系,以形成财政法的外在体系。财政法的体系化程度标志着财政法的理论水平,同时对财政法的立法、执法以及法律适用都有积极意义。在我国目前,与社会主义市场经济体制相适应的财政法制正在建设完善之中,因此,此处所说的财政法体系,不仅是对现行财政法律的概括,同时也是对一个较理想的财政法体系的设想。从前述财政法的调整对象来看,我国财政法的体系可以分为以下几个层次:

(一)财政基本法

财政基本法是财政法律领域中的基本规范,主要涉及财政法的基本原则和基本制度,对财政收入、财政支出和财政管理等财政活动的各个方面都具有普遍的效力。财政权力在立法机关和行政机关之间的分配,财政主管部门与政府各支出部门之间的关系,中央和地方之间财政收入和支出责任的分配关系,预算制度,财政监督等,这些涉及财政法领域的重要事项,都应当通过财政基本法加以规范。由于财政基本法在治国理财中的重要地位,其内容有的规定在宪法中,有的规定在专门的法律中。如1949年《德国基本法》第十部分专章规定财政,《日本国宪法》第七章名为"财政",强调国会决议在国家财政事务中的中心地位。另外,日本专门制定《日本财政法》,除了第一章财政总则外,主要是将《日本国宪法》确立的预算制度具体化。我国宪法中关于财政事项的规定不够完善,《立法法》第8条第6项和第9项,虽有关于税收和财政基本制度属于专属立法事项的规定,但具体内容仍付阙如,因此我国有必要尽快制定财政基本法,以巩固改革开放以来财政法治建设的成果,同时为进一步深化改革提供法律依据。

（二）财政预算法

财政预算法是调整预算关系的法律规范的总称，是宪法中人民代议机构的预算审议权与政府的预算提案权之间关系的具体化，通常围绕各预算法主体的各项预算活动而展开。从表面上看，预算法充斥着大量的技术性规范和程序性规定，但它的字里行间却处处透露出深谋远虑的理财治国之道。政府要施政，必先有施政计划，政府各部门根据施政计划提出资金要求，由核心预算控制部门在预算收入许可的范围安排计划的优先顺序并提供资金，再由政府提出预算案，供人民代表机构审议。通过预算把政府的征税权和用税权紧密结合起来，保证了财政活动的公共性，因此可以说预算法是研究共同体生活的更高学问的一部分。

（三）财政收入法

如前所述，现代国家往往也是税收国家，因此税法是财政收入法的主体。从严格的逻辑关系上来说，税法是财政法的下位概念，但我们在习惯上常常并称“财税”，如“财税法”“财税法学”等。这是因为税收问题是最早受到关注的财政问题，“现代意义上的财政法也是以税收法定主义为中心而发展起来的”，“由于税具有侵益性，与人民的财产权息息相关”，①因此可以说税法所规范的国家和人民之间的关系是财政的外部关系，而狭义的财政法所规范的是财政主体之间的内部关系。由于税法无处不在地介入人民的生产和生活，税法成为与民法和商法相提并论的交易法的一部分，因此税法发展成相对独立的内部体系。

公债是最富弹性的财政收入形式，中央政府发行的公债称为国债，地方政府发行的公债称为地方债。公债从形式上看是有偿的、自愿的，但公债本息的兑付是以税收为担保的，当代人的财政收入意味着下一代人税负的增加，而且不当的国家负债会影响下代财政健全，因此公债的发行必须受到法律的控制。我国 2014 年修订的《预算法》确立了国债余额管理制度，并规定“余额的规模不得超过全国人民代表大会批准的限额”，同时允许地方政府举债，“报本级人民代表大会常务委员会批准”。但是《预算法》只是从预算层面对公债发行作出原则性规定，并不能替代国债法，国债立法依然是健全完善我国财政法体系的重要任务。

费用是政府基于受益负担关系或特定用途而征收的金钱，包括规费、受益费和特别公课。费用不同于税收之处在于费用的支付者从政府的公务活动或公共设施中获得相应的利益，因而具有相当的对价关系，但就其性质而言仍属于公共资金，因此在管理上应当与税收一样受到法律的控制。

至于从财政收入体系而言就其性质属于公共资金的罚款、没收、征收，以及国有资产收益等，因在财政收入不占主要地位，可由相关的法律加以规范，无须制定单独的财政收入法。

---

① 刘剑文：《财税法：原理、案例与材料》，北京大学出版社 2013 年版，第 1 页。

（四）财政支出法

财政支出法主要包括财政拨款法、财政采购法、财政投资法和财政贷款法。财政拨款法是对政府的各项公共支出予以规范的法律，从内容上来说，在预算支出经人民代表机构审议时即已确定，但其运行程序仍需要相应的法律予以规定，以保证财政资金真正用于预算所确定的用途。政府采购法主要对采购主体、采购程序、采购合同、供应商、采购监管等内容予以规定，以提高财政资金的使用效率。我国已于 2002 年制定《政府采购法》，并于 2014 年修订，国务院在 2015 年制定了《政府采购法实施条例》。财政投资和财政贷款不同于一般财政开支，因此应该制定专门的法律予以规范。

（五）财政监督法

财政监督法规范财政主体之间的财政监督关系，其内容涉及财政监督机构的设立、财政监督机关的职权、财政监督的方式等。从广义上来说，财政监督存在于财政运行的全过程，如人民代表机关对决预算的审议，人大代表和常委会组成人员对预决算的询问或质询，都体现了财政监督，但这些监督的内容通常在《预算法》已有明确的规定。因此，此处的财政监督指的是狭义的财政监督，即国家专门审计机关的监督，相应的法律即为《审计法》。

二、财政法的渊源

财政法的实际存在表现为为数众多、形态各异的法律规范，借助法律渊源理论可以将这些纷乱芜杂的规范纳入统一法律秩序之中。财政法的渊源，也称作财政法的法源（sources of law），是指被承认具有法的效力、法的权威性的作为财政主体行为规范的准则或来源。前述财政法的体系是从学理角度根据内容对财政法的分类，而财政法的渊源则是根据法的效力来源对不同机构创制的有关财政内容的规范性法律文件的形式分类，主要是指法的实际存在方式或形态，通常根据效力等级加来加以整理。

（一）财政宪法

宪法在一国法律体系中居于最高地位，是法律效力的终极来源。由于财政为庶政之母，财政事关国家与人民、立法与行政、中央与地方等重大事项，因此各国宪法中无不规定财政条款。英国自《大宪章》以来的宪政史，其主要发展线索就是国王与议会之间对征税权的反复争夺，议会征税权的确立是现代国家的一个显著标志。美国宪法制定中的一个焦点是通过确立联邦征税权来保证国家的强大和统一。后世的宪法在财政规定方面更加完善，如《德国基本法》第十章专章规定财政问题，第 104a 条规定联邦和各州的支出责任，第 105 条规定联邦和各州的税收立法权，第 106 条规定联邦和各州的税收分配，第 107 条规定各州之间的财政均衡等。除了宪法中的直接财政条款，其他如平等权、财产权等宪法基本权也与财政问题密切相关。

我国《宪法》中的直接财政条款主要有第 56 条“中华人民共和国公民有依照法律纳税的义务”，第 62 条全国人民代表大会“审查和批准国家的预算和预算执行情况的报告”，第 67 条全国人民代表大会常务委员会“在全国人民代表大会闭会期间，审查和批准……国家预算在执行过程中所必须作的部分调整方案”，第 89 条国务院“编制……国家预算”，第 117 条“民族自治地方的自治机关有管理地方财政的自治权。凡是依照国家财政体制属于民族自治地方的财政收入，都应当由民族自治对方的自治机关自主地安排使用”。

（二）财政法律

财政法律，是指由全国人民代表大会和全国人民代表大会常务委员会制定的财政方面的法律。根据我国《立法法》的规定，有关财政的基本制度只能制定法律，税种的设立、税率的确定和税收征收管理等税收基本制度也只能制定法律，因此对财政和税收的基本制度由立法机关享有专属立法权。目前我国财政方面的法律主要有《预算法》《审计法》《企业所得税法》《个人所得税法》《车船税法》《环境保护税法》《税收征收管理法》等，与财政法定和税收法定的要求尚有一定的距离。

根据《立法法》第 9 条的规定，财政税收的基本制度尚未制定法律的，全国人民代表大会和全国人民代表大会常务委员会有权作出决定，授权国务院根据实际需要对其中的部分事项先制定行政法规。

（三）财政行政法规

行政法规是我国最高行政机关，即中央人民政府——国务院根据宪法和法律或者全国人大及其常委会的授权决定，依照法定权限和程序，制定的有关行政管理的规范性文件。根据《立法法》的规定，国务院为执行法律的规定以及在《宪法》第 89 条规定的国务院行政管理的职权范围内，享有制定行政法规的权力。财政税收涉及大量的行政活动，即使在立法机关已经制定法律的情况下，仍需国务院制定综合性的实施细则、实施条例和实施办法或者就某一制度制定专门规定，因此行政法规在我国财政法律规范体系中占有显著的地位。

（四）地方性财政法规、自治条例和单行条例

根据《立法法》第 72 条的规定，省、自治区、直辖市的人民代表大会及其常务委员会根据本行政区域的具体情况和实际需要，在不同宪法、法律、行政法规相抵触的前提下，可以制定地方性法规，地方性法规当然包括财政方面的地方性法规。省、自治区、直辖市的立法机关除了行使《立法法》第 73 条第 1 项、第 2 项规定的立法权外，还可以对财政税收基本制度以外的财政事项，在国家尚未制定法律或行政法规的，根据本地方的具体情况和实际需要先行制定地方性法规。

经济特区所在地的省、市的人民代表大会及其常委会根据全国人民代表大会的授权决定，制定财政法规，在经济特区范围内实施。民族自治地方的人民代表大会有权依照当地的政治、经济和文化特点，制定自治条例和单行条例，其中也可以涉及财政税收方面的内容。而且法律规定，自治条例和单行条例可以依照当地民族的特点，对法律和行政法规的规定作出变通规定，但不得违背法律或者行政法规的基本原则。

(五)部门财政规章和地方财政规章

根据《立法法》的规定,国务院各部、委员会、中国人民银行、审计署和具有行政管理职能的直属机构,可以根据法律和国务院的行政法规、决定、命令,在本部门的权限范围内,制定规章。财政部作为主管全国财政事务的国务院组成部门,国家税务总局作为国务院主管税务的直属机构,有权制定财政税务方面的行政规章。在没有法律或者国务院行政法规、决定、命令的依据时,财政规章不得设定减损公民、法人和其他组织权利或者增加其义务的规范,不得增加本部门的权力或者减少本部门的法定职责。

省、自治区、直辖市和设区的市、自治州的人民政府,可以根据法律、行政法规、本省、自治区、直辖市的地方性法规,制定财政规章。

(六)特别行政区的财政法律和其他规范性文件

根据宪法和特别行政区基本法,全国人民代表大会授权特别行政区依照基本法的规定实行高度自治,享有行政管理权、立法权、独立的司法权和终审权。特别行政区保持财政独立,特别行政区的财政收入全部用于自身需要,不上缴中央人民政府,中央也不在特别行政区征税。特别行政区的财政法律,包括特别行政区立法机构制定的法律和不与基本法相抵触的特别行政区原有法律,只是特别行政区的财政法律渊源,其效力不及于全国其他地区;全国性的财政法律、行政法规也不在特别行政区实施。

(七)国际财政条约

国际财政条约,是指我国同外国缔结的双边和多边条约及协定等,用以调整我国与其他国家之间的财政税收关系。随着经济全球化的加速和我国对外开放的扩大,国际财政条约作为财政法渊源的地位日益显著。目前,国际财政条约主要体现在国际税收合作领域,经济合作与发展组织的《关于对所得和资本避免双重征税的协定范本》和联合国的《关于发达国家与发展中国家避免双重征税的协定范本》虽为国际惯例,对任何国家都不具有法律约束力,但大多数国家在谈判和缔结双边税收协定时无不作为依据,截至 2017 年 10 月,我国已对外正式签署 103 个避免双重征税协定,其中 99 个协定已生效;与我国香港特别行政区、澳门特别行政区签署了税收安排,与我国台湾地区签署了税收协议。此外,我国还签订了 3 个多边税收条约,即《多边税收征管互助公约》《金融账户涉税信息自动交换多边主管当局间协议》《实施税收协定相关措施以防止税基侵蚀和利润转移的多边公约》,其中《多边税收征管互助公约》已于 2017 年 1 月 1 日开始执行。

第三节 财政法的基本原则

财政法的基本原则,是指为财政法律规则提供某种基础或本源的综合性的、指导性的原理或价值准则的一种法律规范。财政法基本原则不同于只适用于财政活动某一具体关系的法律原则,它调整的社会关系领域比较宽广,体现了财政法的基本精神和根本价值。对于财政法的基本原则,学者们根据各自的认识作出不同的概括,本教材拟根据财政和财政法与政治、经济和社会这三大系统的关系提炼出财政民主原则、财政法定原则、与社会主义市场经济兼容原则和社会团结原则。

一、财政民主原则

财政民主是现代民主政治在财政领域的体现,"民主原则要求,只有人民选举的、具有直接民主合法性的议会才能够对共同利益作出重大决定,特别是颁布普遍的、对公民具有约束力的行为规范"。[①] 国家财政收入来自人民,国家财政支出用于满足人民的共同需要,国家的财政管理活动是为了人民的共同利益,国家的财政活动对人民生活有重大影响,因此,人民对于重大财政事务,应当享有参与决定权。在民主政治下,人民行使权力的机构则为人民代表机构,因此财政民主通常表现为"财政议会中心主义"。各国宪法通常以议会的财政决定权来体现财政民主原则,如《日本国宪法》就财政特设一章,强力认可国会的监控权,其第 83 条规定:"处理国家财政之权限,必须基于国会的决议而行使之。"

我国《宪法》规定,中华人民共和国的一切权力属于人民,人民行使国家权力的机关是全国人民代表和地方各级人民代表大会。中华人民共和国全国人民代表大会是国家最高权力机关,它的常设机构是全国人民代表大会常务委员会。因此,在我国财政民主就体现为人民通过其代表机关对财政事务的最终决定权,这主要体现在以下几个方面:

1. 税收决定权。《立法法》规定"税种的设立、税率的确定和税收征收管理等基本制度"只能制定法律,《税收征收管理法》规定"税收的开征、停征以及减税、免税、退税、补税,依照法律的规定执行"。这些内容虽然规定在《立法法》和《税收征收管理法》中,但在功能上类似于《日本国宪法》第 84 条"新课租税或变更现行租税,须依法律或法律所定之条件",体现了财政民主原则。

2. 预算的审批权。我国《宪法》规定全国人民代表大会审查和批准国家的预算和预算执行情况的报告。

3. 财政支出决定权。《预算法》规定"经人民代表大会批准的预算,非经法定程序,不得调整。各级政府、各部门、各单位的支出必须以经批准的预算为依据,未列入预算的不得支出"。

4. 财政监督权。我国《预算法》规定,全国人民代表大会及其常务委员会对中央和地方预算、决算进行监督。

5. 国债发行审批权。我国《预算法》规定,对中央一般公共预算中举借的债务实行余额管理,余额的规模不得超过全国人民代表大会批准的限额。

---

① [德]哈特穆特·毛雷尔:《行政法学总论》,高家伟译,法律出版社 2000 年版,第 105 页。

从以上规定可以看出,举凡财政事务的重大事项都必须有人民代表机构的批准或授权,这充分体现了财政的民主原则。同时我们也应该看到,在财政事务的某些领域,财政民主原则还有待落实,比如在规费征收方面,规费的设定和标准都是由行政审批,而非由人民代表机构决定。按其性质,规费虽有对等给付的属性,但绝非一般服务的价格,其本质是公共资金,应按照公共资金来加以规范,如《日本财政法》规定:“不仅是租税,中央政府以国家权力为基础而收缴的课征金,以及对法律上或事实上的国家垄断行业收缴的专卖价格或事业费等,都必须以法律或国会决议为依据。”为贯彻财政民主原则,本书认为规费等其他财政等事项也应纳入法律之治。

二、财政法定原则

财政法定原则,是指重要财政事项只能由法律来规定,而且法律应当作出明确规定。财政法定原则是财政民主原则的具体表现和实现形式,财政民主原则强调人民通过其代表机构对财政事务的最终决定权,而财政法定原则是对最终决定权的贯彻。对财政行为作出决定与保证财政行为的过程和结果与决定相一致是不同的任务,因此必须制定明确的财政法律规则规范政府的各项财政行为,从这一意义上来说,财政法定原则就是财政行为形式意义上的法治化,为此必须加强财政立法,缩减、控制授权立法。

我国由于长期行政主导的影响,财政立法薄弱,在财政收入领域只有 6 部,在财政管理领域只有 2 部,在财政支出法领域只有 1 部,许多重要法律如国债法、规费法、财政收支划分法、转移支付法等都付之阙如,其余大部分都是行政法规,有的甚至只是财政部或税务总局的规范性文件。可喜的是,自党的十八届三中全会提出“落实税收法定原则”以来,税收立法化的进程明显提速。2015 年 3 月全国人大常委会法工委牵头起草的《贯彻落实税收法定原则的实施意见》经党中央审议通过,力争到 2020 年将国务院制定的税收条例全部上升为法律。同时,该实施意见还提出,待全部税收条例上升为法律或废止后,提请全国人民代表大会废止 1985 年制定的《关于授权国务院在经济体制改革和对外开放方面可以制定暂行的规定或者条例的决定》。另外,2015 年新修订的《立法法》规范了授权立法,第 10 条中规定:“授权决定应当明确授权的目的、事项、范围、期限以及被授权机关实施授权决定应当遵循的原则等。授权的期限不得超过五年,但是授权决定令有规定的除外。”第 12 条规定:“被授权机关应当严格按照授权决定行使被授予的权力。被授权机关不得将被授予的权力转授给其他机关。”这些进步无疑将对财政法定的实现起到巨大的推动作用。

三、市场经济兼容原则

政府收入的规模、获取收入的方式以及支出的范围和方向对市场主体的经济活动具有强烈的影响,早在 100 多年前美国最高法院的一项判决就充分揭示了这一点:“征税权是一种支撑国家组织的巨大力量。它对一个国家的存在和繁荣的必要性,犹如一个人需要呼吸空气一样。它不仅是毁灭的力量,也是生存的力量。”[①]19 世纪世界主要国家的财政收入不足国民收入的 10%,因此征税是主要影响因素,而 20 世纪尤其是第二次世界大战以来,各主要国家的财政收入高达国民收入的 30% 以上,因此财政支出的力度同样日益显著。国家对人民征税的前提是人民能够创造出可供征税的财富,而人民创造财富的能力依赖于良好的经济体制。改革开放以来我国进行市场化改革,特别是党的十四大确立了社会主义市场经济体制,为经济的持续增长奠定了坚实的体制基础,2017 年全国财政收入 17.25 万亿元,比 1978 年的 1132 亿元增长了 150 余倍,年均增长 20%,成为紧随美国之后全球第二大财政收入经济体,充分显示出市场经济体制对国家财政活动的支撑力量,可以说,选择市场经济体制是我国改革开放中最重要的政策决定之一。为此,党的十八届三中全会提出“使市场在资源配置中起决定性作用”的论断,表明了坚持市场化改革的正确方向。要健全社会主义市场经济体制,就必须遵循市场决定资源配置这一市场经济的一般规律,而财政法治建设也必须与社会主义市场经济体制相适应,以便更好地发挥政府作用。

我国财政法中目前还存在诸多与市场经济的要求不一致的地方,政府的财政职能“缺位”和“越位”并存,政府失灵现象严重。在财政收入方面,由于国家权力缺乏有效制约,长期以来财政增收速度远远高于国民生产总值的增长率,长期累积起来,导致在国民收入分配格局中,居民、部门收入占比与多数国家相比处于较低水平,而政府收入占比日益提高。过重的财政负担增加了市场主体的经营成本,抑制市场活力的焕发。在财政支出方面,财政支出结构中公共产品和公共服务的比重过低,没有发挥财政弥补市场失灵应有的功能,而大量的公共资金用于投资,导致权力寻租的现象,扰乱了市场经济的公平竞争秩序,破坏了市场经济的正常运行。

鉴于健全社会主义市场经济体制、使市场在资源配置中起决定性作用是我们今后全面深化改革中必须长期坚持的基本政策,因此在财税法的研究、制定和实施中,充分考虑市场经济这一面向,提出市场经济兼容原则作为财政法的基本原则是有充分根据的。

四、社会团结原则

财政法的社会团结原则,是指财政法通过政治体系从经济体系获取资金以保障社会体系的安全与和谐的原则。人类以国家为单位的共同生活可分为政治体系、经济体系和社会体系三个子系统,在市场经济、工业革命之前的传统社会中,这三个体系是一体化的、紧密结合的,如国王或封建领主通过控制土地和人力来行使统治权,土地、人力等经济资源直接置于政治权力的支配之下,特定地域的人以家族、村社、庄园为单位、以血缘、地缘为联系形成共同生产、互相协助的共同体,经济活动是在共同体内部完成的,

---

① [美]哈维·S.罗森、特德·盖亚:《财政学》(第 10 版),郭庆旺译,中国人民大学出版社 2015 年版,第 246 页。

或者如学者们所称的，经济生活“嵌入”在社会之中。随着生产力的发展、市场经济的诞生、工业革命的出现，人类生活中的这三个体系逐渐彼此分离，首先是人从身份等级社会的束缚中分类出来，成为独立的、平等的人；其次是土地、人力从政治权力控制下分离出来，变成了经济活动中土地、劳动力等生产要素，从而形成以交换为基础的市场经济。在市场经济成立的社会中，依然存在非市场性的人际关系，即基于血缘、地缘、友情等情感纽带的家庭、社区、朋友等共同体性人际关系，这种共同体性的人际关系就是社会体系。共同体性人际关系不同于市场中的交换关系，它以无私的或互惠利他的无偿服务为基础，如家庭内部夫妻、父母子女之间的彼此照顾。随着社会变迁的加速，市场经济越发达，越是把共同体性的非市场际人关系变市场人际关系，如家庭的生产功能瓦解，日益变成一个消费单元。共同体的经济功能日渐萎缩，但共同体的社会功能，如养育、生存照顾等功能依然是整个社会的基础，共同体内部的活动虽然是无偿的，但只有共同体从外部获得必要的资源这种内部无偿活动才能进行。然而市场体系按照有偿原则运行，如果共同体不能向市场提供生产要素，就无法从市场获得使共同体维持下去的必要资源，这种情况下只有通过政治体系为共同体提供保障，政治体系提供保障的手段和基础就是公共财政。因此政治体系通过财政这一纽带把社会的三大体系统合起来，把全体社会成员通过公共服务的纽带凝聚成一个大共同体，以实现社会团结。[①] 在我国未来少子化、老龄化的社会结构中，财政的社会团结功能将更重要。

社会团结原则对财政法提出如下任务：

1. 生存权保障。国家税法制定，无论是直接税还是间接税，课税均不得触及最低生活水平线，以保证社会成员的尊严与生存。

2. 以经济能力为基础的平等课税。财政法应当按照宪法规定的平等原则在全体公民之间公平地分配税收负担，但这一公平并不是按人平均，而是按照人的经济能力分配，因此累进的所得税、财产税、遗产税等并不违反平等课税原则。

3. 逐步提高直接税的比重，充分发挥税法的再分配功能。

4. 公共服务的均等化。公民既是私人产品的消费者，也是公共产品的消费者，两种产品的消费共同决定公民的福利水平。随着经济社会发展，公共产品在消费总额中的比重日益提高，因此通过财政转移支付制度，向全国经济发展水平不同因而私人产品消费水平差异较大的地区提供均等化的公共服务，有助于弥合不同地区的经济差距，有效实现社会整合。

5. 婚姻家庭保护。家庭是社会体系的基础，经济体系的扩大引发社会体系的衰败，因此政治体系有必要通过财政法修复社会体系，巩固婚姻家庭的经济基础。

---

① 本节关于社会团结原则的论述深受日本财政学家神野直彦的启示，有兴趣者可参见［日］神野直彦：《财政学——财政现象的实体化分析》，彭曦等译，南京大学出版社 2012 年版，第 2 章、第 19 章。

第二章 预 算 法

第一节 预算与预算法的基础理论

一、预算与预算法的概念

（一）预算的解读

1. 不同维度的预算

形式意义的预算与实质意义的预算。形式意义的预算，是指“其成立必须满足一定的法律要件，因此，其效果为具备一定的法律上效力”，“政府之财政收支行为即以此外观上足以明白确认之行为形式以为断，谓之形式意义的预算”。[①] 形式意义的预算考察的是以国家为主体的按照一定法定要件开展的财政收支活动，这种要件事先通过立法形式加以确定，并要求相关国家机关遵照执行，以便监督和控制，也可称为狭义的预算或公共预算。实质意义的预算是指“政府或私人在一个会计年度内所需之经费以及充当经费的财源对照配合，并将其种类与金额做系统性、组织性地集计、编纂而成的计划，凡具备此种内容者即可谓之预算”。因而，实质意义的预算考虑收入与支出预估、匹配、计划、时限性等实质性要素，而不考虑是公权主体还是私权主体，也不论其具体程序和形式，因而可称为广义的预算。“预算的实质在于配置稀缺资源，因而它意味着在潜在的支出目标之间进行选择”。[②] 按照此二元划分逻辑，预算法意义上的预算显然属于形式意义的预算。

财政学意义上的预算与法学意义上的预算。财政学和法学对预算的理解有所差异。财政学意义上的预算侧重于揭示其“预先算定”的计划性及实现国家公共政策目标的工具性，如认为预算是“一定时期内政府为实现其特定目标所必须完成的各种项目的计划”，“是制定政府计划和政策的重要工具”，[③]而法学意义上的预算侧重于揭示特定的法律程序及其法律效果，将预算视为控制约束政府的工具。预算法上的预算毫无疑问是从法学意义层面理解的。

---

① 蔡茂寅：《预算法之原理》，台北，元照出版有限公司2008年版，第4页。

② ［美］爱伦·鲁宾：《公共预算中的政治：收入与支出，借贷与平衡》，叶娟丽、马骏译，中国人民大学出版社2001年版，第3页。

③ 邓子基主编：《财政学》，高等教育出版社2011年版，第192页。

静态意义上的预算与动态意义上的预算。预算既可以指一系列纸面预算文件，包括按一定标准对收入与支出进行分门别类形成的表格、文字说明、报告等，如每年全国人大要审议《关于×年中央和地方预算执行情况与×年中央和地方预算草案的报告》，财政部官方网站上发布的《×年全国一般公共预算收入决算表》《×年全国一般公共预算支出决算表》，以及相关说明等，这是静态意义上的预算；动态意义上的预算也可以指从预算编制、审批、执行、调整到决算、监督的周而复始、循环往复进行的过程，这是预算，反映了对未来特定期间内的支出需求与可能收入进行预估、权衡、匹配，决定如何将可能获得的经济资源用于潜在的支出项目的过程。

前现代国家预算与现代国家预算。如果仅从有财政收支记录的角度界定预算，那么，预算在历史上早已有之。但前现代国家的预算将税收、支出与借贷混杂在一起，并且收入和支出都采取分散化的管理方式。现代国家的预算"是经法定程序批准的、政府机关在一定时期的财政收支计划。它不仅仅是财政数据的记录、汇集、估算和汇报，而是一个计划。这个计划必须由行政首脑准备与提交；它必须是全面的、有清晰分类的、统一的、准确的、严密的、有时效的、有约束力的；它必须经代议机构批准与授权后方可实施，并公之于众"。[①] 预算法上的预算定位于现代国家的预算。

概言之，预算法上的预算是指国家按法定程序编制、审查、批准以约束政府财政行为的收支计划及其实施过程。

2. 预算构成要素（集中围绕预算法上的预算构成要素展开）

（1）内容的计划性。计划本身具有相当的弹性和灵活性，对企业或家庭而言，如何制定收支计划，收支计划包括哪些方面的具体内容，以怎样的方式呈现这一计划，都是自主选择确定的，甚至是否需要制订计划，不同的私人主体也可能有不同选择，而且私人预算往往具有私密性或者属于其商业秘密，私人不负有向外披露收支计划的义务。而预算法上的公共预算尽管在实质意义上也是一种事前的收支计划，但计划的作出、内容的权衡、形式的呈现等方面都具有强制性。按照预算法的规定，国家必须依据固定的财政收支分类科目编制预算，经法定审批程序通过之后，政府才能实际执行收支行动，并且相关政府职能部门负有依法主动公开预算与依申请在符合法定条件情况下公开预算的义务。之所以形成公共预算与私人预算在计划性内涵上的重大差异，原因就在于，公共预算是处理公共资源合理配置的方式，而公共资金的提供者与决策者又是分离的，"从法律意义而言，支配自己的经济资源是权利（所有权），支配他人的经济资源则意味着责任（义务）"，[②]这就决定了国家必须通过制定事前规范清晰的计划向社会公示其未来的行动方向，提供其作出决定"将某一数量的资金配置给活动 A 而不是活动 B"的规

---

① 王绍光：《从税收国家到预算国家》，载《读书》2007 年第 10 期。

② 朱大旗：《从国家预算的特质论我国预算法修订的目的和原则》，载《中国法学》2005 年第 1 期。

范依据和标准,[①]以彰显其职能活动的正当性。

(2)主体的限定性。在抽象的理论层面,预算法上的预算主体是国家,但在具体的预算实践中,国家的预算活动是由从中央到地方、从部门到单位的不同层级的政府主体以及各级立法机关所承担的,在预算编制、审批、执行的各个环节要求上,不同层级国家机关遵循大致相同的规范标准,但层级越低,编制单位越小,一般编制内容越细密,预算与社会民生的关联也就越密切,相应地,预算的开放性会更强。这就意味着,在分层级预算之下,层级越低的预算会更倾向于向社会开放其运行过程。不排除在涉及民生领域的预算事项中社会主体直接参与预算编制过程的情况。事实上,在我国一些地方基层乡镇或区县就出现了这种被称为参与式预算的实践模式,从其实施效果看,尽管预算的主体仍然整体上被限定为国家公权主体(包括行政机关和立法机关),但公权主体独享预算权的格局还是受到不同程度的影响。

(3)存续的时限性。预算是规划未来一定时期内的财政收支行为,其存续有一定的时限性,也就是时限届满后必须重新开始新一轮的编制、审批、执行等环节。按世界各国的通例,该时限一般确定为一年。在我国《预算法》上,预算实行历年制,即与公历年度一致,始于1月1日,终于12月31日。预算存续的时限性使预算呈现一种非连续性特征,而之所以如此要求,原因在于确保预算获得"事前批准"。换言之,在政府进行支出前,可以确保所有的支出都是通过立法机关审批通过获得认可的,而一旦支出可以连续进行,就可能导致支出无法得到有效控制。需要强调的是,实践中并不是完全按照这种标准的"年度"起止时间进行预算活动,有些支出项目是跨年度或在更长时期内持续存在,而人大召开会议审批预算的时间往往滞后于年度预算时间,导致预算年度已经开启但决定政府支出的预算授权尚未作出的情况,如果严格按照先预算后支出的原则,此时的预算"空档期"显然会导致政府"停摆"以及公共产品提供所需的资金支持中断。为了解决预算存续时限性、非连续性与实际支出的跨期性、连续性之间的矛盾,确保对支出的有效控制,《预算法》在坚持年度性原则的同时,采取特别规定的立法模式。第54条中规定:"预算年度开始后,各级预算草案在本级人民代表大会批准前,可以安排下列支出:(一)上一年度结转的支出;(二)参照上一年同期的预算支出数额安排必须支付的本年度部门基本支出、项目支出,以及对下级政府的转移性支出;(三)法律规定必须履行支付义务的支出,以及用于自然灾害等突发事件处理的支出。"当然,也有一些国家采取另一种立法模式,即改变预算的年度性,实行2年或多年期预算;此外,还有一种折中方式,即仍然实行预算年度制,但改变年度制的起止时间。

(4)运作的程序性。预算运行过程包括编制、审批、执行、调整、决算、监督等具体程序环节,形成预算编制程序制度,预算审批程序制度,预算执行程序制度,预算调整程序制度,预算决算监督程序制度。另外还涉及贯穿始终的预算公开程序制度。程序的

---

① 马骏、赵早早:《公共预算:比较研究》,中央编译出版社2011年版,第21页。

意义在于通过分化独立的角色设置限制权力恣意行使。① 在预算活动中，由于实体性的分配标准很大程度上取决于公共政策因素的考量，预算权主体不可避免地享有自由裁量权。在这种情况下，立法的任务不是亦不可能“消除广泛的自由裁量权，而是控制它的行使”。② 因而，程序性制度对于保障预算权力的正当行使具有关键作用。综观《预算法》的内容，程序性制度也占据了重要地位，这就不难理解学者将预算法称为“一部有关预算规则的程序法”。③

3. 预算的性质

预算究竟属于一种特殊的法律还是属于行政行为？台湾大学法学院教授蔡茂寅先生介绍了日本学界的三种代表性学说。

一是预算行政说，即把预算定性为一种行政行为。美浓部达吉教授认为，“预算乃是国会对政府一年期的财政计划加以承认之意思表示，仅于国会与政府间有其效力”，这使预算与法律区别开来。依此种学说，预算的本质在于行政机关安排财政收支的方式，仅在程序上经过国会的承认，因而是一种行政行为。显然，这种将预算仅仅看作行政机关的自主行为，完全不受立法机关的控制与约束的观点已经不符合现代财政民主主义发展潮流，也与现实中各国立法的普遍选择及其实施状况不相一致，难以获得正当性支持。当然，该学说中包含的预算与法律的二分法思想有其合理之处，其揭示出预算有别于一般法律的特殊性质，是认识预算的重要逻辑基点。

二是预算法规范说，又称特殊国法形式说，即把预算看作与法律或命令等并立的特殊规范。一方面，该学说吸纳了预算行政说中区别对待预算与法律的观点的合理成分，承认预算不同于一般的法律；另一方面，指出预算仍然具有对政府的一定拘束力，例如预算收入除指明收入之财源外，亦产生限定收入时期之效力，预算支出除限定支出时期、目的、金额外，主要具有授权效果，因而经过立法机关通过的预算仍然赋予了预算新的法律效果，与仅具有自我授权、自我约束力的行政行为有所区别。基于预算同时包含法律规范效力之一般属性与特殊属性，故采取特殊国法形式的认知方式。

三是预算法律说，即把预算直接看作法律的一种。该学说认为预算同法律一样都须按法定程序经过立法机关审议，即便立法上对两种议决程序有不同规定，但也是原则与例外的关系，是预算为特殊之法律的合理解释。相对于预算法规范说，预算法律说对预算包含的一般法属性给予了更加充分的肯定和强调，不再用“并立”处理预算和法的关系，而是直接把预算“归属”到法律中。预算法律说与预算法规范说对于预算都给予了相对特殊的定位，毕竟预算与法律的差异难以一概否认，所不同者在于是在法律体系之中审视预算的特殊性，还是放在法律体系之外单独赋予像预算这类特殊“文件”以一

① 参见季卫东：《法治秩序的建构》，中国政法大学出版社 1999 年版，第 15 页。

② ［英］威廉·韦德：《行政法》，楚建译，中国大百科全书出版社 1997 年版，第 56 页。

③ 熊伟：《财政法基本问题》，北京大学出版社 2012 年版，第 215 页。

定地位。

是否将预算定性为一种法律抑或是在法律之外单独赋予其特别的属性，其意义更多在于揭示预算与法律的学理区分。但需要强调的是，预算具有若干不同于法律的特殊属性，并不表明预算本身可以游离于法律外，预算不是一个法外"自由王国"，相反，一方面，预算本身如何制定、如何审批、如何调整、如何决算等一系列问题都必须在预算法律框架内予以解决；另一方面，行政机关、立法机关要如何组织收入和安排支出，涉及公共政策裁量和权衡问题，是预算法之外的其他收入征收立法（各税种立法）、支出安排立法（如教育法、农业法等）需要斟酌和决定的事项。预算本身不能修改法律。除了在学理上进行正确的二元界分之外，于实践层面而言，更重要的是回答预算究竟意味着什么，一个国家通过制定审批预算并向社会公布究竟传达出怎样的信号。预算自产生起便作为政府收支安排的一种工具，用以支撑政府的各项活动，保障政府机器的正常运转。而一个现代意上的预算不仅是对政府收支的预先规划，还包含对规划的全面性、统一性、准确性、约束性、时效性等方面的要求，更重要的是预算须提交代议机构批准与授权后方可实施。因此，现代预算是一个融合资源分配与权力配置，兼具形式要件与实体内容的制度化构造的产物。通过预算编制、执行、监督、评估的运行过程，人们可以审视政府在一定时期内的活动选择及其相应的成本估算，判断公共资金是否用于公共目标或者是否实现资源的有效配置，从而促使政府向其公民承担公共责任。① 因而，预算通过之后，不能随意调整、变更，更不能弃之不理，如果违反预算，未按照立法机关批准通过的预算执行，还应当承担相应的法律责任。② 无论是从法律体系的"内部视角"还是法律体系的"外部视角"定位预算，只要能够确定预算一定的拘束效力，就没有偏离现代国家设置预算并制定实施预算法的本质初衷。

（二）预算的效力

预算经权力机关通过之后是否以及用怎样的方式对相关主体产生拘束力，这是预算效力问题关注的焦点所在。

一是从效力范围分析。包括预算作用的收支范围、主体范围，以及持续时间范围三个层面。就预算对收支范围的效力而言，预算是对财政收支作出的计划，其内容涵盖政府收入与支出的全部，"但其效力主要仍然集中在支出部分"。③ 收入层面的行动依据是税法或者其他有关收入征收的特别立法，依据各个具体税种立法、税收征管程序法或涉及其他收入征收立法所确定的课征要件、程序要求进行征收，预算的有无及规模大小对征收行动如何开展本身没有影响。但在支出层面，预算则会呈现较强的拘束效力，政

① 参见陈治：《国家治理转型中的预算制度变革——兼评新修订的〈中华人民共和国预算法〉》，载《法制与社会发展》2015 年第 2 期。

② 参见熊伟：《财税法基本问题》，北京大学出版社 2012 年版，第 262 页。

③ 蔡茂寅：《预算法之原理》，台北，元照出版有限公司 2008 年版，第 9 页。

府要实施支出行动必须以预算作为依据，只有获得预算对支出授权，政府才能动用公共资源。如果要追加支出或者进行其他重大的资金变动，则应启动预算调整程序，编制变动后的预算案提请立法机关审议，获得批准后按照新的预算执行。就预算对主体范围的效力而言，预算的约束效力限于行政机关，还是涵盖普通社会主体？普通公民或单位是否有权根据预算请求给付？《德国联邦预算规则》规定，"经预算案不能产生或解除请求权"，表明普通公民或单位不能依据预算请求国家相关机关为给付。预算旨在规范权力机关、行政机关之间的公共财产分配、利用、监督关系，使权力机关、行政机关各自担负一定的预算权力和预算责任。尽管经过预算编制、审批、执行若干环节的行动，来自不同支出渠道的公共财产会以各自方式最终落实到一定自然人、法人或其他组织上，但预算毕竟不能与直接面向社会主体的行政给付同日而语，社会主体不享有直接根据预算提出给付请求的权利资格，权力机关抑或行政机关也不负有承担此种给付的法定义务。就预算时间范围的效力而言，除非涉及有法律明确规定的延续性支出（如法定支出项目）预算会在较长时间内存续之外，在一般情况下，预算是具有年度性的，即只在年度内具有有效性，政府需要新的预算资金支持须编制提交新一年度的预算，获得立法机关授权之后才能实施。

二是从效力属性分析。预算的效力侧重体现其"授权的特质"，而非"课以义务"的属性。[①] 预算批准一定金额的支出，并不意味着必须支出，不支出则违法或违宪，也不意味着预算批准后不得变更，而是要求运行过程始终在权力机关控制监督之下。因而，将预算的效力属性理解为授权依据而非强制性义务更为妥当。德国预算法就包含将预算理解为授权条款的规定，如《德国联邦预算规则》规定，"预算案授权联邦政府进行支出及负担义务"。

（三）预算法

由上观之，预算不仅仅是一种财务管理技术，更是一种涉及公共资源分配、利用、管理的关乎纳税人整体利益的重大事务，而能够保障这一系列预算活动顺畅进行并且最终有利于纳税人整体利益的根本因素在于法治的健全。预算法的使命就在于通过赋予相关主体一定的分配利用管理公共资源的预算权力，同时对该预算权力实行严格的控制和监督，规定权力行使的正当程序和违反法定义务的问责机制，实现国家受托管理的公共资源产生最优化的效果。从其概念上看，任何一个法律部门和法律领域的界定都是与一定社会关系相对应的。预算法的调整对象即预算社会关系，是在国家依法定程序进行预算资金的筹集、分配、使用和管理过程中发生的社会关系。[②] 预算法便是调整国家在预算资金的筹集、分配、利用和管理过程中所发生的社会关系的法律规范的总称。

---

① 参见蔡茂寅：《预算法之原理》，台北，元照出版有限公司 2008 年版，第 12 页。

② 参见张守文：《财税法学》（第 5 版），中国人民大学出版社 2016 年版，第 37 页。

广义预算法涵盖所有涉及预算社会关系调整内容的规范,既包括法典意义上的预算法,如我国《预算法》,也包括宪法及其他法律法规中涉及预算法内容的法律规范,以及针对特定预算事务制定的专门立法。狭义预算法则仅指《预算法》。

二、预算法上的预算类别

按照预算主体的纵向层级划分标准,公共预算分成中央预算和地方预算。而无论哪一级政府预算,都是由政府各部门预算组成,部门预算又是由本部门及所属单位的预算组成。此外,预算还可以按照收支编制的不同方式划分为单式预算和复式预算。

(一)中央预算和地方预算

中央预算是反映中央政府及其职能部门活动的财政收支计划,由最高权力机关审批,对中央政府的财政收支行为具有约束力。地方预算是反映地方政府及其职能部门的财政收支计划,由本级权力机关审批,对所属区域范围内的政府财政收支行为具有约束力。中央预算和地方预算的划分体现非常鲜明的一级政府、一级预算的层级性特点,有利于发挥中央宏观调控与地方自治的双重优势。需要指出的是,尽管预算的运行与权力机关、行政机关的一定层级相对应,但预算仍然具有内在的统一性、整体性要求。根据《预算法》的规定,"地方预算由各省、自治区、直辖市总预算组成。地方各级总预算由本级预算和汇总的下一级总预算组成"。因而预算并不是表现为各地分散、各自为政的碎片化计划,而是层层汇总构成的一个有机整体。从监督预算运行的角度出发,这种制度格局更有利于中央或上级权力机关对地方或下级行政机关的预算活动实施监督。当然,中央或上级机关的监督并不能替代本级权力机关承担批准通过预算的职责。因而预算法采取了"审查"与"批准"相分离的立法模式。根据《预算法》的规定,"全国人民代表大会审查中央和地方预算草案及中央和地方预算执行情况的报告;批准中央预算和中央预算执行情况的报告","县级以上地方各级人民代表大会审查本级总预算草案及本级总预算执行情况的报告;批准本级预算和本级预算执行情况的报告"。这意味着全国人大要对地方预算草案及执行情况、地方人大要对汇总的地方预算草案和总预算执行情况进行审议,而批准通过的权力仍然交由同级人大行使。

(二)政府预算、部门预算与单位预算

《预算法》规定:"地方各级一般公共预算包括本级各部门(含直属单位,下同)的预算和税收返还、转移支付预算。""各部门预算由本部门及其所属各单位预算组成。"可见,部门预算与单位预算是政府预算的组成部分,也是反映政府预算活动的具体载体,反之,政府预算应当包括部门预算和单位预算的全部信息。值得注意的是,我国自2000年开始推行的部门预算改革其实比现在《预算法》规定中的部门预算范围更大,主要原因是,部门预算改革中所称的"部门预算"包括预算内资金也有预算外资金。而现在《预算法》规定的部门预算及由此形成的政府预算是要求将政府全部资金纳入的,不再区分预算内与预算外。因而,随着预算改革的深入推进,尤其是2014年《预算法》修订确定全口径预算之后,部门预算将反映纳入预算的政府全部资金收支情况。

(三)单式预算和复式预算

单式预算和复式预算的区分表现在预算编制方法及其反映的财政收支性质的差异上。单式预算是将政府一个财政年度内的全部财政收支汇编于单一格式的预算表内,并不区分各种财政收支的经济属性。复式预算则是将财政年度内全部政府收支按经济性质归类,分别汇编成两个或两个以上的预算表,以特定的预算收入来源保证特定的预算支出,并使收支两方面具有相对稳定的对应关系。[①] 两种预算编制方法各有利弊,单式预算编制简便易行,在财政收支规模较小、收支结构单一的情况下可以较好地适应预算管理的要求,但随着政府职能活动范围的扩大,收支结构日趋复杂,各种收支形式在经济性质上各有差异,笼统放入单一格式预算表内加以反映已经无法适应现实发展的需求,因而单式预算逐步为复式预算所取代。复式预算表明预算编制技术朝精细化方向发展的趋势。

我国在1992年实施的《国家预算管理条例》中确定了复式预算制度,规定:“国家预算按照复式预算编制,分为经常性预算和建设性预算两部分。经常性预算和建设性预算应当保持合理的比例和结构。经常性预算不列赤字。中央建设性预算的部分资金,可以通过举借国内和国外债务的方式筹措,但是借债应当有合理的规模和结构;地方建设性预算按照收支平衡的原则编制。”可见,当时确定的复式预算主要是根据资金性质和用途划分为经常性预算和建设性预算,并相应规定了两种预算不同的管理原则。1995年实施的《预算法》进一步沿用了复式预算的概念,但并未就其具体内涵和外延作出明确规定。1995年制定并实施的《预算法实施条例》对复式预算的概念作出界定,规定:“各级政府预算按照复式预算编制,分为政府公共预算、国有资产经营预算、社会保障预算和其他预算。复式预算的编制办法和实施步骤,由国务院另行规定。”《预算法实施条例》所确定的复式预算制度改变了《国家预算管理条例》中依据资金性质划分预算类型的思路,适应当时正在推进的政府收支分类改革的需要,引入了政府功能分类标准,将预算体系划分为公共预算、国有资产经营预算、社会保障预算和其他预算四大类型,这一划分奠定了延至当今的复式预算基本格局。2014年《预算法》修订,再次完善复式预算制度内容。

三、预算与预算法的基本原则

预算与预算法的基本原则应当有所区分。预算基本原则应是指为各种具体预算行为,如预算编制行为、预算审批行为、预算执行行为、预算监督行为提供行动指南的准则。而预算法基本原则是指国家的预算法律制度从构建到实施应当遵循的原则。[②] 对于预算基本原则的概括,学界尚无一致看法。预算基本原则研究兴起于欧洲,欧洲学者

---

① 参见翟继光:《财政法学的基本原理——关于政府与纳税人关系的研究》,经济管理出版社2011年版,第214页。

② 参见刘剑文主编:《财税法学》,高等教育出版社2017年版,第67页。

依据各自标准提出了不同的预算原则,如预算全面性、一致性、清楚、准确和诚实原则;静态和动态预算原则,并在此基础上进一步将静态原则划分为全面性原则、收入非专用性原则、一致性原则、清楚性原则,将动态原则划分为准备和批准预算过程中的准确性原则和事前批准原则,预算执行过程的严格性原则,以及在所有预算环节中的公开性原则。[①] 国内学者则提出如完整性、统一性、公开性、年度性、统筹兼顾、勤俭节约、量力而行、讲求绩效、收支平衡原则,[②]或者明确、严密与事前预算原则,[③]以及真实客观、可靠准确原则[④]等不同表述。各位学者的观点各有侧重,所归纳的原则内容不尽相同。考虑到有些原则随着预算实践的深入推进,已经在形式和内容上发生一定变化,如年度性原则、收支平衡原则;有些原则的重要性程度稍逊于其他原则,如量力而行、勤俭节约等原则。因而这里选取最具有共识度的三个原则作为预算基本原则加以介绍,分别是完整性原则、一致性原则与公开性原则。对预算法基本原则的认知则相对集中,主要表现在民主性原则与法定性原则两个方面。

(一)预算基本原则

1. 完整性原则

预算完整性原则亦称为全面性原则,是指政府全部收支纳入预算程序,接受预算约束。预算完整性原则旨在回应预算运行过程必然面临的第一个问题,即究竟“将什么纳入预算”,只有在确定预算覆盖范围的前提下,才能进一步解决“以何种方式展示预算所包含的收入和支出项目”的问题(涉及预算公开性原则、预算一致性原则)以及“何时提交预算”“提交预算的形式和内容”的问题(涉及预算年度性原则)。纳入预算收支范围的宽窄从源头上决定预算控制的强度。因此,全面性原则历来为各国预算法所重视。我国修订后的《预算法》第 4 条第 2 款规定“政府全部收入和支出都应当纳入预算”,从而在立法层面正式建立“全口径预算”。

值得注意的是,修订后的《预算法》在一般公共预算之外,针对具有特定收入来源以及支出用途的资金分别建立政府性基金预算、国有资本经营预算、社会保险基金预算。在预算审批、预算执行、预算调整、决算、监督方面,《预算法》对“四本预算”采取了一体化的制度策略,使事实上存在的“预算外资金”一定程度上被纳入预算约束范围,但不可回避的是,预算分配的碎片化现象仍然存在。预算完整性原则只是解决了是否有预算的问题,而没有解决预算究竟发挥多大作用的问题。就好比搭建起了预算约束的“外围工程”,但进入这个“工程”内部,发现还存在若干不同类型并各自独立运行的

---

① 关于国外学者研究预算原则的情况,可参见马骏、赵早早:《公共预算:比较研究》,中央编译出版社 2011 年版,第 10 页。

② 参见刘剑文主编:《财税法学》,高等教育出版社 2017 年版,第 68 ~ 71 页。

③ 参见蔡茂寅:《预算法之原理》,台北,元照出版有限公司 2008 年版,第 41 ~ 43 页。

④ 参见翟继光:《财政法学的基本原理——关于政府与纳税人关系的研究》,经济管理出版社 2011 年版;徐孟洲:《论公共财政框架下的〈预算法〉修订问题》,载《法学家》2004 年第 5 期。

预算资金,它们受预算约束的程度存在差异,表现在:受一般税收收入支持并用于社会公共目的的收支因涉及利益范围广,社会关注度高,而受约束程度更强;反之,具有特定收入来源并限定支出用途的收支在约束程度上就会下降。完整性原则面临的另一个困难是实践中出现的一些新型财政行为如何纳入预算缺乏必要的制度回应。比较典型的是政府与社会资本合作(Public-Private Partnership,PPP)过程中的财政资金管理问题。随着我国政府职能的转型与公共服务供给的市场化改革,公私合作作为一种新型的公共服务供给方式已经在实践中发挥重要的作用。在公共基础设施、公共服务提供领域广泛推行的PPP项目便是其中的典型代表。然而与这种在行政管理领域积极推行改革形成较大反差的,是对公私合作的财政属性及其引发的预算法治问题缺乏应有的重视。公私合作在本质上是一种财政支出活动,包含对相关资金的预算编制及执行、预算监督与绩效评价等基本要素。同时与传统的财政资金运转过程相比,公私合作又具有参与主体的公私交融性(资金流转发生在公共服务购买者与公共服务承接者之间)、支付方式的对价性(一方支付财政资金换取另一方提供的公共服务)、资源利用的风险性(服务购买过程中可能产生额外成本)。这些特性对预算法治创新提出了要求。《预算法》对于公私合作背景下的预算制度改革缺乏足够回应,仅有一个条款涉及政府采购情况公开的规定,并且《预算法》上的"政府采购"与《政府采购法》使用的"政府采购"概念都未涵盖公共服务购买这种情况,无法适应实践发展需要。如何既能与预算管理的基本规则相协调,融入全口径预算的管理体系,又能针对这种新型财政行为的特性进行特殊规制,是《预算法》完善需要解决的现实课题。完整性原则还面临来自财政专户问题的挑战。《预算法》将财政专户设立条件限定为"法律有明确规定或者经国务院批准的特定专用资金"。但对财政专户资金如何进行预算管理,如何与国库单一账户体系中的其他账户相协调,又如何清理既有的不符合规定的财政专户以及未来设立财政专户应当遵循的程序条件和实体条件等,都语焉不详,亟待《预算法》及相关规定的完善。

2. 一致性原则

一致性原则强调所有的政府收入和支出应当被同等对待,预算的各部分应当恰当地联系起来,避免预算碎片化问题。按照一致性原则,所有收入应当统一、无差别地纳入预算,不能用一种方法处理一部分收入,而用另一种方法处理其他收入。诚如前述,在依据完整性原则将政府所有收支都纳入预算之后,其实发现预算本身并非单一的、统一体系,而是被分割成了不同收支"板块"。因而,一致性原则就要求纳入预算的收支应当按照一定方式统一对待,即便要分成若干分支体系,亦应最大限度谋求各体系之间的协调。在理论上,一致性原则是追求预算管理秩序和健康财政的重要条件,通过运用一种模式处理和管理所有的收入和支出,可以确保所有的收入和支出决策放在一起进行比较,更有利于预算控制和监督。当然,一致性原则在实践中的运用是有限度的,随着政府职能活动范围的扩大,财政收支项目也日趋复杂,政府各项收支的特殊性逐步呈现,要求所有收支都运用同一种方法进行预算管理未免显得过于严苛,因而,《预算法》作出的选择是建立全口径预算体系,同时要求四种预算分支体系按照统一的政府收支分类,使用统一的政府收支科目编制,并且强调国有资本经营预算、政府性基金预算、社会保险基金预算应当与一般公共预算相衔接。在未作出明确规定的情况下,国有资本经营预算、政府性基金预算和社会保险基金预算的收支管理方法应当适用一般公共预算管理方法。

3. 公开性原则

"预算不公开的政府是看不见的政府,看不见的政府必然是不负责任的政府,而不负责任的政府不可能是民主的政府。"[①]因此,通过不断推进完善预算公开制度,可以为落实预算民主提供切实有效的路径。关于预算公开,有两种方式:一种是法定预算公开,即政府部门依据法律的直接规定主动公开预算,《预算法》第 14 条、第 89 条所涉及的即为此种预算公开。[②] 除此之外,《政府信息公开条例》、财政部《关于进一步推进财政预算信息公开的指导意见》、财政部《关于进一步做好预算信息公开工作的指导意见》、财政部《关于深入推进基层财政专项支出预算公开的意见》都涉及法定预算公开。应当肯定的是,借助《预算法》的规定以及行政力量的大力推动,预算公开无论是形式还是实质内容方面都有了明显改善,一些地方还通过细化公众参与预算的方式,如建立预算听证机制,推动预算透明度的提升。另一种是依申请公开,即依据当事人的申请结合相关法律的规定决定是否公开以及公开的范围。目前《预算法》对依申请公开缺乏规定。不仅如此,《预算法》之外的制度规范还对依申请公开的实体标准设置了障碍。按照《政府信息公开条例》、财政部《关于进一步做好预算信息公开工作的指导意见》、国务院办公厅《关于做好政府信息依申请公开工作的意见》、最高人民法院《关于审理政府信息公开行政案件若干问题的规定》,非属法定范围的预算信息公开受"特殊需要"证据规则与"直接提供"规则约束,即申请方申请公开的信息应当属于自身生产生活或科研等特殊需要,以及行政机关可以直接提供,无须为其制作、收集、汇总、分析、加工的信息。[③] 事实上,公众申请公开恰恰构成推动预算改革及相关法治完善的重要力量,2009 年广州市财政局依据市民的预算公开申请,开全国之先在网上晒出全市 114 个部门预算账本,引起社会广泛关注。正是广州市民申请预算公开的一次不经意行动揭开了政府预算神秘的面纱,此后,预算公开逐步成为各级政府的常态。上海财经大学公共政策研究中心承担的中国省级财政透明度评估项目从 2008 年开始对我国各省财政透明度进行评估排序,诊断问题并提出解决方案,对地方财政透明度提升发挥了重要

---

① 蒋悟真:《推动预算民主的三条进路》,载《法学》2011 年第 11 期。

② 根据《预算法》第 14 条、第 89 条规定,法定公开的预算包括"经本级人民代表大会或者本级人民代表大会常务委员会批准的预算、预算调整、决算、预算执行情况的报告及报表","经本级政府财政部门批复的部门预算、决算及报表","对预算执行和其他财政收支的审计工作报告"。

③ 参见陈治:《地方预算参与的法治进路》,载《法学研究》2017 年第 5 期。

作用。其持续多年推进财政透明度调查项目,使各个地方政府从被动关注自己的透明度排名到现在主动实施预算公开,从把预算信息定性为"国家机密"拒绝调查申请到现在已经作为政府履行法定职责的行动,预算公开已经成为社会共识。由此可见,要落实预算公开性原则,真正提升财政透明度,应当协调法定预算公开与依申请预算公开的关系,重点完善依申请预算公开制度。

(二)预算法基本原则

1. 民主性原则

预算民主性原则是反映预算本质特征的基本原则。它是指预算的编制、审批、执行、监督整个运行过程应当遵从人民的意愿并依据民主程序进行,接受人民及其代议机构的监督。预算民主性原则应当在预算运行的各个环节中体现出来,其具体实现方式根据预算层级、预算事项的不同而有所区别,但都应当保障人民意愿的充分实现。(1)在预算编制环节,预算民主意味着负责预算编制的行政机关或其所属部门单位应听取人大代表、社会公众的意见,尤其是在地方基层政府编制预算过程中,由于预算层级越低,预算编制事项越细化,与社会公共利益的关系也越密切,因而,更应保障社会公众直接参与民生相关事项的预算分配的权利。(2)在预算审批环节,预算民主主要通过人民选举产生的代议机构对预算收支安排进行审查并决定是否批准该预算。一般认为,代议机构审批预算构成预算民主的最重要环节。[①] 预算审批进一步体现在两个方面:一是人大会议对预算草案的正式审批。在实践中,湖北、重庆、广东、云南等省市还出台地方性的预算法实施办法或者条例对人大预算修正权作出规定。地方人大通过行使预算修正权的形式部分变更预算草案,避免了在全部通过或者全部否决之间不得不选择全部通过或全部否决的形式审查弊端,增强了人大预算监督的实效性。《预算法》第21条中规定:"县级以上地方各级人民代表大会审查本级总预算草案及本级总预算执行情况的报告;批准本级预算和本级预算执行情况的报告;改变或者撤销本级人民代表大会常务委员会关于预算、决算的不适当的决议;撤销本级政府关于预算、决算的不适当的决定和命令。"第13条规定:"经人民代表大会批准的预算,非经法定程序,不得调整。各级政府、部门、单位的支出必须以经批准的预算为依据,未列入预算的不得支出。"除了上述对人大审批预算及其效力的基本规定之外,《预算法》还用较大篇幅规定了人大行使预算审批监督权的具体机构、程序、方式等,这也体现了预算审批在《预算法》中占有的重要地位。二是人大会议之前就预算草案听取意见。《预算法》第45条规定:"县、自治县、不设区的市、市辖区、乡、民族乡、镇的人民代表大会举行会议审查预算草案前,应当采用多种形式,组织本级人民代表大会代表,听取选民和社会各界的意见。"这一规定主要是针对地方基层预算草案的审批,表明《预算法》对公权主体之外其他主体的预算法律地位的肯认,也体现出有别于人大预算审批的公众直接参与的预

---

① 参见华国庆:《预算民主原则与我国预算法完善》,载《江西财经大学学报》2011年第4期。

算民主形式。值得注意的是,在浙江温岭、四川盐津、上海闵行等县、区的地方性预算实践中,已经尝试在保持公权主体基本权力格局(行政机关负责编制预算、立法机关负责审批预算)的前提下,将社会主体从低位阶的"听取意见"层次提升到协商(如温岭新河镇)乃至分享预算决策权力(如温岭泽国镇)的更高层次的位阶上,①反映了在地方基层实现预算民主的更多元的实践形式和探索可能。(3)在预算执行环节,行政机关及其所属部门单位应当按照人大所批准通过的预算执行,如涉及预算追加或者其他重大资金变动,也须编制预算调整案再次提请人大审批,通过之后按照新的预算执行。(4)在预算监督环节,政府整个收支行动都应纳入人大监督范围,保证人大实现动态、持续、全过程监督。预算民主性原则表明预算不仅仅是从财务管理的角度制定收支计划,更在于要将政府的收支行动纳入权力机关的监督控制下,体现预算作为财政权力控制工具的本质特征。按照预算民主性原则的要求,未经代议制机构同意的预算,不会产生预算授权结果,政府不能据此获得财政支出权力。

2. 法定性原则

预算法定是预算立法者与预算执行者围绕资源配置进行权限划分的产物。如果说预算民主强调的是预算权配置上的分权制衡,那么,预算法定就是体现分权结果的制度安排。因此,它是预算民主的一种实现形式。一般认为预算法定包含以下几层意思:一是预算的形成及运作过程受到法律约束,即预算的要素法定、预算的程序法定、预算的责任法定;二是预算必须提交立法机关审议,一经通过就具有法律效力,成为各级政府及其部门在财政年度内安排各项支出的依据;三是对于已通过的政府预算,未经法定程序,任何主体都无权擅自改变;四是在特殊情况下,需要增加支出或变更既定支出的用途,必须得到立法机关的批准。应当指出的是,以上所揭示的是预算法定的形式蕴含。形式意义的预算法定意味着预算本身相当于法律,具有严格的约束效力。预算执行就是一个完成预先规定的收支计划的过程。当然,不同类型的预算——收入预算与支出预算的在效力上有所差异。收入预算并不能单独赋予政府强制性征收的权限,②因此,预算的效力实际体现在支出预算上,即预算对政府支出行为的拘束力。预算法定的形式意义在于两个方面:一是"向行政机关发布它必须予以执行的命令",③从这一意义出

---

① 按照学者谢里·R. 阿恩斯担(Sherry R. Arnstein)在《公民参与的阶梯》一文中的观点,参与可以划分为操纵(manipulation)、医疗(therapy)、告知(informing)、咨询(consultation)、安抚(placation)、合作伙伴(partnership)、代理权(delegated power)和民众控制(citizen control)八个层次,参与者对决策的影响力逐级提高。"听取意见"处于"告知"和"咨询"的层级。See Sherry R. Arnstein, "A Ladder of Citizen Participation", 35 *AIP Journal*, 1969, p. 217.

② 台湾大学蔡茂寅教授对此有专门论述。他认为"收入预算只是对特定年度内国家收入的预估,既非命令征收机关应当获取预算金额之收入,亦非准许征收机关只获取预算金额之收入即为已足"。参见蔡茂寅:《预算法之原理》,台北,元照出版有限公司2008年版,第77页。

③ [美]哈耶克:《法律、立法与自由》(第1卷),邓正来等译,中国大百科全书出版社2000年版,第214页。

发,预算实际上是一些授予政府权力并要求其运用所掌握的资源达致一定目的的行动指令;二是通过审批预算编制与监督预算执行将政府的支出行为控制在预算之内,“公共预算是要将政府支出限制在政府可能获得的收入之内来防止透支,从而确保平衡”。[①] 在这一意义上,预算被赋予了控权的功能。支出金额、支出目的、支出期间、支出优先性顺序等都须按照预算规定执行。事后如要增加支出总额,也必须经一定程序重新编制预算调整案并提交立法机关审批。由此可见,形式意义的预算法定看重的是支出预算本身的效力——支出必须且只能在预算规定范围内进行。

有待进一步思考的是,预算对支出的约束效力能否有效实现?如果仅仅强调预算形式上的法定主义能否保障政府支出行动受到实质控制?以预算编制为例,《预算法》规定了预算编制应当遵循的若干要求,但支出部门可以从支出基准而非支出上限的角度执行这一预算编制要求,[②]这就导致实践中预算编制仍然是在以往预算规模基础上进行渐进性调整,使政府支出呈现整体扩张的趋势。另外,在各支出部门自下而上地基于自身支出需求形成预算草案的过程中,某些支出需求并不与其他需求处在同等的资源竞争地位上。它们可能凭借独立的资金“储备池”以专款专用的形式得到“特别照顾”,可能借助中长期项目的固有特性以持续性支出的形式避开年度预算的权衡,还可能依托预算外的正式立法或其他政策性因素以法定支出、担保支出等形式提前将部分资源“锁定”。由于免除了在预算分配的整体格局中进行竞争的压力,预算决策过程实际上被分裂成若干自成一体的“微型预算体系”(mini-budgets),[③]使预算程序进一步丧失对支出的实质控制能力。基于此,有必要反思预算对支出的约束力如何真正落实和体现。如果仅仅重视有无预算,简单把制定预算作为规制重心,那么显然无法对政府支出形成实质约束力,因而,需要把规制重心从预算有无的源头移向预算运行的动态过程,不仅要求预算执行者的支出行为获得初始授权,更要确保事后的运作过程具有可持续的正当基础,建立实质意义的预算法定。

第二节　预算权配置

《预算法》的第二章名为“预算管理职权”,意指国家立法机关、行政机关及其所属部门在预算管理方面的职权。在学理上,也将此概括为“预算权”,主要反映的是公权

---

① ［美］爱伦·鲁宾:《公共预算中的政治:收入与支出,借贷与平衡》,叶娟丽、马骏译,中国人民大学出版社 2001 年版,第 1 页。

② See Allen Schick, “Macro-budgetary Adaptions to Fiscal Stress in Industrialized Democracies”, *Public Administration Review*, Vol. 46, 1986, p. 129.

③ See Naomi Caiden, “A New Perspective on Budgeting Reform”, *Australian Journal of Public Administration*, Vol. 48, 1989, p. 56.

主体依法享有的预算权力,因而实质上与立法上采用的"预算管理职权"的说法是一致的。但值得注意的是,目前学界越来越多的研究开始反思预算权为公权主体统领的格局,提出如何为私权主体获得预算参与的法权地位的主张,认为预算权应当是预算权力与预算权利辩证统一的产物。[①] 基于此,这里采用内涵更为弹性和丰富的"预算权"来介绍相关主体在预算法上的法权地位。

一、各级权力机关的预算权

从中央到地方的预算层级来看,全国人大及其常委会的预算权与地方各级人大及其常委会的预算权大致相同,都是负责审批预算草案,但依照《预算法》的相关规定,中央和地方人大审批的预算草案的具体对象有所差异,并且人大和人大常委会在预算审批上的职责分工上也有一定区别。

(一)全国人民代表大会及其常委会的预算权

全国人大的预算权:一是审查权,全国人大有权审查中央和地方预算草案及中央和地方预算执行情况的报告;二是批准权,全国人大有权批准中央预算和中央预算执行情况的报告;三是变更撤销权,全国人大有权改变或者撤销全国人大常委会关于预算、决算的不适当的决议。一般而言,《预算法》使用审查和批准合二为一的模式——"审批权"来指代立法机关作用于行政机关编制的预算草案的权力内容,但就全国人大而言,《预算法》采取了"审查权"和"批准权"分离的立法模式,两种权力作用的对象有所差异:审查权的对象是中央和地方预算草案及中央和地方预算执行情况的报告,表明全国人大对中央和地方层面的预算都纳入监督范围,这符合预算监督具有的自上而下、依照统一标准和方式实施的属性,但批准权的对象则明确限于中央预算和中央预算执行情况的报告。也就是说,尽管全国人大可以审查地方的预算草案和预算执行情况报告,但并不能直接批准预算,赋予预算以法定效力。要使预算真正成为政府支出的依据必须由同级立法机关批准通过。可见,批准权是实质性赋予预算效力的关键要件,应当由更加熟悉了解预算相关内容的同级立法机关行使更为妥当,并且《预算法》规定了"一级政府、一级预算"的基本原则,将地方预算草案和预算执行情况报告交由同级立法机关批准也合乎法律规定。

全国人大常委会的预算权:一是监督权,全国人大常委会有权监督中央和地方预算执行;二是审批权,全国人大常委会有权审批中央预算的调整方案,审批中央决算;三是撤销权,全国人大常委会有权撤销国务院制定的同宪法、法律相抵触的关于预算、决算的行政法规、决定和命令;撤销省、自治区、直辖市人民代表大会及其常务委员会会制定

---

① 核心观点是主张将预算权概念扩大为既涵盖预算公权力也包括预算私权利的更为宽泛的概念。相关讨论可参见朱大旗:《现代预算权体系中的人民主体地位》,载《现代法学》2015 年第 3 期;张学博:《现代财产权观念中的预算权概念研究——兼论预算法之完善》,载《河南财经政法大学学报》2016 年第 5 期;刘光华:《预算权法律属性:基于法律关系的解读》,载《首都师范大学学报》(社会科学版)2012 年第 6 期。

的同宪法、法律和行政法规相抵触的关于预算、决算的地方性法规和决议。与前述分析全国人大预算审批权的基本法理一致,全国人大常委会有权批准的对象也是限于中央层面的预算文件,并且相对于全国人大预算权而言,人大常委会的预算权集中于预算草案通过之后在预算执行过程中对预算调整方案以及预算执行完毕对预算决算的审批。

(二)地方各级人大及其常委会的预算权

县级以上地方各级人大的预算权与全国人大审查与批准两权分离的模式一致,也包括了针对预算草案与预算执行情况的两方面权力:一是审查权,有权审查本级总预算草案及本级总预算执行情况的报告;二是批准权,有权批准本级预算和本级预算执行情况的报告。这里的"本级总预算草案"和"本级总预算"的概念显示了县级以上人大预算审查权和批准权的对象差异。依据《预算法》第3条的规定,地方预算由各省、自治区、直辖市总预算组成。地方各级总预算由本级预算和汇总的下一级总预算组成;下一级只有本级预算的,下一级总预算即指下一级的本级预算。没有下一级预算的,总预算即指本级预算。以重庆市为例,重庆市人大有权审查重庆市一级预算和汇总的各区县预算组成的总预算,但有权批准的是重庆市一级的预算草案和预算执行情况的报告。除审查权和批准权之外,县级以上地方各级人大享有的第三项预算权是变更撤销权,即有权改变或撤销本级人大常委会关于预算、决算的不适当的决议,撤销本级政府关于预算、决算的不适当的决定和命令。

县级以上地方各级人大常委会的预算权:一是监督权,即有权监督本级总预算的执行;二是审批权,有权审查和批准本级预算的调整方案,审查和批准本级决算;三是撤销权,有权撤销本级政府和下一级人民代表大会及其常务委员会关于预算、决算的不适当的决定、命令和决议。

乡级人民代表大会的预算权:乡、民族乡、镇的人民代表大会审查和批准本级预算和本级预算执行情况的报告;监督本级预算的执行;审查和批准本级预算的调整方案;审查和批准本级决算;撤销本级政府关于预算、决算的不适当的决定和命令。

为便于各级人大行使其预算权,《预算法》还赋予了人大相关机构具体承担预算审查和监督职权。如全国人大财政经济委员会对中央预算草案初步方案及上一年预算执行情况、中央预算调整初步方案和中央决算草案进行初步审查,提出初步审查意见。在未设立财政经济委员会但通过其他有关专门委员会能够行使相关职责的省、自治区、直辖市或者设区的市、自治州人大,则由该专门委员会对本级预算草案初步方案及上一年预算执行情况、本级预算调整初步方案和本级决算草案进行初步审查,提出初步审查意见。未设立专门委员会的,由本级人民代表大会常务委员会有关工作机构研究提出意见。根据《预算法》的规定,全国人民代表大会常务委员会和省、自治区、直辖市、设区的市、自治州人民代表大会常务委员会有关工作机构,依照本级人民代表大会常务委员会的决定,协助本级人民代表大会财政经济委员会或者有关专门委员会承担审查预算草案、预算调整方案、决算草案和监督预算执行等方面的具体工作。

二、各级行政机关的预算权

(一)国务院的预算权

依据《预算法》的规定,国务院的预算权包括:(1)编制中央预算、决算草案,编制中央预算调整方案;(2)向全国人民代表大会作关于中央和地方预算草案的报告,将省、自治区、直辖市政府报送备案的预算汇总后报全国人民代表大会常务委员会备案,向全国人民代表大会、全国人民代表大会常务委员会报告中央和地方预算的执行情况;(3)组织中央和地方预算的执行;(4)决定中央预算预备费的动用;(5)监督中央各部门和地方政府的预算执行;(6)改变或者撤销中央各部门和地方政府关于预算、决算的不适当的决定、命令。

(二)县级以上地方各级政府的预算权

《预算法》对县级以上地方各级政府的预算权作出明确规定,具体包括:(1)编制本级预算、决算草案,编制本级预算的调整方案;(2)向本级人民代表大会作关于本级总预算草案的报告,将下一级政府报送备案的预算汇总后报本级人民代表大会常务委员会备案,向本级人民代表大会、本级人民代表大会常务委员会报告本级总预算的执行情况;(3)组织本级总预算的执行;(4)决定本级预算预备费的动用;(5)监督本级各部门和下级政府的预算执行;(6)改变或者撤销本级各部门和下级政府关于预算、决算的不适当的决定、命令。

(三)乡级政府的预算权

乡镇一级政府作为我国最基层的行政机关,依照"一级政府、一级预算"的基本原则也拥有其独立的预算权,包括:(1)编制本级预算、决算草案,编制本级预算的调整方案;(2)向本级人民代表大会作关于本级预算草案的报告,向本级人民代表大会报告本级预算的执行情况;(3)组织本级预算的执行;(4)决定本级预算预备费的动用。考虑到乡镇财政的特殊情况,同时,部分地区还推行了"乡财县管"改革,对乡镇一级预算权的独立性地位问题尚待进一步探索完善,在此背景下,有必要对乡镇预算权作出比较弹性的规定。基于此,《预算法》规定:"经省、自治区、直辖市政府批准,乡、民族乡、镇本级预算草案、预算调整方案、决算草案,可以由上一级政府代编,并依照本法第二十一条的规定报乡、民族乡、镇的人民代表大会审查和批准。"

三、各级财政部门的预算权

(一)国务院财政部门的预算权

国务院财政部门是代表国务院具体行使预算管理职能的机构,在我国历次重大的预算制度变迁中都扮演了积极的推动者、组织者和执行者的角色。依照《预算法》的规定,国务院财政部门的预算权包括:(1)具体编制中央预算、决算草案,具体编制中央预算的调整方案;(2)具体组织中央和地方预算的执行;(3)提出中央预算预备费动用方案;(4)定期向国务院报告中央和地方预算的执行情况。

(二)地方各级政府财政部门的预算权

地方各级政府财政部门是代表政府具体行使预算管理职能的机构,其具有以下预算权:(1)具体编制本级预算、决算草案,具体编制本级预算的调整方案;(2)具体组织本级总预算的执行;(3)提出本级预算预备费动用方案;(4)定期向本级政府和上一级政府财政部门报告本级总预算的执行情况。

四、各部门单位的预算权

依据《预算法》的规定,各部门预算权包括:编制本部门预算、决算草案;组织和监督本部门预算的执行;定期向本级政府财政部门报告预算的执行情况。

各单位预算权包括:编制本单位预算、决算草案;按照国家规定上缴预算收入,安排预算支出,并接受国家有关部门的监督。

拓展思考 **预算权配置的新课题——纳税人的预算权利**

从前述规定并且结合改革实践来看,预算权配置集中围绕公权主体,即立法机关和行政机关及其所属部门单位而展开。近年来,立法与实践在加强行政机关的预算集中管理权的同时,注重人大预算监督机制的完善,人大的预算监督开始具有更多实质性的内容。[①] 但应当注意的是,公权主体之外多元化的社会主体并未在既有的预算权配置格局中获得一席之地。如果从纳税人与用税人的关系来看,也就意味着纳税人在用税人决定如何分配利用公共资源时缺乏必要的权利依据,以支撑其有效参与这一关乎自身利益的预算过程。从学界研究来看,主流观点也较多关注立法机关与行政机关之间的预算权力分配问题,对公权主体之外的社会参与关注不多,更未涉及权利配置的问题。对此,有学者指出,传统预算权运行路径是在公权主体内部进行分配,忽视纳税人在预算法中的主体地位,应当打破公权为主导的预算权思维定式,在《预算法》中明确规定其预算知情权、表达权、参与权和监督权。[②] 概言之,应当重新审视预算权为单一公权主体所主导的配置格局,赋予纳税人预算权利。

---

① 如修订后的《预算法》规定,人大负有对预算草案及其报告、预算执行情况的报告重点审查“重点支出和重大投资项目的预算安排是否适当”的职责。2015 年到 2018 年,中央发布了一系列旨在强化人大预算监督的指导文件,如《关于改进审计查出突出问题整改情况向全国人大常委会报告机制的意见》《关于推进地方人大预算联网监督工作的指导意见》《关于建立预算审查前听取人大代表和社会各界意见建议的机制的意见》《中共中央关于建立国务院向全国人大常委会报告国有资产管理情况制度的意见》《关于人大预算审查监督重点向支出预算和政策拓展的指导意见》等。这一系列措施使“一边倒”式的行政内控改革有所改观,行政外部的公权制衡作用逐步凸显。

② 参见蒋悟真:《中国预算法实施的现实路径》,载《中国社会科学》2014 年第 9 期;蒋洪、温娇秀:《预算法修订:权力与职责的划分》,载《上海财经大学学报》2010 年第 1 期;刘剑文、王桦宇:《公共财产权的概念及其法治逻辑》,载《中国社会科学》2014 年第 8 期。

第三节 预算收支范围

在明确政府所有财政收入与财政支出都必须纳入预算的前提下,需要进一步规范预算收入和预算支出的具体范围。预算收入是在预算年度内按照法定的形式和程序取得的资金,预算支出是在预算年度内对取得的收入进行再分配和利用的过程。依据《预算法》的规定,我国形成了由一般公共预算、政府性基金预算、国有资本经营预算和社会保险基金预算构成的复式预算体系,不同的预算有相应的收支范围。

一、一般公共预算及其收支范围

一般公共预算是对以税收为主体的财政收入,安排用于保障和改善民生、推动经济社会发展、维护国家安全、维持国家机构正常运转等方面的收支预算。

一般公共预算收入包括各项税收收入、行政事业性收费收入、国有资源(资产)有偿使用收入、转移性收入和其他收入。一般公共预算支出按照功能和经济性质进行分类。功能分类主要反映的是政府各项职能活动及政策目标,按功能分类,一般公共预算支出包括一般公共服务支出,外交、公共安全、国防支出,农业、环境保护支出,教育、科技、文化、卫生、体育支出,社会保障及就业支出和其他支出。在按功能分类编制一般公共预算时进一步区分为类、款、项三级,以便清晰展示政府各项职能活动的支出情况。经济性质分类主要反映的是政府支出的经济性质和具体用途,按经济性质分类,一般公共预算支出包括工资福利支出、商品和服务支出、资本性支出和其他支出。在按经济性质分类编制一般公共预算时区分为类、款两级。对一般公共预算支出按功能分类和经济性质分类,可以较为全面地考察政府预算支出的结构和方向,进而判断政府各项职能活动回应社会公共需要的程度和水平,决定是否予以调整以及如何调整。

对一般公共预算还可按照预算层级划分为中央一般公共预算和地方一般公共预算。中央一般公共预算包括中央各部门、各直属单位预算,中央对地方的税收返还、转移支付预算。中央一般公共预算收入包括中央本级收入和地方向中央上解收入;中央一般公共预算支出包括中央本级支出和中央对地方的税收返还和转移支付支出。地方一般公共预算包括本级各部门、各直属单位预算,向下级政府的税收返还、转移支付预算。地方一般公共预算收入包括地方本级收入、上级政府对本级政府的税收返还和转移支付、下级政府的上解收入;地方一般公共预算支出包括地方本级支出、对上级政府的上解支出、对下级政府的税收返还和转移支付。中央预算与地方预算的分类目的是解决政府间财政收支划分问题。但须注意的是,《预算法》并未对财政收支划分作出明确规定,“中央预算与地方预算有关收入和支出项目的划分、地方向中央上解收入、中央对地方税收返还或者转移支付的具体办法,由国务院规定,报全国人民代表大会常务委员会备案”。《预算法》修订实施后,国务院颁布了《关于推进中央与地方财政事权和支出责任划分改革的指导意见》,明确了"体现基本公共服务受益范围""兼顾政府职能和行政效率""实现权、责、利相统一""激励地方政府主动作为""做到支出责任与财政事权相适应"的财政事权和支出责任划分原则,对属于中央并由中央组织实施的财政事权,原则上由中央承担支出责任;对属于地方并由地方组织实施的财政事权,原则上由地方承担支出责任;对属于中央与地方共同财政事权,根据基本公共服务的受益范围、影响程度,区分情况确定中央和地方的支出责任以及承担方式。

二、政府性基金预算及其收支范围

政府性基金预算是对依照法律、行政法规的规定在一定期限内向特定对象征收、收取或者以其他方式筹集的资金,专项用于特定公共事业发展的收支预算。

关于政府性基金预算的具体收支范围,《预算法》规定"按照法律、行政法规和国务院的规定执行"。《预算法》将规范的重心放在政府性基金预算的基本运作原则上。如要求"政府性基金预算应当根据基金项目收入情况和实际支出需要,按基金项目编制,做到以收定支"。这就意味着,政府性基金预算实行严格的基金项目与预算的对应性原则,每个基金项目之间具有相对独立的收支情况需要通过不同的预算加以反映和管理,因而,每一种基金都编制与之对应的一本预算,再按照一定的管理层级,报送同级人民代表大会审批。同时,政府性基金预算实行"以收定支",其征收要件、程序是由相关法律法规明确规定的,只要社会主体的行为符合该征收要件,就负有依法缴纳的义务。但是,政府性基金征收主体不得在法律法规规定之外基于支出的需要扩大征收范围或提高征收数额,支出规模必须严格受制于收入规模。因而在政府性基金运作中应当坚持收支平衡原则。这就与一般公共预算有所不同,一般公共预算支出是用于支撑整个社会的公共产品和公共服务供给,而从税收征收获取的资金并不能有效保障政府职能行使,因此,往往需要通过举债融资或者允许跨年度预算平衡的方式保障政府职能正常行使。

作为复式预算中的一大分支,政府性基金预算与一般公共预算相互独立,但按《预算法》规定也应当与一般公共预算衔接。但如何"衔接",《预算法》并未提供具体操作方案。从理论上分析,这种"衔接"既包括一般公共预算对政府性基金预算的支持,如安排资金作为政府性基金预算的收入,也表现为将政府性基金预算的资金转入一般公共预算。从实践情况分析,两者的衔接主要表现为政府性基金预算转入一般公共预算。如国务院《关于深化预算管理制度改革的决定》规定:"完善政府预算体系。……建立定位清晰、分工明确的政府预算体系……加大政府性基金预算、国有资本经营预算与一般公共预算的统筹力度,建立将政府性基金预算中应统筹使用的资金列入一般公共预算的机制。"国务院《关于印发推进财政资金统筹使用方案的通知》(以下简称《关于统筹使用方案的通知》)对政府性基金预算与一般公共预算的衔接作出更明确的规定:"加大政府性基金预算转列一般公共预算的力度。完善政府预算体系,对政府性基金预算中未列入政府性基金目录清单的收入项目,除国务院批准的个别事项外,三年内逐步调整转列一般公共预算，并统筹使用。从2016年1月1日起，将水土保持补偿费、政府住房基金、无线电频率占用费、铁路资产变现收入、电力改革预留资产变现收入五项基金转列一般公共预算。上述基金转列后，支出仍主要用于或专项用于安排相关支出，且收入规模增加的，支出规模原则上相应增加。”“加大政府性基金预算调入一般公共预算的力度。暂时保留在政府性基金预算管理的资金，与一般公共预算投向类似的，应调入一般公共预算统筹使用，或制定统一的资金管理办法，实行统一的资金分配方式。对政府性基金预算结转资金规模超过该项基金当年收入30%的部分，应补充预算稳定调节基金统筹使用。”财政部《关于完善政府预算体系有关问题的通知》（以下简称《关于完善预算体系的通知》）明确“从2015年1月1日起，将政府性基金预算中用于提供基本公共服务以及主要用于人员和机构运转等方面的项目收支转列一般公共预算”。

根据《关于统筹使用方案的通知》与《关于完善预算体系的通知》，政府性基金预算与一般公共预算的衔接实际上包括两种具体操作机制：一种机制是政府性基金预算“转列”一般公共预算，即只要不属于政府性基金目录清单中的收入项目都不再纳入政府性基金预算管理，而是归并到一般公共预算中主要或专项用于安排相关支出，原来一般公共预算有安排此类支出的，应与原来的预算项目安排进行统筹，以最大限度发挥资金使用效益，避免资源浪费。“转列”机制意味着部分本来定位于专款专用的政府性基金将不再存在，按照一种基金对应一本预算的基本原则，对该部分转列的政府性基金的预算管理自然也就不复存在。① 另一种机制是政府性基金预算“调入”一般公共预算，即对于保留在政府性基金预算管理中的资金与一般公共预算投向类似的，该部分资金应与一般公共预算资金统筹使用或通过制定统一的资金管理办法，实行统一的资金分配方式，确保资金高效利用。“调入”机制虽然保留了政府性基金预算管理的外壳，但实际上与一般公共预算中具有类似用途的资金是进行统筹使用或按统一方法管理分配的，因而政府性基金预算与一般公共预算的边界也有所淡化。综合而言，“转列”或“调入”都在不同程度上影响了政府性基金预算与一般公共预算的独立性边界。需要思考的是，《预算法》规定“一般公共预算、政府性基金预算、国有资本经营预算、社会保险基金预算应当保持完整、独立”。显然，四本预算各自的“完整、独立”是进行“衔接”的前提，如果四本预算本身都缺乏完整性和独立性，那么衔接的意义也会大打折扣。因而，学者建议“既然政府性基金有独立的来源和开支，强调专款专用，应当尽量保持基金预算的独立性，它和一般公共预算的互通只宜作为特例处理”。②

---

① 《关于完善预算体系的通知》规定“上述基金转列后，相应修订《2015年政府收支分类科目》，原政府性基金收支科目相应删除，在一般公共预算中单设相应收入科目”，“不再单设相应支出科目”，“上述基金转列后，收入按照新的收入科目缴入国库，支出仍主要用于或专项用于安排相关支出，且收入规模增加的，支出规模原则上相应增加，有条件的地区要进一步加大对残疾人事业等领域的支持力度”。

② 刘剑文、熊伟：《财政税收法》（第6版），法律出版社2014年版，第149页。

应当说,我国建立复式预算的初衷就是要更加精细化地反映并规范具有不同性质和用途的财政收支。要确保各个预算都能规范高效地运转,根本措施不是"转列"或者"调入",而在于回到该基金项目设置的源头上,重新审视其是否有存在的正当性、必要性、合理性,在决定是否要开立某个基金项目乃至更为根本性地在制定相关法律法规考虑如何设计基金项目的设立标准和条件等因素时,应当首先权衡是否应当及是否有必要设立,已有的政府性基金项目以及一般公共预算支出项目中是否存在能够实现类似用途的安排,能否最大限度地利用已有的项目资金达到目的,而不是为征收而盲目开设。对于将要新设或者准备新制定立法授权开立的基金项目而言,应当置于更加严格的标准之下进行判断和取舍。而对于之前实践中已经不当设立的基金项目,的确存在一个如何统筹利用现有资金的问题,因而"衔接"的提出主要是用于解决政府性基金管理的历史遗存问题,更重要的治本之策当是清理政府性基金项目,不符合征收标准和条件的项目应当停止征收,在此基础上进一步完善立法,规范征收标准和条件。

三、国有资本经营预算及其收支范围

国有资本经营预算是对国有资本收益作出支出安排的收支预算。国有资本经营预算应当按照收支平衡的原则编制,不列赤字,并安排资金调入一般公共预算。

国有资本经营预算的收入范围即是国有资本的收益,按照国务院《关于试行国有资本经营预算的意见》《企业国有资产法》的规定,国家取得的国有资本收益包括:从国家出资企业分得的利润,国有资产转让收入,从国家出资企业取得的清算收入,其他国有资本收入。对于国有资本经营预算的支出范围,《预算法》并未作出明确规定,只是要求"安排资金调入一般公共预算",形成与政府性基金预算相似的"衔接"模式,但与政府性基金预算向一般公共预算单向流动的运作轨迹不同,国有资本经营预算也接受来自一般公共预算的资金支持。查阅历年财政部公布的中央和地方一般公共预算支出数据表,不难发现在"社会保障与就业"一类下设置的"企业改革补助"项目,便是反映一般公共预算承担国有企业改革成本的支出。也正是基于国家财政分担了相当部分的国企改革成本,近年来国家愈益重视国有资本收益的"反哺"社会,要求提高国有资本经营预算资金调入一般公共预算的比例。《企业国有资产法》则是原则性规定国家取得的上述国有资本收入以及从该收入中进行的支出应当编制国有资本经营预算,并未将国有资本收益的用途特定化。在更早时候颁布的国务院《关于试行国有资本经营预算的意见》中规定国有资本经营预算的支出包括:资本性支出,即根据产业发展规划、国有经济布局和结构调整、国有企业发展要求,以及国家战略、安全等需要,安排的资本性支出;费用性支出,用于弥补国有企业改革成本等方面的费用性支出;其他支出,并且指出"具体支出范围依据国家宏观经济政策以及不同时期国有企业改革和发展的任务,统筹安排确定。必要时可部分用于社会保障等项支出",可见对支出用途的规定也偏于笼统。整体而言,国务院《关于试行国有资本经营预算的意见》以及之后颁布的《企业国有资产法》《预算法》基本承继了国有资本经营预算在支出用途上非特定化,进而强调与其他预算分支进行衔接的立法模式,这种状况同样容易引发对国有资本经营预算究应如何定位的争议:既然支出用途并非特定化,那么统一编制一般公共预算是否更为简便,同时还能避免预算编制中的支出重复?① 国有资本经营预算与一般公共预算的边界如何划清,前者独立存在的价值或者功能定位又如何体现?

国有资本经营预算与一般公共预算都属于公共财政的复式预算体系的范畴,两者从本质上讲都是国家提供公共产品、满足社会公共需要的重要方式,但是在对公共性本身的定位上有所差异。国有资本经营预算的公共性反映"国家以国有资产所有者的身份依法取得国有资本收益,并对所得收益进行的分配,这种分配主要用于经济建设及国有资产经营",而一般公共预算的公共性体现在"维持政府公共管理职能活动,保障国家安全和社会秩序,发展各项社会公益事业支出,不涉及任何的资本增值活动"。② 厘清二者公共性差异的关键在于国家组织公共产品提供的主体身份、价值目标及实现方式的差异。在国有资本经营预算中,国家是以国有资产管理者的身份组织公共产品提供,强调经济价值及市场化方式的运用,进而实现社会公共利益。国有资本经营预算支出的公共性体现了弥补市场机制作用的局限,但它并不排斥对市场化、竞争性原则的运用。国家采取国有企业的实体方式而非直接拨款方式运作财政预算资金,这本身就体现了国家通过企业化运作参与经济建设,追求经济效益,使国有资本保值增值的基本宗旨。当然,国有资本经营预算也涉及诸多以非营利为目标的实体化运作,如由国有资产监督管理委员会直接履行出资人职能,属于国有资本经营预算实施范围的中国储备粮管理总公司、中国储备棉管理总公司、中国长江三峡集团公司等国有企业,因而,是否以营利为目的并非区别国有资本经营预算与一般公共预算的标准。以市场化、企业化方式运作可以追求营利,也可追求社会公益目标。关键是在这一过程中国家扮演的是代表社会公众行使国有资产管理者的角色,理应为广大公众承担扩充资产价值的任务。在一般公共预算中,国家是以社会管理者身份提供公共产品,强调社会民生价值,市场化方式的运用有限。其重心应当放在通过市场自发竞争无法充分提供的教育、科技、医疗、卫生、环保等社会民生领域的支出,确保这些基本公共服务实现均等化。一般公共预算并非不强调效益,事实上,现在绩效预算在教育等领域开展较为普遍。但与国有资本经营预算的效益追求相比,一般公共预算的绩效强调用"更少的钱办更多的事""花钱要花出效果",因而侧重于支出的实际产出及其社会影响,有没有解决某个实际问题或者使之有所改善,而国有资本经营预算的绩效强调资本本身保值增值,使国家管理的财富最大化。

实践中,国有资本经营预算与一般公共预算的收入范围基本明晰,但支出上两者存在交叉、重复和错位:主要表现在本该由国有资本经营预算支出的部分却由一般公共预

---

① 例如,国有资本经营预算中安排资本性支出,而一般公共预算中依然存在类似的支出科目。

② 顾功耘、胡改蓉:《国有资本经营预算的"公共性"解读及制度完善》,载《法商研究》2013 年第 1 期。

算承担；反之，一般公共预算本应当集中于解决民生保障、收入分配及国家基本机器运转支出等领域支出，却参与经济建设投资或者帮助国有企业改制脱困，这就表明对两种预算的公共性定位发生偏差，由此导致两种预算在实践中边界模糊。基于此，应当划清两者的适当边界，重新调整两个预算范围内涉及的具有重复性、交叉性的支出项目，将政府通过国有企业这一组织形式实施的资本性支出都纳入国有资本经营预算中列支，对于企业的改革补助产生的成本亦应从国有资本经营收益中支出。值得注意的是，由于《预算法》中保留了一般公共预算支出按经济性质分类而形成的资本性支出（《预算法》第27条）项目，因而对于非以国有企业组织形式进行的资本性支出可由一般公共预算统一安排，但应当严格限定在有限的特定领域。

四、社会保险基金预算及其收支范围

社会保险基金预算是对社会保险缴款、一般公共预算安排和其他方式筹集的资金，专项用于社会保险的收支预算。社会保险基金预算的收支范围是按照不同类型的社会保险基金分别确定的。《社会保险法》确定了我国社会保险基金由基本养老保险基金、基本医疗保险基金、工伤保险基金、失业保险基金和生育保险基金五大险种基金构成，并且各项社会保险基金按照社会保险险种分别建账，分账核算，相应地，社会保险基金预算按照险种项目分别编制。《预算法》涉及社会保险基金预算的规定承继了《社会保险法》的相关内容，规定社会保险基金预算应当按照统筹层次和社会保险项目分别编制，作到收支平衡。

相对于复式预算体系中的其他三个预算，社会保险基金预算具有的特殊性在于：一是专款专用。社会保险基金预算的收入来源特定并且支出方向特定，五大险种项目的主要收入来源是参保人的缴款，少量的有财政补贴和其他收入来源，支出方向上则是按照设立险种项目的宗旨、目的向特定受益人支付。《社会保险法》专门规定了社会保险基金不得用于平衡其他政府预算，不得用于兴建、改建办公场所和支付人员经费、运行费用、管理费用，或者违反法律、行政法规规定挪作其他用途。相比而言，社会保险基金预算的专用性特征在复式预算体系中最为明显。二是专户管理。《社会保险法》第68条规定："社会保险基金存入财政专户，具体管理办法由国务院规定。"财政专户是法律有明确规定或者经国务院批准设立的特定专用资金，国务院办公厅《转发财政部关于进一步加强财政专户管理意见的通知》（国办发〔2012〕17号）进一步明确了财政专户开设在商业银行的要求，以更好适应非税收入征缴具有的点多面广、信息繁杂的特点，提高参保人缴款时限、缴款额和受益水平的匹配程度。但须注意的问题是，《预算法》《社会保险法》均规定了社会保险基金预算管理的基本原则，既然纳入复式预算体系中，就应当遵循预算管理的民主性、法定性、公开性等一般要求，因而专户管理不意味着就可以免于接受相应法律约束和公众监督。三是倾斜性保障。相对于其他三个预算，社会保险基金预算的收入支出与社会公众的联系更为密切，基金收入是否充盈可持续，支出是否公平、及时和充分，直接关系参保人的生存权益。因而，《社会保险法》对社会保险基金预算的安全性、可持续性更为关注。《社会保险法》规定基本养老保险基金逐步实行全国统筹，其他社会保险基金逐步实行省级统筹；县级以上人民政府在社会保险基金出现支付不足时，给予补贴，这种补贴可能来自一般公共预算，也可能来自国有资本经营预算；国家设立全国社会保障基金，由中央财政预算拨款以及国务院批准的其他方式筹集的资金构成，用于社会保障支出①的补充、调剂。

第四节　预算运行过程

预算运行呈现出涵盖预算编制、预算审批、预算执行、预算调整、预算决算五大环节的环环相扣、前后连续、循环往复的周期性格局。除此之外，还有贯穿始终的预算监督环节，确保预算运行过程合乎规范性要求。

一、预算编制

预算编制是制定财政收支计划草案的过程。在该收支计划提交人大审批通过之前，只是政府行动的草案，尚不具有法律约束力。但要获得人大授权，政府必须首先编制预算草案，因而预算编制是预算运行过程的基础性环节。《预算法》对预算编制设置了程序性和实体性两方面的规范要求。

（一）预算编制的程序性要求

《预算法》规定，国务院应当及时下达关于编制下一年预算草案的通知。编制预算草案的具体事项由国务院财政部门部署。各级政府、各部门、各单位应当按照国务院规定的时间编制预算草案。因此，预算编制是一种自上而下统一部署启动、各级政府、各部门、各单位分头实施的过程。各级政府、各部门、各单位形成本级政府或部门单位的预算草案之后再按预算层级归属和预算管理权力要求，在政府行政体系内部完成汇总、审核及调整，形成比较定型的提交人大正式审批的预算草案。

（二）预算编制的实体性要求

1. 预算编制原则

节约统筹原则。按照《预算法》"统筹兼顾、量力而行"的基本要求，在预算编制环节，应当首先奉行节约原则，在保证基本公共服务合理需要的前提下，严格控制各部门、各单位的机关运行经费和楼堂馆所等基本建设支出。在此基础上，各级一般公共预算支出的编制，应当统筹兼顾，将预算资金优先安排国家确定的重点支出。

体现绩效原则。"讲求绩效"是《预算法》明确规定的贯穿于预算运行过程的一项基本原则。在预算编制环节应当着重体现绩效与预算的关系，反映上一年度绩效结果

---

①　社会保障支出范围相对于社会保险基金支出更宽，前者包括社会优抚、社会救助、社会福利支出，而这些支出来源是一般公共预算资金。

对本年度预算分配的影响,从而激励政府部门提高预算资金使用效果。这实际上是结果导向性预算模式(绩效预算)的典型特点,与传统意义上的投入导向性预算模式相对应。投入导向性预算模式意味着在编制预算时是立足于上一年度的预算基数,而无论上一年度该预算实际的产出和效果如何。[①] 结果导向性预算模式则是将上一年度的预算执行情况纳入本年度预算编制考量范围,根据预算执行情况调整预算分配多寡,而非在一个固定基数上渐进性增长。在实践中,还发展出一种将以前预算安排情况归零,根据实际需要与可能,安排各项预算开支的零基预算,同样对传统的投入导向性预算模式形成一定的挑战。应当指出的是,囿于现实政治、经济、技术等各种条件的制约,无论是体现绩效因素的结果导向性预算模式,还是强调适时动态调整的零基预算,都并没有完全取代传统的投入导向性预算模式。绩效因素与预算分配的关系既非绝对的排斥性状态,也非完全的"无缝连接",而更多表现的是不同程度的结合;同样,预算归零也并不是完全否认之前预算安排的必要性、合理性,而是对只增不减的预算刚性进行适度调整。因而,投入导向性模式与结果导向性模式往往是并行不悖,共同发挥作用。

债务控制原则。《预算法》强调了"收支平衡"原则,具体落实在预算编制环节,即在中央预算上,"中央一般公共预算中必需的部分资金,可以通过举借国内和国外债务等方式筹措";在地方预算上,"地方各级预算按照量入为出、收支平衡的原则编制,除本法另有规定外,不列赤字"。从上述规定看,落实预算收支平衡原则,关键在于合理控制债务。国债举借应当控制在适当的规模内,并保持合理的结构。对国债实行余额管理,余额的规模不得超过全国人民代表大会批准的限额。国务院财政部门具体负责对中央政府债务的统一管理。地方债举借是预算法控制的重心。在举债用途上,举债资金用于"必需的建设投资的部分资金",并且只能用于公益性资本支出,不得用于经常性支出。在举债主体上,按照《预算法》及国务院《关于加强地方政府性债务管理的意见》规定,地方债举债主体是经国务院批准的省、自治区、直辖市政府,市县级政府确需举借债务的由省、自治区、直辖市政府代为举借,并且应当划清代为举债与实际利用债务资金的主体权责边界。在举债规模及方式上,地方政府债务规模实行限额管理,地方政府举借债务的规模应当控制在国务院报全国人民代表大会或者全国人民代表大会常务委员会批准的举债限额内,分地区限额由财政部在全国人大或其常委会批准的地方政府债务规模内根据各地区债务风险、财力状况等因素测算并报国务院批准;举债的方式严格限定为发行地方政府债券,《预算法》明确规定,"除前款规定外,地方政府及其所属部门不得以任何方式举借债务"。在举债程序上,省、自治区、直辖市依照国务院下达的限额举借的债务,列入本级预算调整方案,报本级人民代表大会常务委员会批准。在举债风险控制上,举借的债务应当有偿还计划和稳定的偿还资金来源。《预算法》还授权国务院建立地方政府债务风险评估和预警机制、应急处置机制以及责任追

---

① 参见马骏、赵早早:《公共预算:比较研究》,中央编译出版社 2011 年版,第 19 页。

究制度。国务院财政部门对地方政府债务实施监督。

2. 预算编制依据

预算编制是政府主体综合各种内外部因素作出理性预测和分析判断的过程。这些内外部因素构成预算编制的依据。内部依据主要有:预算编制的收支分类科目标准、上一年预算执行情况、有关支出绩效评价结果、本年度预算收支预测情况、跨年度预算平衡需要等,这些涉及预算自身运行规律和可持续发展要求的因素可以作为编制预算的内部依据;外部依据主要有:年度经济社会发展目标,国家宏观调控总体要求等,这些因素涉及来自外部的发展目标和基本诉求,作为外部依据。

3. 预算编制的其他强制性规定

预算收入编制。一是应当确保各项预算收入都有税法或者其他非税收入法律法规的明确依据,严格税收(费用)法定;二是将各级政府、各部门、各单位所有收入全部列入预算,不得隐瞒、少列;三是预算收入的编制应当与经济社会发展水平相适应,而不是必须与国民生产总值增长率挂钩。

特殊类型资金预算编制。除严格控制部门单位的机关运行经费和楼堂馆所基建支出之外,还要求中央预算和有关地方预算中应当安排必要的资金,用于扶助革命老区、民族地区、边疆地区、贫困地区发展经济社会建设事业;同时各级一般公共预算应当按照本级一般公共预算支出额的1% ~3%设置预备费,用于当年预算执行中的自然灾害等突发事件处理增加的支出及其他难以预见的开支。

转移支付预算编制。一般性转移支付应当按照国务院规定的基本标准和计算方法编制。专项转移支付应当分地区、分项目编制。县级以上各级政府应当将对下级政府的转移支付预计数提前下达下级政府。地方各级政府应当将上级政府提前下达的转移支付预计数编入本级预算。

结转结余资金预算编制。编制预算时,各级政府上一年预算的结转资金,应当在下一年用于结转项目的支出;连续两年未用完的结转资金,应当作为结余资金管理。各部门、各单位上一年预算的结转、结余资金按照国务院财政部门的规定办理。

预算周转金与预算稳定调节基金预算编制。各级一般公共预算按照国务院的规定可以设置预算周转金,用于本级政府调剂预算年度内季节性收支差额。各级一般公共预算按照国务院的规定可以设置预算稳定调节基金,用于弥补以后年度预算资金的不足。

二、预算审批

(一)预算草案的初步审查

在预算草案正式提交人大审议之前,预算草案将提交人大专门机构进行初步审查。按照《预算法》的规定,预算草案初步审查的主体及审查时限分别为:(1)国务院财政部门应当在每年全国人民代表大会会议举行的45日前,将中央预算草案的初步方案提交全国人民代表大会财政经济委员会进行初步审查。(2)省、自治区、直辖市政府财政部门应当在本级人民代表大会会议举行的30日前,将本级预算草案的初步方案提交本级人民代表大会有关专门委员会进行初步审查。(3)设区的市、自治州政府财政部门应当在本级人民代表大会会议举行的30日前,将本级预算草案的初步方案提交本级人民代表大会有关专门委员会进行初步审查,或者送交本级人民代表大会常务委员会有关工作机构征求意见。(4)县、自治县、不设区的市、市辖区政府应当在本级人民代表大会会议举行的30日前,将本级预算草案的初步方案提交本级人民代表大会常务委员会进行初步审查。

如果说预算编制环节更多承载信息汇集、集思广益、协商合作的柔性职能的话,那么预算草案形成之后到提请大会审批之前的初步审查环节则应当彰显自上而下地纠错、修正的刚性职能。尤其是在目前《预算法》层面没有正式确认人大预算修正权的情况下,对预算草案的初步审查一定程度上能够起到弥补制度不足的作用。当然,从现有的初步审查制度内容看,主要规定的是各级财政部门提交初步审查的义务,还缺乏比较完善的初审意见反馈处理机制,审查者与被审查者之间的权责关系尚不明晰,另外,初审主体范围比较狭窄,初审时间有限。这就使初步审查本应承担的修正功能大打折扣。事实上,在一些地方性预算审查监督立法中,通过细化初步审查的操作规则,更为重要的是增加审查者与受审查者的权责配置,使初步审查承担起大会审批前的部分修正职能,弥补了大会审批环节预算修正权或者单项表决机制的不足。比如,《上海市闵行区人民代表大会常务委员会预算审查监督办法》不仅规定了提交初步审查的预算草案的具体内容,而且重点规定了审查主体履行初步审查的职责、权限、内容以及受监督者修正预算草案的义务;[①]武汉市人民代表大会常务委员会《关于市本级预决算初步审查工作的若干规定》则采取要求受监督者限期内回复审查意见的方式,将是否采纳人大审查意见的自由交给财政部门,但从程序上作出明确限制。[②]

(二)预算草案的审查批准

经初步审查对预算草案进行调整完善之后形成最终提交人大审议的预算草案。中央预算由全国人大审查和批准;地方预算由本级人大审查和批准。

政府向人大作预算报告。国务院在全国人民代表大会举行会议时,向大会作关于中央和地方预算草案以及中央和地方预算执行情况的报告。地方各级政府在本级人民代表大会举行会议时,向大会作关于总预算草案和总预算执行情况的报告。

人大审查预算报告的重点。全国人民代表大会和地方各级人民代表大会对预算草案

---

① 参见《上海市闵行区人民代表大会常务委员会预算审查监督办法》(2017年11月15日第三次修正)的第15条、第16条、第17条、第18条的规定。

② 武汉市人民代表大会常务委员会《关于市本级预决算初步审查工作的若干规定》第7条:预算工作委员会应当向财经委员会全体会议报告市本级预算草案的预先审查情况,并向市财政部门通报市本级预算草案的初步审查意见。财政部门应当对初步审查意见进行研究,并于收到意见后7日内,向财经委员会和预算工作委员会报告意见的采纳情况和没有采纳的理由。

及其报告、预算执行情况的报告重点审查下列内容:(1)上一年预算执行情况是否符合本级人民代表大会预算决议的要求;(2)预算安排是否符合《预算法》的规定;(3)预算安排是否贯彻国民经济和社会发展的方针政策,收支政策是否切实可行;(4)重点支出和重大投资项目的预算安排是否适当;(5)预算的编制是否完整,是否符合《预算法》第46条的规定;(6)对下级政府的转移性支出预算是否规范、适当;(7)预算安排举借的债务是否合法、合理,是否有偿还计划和稳定的偿还资金来源;(8)与预算有关重要事项的说明是否清晰。

人大有关专门机构或常委会向人大主席团提出预算审查结果报告。全国人民代表大会财政经济委员会向全国人民代表大会主席团提出关于中央和地方预算草案及中央和地方预算执行情况的审查结果报告。省、自治区、直辖市、设区的市、自治州人民代表大会有关专门委员会,县、自治县、不设区的市、市辖区人民代表大会常务委员会,向本级人民代表大会主席团提出关于总预算草案及上一年总预算执行情况的审查结果报告。审查结果报告应当包括下列内容:(1)对上一年预算执行和落实本级人民代表大会预算决议的情况作出评价;(2)对本年度预算草案是否符合《预算法》的规定,是否可行作出评价;(3)对本级人民代表大会批准预算草案和预算报告提出建议;(4)对执行年度预算、改进预算管理、提高预算绩效、加强预算监督等提出意见和建议。

(三)预算审批后的确认与备案

经同级人大审批通过的预算具有正式法律效力。在付诸执行之前,政府内部,包括财政部门对各部门、各部门对所属单位、中央政府对地方政府、上级政府对下级政府要进行预算确认,向各预算执行主体明确预算效力并具体指示收支行动方向。预算确认包括:(1)预算批复。财政部门对各部门预算,以及各部门对所属单位预算的确认,为预算批复。为提高预算执行效率,《预算法》对预算批复主体、对象、时限作出明确规定。各级预算经本级人民代表大会批准后,本级政府财政部门应当在20日内向本级各部门批复预算。各部门应当在接到本级政府财政部门批复的本部门预算后15日内向所属各单位批复预算。(2)转移支付下达。中央政府对地方政府、上级政府对下级政府下达转移支付,是另一种财政确认程序。为提高转移支付预算执行效率,《预算法》针对不同类型、不同层级的转移支付规定了相应的下达时限。中央对地方的一般性转移支付应当在全国人民代表大会批准预算后30日内正式下达。中央对地方的专项转移支付应当在全国人民代表大会批准预算后90日内正式下达。省、自治区、直辖市政府接到中央一般性转移支付和专项转移支付后,应当在30日内正式下达到本行政区域县级以上各级政府。县级以上地方各级预算安排对下级政府的一般性转移支付和专项转移支付,应当分别在本级人民代表大会批准预算后的30日和60日内正式下达。对自然灾害等突发事件处理的转移支付,应当及时下达预算;对据实结算等特殊项目的转移支付,可以分期下达预算,或者先预付后结算。县级以上各级政府财政部门应当将批复本级各部门的预算和批复下级政府的转移支付预算,抄送本级人民代表大会财政经济委员会、有关专门委员会和常务委员会有关工作机构。

经人大批准通过的预算还需要进行备案。预算备案包括向上级政府备案和向同级人大常委会备案。《预算法》第50条规定，乡、民族乡、镇政府应当及时将经本级人民代表大会批准的本级预算报上一级政府备案。县级以上地方各级政府应当及时将经本级人民代表大会批准的本级预算及下一级政府报送备案的预算汇总，报上一级政府备案。县级以上地方各级政府将下一级政府依照前款规定报送备案的预算汇总后，报本级人民代表大会常务委员会备案。国务院将省、自治区、直辖市政府依照前款规定报送备案的预算汇总后，报全国人民代表大会常务委员会备案。预算备案的意义不仅仅是向上级政府或人大报告预算信息，而且还为上级政府和人大的预算监督尤其是改变或撤销关于预算的决定、命令或决议提供了现实途径。《预算法》第51条规定，国务院和县级以上地方各级政府对下一级政府依照《预算法》第40条规定报送备案的预算，认为有同法律、行政法规相抵触或者有其他不适当之处，需要撤销批准预算的决议的，应当提请本级人民代表大会常务委员会审议决定。在《预算法》关于人大和政府的预算管理职权分配的规定中也涉及相关的纠错规定，如县级以上政府有权改变或撤销本级各部门和下级政府关于预算、决算的不适当的决定、命令，县级以上人大有权撤销本级政府和下一级人大及其常委会关于预算、决算的不适当的决定、命令和决议。上级政府有权直接予以改变或撤销的是关于预算、决算的“决定”“命令”，而如果是要撤销报送备案的已批准预算的决议的，由于事关重大，不能由上级政府自行决定，而必须提请该上级政府的同级人大常委会审议决定。

三、预算执行

各级预算由本级政府组织执行，具体工作由本级政府财政部门负责。各部门、各单位是本部门、本单位的预算执行主体，负责本部门、本单位的预算执行，并对执行结果负责。

（一）预算收入执行

预算收入执行是按照法律、行政法规规定的相关课征要件展开的，因而预算本身并不是决定是否以及如何征收的依据。尽管预算效力在收入方面作用有限，但是，《预算法》仍然对收入执行作出了明确要求。主要表现在三个方面：一是将政府全部收入纳入预算，预测、评估收入规模、变化趋势，为预算支出决策提供可行基础。二是指示收入征缴与管理方式。要求政府的全部预算收入应当上缴国库，任何部门、单位和个人不得截留、占用、挪用或拖欠。三是设置预算收入执行中的禁止性事项，包括“不得违反法律、行政法规规定，多征、提前征收或者减征、免征、缓征应征的预算收入，不得截留、占用或者挪用预算收入。各级政府不得向预算收入征收部门和单位下达收入指标”。

（二）预算支出执行

预算支出执行严格按照人大批准通过的预算进行。《预算法》第14条明确规定，各级政府、各部门、各单位的支出必须以经批准的预算为依据，未列入预算的不得支出。须注意的是，《预算法》第56条规定，各级政府财政部门必须依照法律、行政法规和国务院财政部门的规定，及时、足额地拨付预算支出资金，加强对预算支出的管理和监督。

同时，该条还规定，各级政府、各部门、各单位的支出必须按照预算执行，不得虚假列支。第57条规定提及的“依照法律、行政法规和国务院财政部的规定”和“必须依照预算执行”两者并不矛盾。法律、行政法规和国务院财政部的规定主要涉及预算资金拨付的管理主体及具体实施程序，经人大批准通过的预算则是提供授权政府使用的资金规模，政府实际拨付的资金不得超过预算授权的金额，如果要追加支出必须通过相应的程序进行变更。可见，预算效力对支出方面具有直接作用。

预算支出执行除了遵循规范性要求之外，还应当强调资金使用绩效。《预算法》规定，各级政府、各部门、各单位应当对预算支出情况开展绩效评价。

（三）国库集中收付

预算收入和支出集中于预算不仅仅是一种账表意义上的数字归集，更意味着需要采取一种有效的集中管理方式确保财政收支正常运转。国库集中收付便是这一实践需求的产物。《预算法》规定国家实行国库集中收缴和集中支付制度，对政府全部收入和支出实行国库集中收付管理。国库集中收付包括集中收缴与集中支付两个方面：集中收缴，即政府全部收入进入国库，不允许设立过渡账户。除法律明确规定或经国务院批准设定特定专用资金的，可以依照国务院规定设立财政专户，在一般情况下，政府全部收入都要进入国库单一账户。[①] 集中支付，即政府所有财政资金通过国库拨付，不允许预算单位自收自支。在实践中，国库集中支付又分为财政直接支付和财政授权支付。国库集中支付改变了传统以拨代支、层层转拨的资金拨付方式，通过国库单一账户体系将资金直接支付给收款人，实现资金由“中转”变为“直达”，加快预算资金执行进度，减少资金被截留、挤占、挪用等现象。

为保障国库集中收付的顺利进行，需要确保其本身运作的规范性，同时明确相关主体在国库管理中的权责配置。为此，《预算法》对国库设立、国库业务经理与国库库款支配权配置、国库现金管理、国库资金特别处理规则作出规定。(1)国库设立。县级以上各级预算必须设立国库；具备条件的乡、民族乡、镇也应当设立国库。(2)国库业务经理与国库库款支配。中央国库业务由中国人民银行经理，地方国库业务依照国务院的有关规定办理。各级国库库款的支配权属于本级政府财政部门。除法律、行政法规另有规定外，未经本级政府财政部门同意，任何部门、单位和个人都无权冻结、动用国库库款或者以其他方式支配已入国库的库款。(3)国库现金管理。各级政府应当加强对本级国库的管理和监督，按照国务院的规定完善国库现金管理，合理调节国库资金余

---

① 财政专户和国库单一账户都是国库单一账户体系的重要组成部分。2001年我国开始建立以国库单一账户体系为基础、资金缴拨以国库集中收付为主要形式的现代国库管理制度。其中一项重要内容即建立国库单一账户体系。无论是用于一般资金征缴的国库单一账户，还是用于特定专用资金征缴的财政专户，都属于国库单一账户体系的组成部分。国库单一账户体系包括在中央银行开设的国库单一账户，统一核算政府财政收支活动；在代理国库集中收付业务的商业银行开设的零余额账户，用于办理国库集中收付业务清算，日终余额为零；按照法律、法规以及国库改革确定的业务流程在银行业金融机构设立的财政专户。

额。(4)国库资金特别处理规则。已经缴入国库的资金,依照法律、行政法规的规定或者国务院的决定需要退付的,各级政府财政部门或者其授权的机构应当及时办理退付。按照规定应当由财政支出安排的事项,不得用退库处理。

(四)临时预算安排

我国按公历年制实行预算年度,但实践中人大会期一般安排在年初2~3月,对于一些具有跨期性、连续性或者有法律专门规定的支出项目,就面临预算年度已经开启但尚未取得预算授权的困境。为解决预算年度性与跨期性、连续性预算支出的矛盾,《预算法》作出了临时预算安排。预算年度开始后,各级预算草案在本级人民代表大会批准前,可以安排下列支出:(1)上一年度结转的支出;(2)参照上一年同期的预算支出数额安排必须支付的本年度部门基本支出、项目支出,以及对下级政府的转移性支出;(3)法律规定必须履行支付义务的支出,以及用于自然灾害等突发事件处理的支出。根据以上规定安排支出的情况,应当在预算草案的报告中作出说明。预算经本级人民代表大会批准后,按照批准的预算执行。

(五)特殊资金预算执行

针对预备费、预算周转金、超收收入、结余资金这些特殊资金,《预算法》规定了相应的预算执行规则。(1)预备费动用。《预算法》对预算编制环节中预备费占一般公共预算支出的法定比例作出规定,至于具体的使用方案则是交由预算执行者决定。《预算法》规定,各级预备费的动用方案,由本级政府财政部门提出,报本级政府决定。(2)预算周转金管理。预算周转金设置的目的是调节预算年度内的收支不平衡。《预算法》规定,各级预算周转金由本级政府财政部门管理,不得挪作他用。(3)限定超收收入用途。超收收入是超过预算规模而实际征收入库的收入。超收收入容易演变为政府自主支出的资金来源,削弱预算约束效力,进而带来实际执行中超支的连锁反应。2006年全国人大常委会通过《各级人民代表大会常务委员会监督法》,规定常委会重点审查内容包括"预算超收收入的安排和使用情况",此后,实践中就采取将超收收入纳入中央预算稳定调节基金的做法,而不再追加作为具体支出。《预算法》修订后,对此做法予以确认,规定各级一般公共预算年度执行中有超收收入的,只能用于冲减赤字或者补充预算稳定调节基金。(4)结余资金使用。各级一般公共预算的结余资金,应当补充预算稳定调节基金。

(六)地方预算执行中增列赤字与弥补

省、自治区、直辖市一般公共预算年度执行中出现短收,通过调入预算稳定调节基金、减少支出等方式仍不能实现收支平衡的,省、自治区、直辖市政府报本级人民代表大会或者其常务委员会批准,可以增列赤字,报国务院财政部门备案,并应当在下一年度预算中予以弥补。

四、预算调整

预算经人大批准通过后就具有法定约束力,政府及其所属部门、单位应当严格依照预算执行,无权擅自变更。但是实践的发展变化较快,预算作为财政收支的一种事先计划不可能准确预计各种支出需求,尤其是当各种突发事件发生需要追加支出时,有必要对预算作出一定变更,以适应实践发展的资金需求。因而,预算执行过程中,既要维系预算固有的刚性和约束力,也须根据外部因素的变化适时调整预算,使预算在稳定性、法定性与灵活性、回应性之间保持平衡。为达到这一目标,《预算法》建立了预算调整法律制度,一方面赋予预算执行过程中变更预算的权力,另一方面对这种变更权力本身作出严格规范。

(一)预算调整的适用情形

经全国人民代表大会批准的中央预算和经地方各级人民代表大会批准的地方各级预算,在执行中出现下列情况之一的,应当进行预算调整:需要增加或者减少预算总支出的;需要调入预算稳定调节基金的;需要调减预算安排的重点支出数额的;需要增加举借债务数额的。由上观之,纳入预算调整范围的并非政府执行预算过程中的所有资金变动行为,而是属于影响预算总支出或者重点支出安排、影响财政可持续发展的重大资金变动。包括预算总支出变化(包括增加与减少),预算安排的重点支出数额调减,调入预算稳定调节基金,增加举债。属于上述情形之一的,应当按照《预算法》规定的预算调整程序实施预算变动。关于预算调整的适用情形,《预算法》修订之前更为关注预算收支平衡问题,当时立法规定"在执行中因特殊情况需要增加支出或者减少收入,使原批准的收支平衡的预算的总支出超过总收入,或者使原批准的预算中举借债务的数额增加的部分变更"应当进行预算调整,可见,是将凡影响收支平衡的变动都视为需要进行预算调整的情形。这种规定一方面与实施跨年度预算平衡机制的发展现状相背离,因为在允许跨年度平衡预算的前提下,不必再僵化地要求当年预算执行中必须实现平衡;另一方面,由于过于关注预算收支平衡问题,修订前的《预算法》对于其他关系社会公共利益的重大资金变动反而未给予应有重视,导致预算调整的适用范围又失之过宽。相比而言,修订后的《预算法》适应建立跨年度预算平衡机制的需要,淡化年度内预算平衡刚性要求,相应增加重点支出调减和举债增加的规定,更为合理。

(二)预算调整的适用除外

在预算执行中,地方各级政府因上级政府增加不需要本级政府提供配套资金的专项转移支付而引起的预算支出变化,不属于预算调整。接受增加专项转移支付的县级以上地方各级政府应当向本级人民代表大会常务委员会报告有关情况;接受增加专项转移支付的乡、民族乡、镇政府应当向本级人民代表大会报告有关情况。此项规定主要针对上级政府对下级政府增加不需要资金配套的专项转移支付,此部分增加的专项转移支付并不影响本级政府的预算收支,因而不属于预算调整范畴。

(三)预算调整的法定程序

1. 编制预算调整方案。预算调整程序与初始预算编制程序一样,也要制定预算调整方案。预算调整方案应当说明预算调整的理由、项目和数额。在预算执行中,由于发生自然灾害等突发事件,必须及时增加预算支出的,应当先动支预备费;预备费不足支出的,各级政府可以先安排支出,属于预算调整的,列入预算调整方案。

2. 预算调整方案初步审查。编制好的预算调整方案分层级提交人大机构进行初步审查:国务院财政部门应当在全国人民代表大会常务委员会举行会议审查和批准预算调整方案的30日前,将预算调整初步方案送交全国人民代表大会财政经济委员会进行初步审查。省、自治区、直辖市政府财政部门应当在本级人民代表大会常务委员会举行会议审查和批准预算调整方案的30日前,将预算调整初步方案送交本级人民代表大会有关专门委员会进行初步审查。设区的市、自治州政府财政部门应当在本级人民代表大会常务委员会举行会议审查和批准预算调整方案的30日前,将预算调整初步方案送交本级人民代表大会有关专门委员会进行初步审查,或者送交本级人民代表大会常务委员会有关工作机构征求意见。县、自治县、不设区的市、市辖区政府财政部门应当在本级人民代表大会常务委员会举行会议审查和批准预算调整方案的30日前,将预算调整初步方案送交本级人民代表大会常务委员会有关工作机构征求意见。

3. 预算调整方案审批。中央预算的调整方案应当提请全国人民代表大会常务委员会审查和批准。县级以上地方各级预算的调整方案应当提请本级人民代表大会常务委员会审查和批准;乡、民族乡、镇预算的调整方案应当提请本级人民代表大会审查和批准。未经批准,不得调整预算。

4. 批准预算调整方案后的执行。经批准的预算调整方案,各级政府应当严格执行。未经《预算法》第69条规定的程序,各级政府不得作出预算调整的决定。对违反前款规定作出的决定,本级人民代表大会、本级人民代表大会常务委员会或者上级政府应当责令其改变或者撤销。

5. 批准预算调整方案后的备案。地方各级预算的调整方案经批准后,由本级政府报上一级政府备案。

(四)预算调整对政府财政政策的影响

在预算执行中,各级政府一般不制定新的增加财政收入或者支出的政策和措施,也不制定减少财政收入的政策和措施;必须作出并需要进行预算调整的,应当在预算调整方案中作出安排。

预算调整适用于重大的资金变动情形,除此之外,如涉及各部门、单位不同预算科目、预算级次、预算项目间的预算资金调剂使用的,应当按照国务院财政部门的规定办理。

五、预算决算

决算是对预算执行情况进行全面总结的环节,也是整个预算运行过程的最后一个环节。决算本身也是一个动态进行的过程,包括决算草案的编制、审查、批准等具体阶段。

（一）决算草案的编制

决算草案由各级政府、各部门、各单位，在每一预算年度终了后按照国务院规定的时间编制。编制决算草案的具体事项，由国务院财政部门部署。编制决算草案，首先应当具有合法性。即必须符合法律、行政法规，作到收支真实、数额准确、内容完整、报送及时。其次，应当具有对应性、明确性。即决算草案应当与预算相对应，按预算数、调整预算数、决算数分别列出。一般公共预算支出应当按其功能分类编列到项，按其经济性质分类编列到款。财政部门对各部门决算草案编制负有审核职责。按照《预算法》的规定，各部门对所属各单位的决算草案，应当审核并汇总编制本部门的决算草案，在规定的期限内报本级政府财政部门审核；各级政府财政部门对本级各部门决算草案审核后发现有不符合法律、行政法规规定的，有权予以纠正。

（二）决算草案的审查批准

县级以上政府决算草案经财政部门审核之后，须报审计部门审计和本级政府审定。这一点体现了决算环节相对于预算环节具有更强的监督性和纠错性特征。《预算法》规定，国务院财政部门编制中央决算草案，经国务院审计部门审计后，报国务院审定，由国务院提请全国人民代表大会常务委员会审查和批准。县级以上地方各级政府财政部门编制本级决算草案，经本级政府审计部门审计后，报本级政府审定，由本级政府提请本级人民代表大会常务委员会审查和批准。乡、民族乡、镇政府编制本级决算草案，提请本级人民代表大会审查和批准。

同时，在人大审查和批准决算草案之前，还应当将决算草案提交人大机构进行初步审查。《预算法》规定，国务院财政部门应当在全国人民代表大会常务委员会举行会议审查和批准中央决算草案的30日前，将上一年度中央决算草案提交全国人民代表大会财政经济委员会进行初步审查。省、自治区、直辖市政府财政部门应当在本级人民代表大会常务委员会举行会议审查和批准本级决算草案的30日前，将上一年度本级决算草案提交本级人民代表大会有关专门委员会进行初步审查。设区的市、自治州政府财政部门应当在本级人民代表大会常务委员会举行会议审查和批准本级决算草案的30日前，将上一年度本级决算草案提交本级人民代表大会有关专门委员会进行初步审查，或者送交本级人民代表大会常务委员会有关工作机构征求意见。县、自治县、不设区的市、市辖区政府财政部门应当在本级人民代表大会常务委员会举行会议审查和批准本级决算草案的30日前，将上一年度本级决算草案送交本级人民代表大会常务委员会有关工作机构征求意见。

县级以上各级人民代表大会常务委员会和乡、民族乡、镇人民代表大会对本级决算草案，重点审查下列内容：(1)预算收入情况；(2)支出政策实施情况和重点支出、重大投资项目资金的使用及绩效情况；(3)结转资金的使用情况；(4)资金结余情况；(5)本级预算调整及执行情况；(6)财政转移支付安排执行情况；(7)经批准举借债务的规模、结构、使用、偿还等情况；(8)本级预算周转金规模和使用情况；(9)本级预备费使用情况;(10)超收收入安排情况,预算稳定调节基金的规模和使用情况;(11)本级人民代表大会批准的预算决议落实情况;(12)其他与决算有关的重要情况。县级以上各级人民代表大会常务委员会应当结合本级政府提出的上一年度预算执行和其他财政收支的审计工作报告,对本级决算草案进行审查。

(三)决算的批复与备案

各级决算经批准后,财政部门应当在20日内向本级各部门批复决算。各部门应当在接到本级政府财政部门批复的本部门决算后15日内向所属单位批复决算。

地方各级政府应当将经批准的决算及下一级政府上报备案的决算汇总,报上一级政府备案。县级以上各级政府应当将下一级政府报送备案的决算汇总后,报本级人民代表大会常务委员会备案。

决算备案与预算备案一样都具有监督和纠错的作用。《预算法》规定,国务院和县级以上地方各级政府对下一级政府依照《预算法》第64条规定报送备案的决算,认为有同法律、行政法规相抵触或者有其他不适当之处,需要撤销批准该项决算的决议的,应当提请本级人民代表大会常务委员会审议决定;经审议决定撤销的,该下级人民代表大会常务委员会应当责成本级政府依照《预算法》规定重新编制决算草案,提请本级人民代表大会常务委员会审查和批准。

六、预算监督

监督是贯穿于预算运行每一个环节的基本法律机制。依据监督主体的不同,预算法设置了三种预算监督机制,即权力机关监督、政府内部监督与社会监督。

(一)权力机关监督

按照不同预算层级划分,一定预算层级的权力机关对本级和下级预算、决算进行监督。《预算法》规定,全国人民代表大会及其常务委员会对中央和地方预算、决算进行监督;县级以上地方各级人民代表大会及其常务委员会对本级和下级预算、决算进行监督。乡、民族乡、镇为政府最低层级,则由人民代表大会对本级预算、决算进行监督。

权力机关进行预算、决算监督过程中享有的具体职权包括:(1)调查权。各级人民代表大会和县级以上各级人民代表大会常务委员会有权就预算、决算中的重大事项或者特定问题组织调查,有关的政府、部门、单位和个人应当如实反映情况和提供必要的材料。(2)询问或质询权。各级人民代表大会和县级以上各级人民代表大会常务委员会举行会议时,人民代表大会代表或者常务委员会组成人员,有权依照法律规定程序就预算、决算中的有关问题提出询问或者质询,受询问或者受质询的有关的政府或者财政部门必须及时给予答复。(3)接受政府报告权。国务院和县级以上地方各级政府应当在每年六月至九月期间向本级人民代表大会常务委员会报告预算执行情况。

(二)政府内部监督

按照监督主体与监督对象的不同,政府内部监督可进一步划分为上级政府对下级政府预算决算监督,财政部门对本级各部门及其所属各单位预算决算监督,审计部门预算决算监督,政府部门对所属单位预算决算监督。具体内容包括:(1)各级政府监督下级政府的预算执行;下级政府应当定期向上一级政府报告预算执行情况。(2)各级政府财政部门负责监督检查本级各部门及其所属各单位预算的编制、执行,并向本级政府和上一级政府财政部门报告预算执行情况。(3)县级以上政府审计部门依法对预算执行、决算实行审计监督。对预算执行和其他财政收支的审计工作报告应当向社会公开。(4)政府各部门负责监督检查所属各单位的预算执行,及时向本级政府财政部门反映本部门预算执行情况,依法纠正违反预算的行为。

(三)社会监督

社会监督是前述权力机关监督、政府内部监督的重要补充,是体现预算民主、落实预算法定的重要保障。《预算法》主要通过赋予公民、法人或其他组织对违反《预算法》行为的检举控告权达到社会监督的目的。公民、法人或者其他组织发现有违反《预算法》的行为,可以依法向有关国家机关进行检举、控告。接受检举、控告的国家机关应当依法进行处理,并为检举人、控告人保密。任何单位或者个人不得压制和打击报复检举人、控告人。

第五节 预算法律责任

一、违反预算法关于预算运行过程相关规定的法律责任

各级政府及有关部门有下列行为之一的,责令改正,对负有直接责任的主管人员和其他直接责任人员追究行政责任:(1)未依照《预算法》规定,编制、报送预算草案、预算调整方案、决算草案和部门预算、决算以及批复预算、决算的;(2)违反《预算法》规定,进行预算调整的;(3)未依照《预算法》规定对有关预算事项进行公开和说明的;(4)违反规定设立政府性基金项目和其他财政收入项目的;(5)违反法律、法规规定使用预算预备费、预算周转金、预算稳定调节基金、超收收入的;(6)违反《预算法》规定开设财政专户的。

二、违反预算执行相关规定的法律责任

各级政府及有关部门、单位有下列行为之一的,责令改正,对负有直接责任的主管人员和其他直接责任人员依法给予降级、撤职、开除的处分:(1)未将所有政府收入和支出列入预算或者虚列收入和支出的;(2)违反法律、行政法规的规定,多征、提前征收或者减征、免征、缓征应征预算收入的;(3)截留、占用、挪用或者拖欠应当上缴国库的预算收入的;(4)违反《预算法》规定,改变预算支出用途的;(5)擅自改变上级政府专项转移支付资金用途的;(6)违反《预算法》规定拨付预算支出资金,办理预算收入收纳、划分、留解、退付,或者违反《预算法》规定冻结、动用国库库款或者以其他方式支配已入国库库款的。

各级政府、各部门、各单位违反《预算法》规定举借债务或者为他人债务提供担保，或者挪用重点支出资金，或者在预算之外及超预算标准建设楼堂馆所的，责令改正，对负有直接责任的主管人员和其他直接责任人员给予撤职、开除的处分。

各级政府有关部门、单位及其工作人员有下列行为之一的，责令改正，追回骗取、使用的资金，有违法所得的没收违法所得，对单位给予警告或者通报批评；对负有直接责任的主管人员和其他直接责任人员依法给予处分：(1)违反法律、法规的规定，改变预算收入上缴方式的；(2)以虚报、冒领等手段骗取预算资金的；(3)违反规定扩大开支范围、提高开支标准的；(4)其他违反财政管理规定的行为。

从前述《预算法》规定看，立法形成的是行政问责的基本架构。如在问责主体上，尽管《预算法》未予明确，但实际操作都须依赖行政系统的内部运作机制才能实现；在问责情形上，主要针对政府及其部门、单位违反《预算法》法定义务的预算编制行为、预算执行行为；在责任形态上，行政法律责任仍然是整部《预算法》最主要、最广泛适用的法律责任形式，并且在行政法律责任中又以行政内部法律责任——行政处分为核心，它几乎可以适用于所有的预算违法行为。① 我国现有的预算问责制度并未包含经济责任形态，是否有必要对受预算违法行为影响的社会主体重新作出某种给付或者提供经济补偿以减轻其损失，又依赖怎样的程序实现这一责任，值得进一步探讨。科以行政处分、行政处罚或者刑事责任的目的在于对预算违法行为本身作出否定性评价，在此基础上通过实施矫正或施加不利后果使遭受损害的预算管理秩序重新恢复到规范状态，其基本出发点是满足自上而下的预算管理需要。而将责任形态从行政责任、刑事责任转向经济责任时，问责制度的关注重心就从预算违法行为对预算管理秩序的危害转移到预算违法行为对公共信托关系乃至整体社会利益产生的影响上，从单纯的违法行为规制转移到对受影响的社会成员的权利救济上。责任形态的扩展不仅仅意味着违法行为人将付出更大的法律代价，而且更能彰显预算问责的制度初衷乃至预算的核心本质。要增设这一新的责任形态，有赖于解决两个前提性问题：一方面是实体性问题，某种预算行为对社会主体是否产生影响、产生何种影响。预算行为究竟是一种在行政权力体系内部运作的资源分配、划拨、流转行为，还是一种对社会整体利益产生广泛影响的公共行动？从根本上说，预算是公共信托关系的反映，预算行为，无论是处于预算编制还是预算执行环节，都对委托方——社会主体产生广泛的利益关联，社会主体是预算行为最重要的利益相关者，当承担信托义务的主体违反义务也就意味着对委托方的利益侵害，从理论上讲应当为受损害方重新作出给付或提供补偿。另一方面是程序性问题，预算问责的经济责任能否依托某种现实的程序机制得以实现，这是增设经济责任的可行性前提。相比于关注行为矫正的行政问责程序而言，司法程序在提供权利救济方面具有优势，当然，还需要考虑在预算运行的不同环节存在的可诉性差异。对此，有待另文研讨。

---

① 参见朱大旗、何遐祥：《预算法律责任探析》，载《法学家》2008 年第 5 期。

第三章　非税收入法

非税收入①是国家财政收入的重要组成部分，也是政府参与国民收入分配和实施宏观调控的重要工具之一。非税收入项目涉及面广、社会关注度高，非税收入政策对经济社会生活具有广泛深刻的影响。因此，对非税收入进行有效规制，可以实现政府收支的科学化，促进财政领域的公平和效率，为我国建设法治财政奠定坚实的基础。非税收入法律制度是调整政府非税收入收取、使用和监督以及相关社会关系的法律规范的总称，是财税法律体系的重要组成部分。非税收入法律制度对于规范非税收入设立、征收、票据、资金和监督管理等活动，健全公共财政职能，保护公民、法人和其他组织的合法权益，维护社会经济秩序和社会经济利益，更好地发挥财政作为国家治理的基础和重要支柱的作用有重要的意义。

第一节　非税收入概述

一、非税收入的概念和性质

（一）政府收入与财政收入的区别

非税收入牵涉"政府收入""财政收入"等多个概念，而在我国，无论是学术界还是实务界，对于上述概念大多未作区分，经常是二者混用。但实质上，鉴于我国财政收入来源的广泛性和复杂性，加之预算管理的不规范，因此仍有对这两种概念辨析的必要。我国现今所用的财政收入的概念与国际上通用的政府收入的概念并不一样，前者统计口径小于后者，即我国的财政收入实际上往往等同于预算内收入。虽然在 2011 年 1 月 1 日以后，我国将之前按预算外资金管理的收入全部纳入预算管理，但仍有学费收入等纳入财政专户管理，更有不少制度外收入根本没有进入各类收入统计口径，因此为了避免混淆，应该把政府获得的所有各类收入，无论是否进入预算，统称为政府收入，而把公共预算内收入称为财政收入（我国目前对于狭义财政收入的统称）。

（二）非税收入的概念

非税收入，顾名思义是除了税收收入外的政府收入。但是，由于政府非税收入来源广泛、种类庞杂、性质各异，因此对其的界定殊为不易，加之是由各种具体的收入形式组合而成，本身不属于独立的收入形式，因此虽然在不少方面已达成共识，但目前理论界

① 非税收入，又称政府非税收入，主要由政府设立、征收和使用。

和政府管理部门还没有形成一个统一、准确的定义。

根据《政府非税收入管理办法》(财税〔2016〕33号)的规定,非税收入是指除税收以外,由各级国家机关、事业单位、代行政府职能的社会团体及其他组织依法利用国家权力、政府信誉、国有资源(资产)所有者权益等取得的各项收入。

国际货币基金组织和世界银行对于政府非税收入的界定基本一致。国际货币基金组织将各国政府总收入分为财政收入及捐赠收入,财政收入包括经常性收入、资本性收入。非税收入即指经常性收入中除税收收入以外的其他收入。它包括因公共目的而获得的不需要归还的补偿性收入和非政府单位自愿和无偿向政府支付的款项,具体包括收费、罚没收入、经营和资产收益等。世界银行认为,政府非税收入是政府为公共目的而取得的无须偿还的收入,如罚款、政府财产经营收入、管理费,政府以外的机构自愿无偿地向政府支付的款项等。经常性非税收入不包括政府间拨款、借款、前期贷款收回以及固定资产股票、土地、无形资产的售卖变现收入,也不包括来自非政府部门的以资本形成为目的的赠与收入。①

在界定政府非税收入的概念时,要以经济学上的非税收入概念为基础,不能忽视政府非税收入缴纳者的权利和义务的统一,应突出法律法规对政府非税收入缴纳者的基本财产权利的保护和对国家公权力的限制。因此,在吸收我国官方文件对政府非税收入的阐述,借鉴理论界对政府非税收入现有研究成果的基础上,通过将外国成熟做法与我国现实相结合,对政府非税收入的概念作如下定义:政府非税收入是指除税收之外,政府为了满足社会部分主体的需要,征得社会公众认可,在履行政府管理社会职能与提供准公共产品或服务的过程中以法律、法规的形式向社会公众收取的货币资金。

(三)非税收入的性质

从产权制度、收入来源和政府职能等角度出发,无论政府非税收入的管理形式如何,也无论其收取部门如何众多,政府非税收入都是政府财政收入的重要组成部分,理应明确其"所有权属国家,使用权归政府,管理权在财政",即政府非税收入从立项到征收都要遵循和体现国家意志,打破部门征收就归部门使用的不正常的惯性思维,其使用应反映国家宏观意图而非政府部门意愿,应当纳入财政预算管理,具体管理应由财政部门主导,杜绝各类自收自支行为,从源头上遏制"第二财政"现象的蔓延和恶化。

二、非税收入的特征

与税收的特征相比,②政府非税收入在以下几个方面呈现出不同的特征:

---

① 参见王为民:《关于完善我国非税收入管理问题的研究》,西南交通大学出版社2007年版,第1~2页。

② 陈清秀归纳了租税的几个特征:第一,由公法人团体(如国家、县市地方自治团体)运用高权方式加以课征。第二,以钱给付为内容。第三,非对于特定给付而为之对待给付。第四,以满足公共任务的财政需要所课征。第五,符合法所规定构成要件者课征。参见陈清秀:《税法总论》,台北,翰芦图书出版有限公司2001年版,第65~69页。

(一)有偿性[①]

纳税人向税务部门缴纳税款后不会直接得到任何对价,体现出税收的无偿性。[②]但是,政府非税收入大多属于对价性财政收入,缴费人在缴纳了各类非税收入后,基于受益负担原则,通常能够享受到相应的服务和收益。政府作为非税收入的征收者必须向缴纳者提供相应的利益和服务,因此,政府非税收入的缴纳者的缴纳行为和获得利益之间具有较强的关联度。我国台湾地区学者葛克昌即认为:"规费与税捐不同点主要在于规费具有对待给付之特征,其借着受益者付费之观,经由国家给付所增值之个人财产,借此'受益负担,返还于国家,使国家为介入后私人仍保有整体财产之变(财产价值中性)。"[③]譬如,办理证照的公民、企业应按照国家规定缴纳证照费用,获得探矿权和采矿权的企业由于获得了经济上的利益应缴纳探矿权、采矿权使用费,获得国有土地使用权的企业应缴纳国有土地使用出让金,诸如证照工本类、登记注册类、检验检测类和公共设施及资源补偿类行政事业性收费都体现了政府非税收入有偿性的特点。

(二)非普遍性

税收属于政府公权力下的强制收入,具有征收范围和征收方式的普遍性,如增值税、所得税的纳税义务人覆盖面均远高于任何一种非税收入的收取对象。政府非税收入的收取和支出因为是直接对应关系,相比全民无偿受益的税收收入,非税收入的使用一般只能由缴费人享受,只是特定对象的部分获益。因此,非税收入征收和使用的对象与范围没有税收收入普遍和广泛。如罚没收入只向违法个体收取,普通个体不会被征收罚没收入。彩票公益金只来自彩票销售收入的一部分,主要用于福利和公益事业的发展。

(三)复杂性

政府非税收入的复杂性体现在三个方面:

第一,政府非税收入执收主体的多元化。与税收主要由税务机关和海关征收不同,在我国,基本上具有社会管理职能和可提供准公共服务的行政机关、事业单位和社会团体都在或多或少地收取政府非税收入,包括财政部门、不动产管理部门、工商部门、教育部门、质量监督部门、公安部门等都是主要的非税收入收取部门。

第二,政府非税收入项目的多样性,体现在政府非税收入征收项目种类繁多和性质

---

① 税与费界定的最大困难在于无偿还是有偿。"经合组织(OECD)在对税收分类中指出,政府收费远超过服务成本,或不根据收到的金额提供相应的具体服务;交费者并非利益获得者,或受益同交费没有必然的对等关系——在以上情况下,无论是何种名称的收入形式都可视为无偿,应归入税收范畴。"参见贾康等:《费改税与政府收入规范化思路研究》,载《管理世界》1999 年第 4 期。

② 也有学者指出,税收的无偿性只是相对的,纳税人缴纳税收后表面上虽未得到任何形式的对价回报,但实质上也享受了政府提供的各项公共产品和服务,只是这两者的关系属于集合关系,无法一一对应,只能抽象地理解。

③ 葛克昌:《税法基本问题(财政宪法篇)》,北京大学出版社 2004 年版,第 92 页。

各异:既有按照受益者负担原则收取、纳入一般公共预算的行政事业性收费,也有专款专用性质的政府性基金和专项收入。在我国,与税收的19个左右税种相比,即使经过政府的大力清理和规范,中央设立的行政事业性收费和政府性基金合计也有72种,全国省级政府设立的各类收费项目数量更多。①

第三,非固定性,主要表现在两个方面:首先,征收时间的非固定性,有些非税收入项目是政府在一定时间里为了特殊的公共政策目的而专门设立的,如果完成了既定的目标或任务,此类非税收入往往被撤销。这类非税收入大多是政府性基金。② 而税种只要被设立,没有重大原因一般会持续征收下去。③ 其次,缴纳对象的非固定性。非税收入大多是一次性收取,不像纳税人经常持续纳税,像使用费收入,只是在社会成员享受了政府提供的准公共物品时才缴纳,如果不消费该产品或服务就不用缴纳。如只有在城市内驾驶私家车的人才应缴纳城市车辆通行年费,与那些没有车的人自然毫无关系。另外,罚没收入类的非税收入只有在发生违法违规行为时才产生。

(四)强制性与非强制性并存

税收收入的征收依法强制进行,具有国家法定效力,任何适格纳税人不得无故拒绝交税,纳税人自身对于是否缴税往往无选择权。在政府非税收入中,有些非税收入是国家机关、国家机关授权的单位和司法部门依照国家公权力向市场主体强制征收的,具有强制性特点,最典型的是罚没收入。行政事业性收费则属于自愿性和强制性并存的非税收入。从理论上讲,使用费是按照谁使用谁付费的原则收取,由社会成员自主选择,具有近似于交易费用的性质,因此体现非强制性的特点。④ 但是如果政府和事业单位提供的物品和服务具有垄断性,此时社会成员没有选择的余地,只能完全接受对方的条件,此时该类非税收入呈现强制性的特征,这在一些行政规费、司法规费和受益费上体现得较为明显。此外,在我国如教育费附加、地方教育附加等政府性基金是由政府依靠公权力强制性征收,也具有显著的强制性。

(五)不稳定性

税收收入虽然也会受到国家宏观经济形势和企业、个人收入变动的影响,但因为税

---

① 2013年以来,中央层面明确取消停征和减免593项行政事业性收费和政府性基金,各个省区市也对地方设立的行政事业性收费进行了清理和规范,累计取消和停征和减免770多项收费。经过持续清理规范,截至2017年,中央设立的行政事业性收费由185项减少到51项,减少幅度超过了72%,其中涉企的收费由106项减少到33项,减少幅度超过了69%;政府性基金由30项减少到21项,减少的幅度是30%。各省(区、市)设立的行政事业性收费项目也大幅减少。各省(区、市)设立的行政事业性收费平均约14项,其中涉企收费平均约3项。参见《国务院政策例行吹风会:进一步清理规范涉企业政府性收费有关工作情况》,载网易新闻:http://news.163.com/17/0612/17/CMOD2JRI00014SHF.html,最后访问时间:2018年7月31日。

② 根据《2012年政府性基金目录》,我国有5项政府性基金规定有征收截止期限。

③ 我国于2012年正式废止了1991年开征、自2000年起暂缓征收的固定资产投资方向调节税。

④ 参见张曙光等:《公共财政学》,经济科学出版社2008年版,第332页。

种多、税基宽,受大环境的影响较政府非税收入轻。[①] 非税收入征收的复杂性和非普遍性决定了非税收入的来源必定是变动不居,经常处于不稳定中。[②] 有些非税收入往往受经济宏观环境和国家调控政策的影响,如遇经济形势恶化或行业不景气时其波动会较为剧烈。如土地出让金的征收数额就和全国房地产行业发展态势息息相关。罚没收入也会因违法行为的增减和执法严厉程度的松紧而出现较大起伏。[③]

(六)资金的部分专用性

税收收入一般均纳入一般公共预算管理,在区域内统筹使用,主要为公共物品筹集资金,其效用也惠及广大公民。政府非税收入筹集的资金大多具有专款专用的性质,一般政府性基金和专项收入的使用有特定目的,主要用来支持相关社会经济建设,因此不列入一般公共预算全民统筹,而是定向拨款、专款专用。譬如,国有土地使用权出让收入专门用于土地开发、拆迁和城市基础设施建设。但是,一些行政事业性收费被列入一般公共预算,统一用于公共产品和服务的提供,没有指定用于特定目的,因此非税收入不具有完全的资金专用性。

(七)立法层次有差别

"税反映的是法律上的财产关系,而费所反映的是一种行政上的财产关系。"[④]政府非税收入是一种采用公共选择和市场选择结合的收费方式,正常情况下政府非税收入整体立法级别和层次不及税收收入,在我国大部分非税收入也是以行政部门制定规章的行政方式设立。但鉴于非税收入的复杂性,如果对各种非税收入的强制性作一区分的话,非强制性非税收入是政府提供准公共物品的筹资方式,公民和企业采用自愿付费消费的方式获得,其立法层次似应低于税收,以提高效率。但是对于那些带有强制性的非税收入,其立法层次应接近甚至与税收立法持平。因此,对非税收入的立法层级的归纳不能一概而论,而应分类考察、有所区别。

(八)累退性

税收采用量能负担原则,根据纳税人的收入、财产的多寡制定标准征收,随着收入和财产的增加,纳税人缴纳的税收也相应提高,因此税收的累进性较为明显,诸如个人

① 我国非税收入增长速度呈波动式增减变化,2011 年最高达到 44.60%;除了 2005 年和 2010 年,非税收入的增长速度都超过了税收收入的增长速度。参见刘明慧、党立斌:《地方财政收入的合意性——基于结构视角的分析》,载《宏观经济研究》2014 年第 8 期。

② 有机构经过研究指出:"非税收入增长的波动较大,2000~2009 年波幅差距达到 33.3 个百分点;波动频率大,每隔 2~3 年就会发生较大的波动。"参见中国人民银行国库局:《构建规范的非税收入体系》,载《中国金融》2011 年第 11 期。

③ 有学者研究了江苏省罚没收入管理后指出,从 2006 年到 2010 年这 5 年收入情况来看,罚没收入增幅很不稳定,2007 年比 2006 年增长 14.40%;2008 年较 2007 年增加了 4.72%;2009 年比 2008 年增长了 2.69%;2010 年比 2009 年又增长了 15.71%。参见赵喜仓、杨卫华:《江苏省罚没收入规范管理研究》,载《华东经济管理》2012 年第 7 期。

④ 张淑芳:《论行政费改税与行政法治》,载《政治与法律》2002 年第 2 期。

所得税、遗产税、房产税等均具有调节个人收入、减少贫富分化的作用。政府非税收入则存在累退性，使用特定公共设施和服务的人要缴纳使用费，这种"谁付费，谁收益"的原则可能导致支付能力强的富人和支付能力弱的穷人之间在享用公共设施和服务上产生巨大的鸿沟。

三、非税收入的类型

（一）非税收入的统计口径

关于政府非税收入的统计口径，主要涉及政府公债、社会保障缴款收入和政府间转移支付收入是否属于政府非税收入的问题。

首先，因为政府公债的筹集出于自愿原则，且应还本付息，既不属于无偿获得也不存在受益者负担的对价情况，因此政府公债严格意义上不属于政府的非税收入。

其次，关于社会保障收入能否作为政府非税收入的一部分，国内外还没有达成完全的共识，各国对其的处理办法和统计口径也不尽一致。绝大多数学者赞同不将社会保障收入纳入政府非税收入之中。社会保障收入有独特的收支特点，其账户由个人缴款和单位缴款共同构成，主要是为劳动者的养老和医疗等募集资金，并非为满足向社会提供准公共物品或惩罚性管理之需要。同时，其管理方式也较为独立，在我国通过编制独立的社会保障预算运作，也不列入常态的非税收入范畴。

再次，同社会保障基金类似，住房公积金在我国也不属于政府非税收入。

最后，虽然政府间转移收入（财政转移收入）被纳入政府一般预算管理，被视为政府的可支配财力，但是从整个政府收入体系来看，政府间转移收入只是上级政府下拨收入，不属于本级政府的额外收入，在整个政府收入体系中只属于存量的转移而非新出现的增量，加之大部分政府间转移收入均来自税收收入，因此政府间转移收入通常也不属于政府非税收入。

（二）非税收入的分类

对非税收入的类型化分析有助于进一步认识非税收入的外延。根据不同的标准，可将非税收入分为不同类型，这里仅介绍最常见的几种分类。

1. 以非税收入管理方式为标准

按照政府非税收入的管理方式，将其分为预算内政府非税收入、预算外政府非税收入和制度外收入。此种分类方式之前对剖析非税收入"双轨制"运作的危害和制定规范政府非税收入的法律法规及配套措施具有非常重要的意义。

预算内非税收入是指国家机关、事业单位和社会团体为履行或代行政府职能，依据国家法律、法规和具有法律效力的规章而收取、提取和安排使用的纳入国家预算管理的各种非税收入。预算外非税收入则是未纳入国家预算管理的非税收入。① 制度外收入指在法律上没有依据,通过非法程序,以"乱收费、乱摊派、乱罚款"的三乱方式而违法征缴的收入。②

2. 以非税收入的取得依据和来源为标准

有学者将政府非税收入按其性质的不同大致划分为五大类:第一类,负外部效益矫正性非税收入,其中包括排污费或排污超标费,对某些高能耗和可能引发公共风险行业或行为的限制性收费等;第二类,成本补偿性非税收入,其中包括使用费和某些规费、证照性收费等;第三类,资产资源性非税收入,其中包括特许权收入、国有资产经营、转让收益,国有矿藏、森林、滩涂开采费等收入,资产利息、租金收入,国有土地有偿使用收入等;第四类,行政司法管理性非税收入,其中包括罚款、罚没收入,工商、司法收费、政府性基金、特许经营收入等;第五类,其他非税收入,包括铸币税收入、彩票发行公益金、赠与收入等。③

3. 以非税收入的具体形式为标准

2016 年颁布的《政府非税收入管理办法》规定,我国政府非税收入具体包括:行政事业性收费收入、政府性基金收入、罚没收入、国有资源(资产)有偿使用收入、国有资本收益、彩票公益金收入、特许经营收入、中央银行收入、以政府名义接受的捐赠收入、主管部门集中收入、政府收入的利息收入和其他非税收入 12 类收入,同时也明确了社会保险费、住房公积金(指计入缴存人个人账户部分)不属于非税收入。

(1)行政事业性收费收入。

行政事业性收费是指国家机关、事业单位、代行政府职能的社会团体及其他组织根据法律、行政法规、地方性法规等有关规定,依照国务院规定程序批准,在向公民、法人提供特定服务的过程中,按照成本补偿和非营利原则向特定服务对象收取的费用。

(2)政府性基金收入。

政府性基金是指各级政府及其所属部门根据法律、行政法规和中共中央、国务院有关文件规定,为支持某项公共事业发展,向公民、法人和其他组织无偿征收的具有专项用途的财政资金。根据我国《全国性政府基金目录清单》,截至 2017 年我国共有 21 类 24 项政府性基金(见表 3 - 1)。

---

① 非税收入一定包含预算外资金,预算外资金只是非税收入包含内容的一部分,两者是涵盖与被涵盖的关系。二者区别上,按照资金管理方式可将政府收入分为预算内资金和预算外资金,而按照收入形式则可将政府收入分为非税收入和税收。

② 2011 年财政部决定,中央和地方各级财政部门应将除教育费收入外所有按预算外资金管理的收入全部纳入预算管理。从此以后,"预算外资金"开始逐渐消失。随着《预算法》的修订,所有的政府收入都应纳入我国预算法规定的四本预算之中管理。尽管地方政府仍持有一些财政专户收入,但政府全部收支纳入预算已成为不可逆转的趋势,因此非税收入的预算内和预算外划分不再是最重要和科学的标准。

③ 参见贾康、刘军民:《非税收入规范化管理研究》,载《华中师范大学学报》(人文社会科学版)2005 年第 3 期。

表 3－1　我国政府性基金目录(2017 年)

序号	项目名称	资金管理方式	政策依据
1	铁路建设基金	缴入中央国库	国发〔1992〕37 号,财工字〔1996〕371 号,财工〔1997〕543 号,财综〔2007〕3 号
2	港口建设费	缴入中央和地方国库	国发〔1985〕124 号,财综〔2011〕29 号,财综〔2011〕100 号,财综〔2012〕40 号,财税〔2015〕131 号
3	民航发展基金	缴入中央国库	国发〔2012〕24 号,财综〔2012〕17 号,财税〔2015〕135 号
4	高等级公路车辆通行附加费(海南)	缴入地方国库	财综〔2008〕84 号,《海南经济特区机动车辆通行附加费征收管理条例》(海南省人民代表大会常务委员会公告第 54 号)
5	国家重大水利工程建设基金	缴入中央和地方国库	财综〔2009〕90 号,财综〔2010〕97 号,财税〔2010〕44 号,财税〔2015〕80 号,财办税〔2015〕4 号,财税〔2017〕51 号,财办税〔2017〕60 号
6	水利建设基金	缴入中央和地方国库	财综字〔1998〕125 号,财综〔2011〕2 号,财综函〔2011〕33 号,财办综〔2011〕111 号,财税函〔2016〕291 号,财税〔2016〕12 号,财税〔2017〕18 号
7	城市基础设施配套费	缴入地方国库	国发〔1998〕34 号,财综函〔2002〕3 号
8	农网还贷资金	缴入中央和地方国库	财企〔2001〕820 号,财企〔2002〕266 号,财综〔2007〕3 号,财综〔2012〕7 号,财税〔2015〕59 号
9	教育费附加	缴入中央和地方国库	《教育法》,国发〔1986〕50 号(国务院令第 60 号修改发布),国发明电〔1994〕2 号、23 号,国发〔2010〕35 号,财税〔2010〕103 号,财税〔2016〕12 号
10	地方教育附加	缴入地方国库	《教育法》,财综〔2001〕58 号,财综函〔2003〕2 号、9 号、10 号、12 号、13 号、14 号、15 号、16 号、18 号,财综〔2004〕73 号,财综函〔2005〕33 号,财综〔2006〕2 号、61 号,财综函〔2006〕9 号,财综函〔2007〕45 号,财综函〔2008〕7 号,财综函〔2010〕2 号、3 号、7 号、8 号、11 号、71 号、72 号、73 号、75 号、76 号、78 号、79 号、80 号,财综〔2010〕98 号,财综函〔2011〕1 号、2 号、3 号、4 号、5 号、6 号、7 号、8 号、9 号、10 号、11 号、12 号、13 号、15 号、16 号、17 号、57 号,财税〔2016〕12 号

续表

<table>
<tr><th>序号</th><th colspan="2">项目名称</th><th>资金管理方式</th><th>政策依据</th></tr>
<tr><td>11</td><td colspan="2">文化事业建设费</td><td>缴入中央和地方国库</td><td>国发〔1996〕37号,国办发〔2006〕43号,财综〔2013〕102号,财文字〔1997〕243号,财预字〔1996〕469号,财税〔2016〕25号,财税〔2016〕60号</td></tr>
<tr><td>12</td><td colspan="2">国家电影事业发展专项资金</td><td>缴入中央和地方国库</td><td>《电影管理条例》,国办发〔2006〕43号,财税〔2015〕91号,财教〔2016〕4号</td></tr>
<tr><td>13</td><td colspan="2">旅游发展基金</td><td>缴入中央国库</td><td>旅办发〔1991〕124号,财行〔2001〕24号,财综〔2007〕3号,财综〔2010〕123号,财税〔2015〕135号</td></tr>
<tr><td rowspan="3">14</td><td rowspan="3">中央水库移民扶持基金</td><td>大中型水库移民后期扶持基金</td><td rowspan="3">缴入中央国库</td><td rowspan="3">《大中型水利水电工程建设征地补偿和移民安置条例》,《长江三峡工程建设移民条例》,国发〔2006〕17号,财综〔2006〕29号,监察部、人事部、财政部令第13号,财综〔2007〕26号,财综〔2008〕17号,财综〔2008〕29号、30号、31号、32号、33号、35号、64号、65号、66号、67号、68号、85号、86号、87号、88号、89号、90号,财综〔2009〕51号、59号,财综〔2010〕15号、16号、43号、113号,财综函〔2010〕10号、39号,财税〔2015〕80号,财综〔2016〕11号,财税〔2016〕13号,财税〔2017〕51号,财办税〔2017〕60号,财农〔2017〕128号</td></tr>
<tr><td>跨省大中型水库库区基金</td></tr>
<tr><td>三峡水库库区基金</td></tr>
<tr><td rowspan="2">15</td><td rowspan="2">地方水库移民扶持基金</td><td>省级大中型水库库区基金</td><td rowspan="2">缴入地方国库</td><td rowspan="2">国发〔2006〕17号,财综〔2007〕26号,财综〔2008〕17号,财综〔2008〕29号、30号、31号、32号、33号、35号、64号、65号、66号、67号、68号、85号、86号、87号、88号、89号、90号,财综〔2009〕51号、59号,财综〔2010〕15号、16号、43号、113号,财综函〔2010〕10号、40号,财综〔2016〕11号,财税〔2016〕13号,财税〔2017〕18号</td></tr>
<tr><td>小型水库移民扶助基金</td></tr>
<tr><td>16</td><td colspan="2">残疾人就业保障金</td><td>缴入地方国库</td><td>《残疾人就业条例》,财税〔2015〕72号,财综〔2001〕16号,财税〔2017〕18号,财税〔2018〕39号</td></tr>
<tr><td>17</td><td colspan="2">森林植被恢复费</td><td>缴入中央和地方国库</td><td>《森林法》,《森林法实施条例》,财综〔2002〕73号,财税〔2015〕122号,财税〔2016〕2号</td></tr>
</table>

续表

序号	项目名称	资金管理方式	政策依据
18	可再生能源发展基金	缴入中央国库	《可再生能源法》,财综〔2011〕115 号,财建〔2012〕102 号,财综〔2013〕89 号,财税〔2016〕4 号,财办税〔2015〕4 号
19	船舶油污损害赔偿基金	缴入中央国库	《环境保护法》,《防治船舶污染海洋环境管理条例》,财综〔2012〕33 号,交财审发〔2014〕96 号
20	核电站乏燃料处理处置基金	缴入中央国库	财综〔2010〕58 号
21	废弃电器电子产品处理基金	缴入中央国库	《废弃电器电子产品回收处理管理条例》,财综〔2012〕34 号,财综〔2012〕48 号,财综〔2012〕80 号,财综〔2013〕32 号,财综〔2013〕109 号,财综〔2013〕110 号,财综〔2014〕45 号、财税〔2015〕81 号,财政部公告 2014 年第 29 号,财政部公告 2015 年第 91 号,国家税务总局公告 2012 年第 41 号,海关总署公告 2012 年第 33 号

(3)罚没收入。

罚没收入,是指执法、司法机关依照法律、法规、规章的规定,对违法违章者实施经济罚款的款项、没收的赃款和赃物变价款。

(4)国有资源有偿使用收入。

国有资源有偿使用收入,包括土地出让金收入,新增建设用地土地有偿使用费,海域使用金,探矿权和采矿权使用费及价款收入,场地和矿区使用费收入,出租汽车经营权、公共交通线路经营权、汽车号牌使用权等有偿出让取得的收入,政府举办的广播电视机构占用国家无线电频率资源取得的广告收入,以及利用其他国有资源取得的收入。

(5)国有资产有偿使用收入。

国有资产有偿使用收入,包括国家机关、实行公务员管理的事业单位、代行政府职能的社会团体以及其他组织的固定资产和无形资产出租、出售、出让、转让等取得的收入,世界文化遗产保护范围内实行特许经营项目的有偿出让收入和世界文化遗产的门票收入,利用政府投资建设的城市道路和公共场地设置停车泊位取得的收入,以及利用其他国有资产取得的收入。

(6)国有资本收益。

国有资本收益是政府非税收入的重要组成部分,包括:①应交利润,即国有独资企业按规定应当上交国家的利润;②国有股股利、股息,即国有控股、参股企业国有股权(股份)获得的股利、股息收入;③国有产权转让收入,即转让国有产权、股权(股份)获得的收入;④企业清算收入,即国有独资企业清算收入(扣除清算费用),国有控股、参股企业国有股权(股份)分享的公司清算收入(扣除清算费用);⑤其他国有资本收益。

从2014年起,我国将中央国有独资企业应交利润收取比例分为五类:第一类企业为25%;第二类企业为20%;第三类企业为15%;第四类企业为10%;第五类企业免交当年应交利润。符合小型微型企业规定标准的国有独资企业,应交利润不足10万元的,比照第五类企业,免交当年应交利润。国有控股、参股企业国有股股利、股息,国有产权转让收入,企业清算收入和其他国有资本收益,仍按照有关经济行为的财务会计资料执行。事业单位出资企业国有资本收益收取比例提高至10%。

(7)彩票公益金收入。

彩票公益金是从彩票发行收入中按规定比例提取的,专项用于社会公益事业的资金。

(8)主管部门集中收入。

主管部门集中收入主要指国家机关、实行公务员管理的事业单位、代行政府职能的社会团体及其他组织集中所属事业单位收入。①

(9)以政府名义接受的捐赠收入。

以政府名义接受的捐赠收入,是指以各级政府、国家机关、实行公务员管理的事业单位、代行政府职能的社会团体以及其他组织名义接受的非定向捐赠货币收入,不包括定向捐赠货币收入、实物捐赠收入以及以不实行公务员管理的事业单位、不代行政府职能的社会团体、企业、个人或者其他民间组织名义接受的捐赠收入。

(10)政府收入的利息收入。

政府收入的利息收入属于非税收入,其范围包括:财政部门拨付各单位的公共财政预算资金、政府性基金、财政专户资金、财政借款及预拨款、银行借款(由财政代为偿还)等产生的利息收入。

四、非税收入获取的经济学上的理论依据

(一)提供准公共物品的理论

准公共物品又称为混合物品,是处于公共物品和私人物品之间的物品。② 准公共物品具有消费上的非竞争性但不具有消费上的排他性,或具有消费上的排他性但不具有消费上的非竞争性。③ 据此,可以将准公共物品主要分为排他性较强而竞争性较弱

---

① 今后,随着事业单位体制改革的深入进行,主管部门应当与事业单位财务实行彻底脱钩,逐步取消主管部门集中事业单位收入。

② 对于准公共物品是否就是混合物品,理论界有争议。参见王茜、万青:《准公共物品私人参与供给下的社会收益及政府政策有效性研究》,载《经济科学》2009年第6期。

③ 参见吕普生:《公共物品属性界定方式分析——对经典界定方式的反思与扩展》,载《学术界》2011年第5期。

的俱乐部物品(club goods)、自然垄断产品和竞争性较强而排他性较弱的公共资源或共有资源(common resources)。①

对于准公共物品而言,在消费上,一方面具有一定的公共性或外部性,说明在一定范围内市场是不会提供的,或者市场愿意提供但会低效,如果由市场提供,采用市场定价的价格机制筹资,会导致提供物品可能不能满足公共需要,造成社会福利的损失;另一方面其又具有一定的排他性和竞争性特征,消费的边际成本是不等于零的,如果完全由政府以税收方式筹集,首先可能造成过度消费,产生拥挤现象,其次可能既剥夺了那些愿意付费享受更好服务的公众的权利,也会使不愿、不必要或较少消费这些准公共物品的人的权益受损。

因此,依据成本补偿原则,向使用者收取适当的费用或基金就更加合理,而且在实践操作上也有可行性。通过使用者付费,体现了受益者负担原则,不仅可以减缓过度消费和使用者拥挤现象,将"搭便车"者排除在外,避免产生过度需求和消费,提高已付费人员的满意度、实现社会福利的最大化,而且在成本补偿标准下,政府提供准公共物品的支出费用可以全部或部分收回。②

当然,和非税收入一样,准公共物品种类不同,采用政府收费的方式和强度也应有所区别。对于排他性强而竞争性弱的俱乐部物品,主要是行政事业性收费,而属于自然垄断的准公共物品,应主要由使用费来提供。对于竞争性较强而排他性较弱的公共资源,存在排除成本的问题,一般可采用颁发许可证并收取使用费的方式。

(二)国家基于财产所有权获得收益

财产所有权是财产所有人依法对自己的财产享有的占有、使用、收益和处分的权利,其中收益权是最重要的权能之一。同私人财产权一样,国家也拥有大量国有资产,包括经营性国有资产、资源性国有资产和非经营性国有资产。国家以所有者身份对这几类国有资产进行管理,本着资源优化配置的原则,由有关部门或企业占有、经营和使用。国有资本产生的收益、国有资产和国有资源产生的收入理应由国家享有,完全符合市场经济法则和财产权利理论。因此,界定国有资源产权的最优方式就是建立资源和资本有偿使用收费制度,即通过国有资源使用费用和国有资本收益征收制度来确定国有资源和国有资产收益的归属。

(三)矫正负外部效应的需要

如果市场主体的经济活动给其以外的人带来损失而未获惩罚,这种现象是负外部效应。负外部效应的责任主体、受损方和具体损失程度都不易确定,会刺激产生负外部效应的主体不断进行此类活动,从而恶化负外部效应,导致市场失灵的产生。矫正负外

---

① 自然垄断产品包括某些地方由公营事业单位提供的水、电、气等。俱乐部物品主要有公共图书馆、收费公园、运动场馆、收费公路、非义务教育、医疗服务等,公共资源主要有公共牧场、公共森林、水资源。

② 参见白宇非:《我国政府非税收入研究》,经济科学出版社2008年版,第48~49页。

部效应的方式主要有征税和收费。在征税不可行或无法实施时，政府即可依据行政强制力通过收费或罚没收入的形式，促使生产者减少负外部效应的产生。譬如，对某些违法违规行为可采取罚款、罚金等上缴罚没收入的手段，通过这些政府非税收入的征收来减少此类行为和现象的发生。

拓展思考 **非税收入征收标准合理化问题**

政府非税收入的征收应结合自身特点采取不同的合理化标准。

第一，行政收费既不属于可由市场价格机制调节的私人物品，也不属于依据量能负担原则由纳税人负担的纯公共物品，而是属于对政府提供准公共物品的价值补偿，因此在确定征收标准时要充分考虑到政府的成本，采用成本补偿原则和受益者负担原则，在特定物品和服务的提供与缴费人的直接受益之间达到平衡。科学、合理的收费标准应既要满足行政收费的公平原则，也要缓解拥挤和“搭便车”现象以符合效率原则。当然，行政收费类型不同，其征收标准或定价方式也会有细微的区别。

首先，行政规费的征收标准应以补偿工本费和手续费为基准，收费应小于或等于公共支出，如果收费低于成本，其差额可由税收收入填补。其次，使用费的征收标准除了要考虑成本补偿外，还应意识到该类收费往往带有宏观调控的目的，其定价兼具公共性和市场性的特点，市场价格、利率、租金等因素也不可忽视。具体到使用的对象，参考德国的做法，如果使用能源类的公共物品，可以将使用费的收费标准定得高于供应成本，这样既可提高能源使用效率，也可减少浪费；如果使用环保类产品和服务，收费应刚好覆盖成本，这样既可以鼓励居民尽量使用环保产品，也能保证环保事业企业的成本回收；而对公共交通和文化设施等公益类服务要以低于成本的标准收费，其差额可以由税收补足。最后，与规费定价主要采用成本补偿标准不同，受益费的征收标准更应从受益角度出发，通过“等价原则”确定。但是受益的多少很难测算，现实中存在运用的障碍，因此应慎重采用。同时，行政收费的征收标准一旦确定后，未经法定程序行政部门不得擅自修改，但可以有条件地变动，如依物价指数的变化可以每隔一定年限对其进行调整。① 此外，为减轻行政收费的累退性，可考虑对困难的公民实施优惠政策，通过降低收费标准和发放补贴的方式，保证社会公众可以享受到基本的服务。

第二，对于矫正负外部效应的非税收入，征收标准的确定应满足将私人边际成本提高到与社会边际成本一样，这样才可以将负外部效应内部化。严格意义上说，罚没收入也有矫正负外部效应的作用，但罚没收入的标准主要依靠法律和行政法规，还要考虑对潜在违法、违规的个体的震慑力。

第三，对于国有资本收益，要改变之前的征收标准过低、收益在国有企业体内循环

---

① 参见熊秉元等：《使用者付费原则与国家财政结构关系之研究》，我国台湾地区行政管理机构“研究发展考核委员会”编印 1995 年版，第 75 页。

的局面，提高国有企业资本收益上缴的比例。国有资产监督部门应会同财政部门，通过行业分析、企业研究等方式，按照公益性、竞争性和垄断性企业盈利状况和运营目的的不同，制定差异化的上缴率。整体上，考虑到国有企业所处行业的不同和企业自身经营情况的差距，可以要求国有企业利润上缴比例至少要高于行业的平均分红率。同时，还要扩大上缴国有资本收益的中央级企业的范围，国有金融企业的利润几乎占据了我国国有企业整体利润的大半壁江山，但真正上缴资本收益的大型金融企业却少之又少，今后要逐步把此类企业也纳入国有资本收益缴纳主体内。

第四，非税收入的征收标准不能一劳永逸地固定不变，应在设立时就规定，每隔一定的年限，按照事先确定好的标准，对当前非税收入项目的成本进行核算，当成本有较大的波动时，应该随即调整相应的收费标准。

五、非税收入的合法性

上述只是政府收取非税收入的理论依据和前提条件，并不意味着现实中政府非税收入运作的合法性。只有政府非税收入在立项、征缴、使用和监督等各方面都能实行财政民主和财政法治，政府非税收入才能取得实质和形式上的合法性。

（一）财政民主是政府非税收入行为的实质合法性

政府非税收入行为要获得实质合法性，就必须符合财政法领域内最重要、最有代表性的价值观念，毫无疑问，民主性是财税法律中最值得维护和弘扬的信念和价值。①

如果我们以经济的视角来研究民主制，会发现因为民主制本身即为约束政府行为尤其是政府收支行为而发展起来的，所以民主制的核心和基础应该是财政民主。② 在公共财政领域，以宪法学的视角观之，公共财政在本性上就是一种民主财政。③ 公共财政的主体是广大人民，因而公共财政是以人民为主体的财政活动，本质上属于民主财政。

“财政民主，是政府按照公民的意愿，通过民主程序，运用民主方式来理政府之财。”④通过在财政领域施行民主，用民主的方式约束政府公权力，使政府财政权无法侵害公民财产权，二者可以达致相对平衡，保障人民对政府收支行为进行更好的监督和财政收支行为的科学性、合理性。它要求人民依法通过一定的程序和方式，行使对国家重大财政事项的决定权。任何重大财政事项的通过，如无代议制机构的审批将不产生效力。

---

① 当然，公平性、透明性等都属于财政法领域的核心价值，但是只有财政收支行为坚持民主性才能保障该行为的公平性和透明性，民主性也是关系到财政法各领域的关键性原则。

② 参见樊纲：《地方“乱收费”的治理与地方财政民主制》，载《财政研究》1999 年第 4 期。

③ 参见周刚志：《论公共财政与宪政国家》，北京大学出版社 2005 年版，第 134 页。

④ 刘剑文：《财税法治的破局与立势——一种以关系平衡为核心的治国之路》，载《清华法学》2013 年第 5 期。

财政民主一般表现为财政议会主义，即由议会主导财政决策。这其中又可以分为三个方面：[①]

第一，预算案等重大财政事项由代议机构通过。预算制度作为公共财政制度的重要组成部分，目的在于对政府财政行为进行民主化和法治化的监控，不少学者认为与法律并无大的区别。

我国目前有一般公共预算、政府性基金预算、国有资本经营预算、社会保险基金预算。其中政府性基金预算和国有资本经营预算管理的都属于政府非税收入，而一般公共预算中也有一部分来自政府非税收入中的行政事业性收费收入和国有资源（资产）有偿使用收入，可见政府非税收入的相关预算在整个预算体系中占据了非常重要的地位。

第二，预算案具有法律约束力，一经通过政府不得擅自修改。《预算法》已对预算的调整程序作出规定，任何预算案的调整必须经同级人民代表大会的批准。[②] 这里面自然包括了涉及非税收入的预算。

第三，应实行全口径预算原则。全口径预算是指“将政府财政收支全部纳入预算统一管理，以实现立法机关对政府财政收支行为的有效控制，从而最终保障公共资金的筹集和使用，最大限度地符合人民群众的根本利益”。[③] 因为来源复杂，管理方式多样化，又被分别纳入三类预算，政府非税收入应当是全口径预算原则规制的重点对象。我国《预算法》第 4 条第 2 款规定：政府的全部收入和支出都应当纳入预算。这表明我国已在制度上初步规定了全口径预算，将以往大部分没有纳入政府预算管理的预算外资金纳入预算的“笼子”里由财政管理，实乃不小的进步。但是，《预算法》第 56 条第 2 款又规定：“对于法律有明确规定或者经国务院批准的特定专用资金，可以依照国务院的规定设立财政专户。”这说明政府非税收入还有“漏网之鱼”凭借“财政专户”游离于财政部门完全监管之外，从而减损了政府非税收入收支的实质合法性，也破坏了财政民主性。

（二）有差别的财政法定是政府非税收入的形式合法性

1. 财政法定的内涵解释

财政法定是财政法的核心理念，也是基本原则，要求由法律规定财政的基本事项，实质上是财政权的高度法治化，它最初起源于税收法定，进而扩展到预算法定，最终发展到财政法定。[④] 财政法定具体包括财政收入法定、财政支出法定和财政监管法定，其

---

① 参见刘剑文：《我国财税法治建设的破局之路——困境与路径之审思》，载《现代法学》2013 年第 3 期。

② 《预算法》第 69 条规定：中央预算的调整方案应当提请全国人民代表大会常务委员会审查和批准。县级以上地方各级预算的调整方案应当提请本级人民代表大会常务委员会审查和批准；乡、民族乡、镇预算的调整方案应当提请本级人民代表大会审查和批准。未经批准，不得调整预算。

③ 华国庆：《全口径预算：政府财政收支行为的立法控制》，载《法学论坛》2014 年第 3 期。

④ 参见刘剑文：《论财政法定原则—— 一种权力法治化的现代探索》，载《法学家》2014 年第 4 期。

中前两点是财政法定的程序基础，而后一点表现为财政法定的实质性基础，与财政民主颇有重合之处，此处不再赘述。

第一，财政收入法定指政府向公民征收各种金钱时应以法律规定为依据，未经法律允许不得非法向公民和企业征收财产。第二，财政支出法定和预算法定颇为接近，多指政府首先应严格按照预算法案的规定开支，不得超出预算案的范围自行开支，更不得自收自支；其次，未经预算批准机构许可，不得对已表决通过的预算法案擅自调整。我国《预算法》第13条对此也有规定。①

2. 政府非税收入的有差别的财政法定

政府非税收入主要涉及费用征收、政府性基金征收和国有资产收益征收。行政事业性收费体现“谁付费、谁受益”的精神，付费越多者受益越多，主要实行受益者负担原则，是兼有公私混合型的收入，既部分体现了价格因素，又包含有准公共物品提供的成本因素，因此其强制性弱于税收。与税收除应制定税收基本法、税收征管法外，对于每一个单独的税种都应制定相应的法律不同，行政事业性收费的财政收入法定性强度最弱，除制定一部统摄性的基本法律外，鉴于具体收费类型的复杂性和多样性，对单一的收费可由法规甚至规章规制。政府性基金构成更为复杂，总体上比行政事业性收费更凸显其强制性，因此其立法层级总体应高于行政事业性收费而低于税收。进言之，在各类基金、附加、资金和专项收入之间，其强制性又有所差异。有些属于特殊目的非税收入，其征收和特定群体有较强关联性，强制性较接近于使用费，如民航发展基金、国家电影事业发展基金，另外一些政府性基金，如教育费附加、地方教育附加等，虽名义上仍为政府性基金，但实质征收对象非常广泛，大量的缴纳个体并不享受教育这类公共物品，所以已与税收无异，其法定性应与税收类似。国有资产收益因牵涉国家资产，如规制不严则很可能损害全民利益，因此其法定性也应高于大多数行政事业性收费。

综上所述，政府非税收入的财政法定性远较税收法定性复杂，总体来看属于有差别的财政法定，不能简单地完全套用税收法定性原理来指导政府非税收入法治化的进程。

拓展思考　规范我国政府非税收入设定权的思考

我国非税收入设立权限总体应相对集中于中央和省两级，不能分散到各地方政府，否则会导致地方政府突破权限滥设收费项目的现象有增无减，对我国财政运行环境造成破坏。关于非税收入设定权，涉及以下几方面值得进一步思考的问题：

（一）法律保留原则的适用程度

非税收入的设立如果单纯适用全面保留理论，既不现实也不可能。但是，侵害保留理论可能是非税收入设立的底线规则，应该关注是否存在对价性和行政负担或义务的

---

① 《预算法》第13条规定：“经人民代表大会批准的预算，非经法定程序，不得调整。各级政府、各部门、各单位的支出必须以经批准的预算为依据，未列入预算的不得支出。”

设定情况。

(二)授权立法的限制性分析

在我国非税收入的设立权的规范上,首先要坚持非税收入的设立和征收标准应由法律明确授权行政法规,应对授权的目的、范围和期限作清楚的规定;其次,行政法规获得设立和征收非税收入的授权后,不得再次转授权下级机关以制定部门规章或地方规章的形式再作新的设定。

(三)非税收入设定权的分解

广义的"设定权"可以分解为"设立"和"规定"两种具体的权能。"设立"是在上位法没有关于非税收入的规定时由某个法律文件设立非税收入项目,从而产生一种全新的权利义务关系。而"规定"相对受限较多,指上位法已有非税收入相关规定时,有关法律文件在上位法规定的范围内对非税收入的某些要素进行细化,这种权能并没有产生新的权利义务关系。如果下位法超出其上位法所规定的征收主体、征收标准、征收数额而规定非税收入的,该下位法即属违法。由此可见,我们对非税收入的设定权不能简单理解,而是应根据非税收入的种类、性质的不同,具体分析其设定权的归属。

(四)具体非税收入设定权的归属分析

以最重要的两种非税收入为例,第一,行政事业性收费的设立权基本只能属于法律和行政法规,即原则上只有法律和行政法规才能创设行政收费项目,其他法律文件不能直接创设行政收费项目。法律在没有相关规定时可以先行授权行政法规设立收费项目,但授权的目的、范围和期限必须明确,国务院也不能再次授权给政府部门或地方政府来设立新的收费项目。对于地方性法规能否设立行政收费项目应具体问题具体分析。对于那些涉及公民享受准公共物品、支付相应对价的属于成本补偿型的收费和确需通过收费提高公共设施使用效率的收费,地方性法规可以有条件地设立,而某些带有矫正负外部效应甚至是惩罚性的负外部效应的收费,地方性法规不能设立。同时,考虑地方政府在提供准公共物品方面具有中央政府不可比拟的优势,如果将行政收费的设立权限全部收归于中央政府,反而与行政收费的特性相悖,也不利于充分调动地方政府的积极性。部门规章与地方规章表面上效力相近,而地方规章效力明显低于地方性法规,因此初步可以得出地方性法规效力高于部门规章的结论。所以,规章和规章以下的所有规范性文件均不得设立行政性收费,而只能规定上位法已经设立的收费项目的具体要素。同时,如果法律已设立收费项目,行政法规、地方性法规也只能对其细化而不得变更。

第二,我国政府性基金的性质和资金用途也有不小的差异,但总体来看,其强制性往往弱于税收而强于大部分行政收费,因此其征收依据如果可以比税收宽松,至少也要比行政事业性收费严格。[①] 诸如教育费附加、地方教育附加、城市基础设施配套费等政

① 参见熊伟:《专款专用的政府性基金及其预算特质》,载《交大法学》2012 年第 1 期。

府性基金属于向绝大多数市场主体征收的准税收，具有覆盖面广、影响大的特点，对于这些和缴纳人之间关联关系较弱的政府性基金，应严格适用法律保留原则，只有全国人大通过的法律才能设立。而对于类似于港口建设费、国家电影事业发展专项基金、核电站乏燃料处理处置基金等资金使用和受益群体有特殊关联关系的政府性基金，除法律外行政法规也可设立。政府性基金的具体内容，如征收对象、缴费标准、缴费期限，可以由法律、法规作出规定，但任何政府性基金均不能由党和国家的政策性文件设立，因此修改2010年颁布的《政府性基金管理暂行办法》已是迫在眉睫。此外，与行政收费有所不同的是，地方性法规也不能设立政府性基金。

第二节　我国非税收入法律体系

作为财政收入重要组成部分的政府非税收入，虽然近年来在政府收入中的地位日益提高，其重要性与日俱增，但是总体来看，由于受传统观念的影响和概念的界定不清，我国政府非税收入的立法缺位现象较严重，与税法相比较为薄弱，法律体系还很不健全，基本为部门规章和规范性文件。按照中央和地方立法的不同，目前可以分为如下几个层次：

一、中央立法现状

从中央立法来看，自2004年财政部颁布了《关于加强政府非税收入管理的通知》，初步建立了政府非税收入的制度体系。随后，中央政府在非税收入领域相继出台了不少规章制度。按照非税收入类型的不同，在以下各领域主要有下列法律法规：

第一，如果追溯到预算外资金的话，国务院在1986年颁布了《关于加强预算外资金管理的通知》，在1996年颁布了国务院《关于加强预算外资金管理的决定》。关于非税收入的宏观法律法规，有财政部《关于加强政府非税收入管理的通知》(2004年)、《关于深化地方非税收入收缴管理改革的指导意见》(2009年)、《关于将按预算外资金管理的收入纳入预算管理的通知》(2010年)、《关于进一步做好将预算外资金纳入预算管理工作的通知》(2012年)、《政府非税收入管理办法》(2016年)。

第二，行政事业性收费领域项目多，情况复杂，因此相应各类规章制度制定得较为频密。早在1999年，财政部、监察部、国家发展计划委员会、审计署、中国人民银行就联合颁布了《关于行政事业性收费和罚没收入实行"收支两条线"管理的若干规定》，正式在我国确立了"收支两条线"制度。此后，各部委又相继颁布了一系列的规章制度来规制行政事业性收费领域的问题。如《违反行政事业性收费和罚没收入收支两条线管理规定行政处分暂行规定》(2000年)、《关于行政执法部门收费和罚没收入若干问题的意见》(2002年)、《行政事业性收费项目审批管理暂行办法》(2004年)、《行政事业性收费标准管理暂行办法》(2006年)、《关于开展治理和规范涉企收费工作的通知》

(2010年)、《关于清理规范涉企行政事业性收费的通知》(2010年)、[1]国务院办公厅《关于进一步加强涉企收费管理减轻企业负担的通知》(2014年)、《关于进一步完善行政事业性收费项目目录公开制度的通知》(2014年)、《关于进一步加强行政事业性收费和政府性基金管理的通知》(2015年)。

第三,政府性基金领域,财政部于2010年颁布了《政府性基金管理暂行办法》,这是目前我国规制政府性基金的最权威"法规"。此外,按照规定,我国应公布全国政府性基金项目目录,最新一期是2017年公布的《全国政府性基金目录清单》。

第四,国有资本收益领域,国务院于2007年颁布了《关于试行国有资本经营预算的意见》,同年颁布的《中央企业国有资本收益收取管理暂行办法》宣告开始向中央企业收取国有资本收益。此后在2008年颁布的《企业国有资产法》正式规定建立国有资本经营预算。十八届三中全会后,财政部颁布《关于进一步提高中央企业国有资本收益收取比例的通知》,决定从2014年起,适当提高中央企业国有资本收益收取比例。2016年财政部颁发了《中央企业国有资本收益收取管理办法》。

第五,国有资产有偿收入领域的相关法律法规有《行政单位国有资产管理暂行办法》和《事业单位国有资产管理办法》(2006年)、《企业国有资产法》(2008年)、《中央行政事业单位国有资产管理暂行办法》(2009年)、《企业国有资产监督管理暂行条例》(2011年修订)和《地方行政单位国有资产处置管理暂行办法》(2014年)。

第六,彩票公益金领域,国务院2009年颁布了《彩票管理条例》,对彩票公益金的预算管理方式初步作了规定。此后,于2012年又颁布了《彩票管理条例实施细则》和《彩票公益金管理办法》,2015年颁布了《关于进一步规范和加强彩票资金构成比例政策管理的通知》。

第七,非税收入财政票据领域,财政部于2012年颁布了《财政票据管理办法》,国家税务总局于2012年颁布了国家税务总局办公厅《关于全面推行财政票据电子化管理系统的通知》。

此外,其他一些法律里也规定了一些政府非税项目的设立,如《土地管理法》里的土地使用权出让金、土地补偿费、耕地开垦费,《教育法》里规定的教育附加费,《矿产资源法》里的资源补偿费,《价格法》里的价格调节基金等,此处不再一一介绍。

二、地方立法现状

湖南省在我国地方政府中是最早对政府非税收入立法的,于2004年颁布了《湖南省非税收入管理条例》。此后,截至2018年,共有湖南、广西、内蒙古、甘肃、青海、浙江、云南、江苏、海南、河南、江西、四川、安徽、黑龙江、宁夏15个省、自治区由人大常委会制定了有关政府非税收入的地方法规,而湖北、辽宁、山东、山西、吉林、重庆、河北、福建、

---

[1] 这两个通知名称很接近,分别是国家发改委和财政部在同一年发出,实质内容也大同小异,反映出我国非税收入领域多龙治水的情况。

西藏、陕西10个省、直辖市、自治区由省级人民政府制定了有关政府非税收入的地方政府规章。还有北京、上海、天津、广东、贵州、新疆6个省、自治区和直辖市没有相关地方法规或政府规章，只有省级财政部门颁布的相关规范性文件。

三、各类收费和基金目录的公布

2013年以来，国务院将大幅降低企业非税负担作为今后的重点工作。为方便社会查询，加强社会监督，财政部网站于2017年6月29日公布了全国政府性基金和行政事业性收费目录清单“一张网”，包括中央设立的《全国政府性基金目录清单》《全国性及中央部门和单位行政事业性收费目录清单》《全国性及中央部门和单位涉企行政事业性收费目录清单》，各省、自治区和直辖市设立的《行政事业性收费目录清单》和《涉企行政事业性收费目录清单》。目录清单在财政部和省级财政部门网站上实行常态化公开，凡有政策调整及时进行更新。相关部门建立和完善收费基金公示制度，将本部门收费基金项目名称、设立依据、征收标准、征收程序、法律责任等，通过政府网站、公共媒体以及在收费场所进行公示，并定期向社会公布收支情况，接受社会监督，建立公开透明的收费基金管理体系。目录清单之外的收费基金项目，一律不得设立，公民、法人和其他组织有权拒绝缴纳。

四、我国非税收入的主管部门

各级财政部门是非税收入的主管部门。财政部负责制定全国非税收入管理制度和政策，按管理权限审批设立非税收入，征缴、管理和监督中央非税收入，指导地方非税收入管理工作。县级以上地方财政部门负责制定本行政区域非税收入管理制度和政策，按管理权限审批设立非税收入，征缴、管理和监督本行政区域非税收入。

各级财政部门负责完善非税收入管理工作机制，建立健全非税收入管理系统和统计报告制度。

五、我国非税收入立法存在的问题

目前我国政府非税收入立法存在的最大问题是缺乏完整统一的非税收入法律法规体系，主要存在以下几个方面的问题：

（一）立法层级较低，缺乏中央立法

在直接规制政府非税收入的法律规范中，不但没有一部由全国人大或全国人大常委会制定的法律，迄今为止法律层级最高的反而是1996年颁布的国务院《关于加强预算外资金管理的决定》，而且这部千里挑一、年代久远的文件距今已22年了，仍然是目前为止我国政府非税收入领域唯一的行政法规。[①] 其他大量的法规往往都是由财政部或几个部委颁布的《办法》《意见》《通知》之类的部门规章，其中又以相对效力等级最低、权威性最差的《通知》数量最多。

同时，不仅在宏观的政府非税收入领域缺乏全国统一的法律法规，而且在大多数细

---

① 随着预算外资金的取消，这部仅存的行政法规也面临无法施行的境地。

分的非税收入领域,法律、法规的付之阙如也值得我们重视。譬如,在国家层面,我国行政事业性收费在设立项目、确定征收标准、资金的使用和监督方面没有应有的法律规制。国家只能采用各个部委颁布的行政规章甚至规范性文件来管理行政事业性收费领域。但是,这些政策性文件的法律效力较为软弱,对现实中地方政府的各种乱收费行为缺乏针对性和强有力的规制。

鉴于此,《政府非税收入管理办法》初步确定非税收入实行分类分级管理。根据非税收入不同类别和特点,制定与分类相适应的管理制度。鼓励各地区探索和建立符合本地实际的非税收入管理制度。

(二)立法概念滞后,技术粗糙,操作性不强

首先,原则性和概括性的语言使用较多,比较有代表性的是一些法律规范文件在阐述收取依据时大多会使用“依照规定”“依照国家规定”的用语。这里的“规定”具体指代的含义不清,究竟是指国务院的规定,还是地方政府的规定,抑或是各级政府部门的规定,其表述容易产生歧义。其次,相关法律性文件对“费”“基金”“附加”等各类非税收入的真正性质没有完全区分清楚,造成理论上的研究困惑和实践操作中的不公。

(三)部分非税收入缺乏法律规制,一定程度上出现征管上的空白

较为典型的是国有资源有偿使用收入,中央和地方政府层面没有出台一部规制整个国有资源有偿使用收入的法律文件,而像主管部门集中收入和捐赠收入方面的法规更是一片空白。

(四)征收设定上违法现象屡见不鲜

第一,有些非税收入征收目的不纯,表明上是为了惩戒违法违规行为、矫正负外部效应,实质是为了部门利益而将收费作为创收的渠道。第二,非税收入项目所依据的法律法规或部门文件五花八门、参差不齐、良莠不分。① 第三,我国不少的非税收入的制定法律依据均违反了法律保留原则,违反了法律授权的基本精神。② 第四,政府性基金等非税收入出现了重复设定、彼此冲突的现象。第五,征收标准不科学、不合理。第六,非税收入设定权和管理权被人为割裂,分属不同部门。③ 第七,界定政府部门职权的法律、法规模糊或界定的职权交叉、矛盾,导致部门利益冲突和执收部门自由裁量权过大。

---

① 行政事业性收费有5种收费依据。2017年我国规定的24项全国性政府性基金中,只有教育费附加、地方教育附加、森林植被恢复费、船舶油污损害赔偿基金、可再生能源发展基金5个基金的设立依据是法律,有5项设立依据是行政法规,有7项设立依据是国务院文件,还有7项是由国务院各部委下发文件设立的。

② 民航机场管理建设费和民航基础设施建设基金改为民航发展基金没有重新寻找设立依据和履行审批手续。

③ 行政事业性收费项目和标准分别由财政部门和物价部门批准,经营服务收费由价格部门单独审批管理规定,在一定程度上肢解了财政管理职能;彩票公益金由财政、民政和体育3个部门负责管理,对国有资本收益的上缴也牵涉到财政、国资和发改等部门。

第八,某些政府性非税收入设立程序不透明,无法得到缴纳人的有效监督。

(五)政府非税收入预算制度仍有待完善

第一,法律、行政法规和国务院的规定均可划定政府性基金预算和国有资本经营预算的具体收支范围,体现出是非税收入预算法治化的不完全。第二,非税收入进入了一般公共预算、政府性基金预算、国有资本经营预算这3类预算,管理模式分散,支出方向部分重复。第三,财政专户的存在使非税收入没有真正全部纳入预算管理。

(六)收支两条线制度的效果未达预期

第一,对所有非税收入实施收支脱钩的安排值得商榷,由财政部门全面统筹安排非税收入收支,可能并不是很科学合理。第二,地方政府面临的财政压力可能导致收支两条线制度未能真正得到贯彻和实施,财政部门不一定能将上缴的收费和罚没收入完全控制使用,可能最后还是要以“做预算”“编项目”的方式将上述资金以一定比例返还给收费和罚款部门。

第三节　我国非税收入的宏观管理

依据《政府非税收入管理办法》和各省、自治区、直辖市颁布的地方法规和地方政府规章,我国对非税收入在宏观上的管理主要有以下规定:

一、我国非税收入的设立和征收管理

(一)我国非税收入的设立管理

1. 非税收入主管和监督部门

我国各级人民政府应当加强对非税收入管理工作的领导,建立协调机制,研究和解决非税收入管理工作中的重大问题,完善非税收入监督管理体制,保障非税收入资金安全和有效利用。

县级以上人民政府财政部门主管非税收入管理工作,其所属的非税收入管理机构负责非税收入管理的具体工作。各级财政部门应当完善非税收入管理工作机制,建立健全非税收入管理系统和统计分析报告制度,推进非税收入管理信息化建设,提高非税收入管理效率。县级以上人民政府价格、审计等部门以及中国人民银行分支机构按照各自职责,做好非税收入管理、监督相关工作。

2. 非税收入的设立权限

我国设立和征收非税收入,应当依据法律、法规的规定或者按下列管理权限予以批准:

(1)行政事业性收费按照国务院和省、自治区、直辖市(以下简称省级)人民政府及其财政、价格主管部门的规定设立和征收。

(2)政府性基金按照国务院和财政部的规定设立和征收。

(3)新设立涉企收费基金项目,必须依据法律、行政法规的规定。对没有法律、行政法规依据但按照国际惯例或对等原则确需设立的,由财政部会同有关部门审核后报国务院批准。新设立不涉企的行政事业性收费项目,必须依据法律、行政法规和地方性法规的规定,或按照国务院明确的审批管理规定,由省级以上财政、价格主管部门批准,重要的报国务院或省级人民政府批准。省级以下政府及其部门不得设立收费基金项目。

(4)国有资源有偿使用收入、特许经营收入按照国务院和省级人民政府及其财政部门的规定设立和征收。国有资产有偿使用收入、国有资本收益由拥有国有资产(资本)产权的人民政府及其财政部门按照国有资产(资本)收益管理规定征收。其中,行政单位、参(依)照公务员制度管理的事业单位和社会团体、承担行政职能的事业单位利用国有资产对外投资、出租、出借等所取得的收入,应在完税后,按照"收支两条线"原则,全额上缴国库;其余事业单位所取得的税后收入应按照预算管理及事业单位财务和会计制度的有关规定纳入单位预算,统一核算、统一管理。

(5)彩票公益金按照国务院和财政部的规定筹集。

(6)中央银行收入按照相关法律法规征收。

(7)罚没收入按照法律、法规和规章的规定征收。

(8)主管部门集中收入、以政府名义接受的捐赠收入、政府收入的利息收入及其他非税收入按照同级人民政府及其财政部门的管理规定征收或者收取。

非税收入项目的设立和管理应当坚持依法、公开、公平、公正的原则,涉及公共利益的,应当按照有关规定举行听证。

3. 我国非税收入设立和征收标准的调整

任何部门和单位不得违反规定设立非税收入项目或者设定非税收入的征收对象、范围、标准和期限。取消、停征、减征、免征或者缓征非税收入,以及调整非税收入的征收对象、范围、标准和期限,应当按照设立和征收非税收入的管理权限予以批准,不许越权批准。取消法律、法规规定的非税收入项目,应当按照法定程序办理。

非税收入项目征收标准应合理反映服务成本、外部性补偿成本或者特定事业发展需求,各级人民政府及其财政、价格部门应当定期对本级区域内设立的非税收入项目进行分析评价,根据评价结果和本区域经济社会发展状况,合理调整非税收入管理政策;对不合法不合理的收费项目要坚决取消;对收费标准超过服务成本的要切实降低;对体现特定受益者负担原则、补偿非普遍性公共服务成本的收费予以保留,并严格实行"收支两条线"管理。

(二)我国非税收入的征缴管理

1. 我国非税收入的征收单位

可以由财政部门直接征收,也可以由财政部门委托的部门和单位(以下简称执收单位)征收,禁止委托个人征收非税收入。未经财政部门批准,不得改变非税收入执收单位。法律、法规对非税收入执收单位已有规定的，从其规定。未作规定的，不得委托征收。受委托单位在委托范围内征收非税收入，不得转委托。跨行政区域征收政府非税收入的执收单位，由涉及的相关人民政府协商确定，或者报请共同的上一级人民政府确定。非税收入征收管理经费由同级财政部门纳入政府预算予以保障。

2. 执收单位的职责

（1）县级以上人民政府财政、价格部门应当向社会公布非税收入项目目录、征收依据和项目、对象、范围、标准、期限、方式和执收单位等具体征收事项。执收单位应当向社会公示由本单位负责收取的非税收入项目及其依据、范围、对象、标准和期限。上述事项应通过政府网站、公共媒体等便于公众知晓的方式公开，提高政府非税收入管理工作透明度，依法保障社会公众知情权、参与权和监督权；（2）严格按照规定的非税收入项目、征收范围和征收标准进行征收，及时足额上缴非税收入，并对欠缴、少缴非税收入实施催缴；（3）记录、汇总、核对并按规定向同级财政部门报送非税收入征缴情况；（4）编报非税收入年度收入预算；（5）执行非税收入管理的其他有关规定。

执收单位不得违规多征、提前征收或者减征、免征、缓征非税收入。各级财政部门应当加强非税收入征收管理和监督，不得向执收单位下达非税收入指标。

非税收入收缴实行国库集中收缴制度。非税收入应当全部上缴国库，任何部门、单位和个人不得截留、占用、挪用、坐支或者拖欠。

非税收入实行执收单位开票、银行代收、财政部门监管的收缴分离制度。禁止执收单位当场收取现款，但依照法律、法规、规章、国务院和省人民政府及其财政部门的规定可以当场收取的除外。

非税收入实行收支分离管理，不得与执收单位支出挂钩。县级以上人民政府财政部门应当对执收单位的执收费用予以核定，通过财政支出预算安排非税收入执收费用。

3. 缴纳义务人的权利和义务

公民、法人或者其他组织等缴纳义务人应当按规定的期限、金额和缴款方式履行非税收入缴纳义务。执收单位未提供有效的政府非税收入征收依据的，缴款义务人有权拒绝缴纳。对违规设立非税收入项目、扩大征收范围、提高征收标准的，缴纳义务人有权拒绝缴纳并向有关部门举报。缴纳义务人确因符合政策规定或特殊情况需要缓缴、减缴、免缴非税收入的，应当向执收单位提出书面申请，并由执收单位报有关部门按照规定审批。对缴款人因未及时足额缴纳非税收入征收的滞纳金，作为非税收入管理。

4. 非税收入的征缴

（1）非税收入的代收银行。

经县级以上人民政府财政部门会同中国人民银行当地分支机构确定，有代理收付款项业务的银行业金融机构，均可作为非税收入的代收银行。非税收入代收银行由县级以上财政部门按照公平、公正、高效、便民和择优的原则，在具备国库集中收付代理银行资格的银行业金融机构中按照招标投标等方式确定，并由县级以上人民政府财政部门会同中国人民银行当地分支机构向社会公布。依法应当实行政府采购的,不得以政府采购方式以外的其他方式确定代收银行。县级以上人民政府财政部门应当按照国家财政专户管理规定,在代理机构设立非税收入汇缴结算账户,用于记录、归集、结算非税收入,汇缴结算账户纳入国库单一账户体系。

财政部门与非税收入代收银行签订委托代收非税收入收缴业务的代收协议,并对代收银行涉及非税收入代收的账户开设、系统建设、资金收缴、汇划清算、信息传输等业务进行规范。非税收入代收银行按照与财政部门签订的代收协议提供约定的服务,及时收纳、清算、划解非税收入,并接受县级以上人民政府财政、审计部门和中国人民银行分支机构的监督。

(2)非税收入的收缴流程和方式。

非税收入实行国库集中收缴制度,按照直接缴库和集中汇缴两种收缴流程办理。直接缴库,是指执收单位向缴款人开具《缴款书》或《非税收入一般缴款书》等票据,缴款人将应缴款项直接缴入国库或财政专户的缴款程序。集中汇缴是指经财政部门批准开设非税收入汇缴账户的执收单位,在收款后 5 个工作日内将收到的非税收入缴入国库或财政专户的缴款程序。经财政部门同意以现金形式集中汇缴的执收单位,实行限额限期解缴财政的管理办法,具体办法由同级财政部门规定。实施集中汇缴并需要办理非税收入汇算清缴的,执收单位应在完成资金清结算后 5 个工作日内将非税收入上缴财政。

非税收入应当通过银行代收、就地缴库、其他部门代征(征收)三种方式缴入财政专户或国库。除按国家政策规定实行就地缴库和其他部门代征(征收)以外,所有非税收入都应通过银行代收,并纳入非税收入收缴管理系统进行征收管理。

未经本级人民政府财政部门批准,执收单位不得当场收取非税收入现款。经批准收取的现款应在 5 日内缴入非税收入汇缴结算账户。法律、法规、规章另有规定的除外。

执收单位不得隐匿、转移、截留、坐支、挪用、私分非税收入款项,不得将非税收入款项存入非税收入汇缴结算账户以外的其他账户。执收单位征收的非税收入按规定应当直接缴入国库的,直接缴库。征收非税收入已缴入国库或者划转财政专户的,按国库和财政专户管理有关规定办理。县级以上人民政府财政部门应当按照预算级次和预算科目,准确、及时将非税收入划解国库或者财政专户,不得截留、占用、挪用或者拖欠。非税收入汇缴结算账户中待结算资金超过一年仍无执收单位确认的,由县级以上人民政府财政部门向社会公告后直接划缴国库。

省人民政府财政部门应当建立和完善全省统一的非税收入收缴管理体系,完善收缴方式,实现财政、国库、代收银行和执收单位之间的信息共享,为缴款人提供便利,提高征缴效率。加强对代收银行的监督考评和业务指导,提高非税收入代收服务水平;利用互联网、自助机具等多样、便民、高效的征收渠道,为缴款人提供便利;加快推进非税收入收缴管理电子化,通过信息化手段提高收缴水平和效率,逐步降低征收成本。

(3)非税收入的追缴和退付。

执收单位漏征、少征的非税收入,由执收单位依法向缴款义务人追征、补征。执收单位多征、误征的非税收入,由缴款义务人或者执收单位提出申请,经同级财政部门核实后,应当在20日内由执收单位及时退还缴款义务人:①违法收缴的;②确认为误缴、误收、多收需要退付的;③待结算收入符合有关规定需要退付的;④因收缴依据调整需要退付的;⑤经财政部核准的其他退付事项。

5. 非税收入的缓征、减征、免征

任何单位和个人不得擅自缓收、减收、免收非税收入,缓征、减征、免征非税收入,应当按照法律、法规、规章、国务院和省人民政府及其财政部门的有关规定执行。

法律、法规、规章和国务院、省级人民政府及其财政部门对减征、免征、缓征非税收入未作规定的,按以下管理权限予以批准:第一,减征、免征、缓征行政事业性收费、政府性基金的,应当按照行政事业性收费、政府性基金项目设立的管理权限报批。第二,减征、免征、缓征罚没收入的,应当按照法律、法规、规章的规定执行。第三,减征、免征、缓征国有资源(资产)有偿使用收入的,由拥有国有资源(资产)产权的同级人民政府审批。第四,减征、免征、缓征国有资本收益的,由履行出资人职责的同级人民政府审批。

对减免或缓征收费基金,要集中管理权限,并制定公开透明的审批程序。凡不符合管理权限和规定程序的,一律不得减免或缓征。对依据法律、行政法规和经国务院或财政部会同有关部门批准设立的收费基金项目,地方各级人民政府及其部门一律不得自行减免、缓征、停征或取消。收费基金的执收部门和单位未按规定批准,一律不得自行减免、缓征或停征收费基金。

二、我国非税收入的资金管理

(一)非税收入的预算管理

县级以上人民政府及其财政部门应当真实、完整反映非税收入,不得隐瞒和虚增非税收入,不得改变非税收入类别和资金性质。非税收入应当通过国库单一账户体系收缴、存储、退付、清算和核算。非税收入应当依照法律、法规规定或者按照管理权限确定的收入级次和缴库要求缴入国库。任何部门、单位和个人不得截留、占用、挪用、坐支或者拖欠。各级人民政府和执收单位应当根据历年非税收入情况和预算年度收入增减变化因素,将所有非税收入纳入地方预决算和部门预决算统一编制,不得隐瞒、少列。编制部门预算应当包括本部门及所属单位的非税收入。

根据非税收入不同性质,分别纳入一般公共预算、政府性基金预算和国有资本经营预算管理。县级以上人民政府财政部门应当根据非税收入的不同性质按照下列规定实行分类管理,国家另有规定的,从其规定:(1)专项收入、行政事业性收费收入、罚没收入、国有资源(资产)有偿使用收入和其他应当统筹安排的非税收入纳入一般公共预算管理;(2)政府性基金收入纳入政府性基金预算管理;(3)国有资本经营收入纳入国有资本经营预算管理;(4)教育收费收入纳入财政专户管理。

各级财政部门应当按照规定加强政府性基金、国有资本收益与一般公共预算资金统筹使用,加大政府性基金预算转列一般公共预算的力度,建立健全预算绩效评价制度,提高资金使用效率。各级人民政府财政部门对非税收入预算执行实行动态监控,督促执收单位及时、足额征收非税收入。

(二)非税收入的分成管理

1. 非税收入的分成比例

非税收入实行分成的,应当按照统筹平衡、成本补偿、事权与支出责任相适应的原则确定分成比例,并按下列管理权限予以批准:(1)涉及中央与地方分成的非税收入,其分成比例由国务院或者财政部规定;(2)涉及省级与市、县级分成的非税收入,其分成比例由省级人民政府或者其财政部门规定;(3)涉及部门、单位之间分成的非税收入,其分成比例按照隶属关系由财政部或者省级财政部门规定。分成比例未作规定的,应当按照财务隶属关系分别报国务院财政部或者省人民政府财政部门批准。未经国务院和省级人民政府及其财政部门批准,不得对非税收入实行分成或者调整分成比例。

2. 非税收入的清分清算

实行分成的非税收入,按照就地缴款、分级划解、及时结算的原则,由财政部门通过非税收入账户体系划解、结算。任何部门、单位和个人不得拖延、滞压、截留应当上解、下划的非税收入,不得擅自集中下级部门和单位的非税收入,不得擅自将非税收入直接缴付上级主管部门或者拨付下级单位。非税收入需要在省级与市、县级进行清分清算的,由省级非税收入代收银行按照收入政策文件和省级财政部门的清分清算规则,将资金划解至省级与市、县级相应的财政专户。

3. 已上缴财政的非税收入的退付

已上缴中央财政的非税收入依照有关规定需要退付的,按照财政部的规定执行。缴入地方财政的非税收入依照有关规定需要退付的,由缴款人向执收单位申请,由执收单位统一按照以下方式办理:(1)对已缴国库的非税收入,由执收单位向财政部门申请退付,并提供相关退付依据,财政部门审核同意后送人民银行按有关规定办理退库手续,并将资金退付执收单位,由执收单位退付缴款人。(2)非税收入缴入财政专户尚未缴库的,由执收单位向财政部门申请退付,并提供相关退付依据,经财政部门审查同意后,将资金退付执收单位,由执收单位退付至缴款人。(3)对于小额、经常性发生的退付事项,经缴款人申请,执收单位审查后,可以由执收单位先将相应款项垫付给缴款人,再由执收单位按季将相关退付依据报同级财政部门,经同级财政部门审核后将资金退付至执收单位。(4)缴款义务属于延续发生的,经缴款人同意,执收单位可以将多征、重征、误征款项转作缴款人的后续缴款。(5)中央和省级财政部门对非税收入退付另有规定的,从其规定。

代收银行因技术性差错等原因误征的非税收入,可按照业务规程以原金额、原渠道直接办理退付并当日冲正账务。

三、我国非税收入的票据管理

(一)我国非税收入票据的性质和种类

1. 我国非税收入票据的性质

非税收入票据是征收非税收入的法定凭证和会计核算的原始凭证,是财政、审计等部门进行监督检查的重要依据。非税收入票据由省级人民政府财政部门统一监制和管理。各级人民政府财政部门应当建立健全并执行政府非税收入票据的发放、使用、保存、审验、核销等制度。执收单位应当执行政府非税收入票据管理制度,建立健全岗位职责,确定专门机构和专人负责管理非税收入票据,建立非税收入票据使用登记制度,设置管理台账,加强内部管理。省级人民政府财政部门应当按照国家政府采购有关规定确定承印非税收入票据的企业,其他单位和个人不得承印非税收入票据。承印企业不得向省级人民政府财政部门以外的单位或者个人提供非税收入票据。

2. 我国非税收入票据的种类

非税收入票据种类包括非税收入通用票据、非税收入专用票据和非税收入一般缴款书。具体适用下列范围:(1)非税收入通用票据,是指执收单位征收非税收入时开具的通用凭证;(2)非税收入专用票据,是指特定执收单位征收特定的非税收入时开具的专用凭证,主要包括行政事业性收费票据、政府性基金票据、国有资源(资产)收入票据、罚没票据等;(3)非税收入一般缴款书,是指实施非税收入收缴管理制度改革的执收单位收缴非税收入时开具的通用凭证。

(二)我国非税收入票据的领取和使用

各级财政部门应当通过加强非税收入票据管理,规范执收单位的征收行为,从源头上杜绝乱收费,并确保依法合规的非税收入及时足额上缴国库。

1. 我国非税收入票据的领取

非税收入票据领取实行凭证领取、分次限量、核旧领新制度。执收单位使用非税收入票据,一般按照财务隶属关系向同级财政部门申领。执收单位首次向财政部门申领非税收入票据时,应提供非税收入征收依据。对非税收入实行集中汇缴或使用《缴款书》直接缴库的,执收单位可向财政部门申领非税收入通用票据或专用票据。执收单位发现政府非税收入票据遗失、灭失的,应当于3个工作日内向原发放票据的财政部门书面报告,并在财政部门所在地主要公共媒体上公告作废。

2. 执收单位开具非税收入票据

除财政部另有规定以外,执收单位征收非税收入,应当向缴纳义务人开具财政部或者省级财政部门统一监(印)制的非税收入票据。执收单位在征收非税收入时,不向缴款人出具财政部门认可的收款凭证或出具非法票据的,缴款人有权拒绝缴款并向有关部门检举。

执收单位收取的非税收入,按照法律、法规、规章、规范性文件等规定需要依法纳税的,应当按规定向缴纳义务人开具税务发票。对附加在价格上征收或者需要依法纳税的有关非税收入,执收单位应当按规定向缴纳义务人开具税务发票。不开具前款规定票据的,缴纳义务人有权拒付款项。

执收单位通过互联网、自助设备、POS 机等方式收缴非税收入的,缴款人可在缴款后向执收单位申请非税收入票据。执收单位应当采取便民措施,通过业务窗口打印或邮递等多种方式为缴款人提供非税收入票据。

非税收入票据使用完毕,使用单位应当按顺序清理票据存根、装订成册、妥善保管。非税收入票据存根的保存期限一般为 5 年。保存期满需要销毁的,报经原核发票据的财政部门查验后销毁。

3. 非税收入票据的相关违法行为

任何单位和个人不得有下列行为:擅自印制政府非税收入票据;转让、出借、代开、擅自销毁、涂改非税收入票据;伪造、变造、买卖政府非税收入票据;伪造、使用伪造的财政收入票据监制章;串用非税收入票据;将非税收入票据与其他票据互相替代;违反政府非税收入票据管理的其他行为。

4. 非税收入票据的电子化改革

省级人民政府财政部门应当运用互联网、移动智能等信息技术手段,研究并推广政府非税收入电子票据(以下简称电子票据),建设电子票据管理系统和公共服务查验平台,采取网上银行、手机银行、第三方支付等多种电子化征收方式,为执收单位、缴款义务人提供便利,提高征收、上缴效率,实现电子票据制样、赋码、开具、传输、查验、入账、归档和社会化应用等功能,提高电子票据使用和管理效率。①

四、我国非税收入的监督管理

(一)非税收入的立法机关监督和情况公开

非税收入的收入情况应当纳入各级人民政府预算、决算报告,接受同级人民代表大会或其常务委员会的审查监督。县级以上人民政府财政部门政府非税收入收缴电子信息管理系统应当与本级人民代表大会常务委员会预算审查监督工作机构联网,开通查询权限。

---

① 2017 年财政部《关于印发〈关于稳步推进财政电子票据管理改革的试点方案〉的通知》(财综〔2017〕32 号)的颁布,正式启动了我国财政电子票据管理改革试点工作,各地纷纷开始进行非税收入电子票据制度改革。譬如,湖南省邵阳市成为全国首个非税收入电子入库的地级城市,计划在 2018 年全面完成非税收入收缴电子化管理改革工作。再如,甘肃省政府非税收入收缴电子化管理改革于 2018 年 7 月 1 日起全面推开,年内要实现网上收缴全覆盖。按照改革规划,非税收入收缴电子化管理以"政府非税收入收缴电子化管理系统"建设为支撑,并与甘肃政府服务网统一公共支付平台、财政电子票据管理系统融合建设,依托全国统一的缴款渠道,拓展互联网缴费服务,实现财政部门、执收单位、代理银行间信息互联互通,形成"网上自主查询,平台自主缴费,业务信息共享,资金实时监控"的一站式办理非税收入收缴新模式,努力打造高效便民、跨地域无障碍的非税收入收缴公共服务平台。

各级财政部门应当通过政府网站和公共媒体等渠道，向社会公开政府非税收入项目名称、设立依据、征收方式和标准、执收部门和资金管理方式等，并加大预决算公开力度，提高非税收入透明度，接受公众监督。执收单位应当公布由本单位征收的政府非税收入项目的名称和征收依据、对象、标准、范围、期限和方式等。政府非税收入项目发生变化时，各级人民政府财政部门和执收单位应当及时调整公开信息。

（二）非税收入的行政部门监督

第一，各级人民政府财政部门应当加强政府非税收入管理，建立健全政府非税收入的日常监督、年度稽查和专项检查制度，通过查阅票据、会计账簿、银行日报表等方式，检查和处理政府非税收入管理中的违法、违规行为。第二，各级人民政府的价格部门和人民银行应当按照各自职责，加强对政府非税收入管理的监督检查，纠正违法、违规行为。第三，各级人民政府审计部门应当依法对政府非税收入征收与支出的真实、合法情况和资金管理等情况进行审计监督。第四，各级人民政府监察部门应当加强对国家行政机关及其工作人员执行非税收入管理有关法律、法规、规章等情况的监督检查，依法查处违法、违规行为。第五，各级执收单位应当建立健全内部控制制度，接受财政、价格主管部门和审计机关等有权机关的监督检查，如实提供有关票据、会计账簿、银行日报表等资料，如实反映政府非税收入收缴、财务执行等情况。第六，各级非税收入代收银行应按照国家对金融行业相关规定建立健全非税收入代收业务制度，完善代收流程，接受财政部门、人民银行等部门的监督检查。

涉及非税收入征收管理的单位和个人应当主动接受和配合监督机关的监督检查，如实反映有关情况，提供真实完整的会计账簿、报表、票据、文件等有关资料，不得拒绝、阻挠和拖延。任何单位和个人有权监督和举报非税收入管理中的违法违规行为。各级财政、发展改革、审计、监察等部门和人民银行应当按照各自职责受理投诉、检举并依法处理，并为举报人保密；认为举报、投诉的事项不属于本部门、本单位管辖的，应移送有权处理的部门、单位办理。

五、我国非税收入的法律责任

对任何政府部门、企事业单位和个人违法设立、征收、缴纳、管理非税收入的行为，依照《预算法》《财政违法行为处罚处分条例》《违反行政事业性收费和罚没收入收支两条线管理规定行政处分暂行规定》等法律法规追究行政责任；造成财产损失的，依法承担赔偿责任；构成犯罪的，依法移送司法机关处理，追究刑事责任。

依据各省、自治区和直辖市有关非税收入的地方法规和地方政府规章，对于承担法律责任的具体非税收入违法行为，主要有以下规定：

（一）违法设立、征收、缴纳非税收入的法律责任

1. 违法设立、征收非税收入的法律责任

县级以上人民政府、有关部门及其工作人员有下列行为之一的，由县级以上地方人民政府财政部门或者法律、法规规定的有关部门责令改正，对单位、直接负责的主管人

员和其他直接责任人员依法追究责任：

(1)未按照规定制定政府非税收入项目目录；

(2)未按照规定公布政府非税收入项目名称和征收对象、标准、范围、期限、执收依据和执收方式等相关信息的；

(3)违反规定设立政府非税收入项目的；

(4)未按照规定的政府非税收入项目名称和征收对象、标准、范围、期限和方式，征收、上缴政府非税收入的；

(5)对已明令取消、暂停执行或者降低标准的政府非税收入项目，仍然依照原定项目、标准征收或者变换名称征收的；

(6)违反规定多征、缓征、减征、免征、漏征、少征政府非税收入的；

(7)向执收单位下达政府非税收入指标或者通过违规调库、乱收费、乱罚款等手段虚增财政收入的；

(8)违反规定委托征收政府非税收入的；

(9)未按照规定记录、汇总、核对政府非税收入征收、上缴情况，未向本级人民政府财政部门报送的；

(10)未向社会公布本单位及其主管部门以及本级人民政府财政、价格主管部门和审计机关的投诉、举报电话和电子邮箱的；

(11)违反规定确定政府非税收入代收银行和票据承印企业的；

(12)未将所有政府非税收入列入预算，或者隐匿、转移、截留、滞留、坐支、挪用和私分非税收入的；

(13)擅自在执收单位之间上解和下拨非税收入，或者擅自集中下级部门和单位的非税收入的；

(14)未经本级人民政府财政部门批准开设政府非税收入汇缴专户的；

(15)未按照收入归属和缴库要求将政府非税收入缴入相应级次国库的；

(16)未按照规定办理退付的；

(17)未按照规定向缴款义务人开具政府非税收入票据的；

(18)发现政府非税收入票据遗失、灭失，未按照规定报告、公告作废的；

(19)违反政府非税收入管理规定的其他行为。

2. 执收单位违规征收和使用政府非税收入的补救措施

第一，执收单位未按照规定的范围、对象、标准、期限征收政府非税收入，多征、提前征收或者擅自减征、免征、缓征政府非税收入的，由县级以上人民政府财政部门或者有关部门责令改正，补收应当收取的政府非税收入，限期退还违法征收的政府非税收入。

第二，执收单位隐匿、转移、截留、坐支、挪用、私分政府非税收入款项，或者将政府非税收入款项存入政府非税收入汇缴结算账户以外的其他账户的，由县级以上人民政府财政部门或者有关部门责令改正，调整有关会计账目，收缴应当上缴的政府非税收入，限期退还违法征收的非税收入。

3. 缴款义务人的法律责任

缴款义务人未按照规定的时间、数额缴纳非税收入的，执收单位或者法律、法规规定的有关部门应当责令其改正，收缴应当上缴的非税收入，并按照有关法律、法规、规章的规定予以处罚。

（二）非税收入票据违法行为的法律责任

有下列行为之一的，由县级以上地方人民政府财政部门或者法律、法规规定的有关部门收缴并销毁非法印制的票据，没收违法所得和作案工具，并按照《财政违法行为处罚处分条例》的规定进行处理：(1)违反规定印制非税收入票据的；(2)转借、代开、串用非税收入票据的；(3)伪造、变造、买卖、擅自销毁非税收入票据的；(4)伪造、使用伪造的财政收入票据监（印）制章的；(5)违反财政票据管理规定的其他行为。

（三）非税收入监督管理不力的法律责任

政府财政、价格主管部门和审计、监察等有关部门以及人民银行及其工作人员有下列行为之一的，由有权机关对直接负责的主管人员和其他直接责任人员依法给予处分；构成犯罪的，依法追究刑事责任：(1)包庇或者纵容非税收入管理违法违规行为的；(2)对举报和投诉事项拖延、推诿或者不依法处理的；(3)未按照规定履行非税收入监督管理法定职责的；(4)泄露举报人、投诉人信息和举报、投诉内容等行为的；(5)其他滥用职权、玩忽职守、徇私舞弊的行为。

任何单位和个人违反非税收入相关法律法规情节严重的，有关行政部门应当将其信息记入信用记录。

代收银行违反规定，未及时收纳、清算、划解非税收入的，按照代收协议的约定承担责任；情节严重的，县级以上人民政府财政部门可以解除代收协议，3 年内不再确定其为代收银行。

第四章　税法概述

第一节　税和税法

一、税

（一）税的概念

税的概念是研究税法的逻辑起点，学者们对税的概念从不同的角度进行了研究。

从名称上来看，常见的关于税的名称有“税收”“赋税”“课税”“捐税”“租税”等。上述名称某种程度上都体现了税的特性，具有一定的合理性；但同时也不同程度地存在一些瑕疵。例如，作为最为常见名称的“税收”，主要强调税的征收和国家征税权力，人为割裂了税的征管和使用的有机统一。“课税”与“税收”相比，更加强调国家的征税权力。“捐税”一词虽然不具有上述表意，但却暗含牺牲和无偿的意思，使税收的正当性存疑。“税收、赋税、课税”这些名称普遍暗含纳税主体与国家不平等的税观念，都过分强调国家权力和纳税义务，忽视纳税主体权利，有违人民主权的宪法精神。与上述词语相比，“租税”一词具有较强的合理性，从词性上看，“租税”一词显示纳税人与国家是平等交换的关系，强调征税主体是纳税人而非国家，这与人民主权的宪法精神相统一。德国、日本等现代民主法治国家都将“租税”视为税的理想名称，也从侧面反映其合理性。

从世界上一些有影响力的法律工具书中来看，税的概念界定是按照财政学的逻辑来阐述的，例如，《柯林斯法律词典》将税定义为：“一种为支付由公共机构提供的服务而由国民政府或地方政府进行的征收。”①《布莱克法律大辞典》则将税收定义为：“一种为产生公共收入而由政府向个人、机构、交易或者财产施加的金钱征收。……尽管税收通常被认为就其本质而言具有金钱性质，但是它并不一定用金钱支付。”②

有关税的概念的界定，国内比较有代表性的观点如下：

税是“以实现国家公共财政职能为目的，基于政治权力和法律规定，由政府专门机构向居民和非居民就其财产或特定行为实施的强制、非罚与不直接偿还的金钱课征，是

---

① W. J. Stewart, Robert Burgess, *Dictionary of Law* (Second Edition), Harper Collins Publishers, Inc., 2001, p. 376.

② Bryan A. Garner, *Black's Law Dictionary* (8th ed.), Thomson Business, 2004, p. 1496.

一种财政收入的形式”。[①] 税是“国家为实现其公共职能而凭借其政治权力,依法强制、无偿地取得财政收入的一种活动或手段”。[②] 税是“国家或其他公法团体为财政收入或其他附带目的,对满足法定构成要件的人强制课予的无对价金钱义务”。[③]

对于税的概念,国外比较有代表性的观点如下:

日本学者金子宏认为,“租税实质上是国家遵从法律之规定,以实现公共服务为终极目标而向私人所课征的金钱给付”;[④]日本北野弘久教授站在合宪性以及纳税人权利保护的角度透视税收本质,认为“税是国民所承担的纳税义务,而此种义务需要符合以实现国民福利的宪法意旨且有明文法律根据”;[⑤]日本学者中里实认为,“税是指国家和地方政府以获取用于其各种支出的收入为目的,依法向私人强制征收而不支付直接对价的金钱给付”。[⑥]

上述概念所依据的理论、着眼的角度和侧重及表述很有差异,有些概念是借鉴财政学的观点;有些是从合宪性和纳税人权利保护的角度;有些概念将税的主体限制为国家;有些概念是税的依据和目的,这些概念理论上都有其合理之处,表述也相当严谨,但如若综合考虑税的目的、依据、主体、纳税人的权利义务等各方面因素,上述概念都不符合税概念基本含义。对此,税的概念需要通过观察各种税收的现象,由表及里抽象出各种税收的普遍特征,把握税的内涵与外延并加以提炼归纳,通过这种方式所作出的定义既能精准定义税的概念,又可以使税摆脱其他学科的束缚获得真正的自由。因此,本书基本赞同黄茂荣教授的观点,认为税的概念是:“公权力机关为获取收入,而对于一切满足法律所定构成要件者所课无对待给付,以金钱为内容之法定的给付义务。”[⑦]

(二)税的特征

特征一般是描述概念的,税的特征就是对税的概念所抽象出来的普遍共性的阐述。税的三性“强制性”“无偿性”“固定性”是理论界对于税的特征的普遍共识,众多学者将其视为圭臬。这种为了区别税与其他非税财政收入的特征,并不能精准表述现代税法学中税的含义。因此,如果对上述几个特征全盘接受,就无法体现法律界学者对税的特征的独特认知,这将直接泯灭税法学的存在意义,无法体现税法学的价值。

本书认为税法学上税的特征应当包括:

1. 税以国家公权力机关为权利主体

我国是人民民主专政的社会主义国家,实行的是人民代表大会制度。我国的国家

---

① 徐孟洲主编:《税法原理》,中国人民大学出版社 2008 年版,第 8 页。

② 张守文:《税法原理》,北京大学出版社 2009 年版,第 7 页。

③ 刘剑文、熊伟:《税法基础理论》,北京大学出版社 2004 年版,第 10 页。

④ [日]金子宏主编:《日本税法》,战宪斌、郑林根等译,法律出版社 2004 年版,第 7 页。

⑤ [日]北野弘久:《日本税法学原论》,郭美松、陈刚译,中国检察出版社 2008 年版,第 15 ~ 22 页。

⑥ [日]中里实等:《日本税法概论》,郑林根译,法律出版社 2014 年版,第 1 页。

⑦ 黄茂荣:《法学方法与现代税法》,北京大学出版社 2011 年版,第 2 页。

性质和人民主权理论表明人民是国家的主体,是权力的源泉。我国《宪法》第 2 条也明确表示国家的一切权力属于人民,人民根据法律规定通过各种途径管理国家事务,人民代表大会是人民行使国家权力的唯一机关。所以国家公权力机关人民代表大会作为税收的征税主体无论在理论上还是在现实中都不存在异议。从历史或从其他国家的税收来看,部分宗教、其他公法团体的组织在不同时期不同阶段具有一定的课税权,但根据我国现实的国情,我国征税主体必须是人民代表大会,其他组织都不拥有课税权的可能性。我国目前实行的分税制规定,中央和地方都具有课税权,这与我国《宪法》赋予中央和地方的权力机构模式也是相符的。另外,税要取之于民,用之于民。国家的财政收入一般都会用于基础设施建设、教育、国防等公共服务,而这些公共基础和服务其他组织不具有提供的可能,只有国家公权力机关才能够提供其他组织不愿、不能或不得提供的公共服务,也只有国家公权力机关才具有这种资格和能力。所以国家公权力机关人民代表大会是征税主体。

2. 税以获取收入或财政收入为附随目的

自税产生以来,税收就是以财政收入为主要目的,税收在财政收入中占据绝对地位,现代国家政治活动主要是围绕税收征收和使用进行的,基于此,公权力机关无论在法律中还是在实践中都应服务于获取收入这一目的。虽然税收包括像罚金、罚款等禁止性的形式,但其主观上是为了制裁违法行为而非获取收入,因此认定其不应归属于税的范围。现代国家随着社会经济的发展,对于税不可避免地出现一些新的追求,倘若税追求获取收入以外的社会或经济目的,只要不是以使一定产业消失为目都是允许的。故单纯的以财政为目的的税法已经不存在了,实践中有时会出现与财政目的相悖的税收政策或行为。这种非财政目的税在法律中虽然并没有明文规定,但实践中已经广泛得到应用,轻易否定其存在的价值并不合理,因此将财政目的作为目的之一是符合现代税法的要求的。

3. 税须满足一定的法定构成要件

税的法定构成要件是遵循税收法定原则的体现,同时也是维护纳税人权利和限制税权的保障。自古以来税就是一种无对待的给付,本质上是国家对人民私权利的侵犯,如若不以法定构成要件作为基础,既不能满足国家财政的需求,又违背现代法治的理念。税收法定构成要件包含两层含义:一是税收义务不受其他因素的影响,只能满足法定的构成要件才会产生纳税义务,国家不能超越法律规定随意对其进行干预;二是税收行为发生前后,行政机关的权力必须按照法律规定行使职责。只有通过法律的形式严格限制课税权,税收才具有合法性的基础,行政机关的权力才能得到限制,人民的合法权益才能得到保护。

4. 税是以金钱为内容的给付

从税的给付形式历程来看,经历了由实物到金钱的渐变发展。例如,我国 2006 年取消的农业税,给付形式就是以公粮上缴的实物给付。现代社会,税大都以金钱为给付内容。税的给付形式之所以发生转变主要是因为自由市场经济和纳税人权利保护理念的发展。自由市场经济是指为发挥市场在资源配置的作用则需给予市场最大的自由，体现在税收当中就要求税收的给付形式必须能够减少其对市场的限制来让市场获得最大的自由，所以以金钱为给付形式是其最优的选择。纳税人权利保护理论是指国家保障人民的一切权利不受侵犯（尤其是私有财产），国家在征收过程中既要保障税收的来源，又要保护纳税人的权利，这要求国家仅就财产权的使用和收益部分课税，金钱给付形式是比较优越的形式。还需注意的一个问题，有些学者认为印花税应属于实物税的一种，但其实印花税只具有实物税的表象，其实质还是金钱的给付内容。

5. 税是无对待的给付

税是无对待的给付是指国家在征税过程中与纳税人之间并没有直接明显的对价关系。经济学界的部分学者认为税是对价交换的，代表观点是利益交换说。该说认为国家和个人作为两个主体，一方提供公共产品让另一方获得利益，另一方就应提供等价的回报，税则是联系二者的纽带。从公民纳税和国家提供公共产品或服务的角度出发，税收作为二者的物质保障被认为是一种对价交换似乎也说得通。

法学界中存有一种税收义务论。税收义务论是指在税收关系中除非发生特殊情形纳税人才具有请求的权利，其他情形中纳税人只有依法纳税的义务。在税收法律关系中，主体权利义务不对等是无对价的给付。如若将权利义务视为利益交换关系，受公共产品不可量化性以及权利内容的不确定性影响，很难形成合理、有效、具体的法律权利。就纳税人的权利义务不对等这一角度而言，税是一种无对待的给付。

（三）税与非税

无论国内还是国外，非税收入都是普遍存在的。非税收入是与税收收入相对应的概念，非税收入又被称为"预算外资金"。税收是现代国家财政收入的重要组成部分，非税收入处于补充地位，但二者都是国民收入初次分配和再分配的重要手段。[①] 近年来，受到国家税制改革的影响税收不断减少，尤其是在地方事权扩大财权缩小的形势下中国的非税收入比重不断上升，税收增长乏力，税与非税结构失衡，非税收入已引起社会的广泛关注。

1. 非税收入的概念

非税收入是由各种具体的收入共同组成的，因此准确地界定非税收入比较困难，理论界也还没有形成规范统一的概念。

我国当前较为规范和权威的一个概念规定在2016年财政部《关于印发〈政府非税收入管理办法〉的通知》文件中，该文件将非税收入概括为：非税收入是指除税收以外

---

① 参见贾小雷：《我国非税收入法律规制与国家财权治理的现代化》，载《法学论坛》2017年第4期。

的其他一切形式的收入的总称。①

经济合作组织(Organization for Economic Co-operation and Development,OECD)的观点认为税收与非税收入的核心考量因素在于是否存在合理补偿。合理补偿就是要考虑收入与服务成本之间的比例、受益人是否确定、费用缴纳与服务之间是否存在关联关系、受益比例与缴纳份额之间是否成正比例关系等因素,由此得出非税收入是政府基于公共目的向社会征集的无须归还的具有补偿性质的财政收入,且包括自然人和法人基于自愿无偿向政府提供的资金。

本书认为非税收入是与税收收入相对应的概念,与税收既有共同点又有区别。两者的共同点是税与非税都是社会分配的重要手段;其最终都归属于国家;都通过一定的强制力作为保障;其征收主体主要表现为行政机关;征收对象范围也是相同的。

两者的区别主要体现在税收的征收原则和"三性"上:

首先,征收的基本原则不同。税收收入是以"量能课税"为基本原则,而非税收入基本上是以"受益负担"为基准(罚没收入除外,因为该项收入是以实现负外部性行为矫正为圭臬,所以其不适用受益负担原则)。

其次,税收具有强制性而非税收入是半强制性。强制是指当具备某些要件和事实后不经当事人同意即发生负担义务。税收是国家无偿从人民手中获取收入,任何单位和个人均不能违抗国家的征税决定,并通过征税机关来确保征税目的的实现,故而税收具有很强的强制性。而非税收入一般具有非强制性,国家一般不能为了收费而强迫公民接受其服务或产品,更不能只收费不服务;然规费、受益费却具有半强制性,在规费、受益费中当事人是可以自由选择是否提出申请,但规费、受益费发生条件、程序等却是由国家单方面决定即发生法律效力,因此,我们说非税收入是半强制性的。

再次,税收具有无偿性而非税收入具有偿还性。税收是国家对公民财产的强制剥夺,在征税过程中不需要向纳税人支付对价。而非税收入是有偿的,一般遵循对等报偿的原则。非税收入一般都是因收益关系而付出的对价,与税收的区别是其主要针对个别服务的对待给付,这种对待给付一般遵循的是费用补偿原则。

最后,税收具有固定性,而非税收入不具有固定性。税收的固定性是指国家对征税的各种问题提前通过法律的形式加以明确并在实施过程中严格按照预定的轨迹进行征税;税收的固定性并不意味着税收一成不变,当发生特定的事实,税收制度有可能发生变化。非税收入一般不是由狭义的法律明文规定的,其修改、撤销随意性较大。

---

① 2016年财政部《关于印发〈政府非税收入管理办法〉的通知》(财税〔2016〕33号)文件中指出:本办法所称非税收入,是指除税收以外,由各级国家机关、事业单位、代行政府职能的社会团体及其他组织依法利用国家权力、政府信誉、国有资源(资产)所有者权益等取得的各项收入。具体包括:行政事业性收费收入、政府性基金收入、罚没收入、国有资源(资产)有偿使用收入、国有资本收益、彩票公益金收入、特许经营收入、中央银行收入、以政府名义接受的捐赠收入、主管部门集中收入、政府收入的利息收入、其他非税收入。本办法所称非税收入不包括社会保险费、住房公积金(指计入缴存人个人账户部分)。

综上所述,本书认为非税收入是与税收收入相对,以弥补准公共物品运行成本或者矫正负外部性行为为目标,以收益负担为基本原则(罚没收入除外)的公法上的金钱给付义务,包括行政事业性收费收入、政府性基金收入、罚没收入、国有资源(资产)有偿使用收入、国有资本收益、彩票公益金收入、特许经营收入、中央银行收入、以政府名义接受的捐赠收入、主管部门集中收入、政府收入的利息收入和其他非税收入。

2. 非税收入的具体类型

(1)政府性收费。

政府性收费是国家机关在实现管理职能的过程中,为了弥补管理所花费成本,依照法律法规之规定向特定对象所收取的各类费用的总称。在我国,政府收费一般是指行政事业性收费,例如,财政部2016年印发的《政府非税收入管理办法》中规定,其收费主体是国务院和省、自治区、直辖市(以下简称省级)人民政府及其财政、价格主管部门;收费依据是法律、行政法规以及地方性法规;收费的原则是成本填补以及非营利为原则;收费对象是接受特定服务的公民、法人或者其他组织。按照政府收费管理权限或服务性质,行政事业性收费可以分为行政性收费、事业性收费和经营性收费。

(2)政府性基金。

政府性基金是政府为了支持和发展特定公共基础设施或者公共事业,依法向社会公众征收的具有特定用途的专项财政资金。当前规制政府性基金的核心文件是《政府性基金管理暂行办法》。政府性基金的主要特点是:其一,政策特殊性。政策特殊性是指政府性基金一般是为了某个特定的目的或与特定的目的相链接。其二,对象特定性。政府性基金是为了实现特定任务或目标,此点决定了对象必须是明确且在一定范围之内。其三,非对待给付性。课征政府性基金目的在于实现政府特定任务,据其目的并不带给课征群体利益。其四,专款专用性。政府性基金必须用于特定的社会任务,如若挪作他用,就违反征收目的,使其丧失合理的法律缘由。

(3)罚没收入。

罚没收入,是指国家行政、司法机关以及授权机关对于违反法律规定的行为者所课处的金钱负担以及对所没收物品的变价所形成的财政收入。罚没收入是非税收入重要组成部分,是地方政府重要财源之一。罚没收入本质上是对违法违章行为的经济处罚,其主要特征如下:第一,强制性。一旦处罚决定作出便产生法律拘束力,相对人应当无条件地履行。第二,无偿性。罚没收入典型地具有惩罚功能,因此罚没收入具有无偿性。第三,不稳定性。罚没收入取决于当事人的违法事实和经济能力,事先无法预料。

(4)国家财产收入。

一般来说,作为市场主体的国家同自然人一样也拥有一定的财产,这便是国家财产。国家财产是所有权归属国家的一切财产以及财产性权利的总和。国家财产收入主要是指国家作为市场组织体在国家财产的基础上通过一系列活动获取的收入总和。国家财产收入是由国家财产所衍生出来的收益,即国家以对资产与资源的所有权而取得各类收益的总称,其主要包括国有资源(资产)有偿使用收入、国有资本收益、特许经营收入、中央银行收入等。

(5)其他非税收入。

除上述几种非税收入类型外,非税收入还包括彩票公益金收入、以政府名义接受的捐赠收入、主管部门集中收入、政府收入的利息收入等。彩票公益金收入是面向社会发行以满足和支持特定社会公益事业发展的专项收入。具体说来,彩票公益金收入是彩票发行收入扣除射幸合同奖金以及发行成本后的剩余部分。以政府名义接受的捐赠收入是指凭借政府名义所接受的非定向捐赠的货币收入。需要指明,此处的捐赠对象必须是政府,这里的政府也应当是广义上的政府;捐赠形式应当是货币形式,不能是实物等其他形式;与此同时定向捐赠也不列入以政府名义接受的捐赠的范围。主管部门集中收入是指经同级政府批准的国家机关、事业单位以及代为履行政府职能的社会团体的收入。目前我国主管部门的职能侧重向管理和指导方面转变,经济职能将会被消灭或者弱化,在未来主管部门集中收入很可能会退出历史舞台。政府收入的利息收入是税收和非税收入产生的利息收入。目前这部分收入一般按照中国人民银行的具体规定计息。

(四)为什么要征税

"国家为什么征税"或者"征税的正当依据是什么"这是研究税法首要解决的问题,税法的其他理论的开展都必须建立在这个基础上。

1.经济学角度

从经济学的角度考察"为什么要征税"这个问题,存在"交换说""公需说""保险说""牺牲说""义务说""掠夺说""社会政策说"和"经济调节说"等理论。

"交换说"也称作"代价说"、"买卖说"或"利益说"。该说认为:"人民通过采取纳税的形式来获取国家的保护,国家保护人民的利益与公民纳税是等价交换关系。"无论在理论上还是在实践中该说都存在不足。理论上"交换"意味着"平等协商、等价补偿",若依此原则,税收将没有存在的经济理由;在很长的历史时期里,都面临着战乱、自然灾害等危害,此时作为"交换"一方的国家本应因为无能而免收人民的"保护费"(税收),可是恰恰相反,人们不但在战争期间依然要纳税,而且越是灾乱繁多的年代,苛捐杂税越层出不穷,这并不符合"交换说"的理论。

"公需说"亦称"公共福利说"。这种学说认为:"国家天然具有公共职能,税收为实现公共职能提供物质资源,所以国家公共职能就是征税的客观依据。"该说不足在于并没有挖掘出税收真正的原因,因为国家物质资源需求与税收保障并没有逻辑上的因果关系,国家收入除了税收还有其他形式收入,并且有相当一部分税收收入在实际中并没有满足公共职能的需求。

"保险说"认为:"人民按其受自国家的利益的一定比例来支付(税款),尤如保险公司的保险金按投保金额的一定比例来确定。"该说不足和交换说相同,不能回答当国家不能够提供保险时,为什么人民仍然要照章纳税。

“牺牲说”认为：“租税是一种牺牲，其目的在于保存社会与社会组织。”牺牲说的不足在于，为什么人民必须以纳税的形式“牺牲”自己的一部分经济利益来保存社会或社会组织？社会或社会组织对人民的经济福利有什么利益？这些基础性的问题没有解决，很难说“牺牲说”是一个学说。本书认为，需要注意的是，该学说的提出者萨伊使用的词汇是“社会或社会组织”，而不是“国家”或“政府”，这对我们理解“组织”（包括国家）和个人之间的关系有一定的帮助。

“义务说”认为：“国家是人类组织的最高形式，个人依存于国家，国家为实现其职能就应有征税权；人民纳税是应尽的义务，任何人不得例外。”该说不足在于国家具有课税权并不是税收产生的原因，它仅仅是为税收的发生提供社会条件，税收产生的原因应当还是从经济中找寻。

“掠夺说”认为：“税收是国家中占统治地位的阶级凭借国家的政治权力，对其他阶级的一种强制掠夺。”掠夺说只是对阶级国家征税的正当解释，并不能对契约型或现代民主型的国家征税作出正当解释，因而失去了理论的一般性解释能力。

“社会政策说”和“经济调节说”认为：“税收应是矫正社会财富与所得分配不公的手段，是实现社会政策目标的有力工具。”该学说认为国家征税除了筹集公共需要的财政资金外，更重要的是全面运用税收政策调整资源配置，实现资源的有效利用。这样税收便产生了一个目标体系，被赋予了多种功能。但是正如其他一些学者指出的，“税收以取得财政收入为主要目的，调节经济为次要目的”，事实上税收是国家取得收入的手段，一种制度方式，取得的收入提供国家运行所耗费的资金。税收制度执行中产生的影响都是一种派生功能。尤为重要的是，这些说法都不能回答，国家作为组织运行需要弥补制度成本，为什么一定要用税收来取得收入。

2. 政治学角度

上述是从经济学的角度论述了税收正当依据，对于此问题的分析，我们不能单纯依赖经济学的分析路径，还需借助其他相关学科的观点。在政治学中，研究税的正当依据首先要弄清楚税的本质是什么，而税的本质又与国家的本质密切相关，所以正确认识税的正当依据就必须对国家的本质作出准确的解读。

关于国家的本质，理论界有两种说法：一种是利益论（或对价论）和义务论（或牺牲论）；另一种说法是马克思主义的“阶级国家观”和以社会契约论为核心的“国家契约说”。这两种说法本质内容是相同的，只是表述的角度不同而有所差异；“国家契约说”对应着“利益论”，“阶级国家观”与“义务论”相呼应。

“国家契约说”中的国家是以自然法思想社会契约论为基础建立的，其是人民为摆脱权利易受侵害的状态从而获得相对安稳的环境相互之间订立的契约。这种契约是以人民自愿放弃自己原有的部分权利为前提，将国家和个人看作独立平等的实体。国家通过保护个人的生命与财产来获取收益，而税则是人民向国家所支付的一种报酬。由此我们可以得出国家与人民之间是利益交换关系或者说是合理的交换关系，国家本质上是社会契约的产物。而霍姆兹法官所说的“税是文明的对价”,从税的本质角度来看其也切合“国家契约说”这一理论。“国家契约说”作为西方传统财政理论的主流观点,在当今世界依然根深蒂固,理论界普遍认为“国家契约说”符合现代法治的精神,具有一定的合理性。

马克思主义的“阶级国家观”认为国家是一定历史时期的产物,是在阶级对立和阶级冲突中产生的,国家是用以剥削和压迫被统治阶级的工具,为实现其职能其当然具有课税权。这种观点认为“国家契约说”的前提不符合历史的现实,在具体操作上不具有可行性;认为国家和个人并不处于对等的地位,税不是利益交换而是一种义务或牺牲,国家具有鲜明的阶级性。国家本质决定着税也具有阶级性,马克思主义关于国家本质的理论对我国财政理论产生了重大的影响,马克思主义的“阶级国家观”在很长一段时期内都是我国研究税的正当依据的主流观点。

无论是“国家契约说”还是马克思主义的“阶级国家观”在学理上都具有一定的合理性,现如今由于经济学的进步,边际效用被引入税收分析之中,理论界对税收的态度已经从马克思主义的“阶级国家观”向“国家契约说”转移。

综上所述,有学者认为国家的存在和居民独立财产的存在是税产生的根本原因,国家职能和社会需要的发展是税存在和发展的重要原因。其中,居民独立财产的出现是税产生和存在的内因,国家的存在是税产生和存在的外因。只有当引起税的内因和外因同时起作用时,才能产生和存在税收现象。如果居民的财产不独立,或者居民根本就没有财产可提供,税是不可能出现的;国家的存在也需要数额巨大的资金来满足自身运转和社会公共服务的需求,所以国家需要征税。本书认为,从公权力为主体来看,税收应通过发展公共事业,促进国家发展进步而最终应该造福一国纳税人,居民财产独立是能够征税、使税得以实现的原因,而不是征税的依据。国家存在是税产生的根本原因,国家和社会的需要,是税产生的外因。

二、税法

(一)税法的概念

税与税法是不同的事物,二者既有联系也有区别。二者之间的联系表现在税的活动必须严格依照税法的规定进行,税法是税的行为规范和法律保障;二者的区别主要表现在税属于经济实体范畴而税法则属于上层建筑范畴。税法的概念是税法原理的源头和核心,税法原理的其他部分都是从此展开的。关于税法的概念,国内外税法理论界一直处于争议和发展中,其中国外较具代表性的观点:

1. 英国《不列颠百科全书》将税法解释为:“是政府当局凭以要求纳税人将其收入或财产的一部分转移给政府的条例。”[①]该定义揭示了税收的一个形式特征,即财产权

① 中国大百科全书出版社不列颠百科全书编辑部编译:《不列颠百科全书》(第16卷),中国大百科全书出版社1999年版,第492页。

的单向转移性,但其缺陷也是显而易见的。首先,它没有对税法的调整对象“税收关系”作明确的表述。其次,将征税主体局限于政府。从严格的意义上来说,只有“国家”才是唯一的征税主体;从一般意义上说,征税主体的范围又是相当广泛的,不仅仅只是政府。最后,税收条例仅仅是税法的一种形式而已,而非全部。

2.《牛津法律大辞典》认为,税法是指“有关确定哪些收入、支付或交易应当纳税,以及按什么税率纳税的法律规范的总称”。[①] 这一定义说明了税收应包括的某些基本要素,如征税对象、税率等,但显然没有触及税法的本质内容。

3.《布莱克法律大辞典》则认为,税法是“那些具有制定法、规制法、宪法以及普通法性质的规则,这些规则构成了适用于税收的法律”。该观点仅仅说了税收的法律表现形式,即税法的渊源,前半部分在一定程度上涉及了税法的本质,但仍未能明确税法的调整对象“税收关系”;后半部分用列举的方式描述了税法的基本表现形式,在规范的法律概念表述中却属多余,并不能点出税法的本质,无法表明税收调整的法律关系,像是用概念解释概念。[②]

国内代表观点有:刘隆亨教授认为“税法是税收法律制度的总称,是调整税收征纳关系的法律规范”;[③]张守文教授认为“税法是调整的税收活动中发生的社会关系的法律规范的总称”;[④]刘剑文教授认为“税法是调整税收关系的法律规范的总称”;[⑤]徐孟洲教授认为“税法是调整税收关系的法律规范系统”。[⑥]

前两种概念的表述具有一定的片面性,目前理论界普遍接受的是第三种观点。本书则认为,税法是调整税收关系的一切法律规范的总称。需要指出的是,上述观点不同之处在于对税法的调整对象——税收关系的认识不同。本书认为税收关系是指不同主体在税收活动过程中所产生的社会关系,包括税收分配关系、税收征管关系和用税监督关系。[⑦]

(二)税法的特征

关于税法的特征,理论界众说纷纭并没能形成统一的共识,几乎每个学者都有自己独特的见解。例如,有学者将税法的特征归纳为“调整对象具有特定性”、“税法关系的内容具有特殊性”和“立法技术具有特殊性”;[⑧]有学者将税法的特征归纳为“结构的固

---

① [英]戴维·M.沃克:《牛津法律大辞典》,李双元等译,法律出版社2003年版,第1093~1094页。

② Bryan A. Garner, *Black's Law Dictionary*(8th ed.), Thomson Business, 2004, p.1502.

③ 参见刘隆亨主编:《税法学》,中国人民公安大学出版社、人民法院出版社2003年版,第27页。

④ 张守文:《税法原理》,北京大学出版社2009年版,第27页。

⑤ 刘剑文主编:《税法学》,北京大学出版社2010年版,第15页;张怡主编:《税法》,清华大学出版社2007年版,第6页。

⑥ 徐孟洲主编:《税法原理》,中国人民大学出版社2008年版,第12页。

⑦ 参见张怡主编:《税法学》,法律出版社2010年版,第9~11页。

⑧ 参见张怡主编:《税法》,清华大学出版社2007年版,第8页。

定性”、“实体规范和程序规范的统一性”、“技术性”和“经济性”；[①]有学者将税法的特征归纳为“税法是调整税收关系的法”“税法是以确认征税权利和纳税义务为主要内容的法”“税法是权利义务不对等法”“税法是实体内容和征管程序相统一的法”；[②]还有学者将税法的特征分为基本特征和引申特征，其中前者包括“经济性”和“规制性”，后者包括“成文法”、“强制性”和“技术性”；[③]还有学者将税法的特征归纳为形式特征和实质特征，形式特征保护“成文性”、“强行型”、“复杂性与技术性”和“类型化与外观、形式性”，实质特征包括“课税权人的优越性”和“税捐法律关系的公共性与公益性”。[④]

本书认为，税法既然是一国法律体系的有机组成部分，自然应当具备一切法律规范所应有的特征（如强制性），这不应当被归纳为税法的特征；同时，由于税法的特征应当是对税法同其他部门法存在的本质区别的概括，因此税法和其他部门法所共同具有的特征（如权利义务不对等，事实上不少行政法律规范都具有这个特征）也不应当被归纳为税法的特征。考虑到税法的特征本质上是在税法对税收关系的调整过程中表现出来的、不同于其他部门法的特征，因此本书将税法的特征归纳为以下三个方面：

第一，实体法与程序法的统一性。法律可分为实体法和程序法，大多数情形二者是相分离的。目前，我国也将税法的规范分为实体法规范和程序法规范。例如，我国的《税收征收管理法》，就是税法程序法。总体来看，我国的税法具有实体法与程序法相结合的特征。

税法实体法与程序法相结合的特征是由税收关系所决定的。税收关系包含税收分配关系、税收征管关系和用税监督关系；税收分配关系主要涉及税收实体法，税收实体法主要针对征税主体和纳税主体的实体权力（权利）与义务等实体性内容进行的规定；税收征管关系主要涉及税收程序法，税收征管关系主要从程序上规定这些权力（权利）与义务的实现方式，从而保证征税过程和纳税过程的顺利进行，因此，税法必然呈现出此种特征。

第二，经济性。税收关系作为一类重要的经济关系，直接决定了税法必然具有经济性的特征。税法的经济性表现在以下两个方面：一是从税法对税收职能的实现来看，无论是税收的资源配置职能、收入分配职能，还是经济稳定职能，都可以称为税收的经济职能。因此，税法的制定和执行必须尊重经济运行的一般规律，服务于保障税收职能实现的客观要求。特别是近几十年来，税收的经济稳定职能受到各国政府的高度重视，税收作为国家对经济进行宏观调控的基本手段的重要性日益凸显，税法的经济性越来越

---

① 刘剑文主编：《税法学》，北京大学出版社 2010 年版，第 15 ~ 16 页。

② 徐孟洲主编：《税法原理》，中国人民大学出版社 2008 年版，第 15 ~ 16 页。

③ 张守文：《税法原理》，北京大学出版社 2009 年版，第 28 ~ 29 页。

④ 陈清秀：《税法总论》，台北，元照出版有限公司 2006 年版，第 7 ~ 8 页。

明显。在现实生活中我们看到,当经济发展比较平稳的时候,各国有关税法修改的呼声通常并不强烈,但是每当经济发展出现波动的时候(经济过热或者经济萧条),各国有关税收政策的争论往往非常激烈,而这些争论往往都牵涉税法问题。二是从税法与现实经济状况的互动关系来看,一个国家的经济发展现状最终决定了税法的变迁。由于税法最终取决于经济条件,因此经济条件发生变化了,相应的税收政策也必然相应地调整;当单纯的税收政策调整不足解决税收问题时,必然需要对税法进行修改,以使税法的规定能够适应经济发展的实际需要,而不是成为经济发展的桎梏。

第三,技术性。税法确实规定了不少涉及权利义务的内容,但是和其他许多"法味"浓厚的部门法相比,税法的规定还具有很强的技术性。有学者指出:"由于税法的规定既要确保税收收入,又要与私法的秩序相协调;既要尽量减少对经济的不良影响,又要体现出适度的调控,因而税法具有较强的技术性。"具体而言,税法规范中包括了大量专业性很强的内容,例如,税收实体法中对税法构成要素(包括纳税义务人、征税对象、征税依据、税目、税率、纳税环节、纳税期限、纳税地点、减税免税、罚则等)规定,税收程序法中有关税务登记、账簿凭证管理、纳税申报等问题的规定,都具有很强的专业性,这些规定使税法呈现出鲜明的技术性特征。

税法的技术性特征还影响了税法实践和税法教育。"税法的复杂性和技术性要求之高,在全世界都是个通例。据说美国非税法专业的法律界人士都不敢自己报税,而是请专攻税法的律师或会计师代理,就是因为税法的复杂和专业性技术性含量高的缘故。"有关税收争讼案件也往往由专门的税务律师进行代理,其他专业领域的律师基本上没有置喙的空间。在税收司法领域,世界上已经有不少国家(如美国、加拿大、德国)设立了专门的税务法院或者税务法庭,负责税务案件的审理。

(三)税法的性质

关于税法的性质,理论界观点各异。税法处于公私二元领域,税法就具有了公法与私法双重性质的可能。一种观点认为,从征税机关的角度来看,税法是有关行使征税权的法律,因此税法是公法。例如,我国台湾地区学者陈清秀认为,税法的法律关系有一方是由国家或社会公共团体以公权力主体的特殊资格地位,享受税法上的权利,负担税法上的义务。税法主要以维护公共利益而非个人利益为目的。因此税法在性质上属于公法。另一种观点认为,当税收之债理论被引入税收法律关系当中,税法呈现私法化趋势。例如,日本学者金子宏教授提出把税法作为交易法的一部分。

确定税法属于公法还是私法首先得明确公法、私法的划分方法。然公、私法的划分标准,学术界并没有取得一致认识。概括起来,大致有以下标准:

1. 主体说。以参与法律关系的主体来进行划分,如果有至少一方主体是国家或者代表国家行使公权力的机关,那么该法律就是公法,否则即为私法。

2. 服从说,主张公私法划分的标准在于法律关系上的差别,如果双方处于对等关系就属于私法,如果是上下服从关系就属于公法。

3. 强行法说。该说认为公法是强行法，其法律关系不能由当事人任意改变，法律应由国家机关根据职权强制执行。私法是任意法，这种法律关系可以由当事人双方通过协议加以改变，法律的强制执行也应通过当事人的要求。

4. 利益说。该说以法律保护的利益不同而进行公私法划分。旨在维护公共利益的法律属于公法，旨在维护私人利益的法律属于私法。

5. 混合说。该说认为以单一的标准很难划分公私法，应该结合上述多种标准而进行划分。

上述划分公、私法学说都有一定的合理性和局限性，必须综合考虑多种学说来进行划分。本书认为，可以结合主体说和利益说进行公、私法的划分。主体说要求参与法律关系的主体至少一方是国家或者代表国家行使公权力的机关，其在形式上满足公法的特性；利益说要求维护公共利益，在实质上显示公法的特性。当二者同时得到满足时才认定为是公法，否则是私法。在税收法律关系主体中，至少有一方是国家或者代表国家行使税收方面权力的机关，满足形式要件；与此同时，税法的主要职能是维护公共利益，因此税法属于公法。尽管税法属于公法，但和刑法、行政法等其他典型公法相比，有其自身的特殊性。尤其是在《德国租税通则》颁布以后，税收是一种公法之债的观念普遍被接受，税法私法化趋势不断强化，具体表现为：课税依据的私法化，税收法律关系的私法化，税法概念范畴的私法化，税法制度的私法化等。

第二节　税法的基本原则

税法的基本原则，是指能够贯穿全部的税法规范，对税收立法、执法、守法和司法活动具有普遍的意义和指导作用，是任何赋税活动都必须遵循和贯彻的根本法则和标准。在现代社会，各国都通常将税法的基本原则上升为宪法原则在宪法中加以规定，许多国家宪法专门规定税法的基本原则。对于税法的基本原则具有哪些内涵，理论界众说纷纭。我国税法的基本原则经历了自创、借鉴、吸收和完善等阶段，自创阶段部分学者认为我国税法具有六大基本原则。[①] 在借鉴西方税法阶段，税法的基本原则一度认为应包括税收法定原则、税收公平原则和税收效率原则。之后，由于个体理解能力存在差异及其他各种因素的影响，理论界对于税法的基本原则的内容又有了新理解，税法的基本原则又出现新的内容如“税收社会政策原则”“强化宏观调控”“量能课税原则”“经济实质原则”“诚实信用原则”等内容。近年来，税法基本原则的研究成果不断增多、税法的基本原则也不断成熟。本书认为税法的基本原则包括税收法定原则、量能课税原则、经济实质原则这三个原则。

---

① 参见刘隆亨：《中国税法概论》，北京大学出版社 1986 年版，第 73 ~ 75 页。

一、税收法定原则

税收法定原则是一个悠久的法律原则,被认为是税法最重要的原则,是税法的基石。税收法定原则是民主理论和法治主义在税法中的体现,对保障人权、维护国家利益和社会公众利益、促进社会政治和经济的发展具有十分重要的意义,受到国内外众多学者的关注和深入的研究。目前税收法定原则已是公认的税法基本原则,诸多国家已经将其写入本国宪法当中。税收法定原则是指国家征税必须有法律依据,公民必须依法且仅依法律的规定纳税。如若没有法律依据国家就无权征税公民也并无纳税义务。需要说明的是,这里的法仅作狭义的解释,即指立法机关通过法定程序制定的法律文件,在我国就是由全国人大及其常委会制定的法律。

(一)税收法定原则的由来与发展

税收法定原则又称作税收法定主义或税收法律主义、捐税法律主义、税赋法定主义。① 作为一项基本原则,税收法定原则经历了由税收法定主义理论的渐变上升为税法基本原则的发展过程。一般认为,税收法定主义萌芽于1215年的《英国大宪章》,《英国大宪章》中规定国王征税须经公众评议同意后才可开征,由此以同意为代表的议会课税权构成了英国早期的税收法定主义。税收法定主义一开始是西方封建社会中新兴的资产阶级反对封建君主统治的一种思想武器,其实质是对封建王权的限制。议会课税权的正式确立是在1297年,英国国王爱德华一世重新确立《英国大宪章》时被迫承认"国民同意"从而标志着议会课税权的正式确立。随后封建王权与议会课税权一直处于对抗状态,直到1689年通过《权利法案》重新确立了议会课税权,税收法定主义才得以巩固和确定,英国通过不成文宪法的方式确立了税收法定原则,对后世产生了广泛而深远的影响,由此各国开始了将税收法定原则作为宪法原则之路。

(二)税收法定原则的主要内容

关于税收法定原则的内容理论界讨论得也比较多,众多学者都有各自的观点。例如,日本学者北野弘久将其归结为租税要件法定主义和税务合法性两个方面;②另一位日本学者金子宏将其归结为课税要素法定主义、课税要素明确主义、合法性原则、程序保障原则四个方面。③ 我国学者张守文将其归结为课税要素法定原则、课税要素明确原则和依法稽征原则三个方面;④刘剑文将其归纳为税收要素法定、税收要素确定、征税程序合法三个方面;⑤朱大旗将其归纳为课税要件法定原则、课税要件明确原则、合法性原则(依法稽征原则)、手续保障原则(或称"程序保障原则")、禁止赋税协议原

---

① 参见金子宏主编:《日本税法》,法律出版社2004年版;张守文:《论税收法定主义》,载《法学研究》1996年第6期;王建煊:《租税法》,台北,文笙书局1994年版,第39页。

② 参见[日]北野弘久:《日本税法学原论》,郭美松、陈刚译,中国检察出版社2008年版,第65~66页。

③ 参见金子宏主编:《日本税法》,法律出版社2004年版,第59~63页。

④ 参见张守文:《论税收法定主义》,载《法学研究》1996年第6期。

⑤ 参见刘剑文、熊伟:《税法基础理论》,北京大学出版社2004年版,第189~192页。

则、禁止类推适用原则、禁止溯及既往原则；[①]我国台湾地区学者葛克昌认为税收法定由法律优位原则、法律保留原则、类推禁止原则、溯及既往原则组成。[②] 本书认为税收法定原则的主要内容包括税收要素法定原则、税收要素明确原则、合法性原则，前两项原则是对税收立法的要求，合法性原则是对税收行政执法的要求。

1. 税收要素法定原则

税收要素法定从字面意思理解就是所有的税收要素都必须由法律规定，以其他形式规定税收要素因不符合税收法定原则，其效力将受到质疑。税收要素直接关系纳税人的纳税义务和切身权益，并影响一国的稳定和发展，因此它必须由法律加以规定。这里的税收要素是指一切税收关系中所共需的基本要素，是纳税义务依法成立的构成要件，同时也是税收关系发生、变更、消灭的基本前提。税收要素是经过法律规定的，所以税收要素既包括实体法要素又包含程序法要素。我国《立法法》规定：税种的设立、税率的确定和税收征收管理等税收基本制度必须要由法律规定。所以只有涉及税收基本制度的税收要素才需要法律规定。对此，本书认为税收要素一般包含纳税人、征税对象、计税依据、税率、税种、税收优惠、税收征收程序等要件。

税收要素法定原则另一个问题就是“税收法律”是什么的问题，这也是税收法定原则的核心，在我国也就是处理好人大立法与授权立法之间的关系。根据现代法律保留理论，凡涉及公民基本权利和自由的限制只能由法律所规定，而税收是转移公民的私有财产，是对公民基本权利的限制，属于法律保留的范围必须由法律所规定。我国《立法法》规定税收基本要素和征管制度是法律保留的范围，所以有关税收的基本制度只能由法律规定。这里所说的法律仅指由立法机关按照法定程序制定的法律，是狭义上的法律，在我国就是由全国人大及其常委会制定的法律，既包括实体法又包括程序法。当然税收法定原则并不是全然否定授权立法，我国《立法法》也规定当制定法律的条件不成熟而社会又需要立法时，全国人大及其常委会有权授权国务院对其中的部分事项先制定行政法规，需要说明的是此时的税收授权立法不能以概括授权或空白授权的方式，必须明确授权的具体事项、范围及期限等。授权立法并非是对税收法定原则的弱化，而在客观上是对税收法定原则的加强，严格贯彻了税收法定原则。

2. 税收要素明确原则

税是国家对公民私有财产的强制剥夺，若要限制国家课税权，达到维护纳税人的合法权益之目的，必然要制定严密的法律规定，税收要素明确原则就是此种行为的基本准则。税收要素明确原则是指法律不仅要规定税收要素，而且还必须要明确、具体，尽量避免漏洞或存在歧义。税收要素的法律规定不能过于模糊，避免出现概括性的情形，税收要素不确定容易导致税收行政机关在实践中拥有过大的自由裁量权，给权力的滥用

---

① 参见朱大旗：《论税法的基本原则》，载《湖南财经高等专科学校学报》1996 年第 4 期。

② 参见葛克昌：《税法基本问题》，台北，月旦出版股份有限公司 1996 年版，第 127 ~ 163 页。

留下空间从而违反税收法定的基本原则。反之，税收要素规定越明确，税收行政机关的自由裁量空间就越小，纳税人的合法权益就越有保障。因此税收法律规定应尽量避免概括性或不确定的概念，因税收法律规定不明确应认定为无效的规定。

法律是普遍性的规范，具有概括性，法律规定不可避免地会具有不确定性。无论税收规定得多严密，总会给税务机关留下一定的裁量空间。本书认为，对于法律中不确定的概念若能通过法律解释或具体事实明确其含义；或者虽有一定的模糊性，但主要含义清晰，在一定条件下可以允许使用。目前我国的税收法律规定概括性较强，与税收要素明确的目标之间还有上升的空间。

3. 合法性原则

合法性原则是有关程序法方面的原则，有些学者又称其为程序法定原则。合法性原则是指税收法定原则要求与税收要素、纳税人的权利义务等有关的程序法要素均必须由法律予以明确规定。对立法机关来说，就是按照法律的程序进行立法，非经法定程序不得修改；对税收行政机关来说就是必须按照法律规定的方式和程序依法征税，既不能不按规定征税又不能放弃征税，因此没有法律依据，税收行政机关和纳税人一样并无选择权，税收行政机关无权开征、停征、缓征、减免、退补。

尽管如此，为了保障公平正义，合法性原则的适用在如下几种特殊情况下应受到限制：(1)对于纳税人有利的减免税的行政先例法成立时，应适用该先例法；(2)税收行政机关已通常广泛地作出的有利于纳税人的解释，在相同情况下对每个特定的纳税人均应适用；(3)在税法上亦承认诚实信用原则和禁止反悔的法理，以进行个别救济，因而在个别情况下，诚信原则应优先适用。①

(三)税收法定原则的其他问题

1. 税收法定原则与宪法的关系

自英国在不成文宪法中确立了税收法定原则之后，各国纷纷将税收法定原则作为宪法原则加以确认，尤其是倡导法治的国家，更是对税收法定原则予以明确规定。例如，1787 年《美国宪法》中规定了无承诺则不征税、无代表不征税的原则即税收法定原则；《日本国宪法》第 30 条和第 84 条共同构建了日本的税收法定原则；此外，法国、德国的宪法也在有关税收立法权的规定方面，都体现了税收法定原则。上述立法表明，各国宪法在确立税收法定原则时，一般都是从征税主体的征税权与纳税主体的纳税义务这两方面加以规定，侧重强调征税权的行使必须限定在法律规定的范围内，征纳双方的权利义务必须以法律规定的税法构成要素为依据，任何主体行使权利或履行义务均不得超越法律的规定。我国《宪法》对于税收法定原则的规定并不明确，仅是在公民的基本义务方面规定“公民有依照法律纳税的义务”，相对重要的征税主体依法征税并未在法

---

① 参见陈清秀：《税捐法定主义》，载翁岳生教授六秩诞辰祝寿论文集编辑委员会编辑：《当代公法理论》，台北，月旦出版股份有限公司 1993 年版，第 589 页。

律中规定,我国《宪法》并未体现税收法定原则,税收法定原则的精神要求我国应当通过修宪落实税收法定原则。

2. 税收法定原则与其他原则的关系

税收法定原则虽然在税法中具有重要的地位,但税法的原则不仅仅包括税收法定原则,税法还具有其他的原则。这些原则都普遍适用于税收法律关系当中,在不同角度或程度上规范和指引税收法律关系。原则与原则之间一般不存在对应关系或隶属关系,但各原则追求的价值目标不同,在适用中就会产生效力上的冲突。例如,税收法定原则与量能课税原则都是税法的原则,税收法定原则与量能课税原则相比其更注重实现税收的形式正义,量能课税原则更注重实现税收的实质正义。二者同为税法的原则不存在效力上的隶属关系,当二者同时发挥作用就会产生良好的法律效果。但在税收执法和司法过程中,量能课税原则就会受到税收法定原则的制约,二者就会发生冲突。对此理论界有不同的观点,存在税收法定原则优先说、量能课税原则优先说和折中说。目前,理论界普遍接受折中说,认为在税收执法和司法过程中应满足量能课税原则的要求给予其一定的自由裁量权,但前提还是在税收法定原则的约束下。再如,税收法定原则与诚实信用原则。当税收行政机关作出错误的决定,违反了相关税法,纳税人也依据错误的决定作出了应对,此时税收法定原则与诚实信用原则便发生了冲突,究竟如何选择便存在争议。一般认为税收行政机关对于纳税人而言具有某种信赖利益,在二者之间发生冲突时应当依据诚实信用原则对这种信赖利益进行保护,而不是固守税收法定原则。

在我国,贯彻税收法定原则的同时,不应顾此失彼,也要考虑其他原则兼顾其他相关原则对税收法定原则的影响。在研究税法的原则时,应理顺各原则之间的关系,注意各原则之间的区分,形成一个合理的原则。

拓展思考　我国立法中是否体现了税收法定原则?

税收法定原则一般被认为起源于英国、美国,发展于德国、日本,综观英国、美国、德国、日本等税收发达国家的法律规定,普遍都将税收法定原则规定在本国宪法当中。

我国有关税收法定原则的研究深受德日学派的影响,尤其深受日本学者北野弘久当代税收法定原则发展三段论的影响,认为税收法定原则理应在宪法中得到体现。

目前我国涉及税收法定原则的条文主要包含《宪法》第 56 条、《立法法》第 8 条第 6 项、第 9 条和《税收征收管理法》第 3 条等。关于我国现行法律是否确立了税收法定原则,学界间颇有争论。

部分学者认为我国法律已经确立了税收法定原则。他们认为,首先,《宪法》第 56 条的规定能够为税收法定原则提供宪法上的基础,此条文规范虽然仅规定公民的纳税义务,但对于宪法规范的解释应当结合宪法客观价值来探求条文的标准内涵,以此作出符合现实要求的规范解释。通过对《宪法》第 56 条规范的逆向推导,扩张税收法定原则的意涵是目前在修宪困难情况下对税收法定原则宪法化的最适合的方案。其次,《立法法》第8条第6项是税收法定原则在税收立法方面的具体化,规定税种的设立、税率的确定和税收征收管理等税收基本制度只能由法律加以规定。最后,《税收征收管理法》第3条的规定是税收法定原则在税收执法方面的体现。

反对者则认为,首先,《宪法》第56条并没有规定税收法定原则,《宪法》第56条中的"法律"一词并不能当然解释为狭义的法律,且《宪法》第56条只是规定在公民的基本权利和义务章节当中,并不能体现是对税收权力的限制,这与税收法定原则相违背,不能作为税收法定原则的宪法基础。其次,宪法性法律《立法法》第8条仅对税种、税率和税收征收管理作了明确规定,其他税收要素并没有在法律中明文规定,并且第9条规定全国人民代表大会及其常务委员会有权在本法第8条规定的事项尚未制定法律的范围内授权国务院可以根据实际需要对其中的部分事项先制定行政法规,《立法法》的规定从侧面反映了我国《宪法》并未规定税收法定原则。最后,《税收征收管理法》第3条第1款前半段我们可以认定是税收法定原则的体现,但后半段规定却与税收法定原则相矛盾。

二、量能课税原则

(一)量能课税原则的概念

量能课税原则最早只是一种财税思想,被引入税法学后迅速得到推广。理论界普遍认为,量能课税原则对税法具有普遍的约束力,是税法的基本原则;部分学者甚至将其上升为宪法原则。例如,日本学者北野弘久认为,量能课税原则是一种立法原则,而不是解释和使用税法的指导性原则。如果已经成立的税收立法违反了这项原则,将导致违宪和结果无效。量能课税原则是从《日本国宪法》第13条、第14条、第25条、第29条抽象出来的,因此它不单是财政上的原则,而是宪法规定的原则。量能课税的原则要求,不仅要考虑征税物品量的税负能力还应考虑质的税负能力。然有些学者对此持有怀疑的态度。例如,德国学者克鲁斯(Kruse)采取否认的观点,他认为量能课税原则并不是一种税法的基本原则,它仅仅是平等原则的具体化;基本原则应当普遍适用于所有的税法当中,但在量能课税原则当中,衡量税收负担能力各国大都采用所得的计算标准,所以量能课税原则大多数情况是仅适用于所得税当中,其适用范围严重受到限制。所以克鲁斯认为量能课税原则并不是一种立法原则。但上述两种观点都从侧面反映出量能课税原则对于税法的重要影响。①

量能课税原则又被称作应能负担原则,是现代税收公平原则的主要思想。税收公平原则是指纳税人地位平等,税收负担公平分配;纳税人地位平等是税收形式上的公平,税收负担公平分配是税收实质上的公平,量能课税原则就是实质意义上的公平。在

① 参见刘剑文:《财税法专题研究》(第2版),北京大学出版社2007年版,第199~201页。

量能课税原则之前,税收负担实质公平经历了由应益负担原则到量能课税原则的转变。早期应益负担原则又被称作受益原则,这种原则认为个人应纳多少税是由个人都从国家获取的利益所决定,个人获取相应的利益就需要按比例缴纳税款,税收负担就是支付这种利益的对价。个人获得的利益越多,其税收负担就越多。因此称作应益负担原则或受益原则。而量能课税原则就是在此基础上加入社会政策的观点发展而来,其是指在承认纳税人负担能力存在差异的前提下,根据纳税人的负担能力确定纳税人的税收负担。税收负担能力相同的人应承担相同的税负(横向公平),税收负担能力不同的人税负不同(纵向公平)。量能课税原则与应益负担原则最大的不同是量能课税原则是从纳税人之间考虑税收公平,应益负担原则是在国家与纳税人之间考虑税收公平。

所谓的负担能力是每个人经济上的担负能力,在早期生产力不发达的社会,大多以人丁的数目作为衡量税收负担能力的标准;而随着社会的发展,私有财产出现并占据重要地位,财产就成了衡量税收负担能力的标准;而在商品经济中,因财产不能客观地反映税收负担能力,故消费就成了税收负担能力的标准。目前衡量负担能力的标准主要是所得、财产和消费三种。所得是指纳税人在一定时期取得的总收入;财产是指纳税人所拥有的财产数量或价值额;消费是指纳税人为购买的总支出。一般认为所得作为衡量税收负担能力的标准最为合适,其原因在于消费作为税收负担能力容易产生累退性,如若只对高档消费品、奢侈品等非生活必需品征税,理论上是公平合理的,但却无法保障充足的税源。将财产作为衡量税收负担能力的标准现实意义不大,因为现代财税通常不实行普遍征税的措施,只对个别财产征收财产税很难保障税源,如若对财产不加区分平等征税,相同价值的财产在不同人群中作用也不同,也不符合公平原则。所得能够真实地反映纳税人的税负能力且通过费用扣除、累进税率、减免税率等征税办法实现实质公平,因此将所得作为衡量税收负担能力的标准。然而,所得作为衡量标准并不普遍适用于各个国家,其还受一国经济、政治等其他因素的影响。例如,西方税法发达的国家,所得税在税收体系中占据优势地位且具有不断强化的趋势,因此将所得作为其衡量标准是合理的选择;而在税法不发达的发展中国家,所得税并不是主要的来源,选择其他形式的标准或许更符合量能课税原则。

(二)量能课税原则的适用限制

通常认为,量能课税原则适用限制一般分为量能课税原则使用上适用限制和量能课税原则法律上适用限制。量能课税原则使用上适用限制是指量能课税原则财政目的与其他目的相冲突时应受到限制,量能课税原则本身是一种财政思想,具有财政目的,而现代国家的税法除具有财政目的外还有其他目的,如经济干预目的,当量能课税原则财政目的与经济干预目的相冲突时,国家为实现经济干预目的,对税收负担能力强的纳税人反而是用较低的税率,此时就不适用量能课税原则。如我国税法为吸引外资,对外商给予大量所得税优惠。

量能课税原则法律上适用的限制,主要是量能课税原则是否能够适用于全部的税法。如若将量能课税原则看作宪法原则，量能课税原则适用的范围就是整个税法；反之，就适用于部分税法。税收负担能力的标准制约着量能课税原则的适用范围，也影响量能课税原则能否成为法律原则。经济学认为所得是最能体现税收负担能力，但法学的研究必须立足于实践。如若税收负担能力以所得税作为标准，量能课税原则就仅适用于所得税法，其他税种都会出现违反了量能课税原则的结果；如果以不同的税种确定不同的衡量标准，实质上就等于放弃了量能课税原则。虽然量能课税各项主张在理论上都能找到依据，但在实践中却不具有可行性。

三、经济实质原则

介绍经济实质原则之前，需要先对实质课税原则与法律实质原则进行介绍，因为经济实质原则与法律实质原则共同构成了实质课税原则。实质课税原则是指在税法适用的过程中，如果课税要件事实与法律形式不一致，则不能按照法律形式只能依照事实加以判断。法律实质原则是指当形式与事实不一致时，必须依据与事实相对应的法律关系判断其是否符合课税要件，不能脱离真实的法律关系。

经济实质原则又称经济实质主义，是指当课税要件事实与法律形式不一致，税收负担有必要维持实质的公平，即使法律的形式或名义相同，只要经济的实质有差异，就应作不同的处理。经济实质原则的思想基础是耶林的自然实用主义，其产生是用来对抗法实证主义。经济实质原则源于德国的经济观察法，是由德国学者贝克尔确认的，通过对德国有关法律规定的考察，我们发现德国已经普遍接受了经济实质原则。

对于经济实质原则的理论基础，理论界通常从量能课税以及税收公平原则两方面论述。德国学者克鲁斯认为量能课税原则必然要求经济观察法，税法上有关经济观察法的规定仅具有提示功能，既使没有法律规定，经济观察法也应当被适用。① 日本学者田中二郎认为经济实质原则源于税收公平原则，属于税法解释适用上的原理，并不需要法律的明文规定，无论法律是否作了规定，都必须注重经济的实质。②

理论界认为经济实质原则是除税收法定原则之外的具有指导性的解释和适用税法的基本原理，作为税法特有的原则，经济实质原则与税收法定原则在适用过程中存在矛盾，原因在于税收法定原则着眼于税法的形式正义，经济实质原则就是为反抗法实证主义对形式正义的突破。经济实质原则只考虑经济实质，不考虑法律形式，在此种情形中虽然能够轻易地消除法律上的漏洞，但也很容易出现滥用权力的问题。当经济实质原则突破税收法定原则就会对税法的可预测性和安定性造成很大的影响，为防止经济实质原则被滥用问题的出现，理论界一般认为税收法定原则应优先适用于经济实质原则，此时不考虑税收公平问题，事先以明确的法律形式予以规定，防止假借经济实质原则的

---

① 参见陈清秀：《税法之基本原理》，台北，三民书局 1994 年版，第 199 ~ 200 页。

② 参见［日］田中二郎：《税法》（新版），有斐阁出版。转引自［日］北野弘久：《日本税法学原论》，郭美松、陈刚译，中国检察出版社 2008 年版，第 87 页。

名义来侵害纳税人的合法权益。

第三节　税收法律关系

一、税收法律关系的概念

法律关系作为法学学科的基本范畴,普遍适用于所有的法律当中,税法也不例外。法律关系是指在法律规范调整社会关系的过程中所形成的人们之间权利与义务关系。税收法律关系就是指由税法确定确认和调整的,在国家活动中各方当事人之间形成的,具有权利义务的社会关系。①

二、税收法律关系的性质

税收法律关系作为税法学的基本范畴,其性质一直是学术争论的重要课题,在纷繁芜杂的学术观点中,比较有代表性的是"权力关系说"、"债权债务关系说"和折中的"二元关系说"。

首先,权力关系说。在第一次世界大战之前,以奥图·迈耶(Otto Mayer)为代表的德国传统行政法学派认为:税收法律关系可以理解为人民对国家课税权的服从关系,是依托财政权力而产生,国家或地方团体享有优越于人民的权力,而人民必须服从这种权力。据此,税收法律关系是以课税处分为中心所构成的权力服从关系,其性质与其他行政法并无不同,在税法中,即使满足了法律所规定的课税要件,如果没有行政机关的课税决定,纳税人也不产生纳税义务。②

其次,债务关系说。债务关系说的代表人物是德国税法学家阿尔伯特·亨泽尔。③该学说将税收法律关系定位为与私法上的债相近似的一种法律关系,国家与纳税人的关系是法律上的债权人和债务人之间的对应关系,这种税收法律关系是公法上的债权债务关系。税收债务是一种法定债务,纳税义务不依课税处分成立,而以满足课税要素而成立。日本的学者北野弘久就是这种学说的坚定支持者,他认为:运用债务关系说分析税收法律关系时,还需要注意区别实践论和法认识论对这一问题的不同理解。税收法律关系中最基本的关系是税收实体法关系,税收实体法关系是一种与权力毫不相连的全债务关系,并将税收程序法关系置于税收实体法的从属关系。④

最后,二元关系说。这一观点是日本税法学界的通说,其代表人物金子宏认为:权

---

① 参见张怡主编:《税法学》,法律出版社2010年版,第26~27页。

② 参见[日]北野弘久:《日本税法学原论》(第5版),郭美松、陈刚译,中国检察出版社2008年版,第159页。

③ 参见刘剑文、熊伟:《财政税收法》(第5版),法律出版社2009年版,第157页。

④ 参见[日]北野弘久:《日本税法学原论》(第5版),郭美松、陈刚译,中国检察出版社2008年版,第173页。

力关系说和债权债务关系说的着眼点不同。前者主要就税收征收程式论述，而债务关系说则主要着眼于纳税人对国家的税收债务来论述问题。他还指出，税收法律关系最基本的内容，是国家对纳税人请求所谓税收这一金钱给付的关系，所以把它作为基本的原理性的债务关系来把握，其理由十分充分。税收法律关系中包括各种类型的法律关系，只能理解为有些属于债务关系，有些属于权力关系。总之，金子宏教授是主张区分对待税收法律关系的性质的，即把税收法律关系的性质从二元关系的角度予以把握，要具体区分是权力关系还是债务关系，同时认为在税收法律关系中，基本的和中心的关系仍为债务关系。①

目前，在我国的税法学界，对于税收法律关系性质的定位仍然略有分歧，但大部分学者赞成亨泽尔的“公法上的债权债务关系说”。② 毋庸置疑，权力关系说和债务关系说的区别是十分明显的：权力关系说强调国家或地方公共团体在法律关系中对人民的优越地位，而债务关系说则强调二者之间的地位对等；权力关系说以行政权力为中心构筑税法的体系，维护权力的优越地位成为其论证的基点，而债务关系说的意义恰恰就在于提供一种钳制行政权力的机制，使现代税法的目的发生根本转变；权力关系说主张租税法律关系是单方面的命令与服从关系，发布命令者无须向相对方承担回答责任，处于处分地位的相对方无权审查命令的正当性。

第四节　纳税人的权利保护

一、纳税人权利的概念

近年来，理论界对纳税人权利的研究越来越多，纳税人权利的界定也是多种多样。有的学者认为，纳税人权利可以从广义与狭义两个方面来理解。广义上看，纳税人权利是指纳税人依法在政治、经济、文化等各个方面所享有的权益；狭义上看，纳税人权利是指纳税人根据税法的确认和规范，在履行其应尽纳税义务的过程中，可以依法作出或不作出一定行为，以及要求征税机关作出或抑制某种行为，从而实现自身合法利益的可能性。③ 有学者认为，纳税人权利就是指纳税人在依法履行纳税义务时，法律对其依法可以作出或不作出一定行为，以及要求他人作出或不作出一定行为的许可与保障，包括纳税人的合法权益受到侵犯时应当获得的救助与补偿。④ 有的学者则重点强调纳税人的基本权利，纳税人的基本权利是指纳税人享有以宪法为基础，仅在税款的征收与使用符

① 参见［日］金子宏主编：《日本税法》，战宪斌、郑林根等译，法律出版社2004年版，第19～21页。

② 参见刘剑文、熊伟：《财政税收法》（第5版），法律出版社2009年版，第158页。

③ 参见庞凤喜：《我国纳税人权利问题研究》，载《税务研究》2002年第3期。

④ 参见刘剑文、宋丽：《税收征管法中的几个重要问题》，载《税务研究》2000年第11期。

合宪法规定的原则的条件下，才具有承担纳税义务的权利。① 上述观点中，本书比较赞同第三种观点，原因在于前两种观点表述中都带有“在履行纳税义务过程中”的意思，对纳税人纳税前或纳税后的有关纳税人权利并没有规定。

二、纳税人权利的理论依据

有关纳税人权利的理论依据，理论界虽有不同的看法，但大体上还是一致的。有的学者认为，纳税人权利理论依据包括，税收国家理论、公共物品理论、公法上的债权债务关系说、行政控权论、新公共管理运动；还有学者认为，纳税人权利理论依据包括，人民主权理论、社会契约理论和公共物品理论三部分。此外，有学者认为纳税人权利理论依据包括，权利本位理论、公共物品理论社会契约理论。通过对上述学者观点的比较，我们发现人民主权理论、社会契约理论和公共物品理论出现次数较多，几乎每个学者都将其作为理论依据。所以本书认为纳税人权利的理论基础一般包括人民主权、社会契约和公共物品理论三部分。人民主权理论主张全体人民为主权的主体，国家权力不过是服务于民众的工具。当人民主权理论被宪法所接受就具有最高的法律效力，国家就不再是权利主体而成为义务主体。社会契约理论主张人民与国家在地位上是平等的，在社会契约中人民将自己的部分权利让渡给国家，国家基于契约具有向人民提供保护的义务。公共物品理论从经济学的视角揭示了税收的本质，税收是纳税人享受公共物品支付的价格。在税收关系当中，纳税人在交税的同时也享有相应的权利，纳税人享受公共服务的权利是国家征税权存在的基础，只有纳税人才是真正的权利主体。

三、纳税人的基本权利

纳税人基本权利理论主要来自日本北野税法学派，该学派从宪法角度构建了一套以维护纳税人权利为宗旨的税法学。北野弘久认为纳税人的基本权利是指纳税人仅在税的征收和使用符合宪法规定条件下，才需承担纳税义务。但在论述纳税人基本权利之前首先要满足以下几个要求：第一，纳税人的权利应当从税的征收扩展到税的使用；第二，纳税人的范围除直接税的纳税人外，还包括间接税的纳税人和各种税外负担的承担人；第三，实行“税收国家”体制，即国家财政收入大部分依赖税收；第四，宪法对其税收的目的有明确的规定；第五，纳税人的基本权利不是理论上的创造，而是基于本国宪法的解释结果。按照北野弘久对纳税人基本权利的阐述。我们可以从我国《宪法》中推导出我国纳税人的基本权利。首先，从国家主权的角度来看，我国《宪法》第 2 条中规定了：“中华人民共和国的一切权力属于人民。”这是人民主权理论在宪法中的体现。其次，从宪法公民权角度来看，通过对我国《宪法》第 56 条的逆向导出全新的解释。

四、纳税人的权利体系

我国税法学者对纳税人权利保障等税法理论问题的研究也受到日本、德国与我国

---

① 参见[日]北野弘久：《日本税法学原论》(第 5 版)，郭美松、陈刚译，中国检察出版社 2008 年版，第 59 页。

台湾地区税法学者的影响。有学者对纳税人权利体系的构建进行了一些有益的探索。我国学者对纳税人权利及其权利体系的构建也经历了一个不断思考、不断发展与不断完善的过程，主要有以下几种有代表性的观点：

一是纳税人的宪法权利与税法权利。刘剑文教授认为纳税人权利在两个不同层面上体现出来。第一个层面是在纳税人与征税机关的关系中所表现出来的，主要体现于《税收征收管理法》中的纳税人权利，即微观层面上的纳税人权利。第二个层面是从纳税人与国家关系的角度阐发，主要体现于税收基本法或宪法的纳税人权利，即宏观层面的纳税人权利。他进一步列举了微观层面纳税人权利体系的内容：知情权、合理纳税的权利、个人隐私和商业秘密得到保护的权利、获得礼貌与周到服务的权利、申请复查和诉讼的权利、委托他人代理纳税事宜的权利。之后，该学者进一步将纳税人权利系统化。把纳税人权利区分为纳税人的宪法权利（纳税人的财产权、平等权、生存权、选举权与被选举权、言论自由、结社权）与纳税人在税法上的权利（包括纳税人在税收征收中的权利、在税收处罚中的权利、在税收救济中的权利）。①

二是纳税人的消极防御权与积极参与权。陈少英教授主张，应在我国台湾地区学者黄俊杰的“税捐基本权的核心领域是指符合人性尊严和基本生活需要的经济生存权，是一种消极的防御权”的观点的基础上将纳税人的宪法权利进一步区分为宪法上的消极防御权与积极参与权。②

三是纳税人的整体权利与个体权利。甘功仁教授在把税收法律关系区分为作为整体的纳税人与国家之间发生的公法上的债权债务关系，以及具体纳税人与国家税务行政机关之间发生的税收征纳关系的基础上，将纳税人权利分为宏观上的纳税人整体权利和微观上的纳税人的个体权利，整体权利是指通过税收所体现的国家与纳税人之间的政治经济关系中纳税人拥有的权利，具体包括公共产品选择权、参与税收立法权、依法纳税的权利、享受公共服务的权利、享受公平待遇的权利、对税收征收的监督权、对税收使用的监督权等，纳税人的个体权利则包括知情权、无偿咨询权、保密权、申请减税、免税、退税权、陈述权与申辩权、申请行政复议权、提起行政诉讼权、请求行政赔偿权、控告检举权以及纳税人的其他权利。

四是广义的纳税人权利与狭义的纳税人权利。张涛先生认为纳税人权利在内容上有狭义与广义之分。狭义的纳税人权利是指纳税人在履行纳税义务时，法律对其依法可以作出或不作出一定行为，以及要求他人作出或不作出一定行为的许可与保障，同时包括纳税人的合法权益受到侵犯时应当获得的救助与补偿。而广义的纳税人权利是指公民作为纳税人应该享有的政治、经济和文化等各方面的权利。

---

① 参见刘剑文、熊伟：《税收基础理论》，北京大学出版社2004年版，第77～80页。

② 参见黄俊杰：《税捐基本权》，载《台大法学论丛》2004年第2期。

第五章　流转税法律制度

第一节　流转税概述

一、流转税的概念及特征

流转税是以商品和非商品的流转额为征税对象的诸种税统称。商品流转额是指货物购销过程中产生的货币及实物流转额，既包括销售收入也包括购进支出；非商品流转额是指从事经营活动的单位或个人向社会提供劳务、服务以及进行其他应税行为所取得的收入金额。我国的现行流转税由增值税、消费税和关税构成，流转税的附加税是城市维护建设税和教育费附加、地方教育费附加。

流转税的主要特征为：

1. 流转税是典型的间接税。间接税的特点在于某环节的纳税人并非该环节的负税人，实质的经济税负与法定的纳税义务相分离。税制设计使该流转环节的税收负担转嫁到后续环节，从而由流转终端的消费者承担全部流转税负。该种税负的可转嫁性是流转税类与所得税、财产税和行为税类的重要区别。[①] 同时，由于流转税款在零售时通常纳入价金总额，消费者对需要承担的税负并无直接认识，客观上有利于缓解征纳双方的紧张关系。[②]

2. 流转税以流转额为计税依据。流转税在商品与非商品的流通领域课征，全面覆盖生产、交换、分配及消费等环节。具体税种可能以流转总额或流转增值额为计税依据，但只要纳税人业已完成商品与非商品的流转，依照税法规定即应产生按流转额比例纳税的义务，而无须过多地考虑本主体的经济损益。以流转额为计税依据使流转税具备税源稳定、征税范围广泛的特点，从而使国家能稳定地获取税收收入。具体到税收征管方面，由于流转税使用比例税率或从价定率、从量定额的计征方式，整体税收征管制度较为简单易行，故在税收管理成本、税收流失控制以及税收运行效率等方面，与采用累进税制的所得税相比有显著优势。

---

① 2018 年 4 月 1 日开征的环境保护税针对的是直接向环境排放应税污染物的企事业单位及其他生产经营者，其征收目的在于“加大污染企业的经营成本”，而企业的经营成本最终必然体现到商品价格中，故资源税类下的环境保护税应为间接税，便在于环境保护税税负最终由企业产品的消费者承担。

② 自《管子·国蓄》就有统治者应当尽量避免造成民众税痛的精辟论述，如由于“民予则喜，夺则怒，民情皆然”，因而应“见（现）予之形，不见夺之理”。

3. 流转税具有累退性。所谓的"累退性"即随着负担能力的增强,个体承担的流转税负占收入比例反而下降的情况。理想的流转税制应采用统一比例的税率,个体税负最终应与其收入维持相同比例,但流转税的实际运行结果并非如此。由于个体收入普遍不透明,流转税制只能"量出为入"地以个体消费分配流转税负,但个体消费本身存在边际,既不与收入增长同步也很难无限增长。这便导致了税制施加的流转税负较真实为轻,并随着收入增加而存在越发错配的倾向。同时,流转税主要就日常生活用品课税,消费者无从规避此种课税导致的涨价。假若个体收入越少且越依赖于日用品,则实际承担的流转税与收入的比例反而越高。流转税的累退性违背了量能课税原则,削弱了税收调节收入分配的功能。

二、流转税的分类、沿革及内部关系

(一)流转税的分类

从世界范围的实践来看,普遍开征的流转税种包括增值税、消费税、关税和营业税。我国以往课征的营业税,现已由全面推开营业税改征增值税(以下简称营改增),作为适用特殊规则的部分归并到增值税,从而结束了营业税的历史使命。

学理上根据不同标准,大体上就上述流转税进行了分类:

1. 根据课税环节不同,可将流转税分为单环节征收和多环节征收的流转税。例如,我国的消费税通常仅就商品流转的某个环节,如应税消费品的进口、销售、批发或零售环节计征税款。而以增值税为典型的多环节征收的流转税,则是针对商品流转的多个乃至所有环节进行税收课征。

2. 根据计税依据有别,可将流转税分为以流转总额为计税依据的流转税和以流转增加额为税基的流转税。流转税内部各税种间相互区分的关键便在于计税依据。流转税中以流转总额为计税依据的有消费税、关税,以及"营改增"前的营业税;而以流转过程中流转增加额为税基的税种是增值税。

3. 根据征收地点相异,可将流转税分为国内流转税和涉外流转税。通常税收来源于中华人民共和国境内(以下简称境内)且由税务机关征收的属于国内流转税;若来源于关境且由海关征收的则属于涉外流转税。此种分类在确定财税统计口径时有重要意义。

(二)流转税的历史沿革

流转税的产生和发展与商品经济紧密联系,简单商品生产时期便已存在流转税的雏形。我国封建时代是流转税的萌芽时期,譬如在周代就有可供考证的"关市之征"和"山泽之赋"。古典时代的域外诸国如希腊、罗马、埃及和印度,均有课征盐税的记录,而后罗马帝国将消费税普及到治下的西欧和北非地区。历史上的典型流转税,如领主向商人收取的"关卡税"和"商市税",与现代流转税的区别在于,历史上的流转税不仅对进出国境的货物征收,还对国内地区间的货物流通征收;或者对国内绝大多数市场交易行为征收,并不会就交易类型进行详细具体的区分。必须强调的是,中外流转税出现时其征收范围都比较有限,其通常是获取财政收入的补充手段,与土地及农业相联系的

“古老的直接税”[①]始终是古代国家最主要的税收形式。随着自然经济的逐步发展，近代流转税的征收范围也逐渐扩大；但流转税作为国家财政收入主体的地位，乃是随着资本主义经济的发展才得以最终确立。资本主义下的近现代流转税，不仅征收范围广，而且开征数量大，对组织国家财政的贡献显著，因而成为诸多国家的主体税类。至民国时期，流转税也成为我国的主体税类。

中华人民共和国成立后，1950 年政务院颁布了堪称当时税收“基本法”的《全国税政实施要则》，并公布了若干流转税收条例，初步构建了系统的全国性流转税制度。此后，我国在 1953 年、1958 年和 1973 年进行了若干次税改，但由于众所周知的历史原因，我国税收收入并不占财政收入的主体，频繁的税改并未取得提振国民经济的实效。改革开放后，针对当时流转税制存在的重复征税、税制复杂以及内外有别的诸多缺陷，我国于 1984 年和 1994 年进行了两次大规模的流转税改革。尤其是以“分税制”为标志的 1994 年税改，不仅力度和规模空前庞大，其制度改进及具体举措至今仍有值得探讨和反思之处。就以往流转税制中存在的缺陷，国务院得到全国人大授权后，颁布了《增值税暂行条例》《消费税暂行条例》《营业税暂行条例》；取消了以往的产品税，保留了增值税和营业税，同时新开征了消费税；调整增值税和营业税的征收范围，使二者相互补充；将增值税税率由 12 档简并为 2 档，采取价外税并凭发票抵扣增值税款；外资企业、外国企业与本国企业同等适用税法，等等。经过该次税改后的增值税、营业税和消费税，连同此前业已完成改革的关税，极大地丰富和完善了我国的流转税制度，奠定了沿用至今的流转税总体的制度框架。

当前我国进入中国特色社会主义新时代，财税制度无疑是调节整个社会财富分配的重要方式。科学、合理、规范的流转税制，有利于社会财富的公平分配，满足社会对充分均衡发展的迫切现实需要。财税法学应当在流转税制的深化发展中有所作为。

(三) 流转税内部各税种的关系

1. 增值税和以往税制下营业税为互补关系

2016 年 5 月 1 日我国全面推开“营改增”前，增值税和营业税的征税范围是相互补充的关系。理论上增值税和营业税的征税对象都是商品与非商品，其征税范围囊括了全行业的货物和劳务、服务及其他应税的经营流转行为。以往的流转税收制度中，就销售及进口应税货物、提供加工修理修配劳务、转让有形资产以及销售动产偏向于课征增值税；而就提供服务、转让无形资产和销售不动产的行为则更侧重于课征营业税。由此可见，以往两种税的税基做到了相互补充与整体上的不相重复。

2. 消费税是增值税的加征税

消费税也被称为“货物税”，其目前不对提供劳务、销售服务以及其他应税行为征

---

① 马克思：《迪斯累里的预算案》，载《马克思恩格斯全集》(第 8 卷)，人民出版社 1961 年版，第 543 ~ 544 页。

收，而是在普遍征收增值税的前提下，对某些特殊类型货物另行加征的流转税。但凡征收消费税的货物必然已经征收了增值税，但反之则未必成立。

3. 增值税、消费税和关税间相互配合

除了少数例外情形，通常出口商品免征关税，同时大都免征出口环节的增值税和消费税，抑或采用零税率，将过往环节已征收的国内流转税予以退还。而进口商品需要征收进口关税，同时需要以关税完税价格为依据，算出组成计税价格后，再加计征收增值税和消费税。征收进口关税主要为了解决境内外商品因成本不同而存在价格差异的问题，征收进口环节的增值税和消费税主要为了平衡境内外商品的税负。

（四）流转税的附加税费

附加税是指缺少独立的征税对象、纳税环节等要素，计税依据完全依附于流转税主税的税种。现行的城市维护建设税、教育费附加和地方教育费附加，便是以纳税人缴纳的增值税和消费税为计税依据，与流转税主税共同计算征收的流转税的附加税。

城市维护建设税根据纳税人所在地不同而适用不同税率。纳税人所在地为城区的，适用7%的税率；所在地为县城、镇的适用5%；不在上述地区的纳税人则适用1%税率。教育费附加按纳税人实际缴纳的增值税和消费税额附征3%，纳税人同时还需要缴纳2%的地方教育费附加。

当前我国财税制度中，同时存在附加流转税征收的费用，比如，根据广告娱乐业销售额为依据附加征收的"文化事业建设费"等纳入政府性基金的非税收入。由于税费关系并非本章节的论述重点，囿于篇幅不再专门展开介绍。

三、我国流转税法的立法概况

流转税法是指流转税征收以及缴纳过程中，调整纳税人与征税机关权利义务的法律规范总称，具体表现为流转税的法律、法规、条例，以及各类具有法律实效的规范、章程。我国现行的流转税实定法主要有《增值税暂行条例》及其实施细则，《消费税暂行条例》及其实施细则，《海关法》的关税部分，《进出口关税条例》以及《进出口税则》，等等。此外，国务院、财政部和国家税务总局陆续颁布了若干调整、补充性质的行政法规、部门规章及其他具有法律效力的规范文件，如2016年3月23日经国务院批准，财政部和国家税务总局发布的财税〔2016〕36号文《关于全面推开营业税改征增值税试点的通知》（以下简称《营改增通知》），标志着我国范围内"营改增"的全面推开。

第二节　增值税法

一、增值税概述

（一）增值税的概念和特征

增值税（Value Added Tax，VAT）是以包含销售和进出口在内的货物流通、提供劳务、销售服务以及进行其他应税行为时产生的增值额为征税对象的流转税。所谓增值额是指经济主体在生产经营过程中新创造的供流通的社会价值,其范围大致相当于商品价值组成公式“$c+v+m$”①中的“$v+m$”,即“可变资本”及“剩余价值”两个部分之和。生产型企业的增值额表现为生产经营过程的新增价值扣除流转费用以及企业平均利润后的余额;贸易型企业的增值额则表现为流通过程中销售价格减去购进价格后再扣除流转费用后的余额。

(二)增值税的历史沿革

增值税是相当年轻的税种。增值税的核心概念由1917年美国耶鲁大学教授亚当斯首次提出,他在美国国家税务学会的《营业税》报告中称,对销售额减去进货额后得到的营业毛利课税较直接企业利润课税更好。1921年德国学者西门子与美国学者几乎同时提出了“增值税”的正式名称。但由于受到战争及各国经济政策的原因,直到1954年才由法国率先开征增值税。其中因法国财政官员莫里斯·洛雷的积极推动,他被后人授予了“增值税之父”的称号。世界上已经有160多个国家开征了增值税,其课征范围遍及欧洲、拉美和亚洲。未征收增值税的国家,如以所得税为主体税种的美国,也在探讨引入增值税的可能性。②

我国于1979年开始在部分工业城市进行增值税征收试点,历经1984年国务院发布的《增值税条例(草案)》及后续修改完善,以1993年年底出台《增值税暂行条例》为标志,我国真正拥有了同国际接轨的增值税法。经过2009年《增值税暂行条例》的修订,实现了我国增值税由生产型向消费型的转变;《增值税暂行条例》在2017年的再修订,则是将“营改增”的实践成果以法律文本的形式最终加以确定。为了更好地配合我国的增值税制度实践,国务院和主管部门制定了大量的增值税行政法规以及部门规章,其中主要有《增值税暂行条例实施细则》《增值税专用发票使用规定》《关于增值税会计处理的规定》等。自全面推开“营改增”以来,我国增值税制度的广度和深度均有显著的提升。

以下我们着重以现行《增值税暂行条例》及其实施细则为基础,同时针对“营改增”新增或修订的增值税规则进行介绍,从而理顺我国的增值税的制度主干及其深层机理。

(三)增值税的类型及计算方法

世界各国的增值税立法尽管均规定对增值额征税,但对“增值额”所界定的详细内

---

① 此为马克思《资本论》中的著名公式,即商品价值 = 不变资本 + 可变资本 + 剩余价值。该公式可以表示社会的总产值也可以表示某个商品的具体价值,或者单位时间内生产商品的总价值。简单地说,c表示的是生产资料价值,v表示的是劳动力价值,m表示的是剩余价值。

② [美]哈维·S.罗森、特德·盖亚:《财政学》(第10版),郭庆旺译,中国人民大学出版社2015年版,第435~436页。值得说明的是,美国实行州、联邦和地方三级课税制度,联邦开征的流转税主要是关税和消费税,州和地方政府主要开征销售税和消费税。但联邦的主体税种是包括企业所得税和个人所得税的所得税,消费税、销售税和关税并非联邦财政收入的主体税。在联邦、州和地方均有税收立法权的前提下,若美国考虑推进增值税立法,如何协调多主体间的立法权限将会成为焦点问题。

容、计算方式及扣除范围却并不相同。就概念的范围界定即可将增值税划分为生产型增值税、收入型增值税和消费型增值税三种类型。

所谓的生产型增值税,是指增值税税基的价值构成中包含固定资产的增值税。从全社会来看,由于该种增值税课税范围为国民生产总值,国家就包含固定资产和消费资料的国民生产总值的增加值课税,故该类型的增值税被称为"生产型"增值税。就应纳增值税额的计算过程而言,生产型增值税只允许从当期销项税额中扣除耗用的原材料等生产资料对应的进项,不允许扣除购进固定资产时已经缴纳的增值税款。

所谓的收入型增值税,是指允许生产型增值税税基的固定资产随其折旧逐步排除的增值税。从全社会来看,此类型增值税的课税对象实际是新增的国民收入,所以其被称为"收入型"增值税。从具体计税过程来看,纳税人在计算缴纳增值税款时除允许扣除耗用的生产资料的增值税进项外,也允许将损耗的固定资产以折旧形式从当期销项税额中扣除。

所谓的消费型增值税,是指允许将生产型增值税税基中因购进固定资产而发生的增值税进项在购进当期一次全部扣除的增值税。由于纳税人的生产资料全部被排除出征税范围,该类型增值税的税基应只包含消费资料的价值。该类型增值税的课税对象相当于全社会的新增消费品,故该种增值税被称为"消费型"增值税。

当前实行增值税制度的国家绝大多数采用消费型增值税。生产型增值税的税基最为广泛,保障国家财政收入的能力最强,但由于生产型增值税不能解决对固定资产的重复征税问题,抑制了基础制造产业及高新技术产业的发展,故该类增值税并不利于鼓励投资以及发展经济。收入型增值税选取的税基口径相对适中,应税增值额可与当期生产费用进行配比,能够达到"同缴同抵、随缴随抵"的合理设计预期。但是在计算应纳增值税款时,必须额外地将固定资产的折旧单列,附带的计算核实工作复杂烦琐。与上述两种类型的增值税相比,尽管消费型增值税选取的税基最小,但能够有效避免对生产资料的重复征税,而且能够显著地"让利于民",得到全世界范围的广泛采用。

我国从 2009 年 1 月起全面向消费型增值税转轨。消费型增值税能显著刺激全社会投资增长,能有效促进产业结构的优化调整,也是当时应对全球金融危机的重要举措。短期而言,消费型增值税限缩了增值税税基,对国家财政收入的增长造成了影响。但消费型增值税通过排除重复征税,减轻了生产者的税收负担,衡平了国内外产品以及内外资企业的税收差异。从长期来看,采用消费型增值税并未对我国财政产生较大影响,税收收入总量在改革后亦在稳步增长。同时由于消费型增值税一次全额扣除固定资产进项,令增值税的征收管理更为简便易行,实则最终有利于税制的优化。

为确保对增值额征税,我国当前主要采用间接计税的办法。间接计税方法下从事货物销售、提供应税劳务以及从事其他行为的纳税人,要根据获得的全部销售额,按照规定的税率计算本环节发生的税款;然后从中扣除上道环节已缴纳的增值税款,其余额即为纳税人本环节应缴纳的增值税税款。上述抵扣机制被称为"税额扣减法"(以下简称扣税法),其最显著优点在于能简便地计算出应纳税额。

扣税法下增值税得计算公式为:

$$增值税应纳税额 = 当期销项税额 - 当期进项税额$$

其中 销项税额 = 销售额 × 税率

进项税额 = 进货价 × 税率

同时,部分征收增值税的国家采用“税基相减法”(以下简称扣额法),其类似于企业所得税计征,即从当期销售收入中减去增值税法准予扣除的项目,得出净增值额后再乘以适用的增值税率,从而得到当期应缴纳的增值税。我国原已于1987年起全面采用扣税法计征增值税,“营改增”后出于平衡并降低税负的考虑出现了以差额征税为典型的、同时结合扣税法和扣额法的具体规则,这增加了增值税制度的多样性。

(四)增值税的作用

增值税能在全世界范围内被广泛采用,与其拥有传统流转税没有的作用分不开。具体而言:

首先,增值税以增值额为课征对象,有利于市场经济的社会分工。传统流转税以货物的销售全额、提供劳务及其他应税行为的收入全额为计税依据,通常不会扣除已纳增值税的部分;而增值税以经济主体生产经营过程中新增的流转价值为课税对象,有利于减少重复征税。传统流转税下,商品的流转环节越多则纳税主体需要承担的税负越高,便造成了“税上加税”的困局,专门设置抵扣环节又将显著增加征管成本。高额税负将直接导致商品缺乏市场竞争力,迫使经营者减少流通环节,忽视经济主体间的技术、规模和效益差异而采取“全面开花”的生产经营模式,不利于发挥市场经济对社会分工的激励。与之相比,只要流通过程的增值额和适用的增值税率相同,则无论商品流通多少次,对应的增值税税负也应相同,那么主体在进行决策时就无须优先考虑增值税税负问题。

其次,增值税实行价外税,有助于提高税收征管效率。增值税以经济主体的销售额为计税依据,但销售额并不包含增值税金本身。因此,在进行税务处理时需要进行价税分离,增值税专用发票中需分别注明销售额和增值税税额,会计上也需对增值税金进行单独核算。增值税发票既是销售方核算自身销项税额的依据,也是购货方据以抵扣进项税额的凭证。其将商品和非商品的购销双方纳入周密严谨的“链条”当中,假设某个环节纳税人少纳税款,将会造成后续环节的纳税人必须多纳税款;而某个环节的偷逃税行为,将直接造成增值税链条的中断,后续环节的纳税人将不能抵扣已纳税款。增值税发票在双方间构建了利益制衡的关系,能够有效避免纳税人偷逃税款,同时也方便了税务机关的监督检查。综上,增值税作为价外税能够“道道征税”,税收征收链条清晰、内在制约机制严密,能够保障税收征管的通畅。

同时,价外税的设置能使增值税负向后转嫁。后续环节的纳税人总是之前环节已缴纳税款的负担者,增值税负随着商品流转而往后转嫁,制度上实现了纳税人和负税人的分离,最终由消费者承担增值税负。

最后,增值税能够普遍征收,税负分配更加公平。全社会承担的增值税税负与商品结构和多寡无关,同种货物、劳务和应税行为的税负能够保持平衡。故相较于传统流转税,增值税在税负分配上更为公平,同时具备全社会范围普遍征收的可能。传统流转税仅就特殊对象、特殊行为或者特殊环节征收,而增值税能够普遍就商品的经营流通进行征收。现行增值税法规定的课税范围非常广泛,涵盖销售货物、服务、无形资产和不动产,提供加工、修理、修配劳务以及进口货物,覆盖了生产经营和日常生活的各个环节。这有利于及时足额地组织税收收入,从而保证财政收入的稳定和增长。[①] 增值税具有税收中性,能尽量避免扭曲市场资源配置。[②] 由于增值税普遍征收并采取相同税率,理论上并不会改变商品的相对比价,也不改变消费者对商品的最终选择。消费者不因税负而选择不消费或替代消费,进而投资者的投资不以税负为导向,最终不会对整体经济结构产生重大影响。

必须明确指出的是,不存在完美的税收,增值税的"公平"是相对的而非绝对的,也受到税收扭曲市场资源配置的限制。同时,过分强调增值税的税收中性,而不矫正其累退性,导致增值税不能很好地回应非均衡现状,反而加大了效率优先下市场主体的樊篱。

拓展思考　增值税的运行过程

(1)甲公司向乙公司购进某批布料,假设双方均为一般纳税人,该批布料不含增值税的价格为30,000元,销售货物适用的增值税率仍为13%。甲公司当期得到的进项税额为30,000元×13%=3900元。但甲公司实际上共需要支付给乙公司33,900元,其中3900元便是该批布料在该流通环节所缴纳的增值税。此环节增值税专用发票将由销售方乙公司开给购货方甲公司,增值税纳税人是乙公司,但增值税负的实际承担人为甲公司,后续该进项税额可以从甲公司销售衣服产生的销项中抵扣。甲公司承担的不含税售价及增值税款以图5-1进行列示:

---

① 2017年我国国内增值税收入达到56,378亿元,同比增长8%;全国税收收入144,360亿元,同比增长10.7%。数据来源:《财政部:2017年全国税收收入144,360亿元,同比增长10.7%》,载http://www.shui5.cn/article/cd/118148.html,最后访问时间:2018年5月22日。

② 所谓的"税收中性"指理想的税收不应对经济活动产生影响。首先,税收调控不应越过市场机制主导资源配置;其次,税收尽量不为纳税人带来不同等的经济负担;最后,不同交易路径或交易形式最终承担的税负应相等。

图 5－1　甲公司承担的不含税售价及增值税款

(2)假设甲公司将这批布料加工成为衣服,货物不含增值税价格为 90,000 元,甲公司将这批衣服分销到各经销公司。各经销公司(假设均为一般纳税人)实际共需支付进价 104,400 元,其中 14,400 元是增值税费,但该流通环节真正产生的增值额,以扣税法计算则为 90,000 × 13% － 30,000 × 13% = 7800 元。在这个过程中增值税纳税人是甲公司,但全部的流转税负担转嫁到各经销公司,各经销公司的进项税额也可在后续其他货物销售后从销项税额中抵扣。

图 5－1－1　各公司共需承担的增值税款

上述两个过程也可以列示为图 5－2:

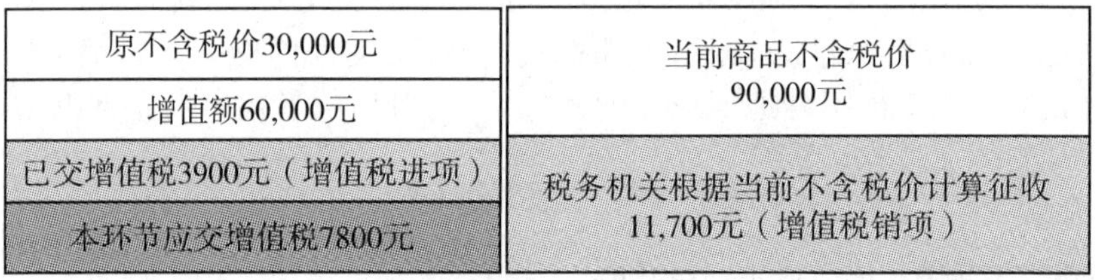

图 5－2　详细的各经销公司共需承担的增值税款

(3)假设这批衣服共 1000 件,经销公司定价为每件 150 元(不含增值税),则 1000 件衣服的总销售额共计 150,000 元。假设这批衣服全部售出,则该流通环节的增值额应纳税额为 150,000 × 13% － 90,000 × 13% = 7800 元。消费者丙购买其中的某件衣服,他实际需要支付 169.5 元,其中 150 元是衣服价格,19.5 元是增值税的应纳税额。在该过程中增值税纳税人是各经销公司,而由于消费者无法再行抵扣,故以丙为代表的最终消费者承担全部增值税负。

综上,从甲公司购进布料到消费者手里的成品衣服,商品经历了三个流通环节,每个环节的应纳税额为 3900 元、7800 元和 7800 元,增值税合计 19,500 元,增值税税额与流通环节的数量无关,由于我国增值税实行价外税,19,500 元的增值税分别由购买这 1000 件衣服的消费者分担,该税负不能够再向后转嫁。

二、增值税的征税范围

税制发达国家通常可就国民经济各部门或商品生产流通的各环节课征增值税。自全面“营改增”后,我国增值税的征收范围也已全部覆盖商品及非商品的流通。根据

《增值税暂行条例》和其实施细则,以及“营改增”的有关规定,境内销售货物、提供应税劳务、发生应税行为以及进口货物的单位和个人为增值税的纳税人。

我国现行增值税的征税范围具体为:

1. 销售货物。该“销售货物”指有偿转让货物的所有权。货物在税法中通常指包括电力、热力和气体在内的有形动产。“有偿”并不仅限于支付货币的形式,还包括充当对价的货物及其他经济利益,“其他经济利益”则包括排除货物的固定资产或生物资产,包括特许权在内的无形资产,不准备持有至到期的债券,股权投资,企业存货,服务以及其他相关权益。

2. 提供应税劳务。“提供应税劳务”的内容为有偿提供加工、修理修配劳务。加工是指受托加工货物,即由委托方提供原料和主要材料,受托方按照委托方的要求,制造货物并收取加工费的业务;修理修配则是指受托方对损伤或丧失功能的货物进行修复,使其恢复原状和功能的业务。但是,单位或个体工商户聘用的员工为本单位或雇主提供加工、修理修配劳务,属于履行职务性质的非营利行为,增值税法认定其不属于提供应税劳务。

3. 进口货物。增值税法规定申报入境的货物应当缴纳增值税。“进口货物”主要指从境外进口,同时也包括从境内保税区运往其他地区的货物。判断某项货物是否属于“进口货物”,关键在于其是否有报关进口手续,只要是报关进口的货物,无论其来源及用途如何,除享受免税待遇的货物外,均应按照税法规定缴纳进口环节增值税。

4. 其他应税行为。根据《营改增通知》的规定,其他应税行为系“营改增”后由营业税划归增值税的部分,包括在境内有偿销售服务、销售无形资产、销售不动产。确定某项经济行为是否需要缴纳增值税的“其他应税行为”,除另有规定外,需要同时具备以下条件:(1)应税行为发生在境内;(2)应税行为属于《销售服务、无形资产、不动产注释》规定的范围;①(3)应税服务是为他人提供的;(4)应税行为通常是有偿的。

另外,部分特殊行为虽不属于上述列举的销售和进口货物、提供应税劳务以及发生其他应税行为,但出于维护增值税链条完整、平衡增值税税负的原因,增值税法亦将其纳入征税范围。

1. 视同销售货物或视同发生应税行为。单位或者个体工商户下述的10种行为也被认定为销售货物或发生应税行为:

(1)将货物交付其他单位或者个人代销;

(2)销售代销货物;

(3)设有两个以上机构并实行统一核算的纳税人,将货物从一个机构移送其他机构用于销售,但相关机构设在同一县(市)的除外;

---

① 《销售服务、无形资产、不动产注释》对其他应税项目进行了尽可能穷尽的列举,例如,其中“销售服务”项即包括交通运输服务、邮政服务、电信服务、建筑服务、金融服务、现代服务和生活服务。

(4)将自产或者委托加工的货物用于非应税项目；

(5)将自产、委托加工的货物用于集体福利或者个人消费；

(6)将自产、委托加工或者购进的货物作为投资，提供给其他单位或者个体工商户；

(7)将自产、委托加工或者购进的货物分配给股东或者投资者；

(8)将自产、委托加工或者购进的货物无偿赠送给其他单位或者个人；

(9)单位或者个体工商户向其他单位或者个人无偿销售应税服务，单位或个人向其他单位或个人无偿转让无形资产或不动产，但用于公益事业或者以社会公众为对象的除外；

(10)财政部和国家税务总局规定的其他情形。

增值税法将上述10种情况认定为视同销售货物或发生应税行为，即应当计算缴纳增值税有以下几个目的。首先，保证增值税税款抵扣制度的实现，不至于因发生特殊销售行为而造成增值税链条的中断。第(1)、(2)两项情况中货物的所有权发生了变化，假若不将该种代销或者委托代销行为视同销售处理，就会产生委托方仅有进项而无对应销项，或者受托方仅有销项而无对应进项的情况，从而造成增值税抵扣链条的断裂。其次，部分情况如第(3)至(8)项是自产或委托加工的货物不经流通即用于消费、投资、分红、赠送等非应税用途，假若税法不将上述行为明确规定为视同销售，很可能会造成其与正常流通行为间的税收负担不平衡问题。最后，由于过往购进的服务、无形资产和不动产已经抵扣了进项税，对外移转时也应当"拟制"相应的销项税额，否则会同时产生增值税链条断裂和税负不配比的情况，具体如上述的第(9)项情况。

由于"营改增"具有特殊性，发生其他应税行为的"有偿"前提包括两个例外情形：一方面，是满足增值税征税条件但不需要缴纳增值税的情形，主要包括：(1)行政单位收取的符合条件的政府性基金或者行政事业性收费；(2)存款利息；(3)被保险人获得的保险赔付；(4)房地产主管部门或其指定机构、公积金管理中心、开发企业以及物业管理单位代收的住宅专项维修资金；(5)资产重组过程中通过合并、分离、出售、置换等方式，将全部或者部分实物资产以及与其相关联的债权、负债和劳动力一并转让给其他单位和个人，其中涉及的不动产、土地使用权转让行为。另一方面，有部分不同时满足增值税征税条件但仍需缴纳增值税的情形。主要包括《营改增通知》规定的视同销售服务、无形资产或不动产的情形：(1)单位或者个体工商户向其他单位或者个人无偿提供服务需要缴纳增值税，但用于公益事业或者以社会公众为对象的除外；(2)单位或者个人向其他单位或者个人无偿转让无形资产或者不动产应照章缴纳增值税，但用于公益事业或者以社会公众为对象的除外；(3)财政部和国税总局规定的其他情形。

2. 混合销售行为。假设纳税人进行某一项销售行为既涉及货物，又涉及改征规定范围内的服务，则该项行为应认定为混合销售行为。混合销售行为在"营改增"前主要用于处置增值税和营业税的交叉，"营改增"后混合销售行为需要根据主体性质、主营业务以及销售行为本身进行综合判断。具体而言,在发生混合销售行为时,从事货物的生产、批发或零售的单位和个体工商户按照销售货物缴纳增值税,从事货物的生产、批发或零售的单位和个体工商户,包括以从事货物的生产、批发或者零售为主,兼营销售服务的单位和个体工商户;其他单位和个体工商户存在混合销售,则按照销售服务缴纳增值税。

拓展思考　视同销售及混合销售

(1)某食品厂将自产食品作为员工福利。该行为不属于对外销售货物,食品厂对外也未获得经济利益,但因需要对增值税配比从而平衡增值税负,故税法规定该行为视同销售,则该行为应缴纳增值税。

(2)该食品厂将外购水果作为员工福利。外购货物直接用于非应税项目,已经退出了有形动产的流通领域,食品厂就是它的最终消费者。该情形在经济实质相当于商品消费,消费者需要承担所有增值税税负。故税法不将该种行为认定为视同销售,该行为也不需要另行计缴增值税。

(3)该食品厂向甲公司无偿赠送外购面粉。外购货物用于投资、股东分配、无偿赠送时,由于该有形动产并未直接被消耗,并未退出有形动产的流通领域,但由于无偿赠送不存在对价从而导致增值税链条断裂,故税法将该行为视同销售,相应地计算缴纳增值税。

(4)食品厂将自有房屋以不收取租金的方式出租给乙公司,同时本厂员工可以免费到乙公司的食堂就餐。此时食品厂应属于无偿销售不动产租赁服务,乙公司应当视同无偿销售餐饮服务,对双方均应按照销售服务全额计算征收增值税。

(5)该食品厂销售食品给丙公司同时提供送货上门的运输服务。在这种情形下,由于食品厂的运输服务并未单独开展,而从属于销售食品的货物销售业务,应认定食品厂发生了销售货物和提供交通运输服务的混合销售行为,食品厂因该项行为收到的款项均按销售货物缴纳增值税。

综上可以看出,增值税法将上述情况认定为视同销售货物或发生应税行为,即应当计算缴纳增值税有以下目的。首先,保证增值税税款抵扣制度的实现,避免因发生特殊销售行为而造成增值税链条的中断。比如,视同销售情形中第(1)(2)两项情况中货物的所有权发生了变化,假若不将该种代销或者委托代销行为视同销售,就会产生委托方仅有进项而无对应销项,或者受托方仅有销项而无对应进项的情况,从而造成增值税抵扣链条的断裂。

其次,部分情况如视同销售情形的第1.(3)至1.(8)项是自产或委托加工的货物不经流通即用于消费、投资、分红、赠送等非应税用途,假若税法不将上述行为明确规定为视同销售,很可能会造成其与正常流通行为间的税收负担不平衡问题。

最后,由于过往购进的服务、无形资产和不动产已经抵扣了进项税,对外移转时也应当"拟制"出相应的销项税额,否则会同时产生增值税链条断裂和税负不配比的情况,具体如视同销售情形的第1.(9)项情况。

三、增值税纳税人的认定及管理

增值税的纳税人是在境内销售货物、提供应税劳务、进行其他应税行为以及进口货物的单位和个人。其中,"单位"指国有企业、集体企业、私有企业、外商投资企业、外国企业、中外合资企业、其他企业和行政单位、事业单位、军事单位、社会团体及其他单位;"个人"包括个体工商户和其他个人。消费税和关税的"单位"和"个人"范围与增值税相同,后文将不再重复解释。

增值税实行凭专用发票抵扣税款的制度,客观上要求纳税人具备健全的会计核算制度以及相应核算能力,实际经济生活中,由于我国纳税人众多且会计核算水平参差不齐,大量小企业和个人尚不具备自行开具增值税专用发票并据此抵扣增值税款的能力。为有助于简化增值税计征,同时减少税收征管漏洞,增值税法将增值税纳税人以会计核算健全程度为依据,参照纳税人的年应税销售额,将纳税人分为"一般纳税人"和"小规模纳税人",采用不同的登记管理办法。根据2018年2月施行的《增值税一般纳税人登记管理办法》,以及最新的增值税政策,符合下列经营规模的可认定为一般纳税人:自2018年5月1日起,无论纳税人为主要从事货物生产或者提供应税劳务,包含从事货物生产或者提供应税劳务为主,并兼营货物批发或者零售的生产型企业;还是主要从事货物批发或零售的商业型企业,抑或提供"营改增"规定的进行其他应税行为的企业,发生的年应税销售额超过500万元的,可以向主管税务机关申请登记一般纳税人资格。①

发生的年应税销售额在财政部、国家税务总局规定的500万元以下(含本数)的通常应认定为小规模纳税人。但如果年应税销售额未超过财政部、国家税务总局规定的小规模纳税人标准以及新开业的纳税人,会计核算健全,能够按照国家统一的会计制度设置账簿,根据合法、有效税收凭证进行核算,并能够提供准确税务资料的,也可以向主管税务机关申请登记一般纳税人资格认定。另外,根据《增值税一般纳税人资格认定管理办法》的规定,假若纳税人存在以下情况,主管税务机关不办理一般纳税人资格认定:

(1)个体工商户以外的其他个人,该"其他个人"指自然人;

(2)选择按照小规模纳税人纳税的非企业性单位;

(3)选择按照小规模纳税人纳税的不经常发生应税行为的企业。

小规模纳税人和一般纳税人的区别主要在于增值税的计征方法。一般纳税人通常

---

① 根据2018年3月国务院常务会议确定的增值税改革政策以及财政部国家税务总局出台的《关于统一增值税小规模纳税人标准的通知》(财税〔2018〕33号)修订。此前一般纳税人的年应税销售额标准是生产型企业50万元,商业型企业80万元,服务业及其他应税行为500万元。

按照规定税率，采用销项扣除进项的方法计算缴纳增值税，并可依法开具及使用增值税专用发票抵扣税款；小规模纳税人按照简易方法征税，按销售额乘以规定的征收率计税，通常不能以专用发票抵扣税款，但可请求税务机关代为开具增值税专用发票。“营改增”后存在一般纳税人选择以简易办法计算增值税的情形，在下面的论述中将专门列举。

纳税人必须在两种身份中进行选择。否则，若存在一般纳税人会计核算不健全或不能够提供准确税务资料；应当办理一般纳税人资格登记而未办理两种情形之一的，纳税人应当按照销售额和增值税税率计算应纳税额，不得抵扣进项税额，也不得使用增值税专用发票。

原则上小规模纳税人被认定为一般纳税人后，不得再次转回小规模纳税人。但是，根据增值税改革的最新政策，自2018年5月1日至2018年12月31日，已经登记为增值税一般纳税人的单位和个人，可以选择转登记为小规模纳税人，未抵扣的进项税额在会计上作转出处理。该转登记政策在2019年得以延续并适当扩围，即转登记日前连续12个月或4个季度累计销售额未超过500万元的，包括“营改增”试点纳税人在内的所有增值税一般纳税人（税务总局另有规定除外），在2019年12月31日前可以选择转登记为小规模纳税人。但是一般纳税人在2019年内只能选择转登记1次。[①] 该种纳税人身份双向转换渠道的开拓，反映了国家在增值税改革中充分尊重经济主体的身份自决，充分保障纳税人根据身份进行税收筹划的权利。

当前增值税法对部分小规模纳税人适用增值税起征点规定，为我国小微企业发展提供普惠性的税收政策支持。具体而言，个人发生应税行为的销售额未达到增值税起征点的，免征增值税；应税行为销售额达到起征点的，全额计算缴纳增值税。“营改增”规定的全国适用的增值税起征点标准为，按期纳税的为月销售额5000～20,000元（含本数）；按次纳税的为每次（日）销售额300～500元（含本数）。近年来，我国不断加大对增值税小规模纳税人的税收优惠力度，逐步将其免税标准提高至月销售额3万元。[②] 最新的增值税起征点政策则进一步将起征点提高至月销售额10万元，[③]这便令免税政策受益面大幅扩大，且税收优惠方式简明易行，将明显增强企业的税改获得感，更大程度地激发市场活力，更好地发挥小微企业吸纳就业主渠道的作用。值得注意的是，上述

---

① 根据财政部、国税总局《关于统一增值税小规模纳税人标准的通知》（财税〔2018〕33号）、《关于实施小微企业普惠性税收减免政策的通知》（财税〔2019〕13号）、《关于小规模纳税人免征增值税政策有关征管问题的公告》（国税总局公告2019年第4号）整理得出。

② 2014年9月财政部和国税总局联合发布财税〔2014〕71号文，规定了“对月销售额或营业额2万元（含本数）至3万元的纳税人，免征增值税及营业税”，时限是2014年10月1日起至2015年12月31日。此后财税〔2015〕96号文又把时限延长至2017年12月31日。《关于延续小微企业增值税政策的通知》（财税〔2017〕76号）规定，自2018年1月1日至2020年12月31日，继续对月销售额2万元（含本数）至3万元的增值税小规模纳税人免征增值税。

③ 参见《关于实施小微企业普惠性税收减免政策的通知》（财税〔2019〕13号）的出台精神。

规定中的“个人”并非仅仅指增值税法通常规定的狭义“其他个人”(自然人),而是指除了登记为一般纳税人的个体工商户外的小规模纳税人,即包括登记为小规模纳税人的个体工商户以及其他个人。“发生应税行为”包含提供服务、销售无形资产以及转让不动产,但应不包括销售货物、提供加工修理修配劳务及进口货物。

四、增值税的税率与征收率

(一)增值税税率介绍

增值税税率为比例税率。除了部分采用增值税制度的国家(地区)采用单一比例税率外,其余征收增值税的国家则采用多档比例税率。采用多档比例税率的国家(地区)通常会区别增值税的基本税率、特别税率和零税率。基本税率通常适用于大多数商品与非商品的流转,是排除适用含特别税率和零税率的特殊税率后的剩余部分;特别税率包括重税率和低税率,适用于国家意图限制或鼓励流通的商品与非商品;零税率适用于出口货物。当前我国增值税实行基本税率、低税率和零税率三档比例税率,“营改增”后为17%、13%、11%、6%和0三档五个税率。2019年4月后,我国增值税调整为13%、9%、6%和0三档四个税率。

我国的增值税税率档次经历了从复杂到简化的过程。通常而言,增值税档次越多,税收征收管理成本越大,计税过程中错误适用税率的可能性也越大。我国最初实行的增值税为12档;1994年后增值税率归并为两档即17%和13%,并设置了出口零税率和增值税征收率。“营改增”后由于其他应税行为需从营业税转纳增值税,国家出于不额外增加税负的考虑,特别为该部分行为设置了11%和6%两个税率,意图在过渡阶段平稳衔接营业税负。自2017年7月起,国务院决定取消原适用的13%低税率,该低税率的适用对象如农产品、图书等向下归并到11%税率。又经国务院决定,自2018年5月1日起,将制造业等行业的增值税税率从17%降至16%,将交通运输、建筑、基础电信服务等行业,以及农产品等货物的增值税税率从11%降至10%,[①]逐步落实政府工作报告中提出的“改革完善增值税,按照三档并两档方向调整税率水平”的系统性减税目标。

(二)增值税基本税率

增值税一般纳税人销售及进口货物、提供应税劳务、提供有形动产租赁服务,除销售旧货适用征收率外,基本税率均统一调整为13%。

(三)增值税低税率

1. 增值税一般纳税人销售或进口下列货物,税率为9%:

(1)粮食等农产品、食用植物油、食用盐;

(2)自来水、暖气、冷气、热水、煤气、石油液化气、天然气、二甲醚、沼气、居民用煤炭制品;

(3)图书、报纸、杂志、音像制品、电子出版物;

---

① 参见财政部、税务总局《关于调整增值税税率的通知》(财税〔2018〕32号)。

(4)饲料、化肥、农药、农机、农膜;

(5)国务院规定的其他货物。

2. 增值税一般纳税人销售交通运输、邮政、基础电信、建筑、不动产租赁服务的,税率为9%。

3. 增值税一般纳税人销售不动产及转让土地使用权的,税率为9%。

4. 增值税一般纳税人销售上述以外的其他服务,连同转让除土地使用权以外的无形资产的,适用6%的增值税率。

(四)增值税零税率

增值税零税率适用于纳税人出口货物,境内单位和个人跨境销售国务院规定范围内的服务、无形资产。理论上出口货物的过程中发生了增值,也应当征收增值税,但基于提升出口货物国际竞争力的考虑,通常各国均实行增值税零税率;但对于国务院另有规定的某些限制或禁止出口的货物,不应当适用零税率而应该依法缴纳出口环节增值税;我国境内单位和个人提供国际运输服务、航天运输服务以及向境外单位提供的完全在境外消费的若干服务,转让技术等无形资产及其他情形也适用零税率。境内单位和个人发生的与我国香港特别行政区、澳门特别行政区及我国台湾地区有关的增值税应税行为,除另有规定外,参照上述规定执行。

必须进行明确区分的是,“零税率”不等同于“免税”。以出口货物为例,税法上的出口免税仅指在出口环节不征收增值税;而适用零税率不仅在出口环节不征收增值税,还要对该货物在出口前已经缴纳的增值税进行退税,使该货物出口时完全不含增值税税款。

(五)增值税征收率

增值税征收率是指对特定的货物或特定纳税人销售货物、提供应税劳务以及发生其他应税行为,在某个生产流通环节应纳税额与销售额的比率。增值税征收率主要针对小规模纳税人,以及按照相关规定“应当”或“可以”选择按简易计税方法计算增值税的一般纳税人。当前我国适用的征收率为3%及5%,其中5%征收率即是为衔接“营改增”的特殊情形而增加的。增值税法同时确定了征收率的减按规则,即按照更低的征收率计算缴纳增值税。

当前适用5%征收率的通常是与不动产有关的增值税应税行为。如小规模纳税人销售其自建或者取得的不动产,等等。① 当前适用3%征收率的主要为小规模纳税人销售货物、提供应税劳务以及进行除上述适用5%征收率以外的其他应税行为。根据增

① 适用5%征收率的项目共有17种,限于篇幅无法一一列举。其内容具体可见国家税务总局《关于发布〈纳税人转让不动产增值税征收管理暂行办法〉的公告》(国家税务总局公告2016年第14号)以及《关于发布〈房地产开发企业销售自行开发的房地产项目增值税征收管理暂行办法〉的公告》(国家税务总局公告2016年第18号)等,载 http://www.shui5.cn/article/ea/110806.html,最后访问时间:2018年6月1日。

值税法的有关规定,适用3%征收率的增值税应税项目在某些情况下可以减按2%计征增值税,这些减按计算的情形主要包括:

1. 一般纳税人销售自己使用过的属于《增值税暂行条例》第10条规定的不得抵扣且未抵扣进项税额的固定资产,按照简易办法依照3%征收率减按2%征收增值税;所谓的“已使用过的固定资产”是指纳税人根据财务会计制度已经计提折旧的固定资产;纳税人可以放弃减税政策,按照3%的征收率缴纳增值税,并开具增值税专用发票。

2. 除其他个人外的小规模纳税人,销售自己使用过的固定资产,依照3%征收率减按2%征收率征收增值税。

3. 纳税人销售旧货,按照简易方法依照3%征收率减按2%征收增值税;所谓旧货,是指进入二次流通的具有部分使用价值的货物(含旧汽车、旧摩托车和旧游艇),但不包括自己使用过的物品。

表5-1 适用3%征收率减按2%征收率计征的项目

<table>
<tr><th colspan="2">具体情形</th><th>税法处理结论</th></tr>
<tr><td colspan="2">一般纳税人销售不得抵扣且未抵扣进项的固定资产</td><td>按照3%的征收率减按2%计征</td></tr>
<tr><td colspan="2">其他个人销售自己使用物品</td><td>免征增值税</td></tr>
<tr><td rowspan="3">其他个人以外的小规模纳税人</td><td>销售自己使用过的固定资产</td><td>按照3%的征收率减按2%计征</td></tr>
<tr><td>销售旧货</td><td>按照3%的征收率减按2%计征</td></tr>
<tr><td>销售自己使用过的固定资产以外的其他货物</td><td>按照3%的征收率计征</td></tr>
</table>

(六)兼营行为适用税率

纳税人发生多项应税销售行为适用不同税率或者征收率的,原则上应当分别核算适用不同税率或者征收率的销售额,假如没有进行分别核算的,需要按照以下顺序确定适用税率:(1)兼有不同税率的应税销售行为,从高适用征收率;(2)兼有不同征收率的应税销售行为,从高适用征收率;(3)兼有不同税率和征收率的应税销售行为,从高适用税率。

五、增值税应纳税额的计算

增值税应纳税额的确定较为复杂,需要分为三种情况进行论述。首先是一般纳税人销售货物、提供应税劳务以及进行其他应税行为的应纳税额确定;其次是小规模纳税人销售货物、提供应税劳务及进行应税行为的应纳税额确定;最后是一般纳税人和小规模纳税人进口货物时应纳税额的确定。

目前我国对一般纳税人采用的一般计税方法是间接计算法。间接计算法下增值税一般纳税人销售货物、提供应税劳务以及发生应税行为的应纳税额,应该等于当期销售税额抵扣当期进项税额后的余额,其计算公式为:

当期应纳税额 = 当期销项税额 - 当期进项税额

根据税法规定,上述公式在实际操作中可以转写为:

当期应纳税额 = 当期销售额 × 适用税率 - 当期经认证可予抵扣进项税额

增值税一般纳税人当期应纳税额的多少,取决于当期销项税额和当期进项税额这两个因素,而前者的关键在于确定当期的销售额。

(一)销项税额的计算

销项税额是指纳税人销售货物、提供应税劳务以及发生应税行为时,按照销售额或者应税劳务及应税行为的收入与规定的税率计算并向购买方收取的增值税税额。销项税额的计算公式为:

销项税额 = 销售额 × 适用税率

从销项税额的定义及计算公式中我们不难得知,对于作为一般纳税人的销售方而言,在没有抵扣其进项税额前,销售方收取的销项税额还不是其应纳的增值税税额。由于销项税额的计算取决于增值额和适用税率两个因素,在适用税率既定的前提下,销项税额的大小主要取决于销售额的大小,故而确定销售额是计算销项税额的重要前提。

由于增值税属于价外税,作为计税依据的销售额应不包含增值税销项税额。纳税人填写进销货及纳税凭证、进行账务处理时,应当分项记录不含税纳税额、销项税额和进项税额,以正确计算应纳增值税额。而实际生活中销售方通常采取销售额和销项税额合并定价的情形,假若纳税人采用的销售额是以上述价税合计的方式计算的,在确定销售额时应该使用价税分离公式将其换算成不含税销售额(以下简称价税分离)后,再乘以相应的税率:

不含税销售额 = 含税销售额 ÷ (1 + 适用的税率)

1. 一般销售方式下的销售额确定

通常情况下,销售额是指纳税人销售货物、提供应税劳务以及发生应税行为时向购买方收取的全部价款和价外费用。所谓“价外费用”是指销售方在价款以外向购买方收取的各种性质的收费,包括但不限于手续费、补贴、基金、集资费、返还利润、奖励费、违约金(延期付款利息)、包装费、包装物租金、储备费、优质费、运输装卸费、代收款项、代垫款项。但下列项目不属于价外费用:

(1)受托加工应征消费税的消费品所代收代缴的消费税;

(2)由国务院或财政部批准设立的政府性基金,由国务院或者省级人民政府及其财政、价格主管部门批准设立的行政事业性收费,收取时开具省级以上财政部门印制的财政票据,且所得款项全额上缴财政;

(3)受托加工时受托方以委托方名义开具发票并代委托方收取的款项;

(4)销售货物的同时代办保险等而向购买方收取的保险费,以及向购买方收取的代购买方缴纳的车辆购置税、车辆牌照费。

根据国家税务总局规定,增值税一般纳税人向购买方收取的价外费用和逾期的包装物押金通常视为含税收入,对其金额应当进行价税分离后再并入销售额。

2. 特殊销售方式下的销售额确定

实践中由于纳税人可能会选择多种方式,如折扣销售、以旧换新、还本销售、以物易物进行销售方式,以及收取诸如包装物押金等费用,这会造成销售额的难以明确,故增值税法对上述特殊销售方式作出直接规定。

3. 按差额确定销售额

虽然目前原营业税的征税范围均纳入了增值税的征税范围,但目前仍有无法通过增值税抵扣机制避免的重复征税现象存在,因而引入增值税差额征税的办法。如转让金融商品的增值税计征,即按照卖出价扣除买入价后的余额为增值税销售额。

4. 视同销售货物和发生应税行为的销售额确定

纳税人发生应税销售行为,价格明显偏低并无正当理由的,或者发生应税销售行为而无销售额的,由主管税务机关按照下列顺序核定销售额:

(1)按照纳税人最近时期发生同类应税销售行为的平均价格确定;

(2)按照其他纳税人最近时期发生同类应税销售行为的平均价格确定;

(3)按照组成计税价格确定,其公式为:

$$组成计税价格 = 成本 \times (1 + 成本利润率)$$

成本利润率由国家税务总局确定。

拓展思考　若干特殊销售方式下的销售额确定

(1)折扣销售的销售额确定。折扣销售区别于销售折扣(现金折扣)以及销售折让。[1]

---

① 销售折扣是指在进行应税销售行为后,销售方为鼓励购买方提前支付价款而额外承担的融资性质的理财费用,如购买方在10日内付款,销售方提供货款折扣2%;20日付款,货款折扣1%;等等。我国当前使用全价法核算销售折扣,即以财务费用的名义冲减企业营业收入,故销售折扣不得从企业的销售额中扣除。销售折让则是指应税销售行为发生后,由于货物的品种、质量等原因导致购货方虽未退货,但销货方需给予购货方价格上的折让,销售折让可以折让后的货款为销售额。

折扣销售是指销货方在销售货物、提供应税劳务或者发生应税行为时,因促销的目的或者购货方购货数量较大等原因而给予购货方的价格优惠。假若纳税人销售货物、提供应税劳务或发生应税行为,假若将价款和折扣额在同一张发票的“金额”栏分别注明的,可以按照折扣后的销售额征收增值税。未在同一张发票上分别注明或者仅在“备注”栏注明折扣额的,折扣额不能从销售额中减除。

(2)以旧换新的销售额确定。采用以旧换新的方式销售货物的,由于销售货物和收购货物是两个不同的业务活动,为了严格增值税的计算征收,防止出现以不实销售额偷逃税款的现象,税法规定应按照新货物的同期销售价格确定销售额,不得扣减旧货的收购价格。同时,考虑到金银首饰以旧换新业务可以回炉重煅等特殊情况,对金银首饰的以旧换新业务可以按销售方实际收取的不含增值税的全部价款征收增值税。

(3)还本销售的销售额确定。还本销售是指纳税人销售货物后,经过某期限后销售方一次或分次退还购货方全部或部分价款的行为。该种行为的经济实质应当是筹资行为,即以货物换取资金的使用价值,分期归还部分或全部本金而不付息的融资方式。税法规定其销售额就是货物的销售价格,不得从销售额中扣除还本支出。

(4)以物易物的销售额确定。以物易物是指购销双方以同等价款的应税销售行为相互结算,双方都应作为购销处理,以各自发出的货物、劳务、服务、无形资产和不动产核算销售额并计算销项税额,以各自收到的应税销售行为按规定计算进项税额。在以物易物销售过程中,应当分别开具合法的票据,否则不能抵扣增值税进项税额。

(5)包装物押金的增值税税务处理。包装物是指纳税人包装本单位货物的各种低值易耗品,纳税人另外收取包装物押金,目的是促使购货方及早退回包装物以便持续周转使用。根据增值税法律法规的规定,纳税人为销售货物而出租出借包装物收取的押金,单独记账核算的,时间在1年以内又未过期的,不并入销售额征收增值税。但对因逾期未收回的包装物而不再退还的押金,应按所收取的押金并入销售额征税。对收取1年(含)以上的包装物押金,无论是否退还,都并入销售额计征增值税。另外,对销售除啤酒、黄酒以外的其他酒类产品而收取的包装物押金,无论是否返还以及会计上如何核算,均需并入当期销售额征税。对销售啤酒、黄酒所收取的押金,按上述包装物押金的通常规定处理。

(二)进项税额的计算

进项税额是指纳税人购进货物,接受应税劳务或者购进服务、无形资产或者不动产所支付或负担的增值税额。“进项税额”与“销项税额”是对应的概念,销售方收取的销项税额,就是购买方支付的进项税额。以纳税人收取的销项税额抵扣其支付的符合法定条件的进项税额,其余额即为纳税人实际应缴纳的增值税额。

值得注意的是纳税人的进项税额并不允许自己计算,而是凭已经获得的增值税专用发票进行抵扣;也不是所有的进项税额都可以从销项税额中抵扣;如果违反税法规定,随意抵扣进项税额将以逃避缴纳税款罪论处。因此,严格把握哪些进项税额可以抵扣,哪些进项税额不能抵扣相当重要,这也是在涉税实务中最容易产生差错的地方。

1. 准予从销项税额中抵扣的进项税额

根据现行增值税法规定,准予从销项税额中抵扣的进项税额,限于下列增值税扣税凭证上注明的增值税税额和按规定的扣除率计算的进项税额:

(1)从销售方取得的增值税专用发票(含税控机动车销售统一发票)上注明的增值税税额;

(2)从海关取得的海关进口增值税专用缴款书上注明的增值税税额;

(3)从境外单位或者个人购进劳务、服务、无形资产或者境内的不动产,从税务机关或者扣缴义务人取得的代扣代缴税款的完税凭证上注明的增值税税额;

(4)增值税一般纳税人购置税控收款机所支付的增值税税额,以购进税控收款机取得的增值税专用发票上注明的增值税全部税额为准,准予在该企业档期的增值税销项税额中抵扣;

(5)购进农产品,除取得增值税专用发票或者海关进口增值税专用缴款书外,按照农产品收购发票或者销售发票上注明的农产品买价和10%或12%的扣除率计算进项税额。① 购进农产品的进项税额计算公式为:

$$进项税额 = 买价 \times 扣除率$$

对该规定需要注意的是,上述买价是指纳税人购进农产品在农产品的收购发票或者销售发票上注明的价款和按规定缴纳的烟叶税;"农产品"的具体范围由《农业产品征税范围注释》规定。

前述3项进项税额的抵扣属于一般情形下的凭票抵扣,后者为特殊情形下的计算抵扣。鉴于计算抵扣进项税额容易产生"高征低扣"的舞弊现象,故自2017年7月起,国家在部分农产品行业开展增值税进项税额核定扣除试点。

2. 不得从销项税额中抵扣的进项税额

首先,按照《增值税暂行条例》第9条的规定,纳税人购进货物、劳务、服务、无形资产、不动产,取得的增值税扣税凭证不符合法律、行政法规或者税务主管部门相关规定的,其进项税额不得从销项税额中抵扣。上述的增值税扣税凭证是指增值税专用发票、海关进口增值税专用缴款书、农产品收购发票和农产品销售发票,以及运输费用的结算单据。

---

① 根据财政部、国家税务总局《关于调整增税税率的通知》(财税〔2018〕32 号文)的通知,纳税人购进农产品原适用11%扣除率的,扣除率调整为10%;纳税人购进用于生产销售或委托加工16%税率货物的农产品,按照12%的扣除率计算进项税额。

其次,税法单独列举了部分不得抵扣的进项,主要包括以下项目:

(1)专用于简易计税方法的计税项目、免征增值税项目、集体福利或者个人消费的购进货物、劳务、服务、无形资产和不动产。

(2)非正常损失的购进货物,以及相关的劳务和交通运输服务。

(3)非正常损失的在产品、产成品所耗用的购进货物(不包括固定资产)、劳务和交通运输服务。

(4)非正常损失的不动产,以及该不动产所耗用的购进货物、设计服务和建筑服务。

(5)非正常损失的不动产在建工程所耗用的购进货物、设计服务和建筑服务。

上述所提及的"非正常损失",是指因管理不善造成货物被盗、丢失、霉烂变质,以及因违反法律法规造成的货物或者不动产被依法没收、销毁、拆除的情形。这些非正常损失是由纳税人自身原因造成的征税对象的实体灭失,其损失显然不应该由国家承担,因而纳税人无权要求抵扣进项税额。

(6)购进的旅客运输服务、贷款服务、餐饮服务、居民日常服务和娱乐服务。

由于上述服务的主要接受对象是个人,对于一般纳税人购买这些服务,很难准确界定接受服务的对象是企业还是个人,因此,当前一般纳税人购进的旅客运输服务、餐饮服务、居民日常服务和娱乐服务的进项税额不得从销项税额中抵扣。

(7)财政部和国家税务总局规定的其他项目。

总体而言,纳税人不得从销项税额中抵扣的进项税额分为三大类,即业务不应抵、凭证不合规以及资格不具备。对于不得从销项税额中抵扣的进项税额项目,如果该进行税额已经抵扣,应当在会计上作进项税额的转出处理,从而削减纳税人享有的经济权益。

(三)一般计税方法下应纳税额的计算

在一般纳税人从发票得到进项税额以及计算出销项税额后,将税法认可的销项和进项代入一般计税方法的公式,即可轻易得出当期的实际应纳税额。

假若价款为价税合计,则必须先进行价税分离

$$不含增值税销售额=含增值税销售额\div(1+适用税率)$$

故而增值税的当期销项税额计算公式也可以表示为:

$$当期应纳税额=当期销项税额-当期进项税额$$
$$当期销项税额=不含增值税销售额\times适用税率$$
$$当期应纳税额=当期销项税额-当期准予抵扣的进项税额$$

具体适用上述公式时,仍需注意若干细节:

1. 在适用该公式计算增值税应纳税额时,必须严格限定在“当期”这个时间概念内。当期具体是指税务机关依照税法规定对纳税人确定的纳税期限,只有在纳税期限内实际发生的销项税额、进项税额,才是合法的当前销项税额或当期进项税额。

2. 进项税额结转抵扣的税务处理。由于增值税是链条税,实行购进扣税法。设若企业在当期购进货物较多,就会出现当期销项税额低于当期进项税额而不足抵扣的情形。此时,根据现行税法规定,当期进项税额不足抵扣销项税额的部分可以结转下期继续抵扣。

3. 扣减发生期进项税额的规定。已抵扣进项税额的购进货物、应税劳务、应税行为如果事后改变用途,发生了诸如前述的不得从销项税额中抵扣进项税额的项目的情形,应该将该项进项税额从发生当期的进项税额中扣减。

六、增值税小规模纳税人应纳税额的计算

由于小规模纳税人会计核算不健全,不能准确核算销项税额和进项税额,所以应不实行增值税的税款抵扣制度,而需采取较为简易的计税方式。小规模纳税人按照简易计税方法,即以销售额和规定的征收率计算应纳税额,该种方式不允许抵扣进项税额。也正因如此,增值税的征收率远低于税率,以使小规模纳税人与一般纳税人的税负基本平衡。小规模纳税人增值税应纳税额的计算公式为:

$$\text{应纳税额} = \text{销售额} \times \text{征收率}$$

这里的销售额均指不含增值税的销售额。小规模纳税人销售额的范围与一般纳税人的销售范围一致,即向购买方收取的全部价款和价外费用,但不包括按征收率收取的增值税税额本身。小规模纳税人不含税销售额的换算公式为:

$$\text{不含增值税销售额} = \text{含增值税销售额} \div (1 + \text{征收率})$$

值得注意的是,前述章节中提及的“减按”征收率计征增值税,在销售额不含税时直接适用减按后的征收率;而在销售额含税时则应按原征收率进行价税分离,然后适用减按后的增值税征收率。如以纳税人销售旧货的计算为例:

$$\text{应缴纳的增值税} = \text{不含增值税销售额} \times 2\%$$
$$\text{应缴纳的增值税} = \text{含增值税销售额} \div (1 + 3\%) \times 2\%$$

小规模纳税人原则上不能自行开具增值税专用发票,而只能到主管税务机关预缴增值税款后,申请税务机关代开增值税专票。但是自 2016 年 7 月发布《关于部分地区开展住宿业增值税小规模纳税人自开增值税专用发票试点工作有关事项的公告》以来,国家税务总局分别于同年11月将试点地区扩至全国;2017年3月、2017年6月以及2018年2月陆续将鉴证咨询业,建筑业,工业、信息传输和软件以及信息技术服务业的小规模纳税人纳入自行开具增值税专用发票的全国试点范围。自行开具增值税专用发票的尝试,是对小规模纳税人的利好消息,因为这不仅向小规模纳税人提供了即时开票的便利,增加了小规模纳税人的交易机会,同时由于不再需要预缴增值税税款,也不再需要占用小规模纳税人的现金流。

七、进口环节增值税的征收

进出口实质上是销售商品与非商品的形式,但由于其纳税环节、适用税率、征收机关的特殊性,税法研究与实际操作都有将其单独列举的必要。我国增值税法参照世界多数国家惯例,规定了进口征税和出口退税的原则。同时也规定了对某些出口货物,如国家禁止或者限制出口的对国计民生影响重大或者紧缺的货物(资源),采取不退税或少退税的事实征税政策。以下介绍进口环节增值税的征收:

(一)进口环节增值税征税范围

根据增值税法律法规的规定,只要是报关进口的应税货物,均应按照规定缴纳进口环节的增值税。以"来料加工"方式进口国外的原材料、零部件等,在国内加工后复出口的,对进口的料、件按规定给予免税或减税;如果这些进口免、减税的料件未在加工后再次出口,而是转而销往国内的,则应补缴增值税。对进口货物是否减免税由国务院规定,任何地方、部门都无权规定减免税项目。

(二)进口环节增值税的纳税人

进口货物增值税的纳税人是进口货物的收货人或者办理报关手续的单位和个人。包括了国内所有从事进口业务的企业事业单位、机关团体和个人。

(三)进口环节增值税的适用税率

进口环节适用的增值税税率与境内商品交易适用的增值税税率相同。即使进口主体是小规模纳税人,进口货物计算缴纳增值税时也应适用16%或10%的税率,而非适用增值税的征收率。

(四)进口环节增值税的计算

根据现行税法规定,进口货物的增值税由海关代征。纳税人在进口环节应按"组成计税价格"和适用的税率计算应纳税额。且由于进口环节属于增值税链条的开端,故此环节不得抵扣任何税额。组成计税价格和应纳税额的计算公式为:

$$\text{组成计税价格} = \text{关税完税价格} + \text{关税} + \text{消费税}$$

$$\text{应纳税额} = \text{组成计税价格} \times \text{税率}$$

按照《海关法》和《进出口关税条例》的规定,通常情况下进口货物的"关税完税价格”是以海关审定的成交价格为基础的到岸价格。报关进口的当天为进口货物增值税纳税义务的发生时间。

拓展思考 跨境电子商务零售进口税收政策综合介绍

“营改增”后增加了跨境电子商务零售进口综合税收政策,涉及进口环节的关税和增值税、消费税。以往跨境电子商务零售全环节仅征收行邮税,但该种行为显然具有贸易属性,而不同于非贸易目的的文件票据、客货分离行李、亲友馈赠物品等,使相关商品的总体税负水平低于国内销售的同类普通贸易进口货物和国产货物,从而产生税负的不公平。为此,有必要专门制定政策,将对跨境电子商务零售的商品按照进口货物,征收进口环节关税和增值税、消费税。

根据财关税〔2016〕18号文件,2016年4月8日起纳税人从其他国家或地区进口《跨境电子商务零售进口商品清单》范围内的货物,并符合其他相应条件的应适用该种专门税收政策。其他个人物品以及无法提供交易、支付、物流等电子信息的跨境电子商务零售进口商品,则按进口货物的通常规定,相应征收增值税、消费税和关税。以下保税进口或直邮进口商品适用于跨境电子商务零售进口综合税收政策,主要包括:

1. 所有通过与海关联网的电子商务交易平台交易,能够实现交易、支付、物流电子信息“三单”比对的跨境电子商务零售进口商品。

2. 未通过与海关联网的电子商务交易平台交易,但快递、邮政企业能够统一提供交易、支付、物流等电子信息,并承诺承担相应法律责任进境的跨境电子商务零售进口商品。

跨境电子商务零售进口增值税、消费税和关税的纳税义务人是购买跨境电子商务零售进口商品的个人;代扣代缴义务人为电子商务企业、电子商务交易平台企或物流企业。跨境电子商务零售进口税收的完税价格是实际交易价格,包括货物零售价格、运费和保险费。

跨境电子商务零售进口综合税收政策的具体税制可以分为两部分,即设置交易限值和调整交易税率。首先是规定了交易限值,政策规定单次交易限值为2000元,个人年度交易限值为20,000元;而超过单次现值、累加后超过个人年度限值的单次交易,以及完税价格超过2000元限值的单个不可分割商品,均按照通常的货物进口方式全额征收关税、消费税和增值税。其次是调整了适用税率。跨境电子商务零售进口完税价格在前述限值以下的,关税税率暂设为0;如果超过限值,则对超过部分按照通常方式征收关税,单个不可分割商品则全额征税。增值税和消费税均按照法定应纳税额的70%征收。

八、出口货物增值税退免税制度

(一)出口货物退免税基本简述

根据“消费地原则”以及WTO规则,对出口货物采取免征或退还国内间接税的退免税政策，是国际贸易中通行的旨在鼓励贸易的税收优惠措施。我国自 1985 年起开始实行出口退税制度，采取出口退税与免税相结合的政策，同时规定不予出口退免税的情形。以出口环节免税和以往环节退税与否为区分标志，当前有三种形式的出口货物税收政策。

1. 出口免税并退税的政策

出口免税，是指对货物、劳务、服务以及跨境应税行为在出口环节不征收增值税和消费税。出口退税是指对货物在出口前以往环节实际承担的税收负担，按规定的退税率计算后予以退还，从而尽可能刨除流转过程产生的增值税和消费税。

2. 出口免税不退税的政策

出口免税与上述含义相同，即出口环节不征收本环节的增值税和消费税；而出口不退税是指由于出口货物在生产、销售环节或进口环节是免税的，出口时该货物的价格中本身就不含税，当然也就无须退税。

3. 出口不免税不退税的政策

出口不免税，是指对国家限制或者禁止出口的某些货物，出口环节视同内销环节照常征税；出口不退税是指这些货物出口时也不退还出口前其所负担的税款。适用这个政策的主要是税法列举的限制或禁止出口的货物。①

（二）出口货物退免税的货物范围

我国现行出口货物退免税涉及的税种仅限于增值税和消费税，即企业出口的凡属于已征或应征增值税、消费税的货物，除国家明确规定不予退免税的货物外，都属于出口退免税的货物范围。

出口退免税的货物一般应具备如下四个条件：第一，必须是属于增值税、消费税征税范围的货物；第二，必须是报关离境的货物；第三，必须是在财务上已经作销售处理的货物；第四，必须是出口收汇并已核销的货物。出口货物只有在同时具备上述四个条件情况下，才能向税务部门申报办理退税，否则不予办理退税。作为特例，在出口货物中也有部分虽然不同时具备上述四个条件的货物，但由于这些货物销售方式、消费环节、结算办法的特殊性，以及国际间的特殊情况，国家特准退还或免征其增值税和消费税。

（三）出口环节的退税率

出口环节增值税退税在具体计算时，分不同情况采用规定的退税率，或者适用扣除率或征收率。除根据国务院决定，由财政部和国家税务总局明确适用的增值税出口退税率外，出口货物、劳务、服务和无形资产的退税率为其适用税率；外贸企业从小规模纳

---

① 如《中华人民共和国禁止进出境物品表》（海关总署令〔1993〕第 43 号）所列的禁止出境的货物；商务部会同有关部门公布的《禁止出口货物目录》所列的货物；《濒危野生动植物种国际贸易公约》所列附录一级、二级、三级的动物、动物产品和植物、植物产品，以及国家食品药品监督管理局、公安部、卫生部发布的《精神药品管制品种目录》《麻醉约品管制品种目录》所列的货物，等等。

税人处购进按简易办法征税的出口货物,其退税率分别为实际执行的扣除率和征收率。退税率的确定应当与国内外的经济贸易形势相适应,但其频繁变化可能会影响税制的可预见性,令纳税人难以形成稳定预期,影响税收遵从,从而损害税法的社会可接受性。因此,我国出口退税制度未来法律续造应基于税收法定,从保障纳税人预期利益的理念出发逐步加以完善。

(四)出口货物退免税的计税依据

增值税的退免税计税依据,对于生产企业而言,通常是扣减所含保税和免税金额之后的离岸价;对于外贸企业而言,则是购进货物增值税专用发票注明的金额,或者海关进口增值税专用缴款书注明的价格。

九、增值税税收优惠

根据《增值税暂行条例》的规定,以下项目免征增值税:(1)农业生产者销售的自产农产品;(2)避孕药品和用具;(3)古旧图书;(4)直接用于科学研究、科学试验和教学的进口仪器和设备;(5)外国政府、国际组织无偿援助的进口物资和设备;(6)由残疾人的组织直接进口供残疾人专用的物品;(7)销售自己使用过的物品。

同时,《营改增通知》也规定了改征后免征增值税的项目,如托儿所、幼儿园提供的保育和教育服务;养老机构提供的养老服务;残疾人福利机构提供的育养服务;婚姻介绍服务,等等。①

除上述规定外,增值税的免税、减税项目只能由国务院规定。此外,纳税人兼营免税、减税项目的,应当分别核算免税、减税项目的销售额,未分别核算的,不得享受免税、减税待遇。

十、纳税义务发生时间、纳税期限与纳税地点

(一)纳税义务发生时间

增值税纳税义务发生时间,是指增值税纳税义务人或扣缴义务人发生应税行为,而应承担纳税义务的法定起始时间,其直接影响到纳税义务或扣缴义务的成立及履行。现行税法指出了确定增值税纳税义务发生时间的三个原则:(1)发生应税销售行为,为收讫销售款项②或者取得索取销售款项凭据的当天;假若销售方先开具发票的,则为开具发票的当天。(2)进口货物则为报关进口的当天。(3)增值税扣缴义务发生时间为纳税人增值税纳税义务发生的当天。由于纳税人销售结算方式在具体实践中仍多有不同,故增值税法具体列举了若干种纳税义务发生时间:

1. 采取直接收款方式销售货物,无论货物是否发出,为收到销售款或者取得索取销

---

① 根据《营改增通知》(财税〔2016〕36号)的附件3《营业税改征增值税试点过渡政策的规定》,规定了40项免征增值税项目,这些项目主要是将原营业税的免税项目作了扬弃,本书仅选择具有代表性的免征项目。

② 这里所指的"收讫销售款项",是指纳税人发生应税销售行为过程中或者完成后收到的款项。"取得索取销售款项凭据"的当天,是指书面合同确定的付款日期;未签订书面合同或者书面合同未确定付款日期的,为应税销售行为完成的当天或者不动产权属变更的当天。

售款凭据的当天。

2. 采取托收承付和委托银行收款方式销售货物，为发出货物并办妥托收手续的当天。

3. 采取赊销和分期收款方式销售货物，为书面合同约定的收款日期的当天，无书面合同的或者书面合同没有约定收款日期的，为货物发出的当天。

4. 采取预收货款方式销售货物，为货物发出的当天，但生产销售生产工期超过 12 个月的大型机械设备、船舶飞机等货物，为收到预收款或者书面合同约定的收款日期的当天。

5. 委托其他纳税人代销货物，为收到代销单位的代销清单或者收到全部或者部分货款的当天。未收到代销清单及货款的，为发出代销货物满 180 日的当天。

6. 销售应税劳务，为提供劳务同时收讫销售款或者取得索取销售款的凭据的当天。

7. 纳税人发生除将货物交付给其他单位或者个人代销和销售代销货物以外的视同销售货物行为的，为货物移送的当天。

8. 纳税人发生视同销售服务、无形资产或者不动产情形的，其纳税义务发生时间为服务、无形资产转让完成的当天或者不动产权属变更的当天，等等。

（二）纳税期限

纳税期限与上述纳税义务的发生时间密切相关，但纳税义务的发生时间强调的是时点，而纳税期限则多为期间。

1. 增值税纳税期限的规定

增值税的纳税期限分别为 1 日、3 日、5 日、10 日、15 日、1 个月或者 1 个季度。纳税人的具体纳税期限，由主管税务机关根据纳税人应纳税额的大小分别核定；不能按照固定期限纳税的，可以按次纳税。根据增值税法律法规的规定，以 1 个季度为纳税期限的规定适用于小规模纳税人、银行、财务公司、信托投资公司、信用社，以及财政部和国家税务总局规定的其他纳税人。

2. 增值税报缴税款期限的规定

纳税人以 1 个月或者 1 个季度为 1 个纳税期的，自期满之日起 15 日内申报纳税；以 1 日、3 日、5 日、10 日或者 15 日为 1 个纳税期的，自期满之日起 5 日内预缴税款，于次月 1 日起 15 日内申报纳税并结清上月应纳税款。

扣缴义务人解缴税款的期限，依照前项规定执行。

纳税人进口货物应当自海关填发进口增值税专用缴款书之日起 15 日内缴纳税款。

纳税人出口货物适用退（免）税规定的，应当向海关办理出口手续，凭出口报关单等有关凭证，在规定的出口退（免）税申报期内按月向主管税务机关申报办理该项出口货物的退（免）税；境内单位和个人跨境销售服务和无形资产适用退（免）税规定的，应当按期向主管税务机关申报办理退（免）税。具体办法由国务院财政、税务主管部门制定。

（三）纳税地点

增值税的纳税地点，不仅直接关系到纳税人的义务履行，而且直接影响相关征税机关的管辖权，进而影响当地政府的财政收入以及相关的财权划分。

1. 固定业户的纳税地点

固定业户应当向其机构所在地的主管税务机关申报纳税。总机构和分支机构不在同一县（市）的，应当分别向各自所在地的主管税务机关申报纳税；经国务院财政、税务主管部门或者其授权的财政、税务机关批准，可以由总机构汇总向总机构所在地的主管税务机关申报纳税。

固定业户到外县（市）销售货物或者劳务，应当向其机构所在地的主管税务机关报告外出经营事项，并向其机构所在地的主管税务机关申报纳税；未报告的，应当向销售地或者劳务发生地的主管税务机关申报纳税；未向销售地或者劳务发生地的主管税务机关申报纳税的，由其机构所在地的主管税务机关补征税款。

2. 非固定业户的纳税地点

非固定业户销售货物或者劳务，应当向销售地或者劳务发生地的主管税务机关申报纳税；未向销售地或者劳务发生地的主管税务机关申报纳税的，由其机构所在地或者居住地的主管税务机关补征税款。

其他个人提供建筑服务，销售或者租赁不动产，转让自然资源使用权，应向建筑服务发生地、不动产所在地、自然资源所在地的主管税务机关申报纳税。

3. 进口货物的纳税地点

进口货物，应当向报关地海关申报纳税。此外，扣缴义务人应当向其机构所在地或者居住地的主管税务机关申报缴纳其扣缴的税款。

十一、增值税发票的使用和管理

发票全称为“发货票”，是销售方发货（或承诺发货）后向购货方出具的商业单据，主要标明购买方的付款金额，以及销售方所发货物的名称、规格、数量和质量等。1986年我国颁布了《全国发票管理暂行办法》，首次明确发票是经济活动中唯一合法的购销凭证，并在税收征管中逐渐实行“以票控税”的模式。

税法所称的“发票”特指税务发票，即税务机关监制的用以证明交易合法有效的税收凭据；狭义上的“发票”则主要指增值税税务发票，即增值税纳税人发生应税销售行为使用增值税发票管理系统开具的增值税专用发票、增值税普通发票等。增值税专用发票能通过抵扣销项税额为纳税人带来经济利益，其他增值税发票则直接记载了纳税人的经济活动，故其印制、发放和流通受到国家的严格管制。

增值税发票及其他不在税法上产生效力的交易凭据，主要以其是否加盖税务局的监制章为区分依据。此外，销售方必须加盖发票专用章后，发票方具备实质效力。日常生活中也有若干不需要索取增值税发票的情形，譬如行政事业单位收费提供的由财政部门监制的收据，或者税务机关征收税款后提供的完税凭证，等等。

表 5-2 开具和索取发票的通常规则

销售方＼购买方	增值税一般纳税人	增值税小规模纳税人	其他单位或个人
一般纳税人	增值税专用发票	增值税普通发票①	增值税普通发票
小规模纳税人	增值税专用发票(申请代开)/增值税普通发票	增值税普通发票	增值税普通发票/通用机打发票②

1.增值税专用发票介绍

增值税专用发票,是增值税一般纳税人销售货物、提供应税劳务或者进行应税行为开具的发票,是购买方支付本环节增值税并按照增值税法规定抵扣增值税进项税额的凭证。增值税专用发票由基本联次以及附加联次构成。专票的基本联次为发票联、抵扣联和记账联。发票联是购买方核算采购成本和增值税进项税额的记账凭证,该联次由购买方自行存留;抵扣联为购买方报送主管税务机关认证和留存备查的凭证;记账联,作为销售方核算销售收入和增值税销项税额的记账凭证;其他联次的用途则由一般纳税人自行确定。增值税发票必须注明购买方的纳税人识别号,假若纳税人识别号认证不符,或者增值税专用发票代码、号码认证不符,或者上述两个号码无法认证的,该增值税专用发票不得作为进项税额的抵扣凭证。

增值税专用发票的开具和使用受到国家最严格的管控。由于增值税专用发票可以抵扣进项税款,直接带来了显著的经济利益,国家为此进行了专门的立法,如以往国税总局专门制定的《增值税专用发票使用规定》,全国人大常委会专门发布单行刑法《关于惩治虚开、伪造和非法出售增值税专用发票犯罪的决定》,《税收征管法》在1995年修改时,也专门增加了增值税专用发票的使用和管理规定,上述规制的范围涵盖了增值税专用发票的获取、开具、使用和管理,囊括了行政责任和刑事责任。以下主要就代开、虚开增值税专用发票以及善意取得增值税专用发票的处理进行阐述:

(1)对代开、虚开增值税专用发票的处理。代开发票是指为与自己没有发生直接购销关系的他人开具发票的行为,虚开发票则是指在没有任何购销事实的前提下,为他人、为自己或让他人为自己或介绍他人开具增值税专用发票的行为。代开、虚开发票都是严重的违法行为,其直接造成了国家税收收入的流失。就税收征管层面而言,对代开、虚开增值税专用发票的,一律按照票面所列货物的使用税率全额补征增值税款,并

---

① 必须强调的是,此处除税法明确的不能开具增值税专用发票的情形,如向消费者个人销售货物或者应税劳务;销售免增值税货物或应税劳务;零售的烟、酒、食品、服装、鞋帽(不含劳保用品)、化妆品等消费品外,由于法律没有明文规定,增值税一般纳税人可以向小规模纳税人开具增值税专用发票,但往往可能因该专用发票没有抵扣销项而产生“滞留票”问题。

② 通用机打发票由增值税免征额以下的小规模纳税人开具的普通发票,其版式与通常的增值税普通发票并不完全相同,此外还有定额发票、不能抵扣的行业发票等其他类型的普通发票。

按照《税收征管法》关于偷税的规定给予处罚。对纳税人取得的代开、虚开的增值税专用发票,不得作为增值税合法抵扣凭证抵扣进项税额。代开、虚开发票构成犯罪的,按全国人大发布的上述单行刑法承担刑事责任。

(2)善意取得虚开增值税专用发票的处理。纳税人善意取得虚开的增值税专用发票,是指购买方和销售方之间存在真实交易,且购买方不知道取得的增值税专用发票是以非法手段取得的。首先,就纳税人善意取得虚开的增值税专用发票,假若购买方和销售方存在真实的交易,销售方使用的是其所在的省的增值税专用发票,增值税专用发票注明的销售方名称、印章等全部内容与实际相符,且没有证据表明购买方知道销售方提供的增值税专用是以非法手段获得的,对购买方不以偷税或者出口退税论处。如购买方能重新取得合法、有效的增值税专用发票,准许其抵扣进项税额;如不能重新取得合法、有效的增值税专用发票,不准其抵扣进项税额或追缴其已抵扣的进项税额,已经抵扣的进项税款或者取得的出口退税,应依法追缴上述税款。

2. 增值税普通发票和增值税电子普通发票介绍

我国增值税一般纳税人可以使用同一套税控管理系统,开具增值税专用发票以及增值税普通发票。增值税普通发票的格式、字体栏次内容与增值税专用发票的体例相同,由于增值税发票不能够抵扣进项,故增值税普通发票的基本联次较增值税专用发票缺少抵扣联。

推行开具增值税电子普通发票,对降低纳税人经营成本、节约社会资源、方便消费者保存和使用发票具有重要意义。增值税电子普通发票的开票方和收票方需要纸质发票的,可以自行打印增值税电子普通发票的版式文件,其法律效力、基本用途、基本使用规定等与税务机关监制的增值税普通发票相同。

十二、我国增值税法存在的问题及完善

(一)我国增值税存在的问题

目前,我国增值税法存在的问题如下:

1. 法律层级低下

现行《增值税暂行条例》是国务院获得全国人大授权后,于 1993 年发布并于 2017 年最新修订的。多年以来增值税法便是以“暂行条例”的形式指导、规范增值税制度的运行的。增值税专门法立法层级低下的现状,使增值税制度缺乏应有的规范和权威,与税收法定原则的价值和要求相左。同时,主管部门出台了大量规范性文件,增加了税收制度的不稳定性,进而影响了社会对税收的预期。譬如“营改增”的指导性文件,即财税〔2016〕36 号出台后,《营业税暂行条例》事实上已经被废止。必须指出,“营改增”的改革方案经过国务院批准,财政部和国税总局发布规范性文件也获得了国务院的授权,但相关行业转纳增值税的依据,是层级更低的规范性文件的立法程序瑕疵,无论如何是客观存在的。随着增值税改革的纵深推进,“改革先行、立法滞后”的矛盾将越发突出,因此,增值税改革与增值税立法间如何协调,已经成为非常迫切的理论与现实问题。

2. 税率档次复杂

理想的增值税应采取无差别的税率,尽管设置多个税率有其合理性,但过犹不及、档次过多的弊端也是显而易见的。比如,多档税率影响了增值税中性作用的发挥。如经济合作与发展组织便认为,增值税"不应成为影响商业决策的主要因素",应当不使消费者和生产者寻求替代行为。但在多档税率并存的现实情况下,资源仍然有流向低税率的行业部门的趋势,这往往会间接地对经济运行产生干扰。此外,复杂的税率档次将会增加税务机关的征管成本和纳税人的遵从成本,比如"互联网+"时代下新经济业态不断涌现,企业准确适用税率将变得愈加困难。增值税税率档次过多,不但会导致经济主体与税务机关间争议频发,也会为经济主体的日常经营带来税务风险,而动摇税法的社会可接受性。

3. 税收优惠庞杂

我国增值税税收收入体量巨大,成为国家调控经济职能的重要方式。各级政府针对特定行业、地区甚至纳税人,出台了大量的增值税优惠政策,包括免税、税率折扣、税额扣减、即征即退、先征后返等。"营改增"后原有的营业税优惠尚未妥善清理,又增加了差额征税等新的优惠征收方式,繁复的优惠政策带来的问题未来将逐步凸显。

(二)我国增值税法的完善

解决上述问题,笔者建议可以从以下几个方面予以完善:

1. 应对增值税的本质进行理性认识

我国增值税制度的发展改革过程中,无论税率的设计抑或税收优惠的制定,立法者主要使用"行业/企业税负"作为衡量方式,尤其是"营改增"目标的"确保所有行业税负只减不增",成了评价改革成败的硬性标准。但由于增值税是采用价税分离计税方式的价外税,以应纳税额和不含税收入的比评价增值税负并不科学。故而,当前最迫切的是根据增值税的性质,探寻更为科学的税改绩效评估模式。

2. 应当根据增值税的定位相应完善顶层设计

合理有效的良好税制下,各税种都应当拥有专门的定位,从而能在实际运行中各司其职、相互配合。这也就意味着进行税收体制的顶层设计时应当有整体视野,明确哪些税种主要承担财政收入职能,而哪些税种更侧重于宏观调控职能。我国税制进行深化改革时,基于增值税的税收中性特点,应该将其设计为国家税收收入的主要来源,而尽量淡化其中的国家干预色彩,而转由消费税和关税承担流转税的宏观调控的功能。

3. 尽量简并增值税率

从域外增值税实践来看,全世界设置多档及单一税率的国家(地区)数量基本持平,近年来引入增值税的国家(地区)更多地选择单一税率。新西兰于20世纪90年代引进的单一税率增值税,就被业界普遍认为是"完美"的增值税。未来我国可以考虑往单一增值税率靠拢,若目前难以立即实现此目标,可以先考虑减少至标准和优惠两档税率。设置优惠税率的目的是缓解增值税的累退性,适用于基本的民生领域,以及需求弹性较低的公共产品,以求更好地兼顾税收的公平与效率。

4. 启动增值税立法,着力清理税收优惠

增值税立法是构建增值税法律体系的重中之重,立法本身同时也是深化税制改革的标志。增值税立法需要遵循中性原则、公平原则和效率原则,将增值税的征税范围、税基、税率、减免税政策等税收要素以法律的形式固定下来。同时在其指导下清理税收优惠,借以维护税收的稳定、严肃和权威,实现税收分配过程的规范、明确和可预测。增值税立法方案的选择应当体现我国特色,满足国家治理需求,最终建立起符合我国国情的现代增值税制度,为世界增值税制度发展提供来自中国的智识供给。

第三节 消费税法

一、消费税概述

(一) 消费税的概念、历史沿革和特征

消费税也被称货物税,是指以特定消费品流转额为计税依据而征收的流转税,其为世界各国普遍开征的重要流转税种。消费税的历史源远流长,古希腊雅典征收的内陆关税,古罗马时期征收的盐税,都是对货物征收的消费税;而我国早在春秋战国时期,就已开征过"关市之赋""山泽之赋",后续朝代又普遍征收过盐税、酒税和茶税。随着封建社会中后期商品经济的日渐发达,消费税的征税范围逐步扩大,到资本主义发展初期达到鼎盛,成为政府财政收入的重要支柱。人类历史进入 20 世纪,随着累进所得税的实行,消费税占据的份额有所压缩。但因消费税具有独特的调节作用,在税制发达国家中其仍是不可缺少的辅助税种;在税制尚欠发达的国家,消费税至今仍是开征的重要税种,以及国家获取财政收入的重要方式。

税收理论对于"消费税"概念有不同的理解,因而对消费税存在广义和狭义两种划分。广义的消费税是指对通常的消费品及其消费行为征收的各种税收的总称,包括直接消费税和间接消费税两大类。前者是以纳税人的实际消费支出额为计税依据而向纳税主体征收的直接税,也称消费支出税;后者是以消费品的流转额为计税依据而向消费品的生产经营者征收的间接税。同时,间接消费税又可分为普通消费税(general consumption tax)和特种消费税(excise tax)两种类型。域外学界通常将增值税等纳入普通消费税的范畴,比如日本的"消费税"实际上就是增值税。狭义的消费税是以特定的消费品为课税对象的有选择的货物税,其等同于特种消费税。

我国现行消费税即为狭义的消费税,其具有如下特征:首先,消费税征收范围具有选择性,只对部分缴纳增值税的货物加征,并不囊括所有需要缴纳增值税的货物。其次,通常消费税的征税环节具有单一性,我国除了卷烟和超豪华小汽车外,其他应税消费品在特定环节征收消费税。再次,消费税计税方式灵活,根据应税消费品的性质不同,消费税的计税方法包括从价定率计税、从量定额计税以及复合计税多种计价方式。又次,消费税的平均税率水平高,并且应税消费品间税负差异大,尤其是某些需要限制或者控制消费的消费品,通常需要承担相当高额的税负。然后,消费税属于价内税,此为消费税和增值税的重要区别。最后,消费税税负具有可转嫁性,无论消费税在哪个环节征收,消费税款最终都会转嫁到消费者身上。

（二）消费税的类型

以征税范围的不同,消费税分为无选择性的消费税和有选择性的消费税。但从各国开征消费税的实践来看,基本上施行的都是有选择性的消费税,我国亦是如此。从消费税的具体征税范围来看,有选择性的消费税可以细分为三种类型:

1. 有限型消费税的征税范围主要限于某些传统的消费税应税项目,诸如烟草制品、酒精饮料、石油制品、机动车辆、游艇、化妆品、香水等奢侈消费品。

2. 中间型消费税的征税范围比有限型消费税的征税范围更广泛,譬如将某些广泛消费的应税消费品,如纺织品、皮革、皮毛制品、鞋、药品、咖啡、可可、家用电器、电子产品等也纳入消费税的征税范围。

3. 延伸型消费税的征税范围最为广泛,除了上述两种类型所涉及的应税消费品外,还把某些消费型的生产资料,诸如水泥、建筑材料、钢材、铝制品、橡胶制品、颜料、油漆等也纳入消费税的征税范围。

从各国开征消费税的现实来看,实行有限型消费税的国家最多,实行中间型消费税的国家数量次之,实行延伸型消费税的国家最少。我国现行消费税属于有限型消费税,该种消费税征收范围的限缩性,是国家贯彻消费政策、引导消费结构从而引导产业结构的重要手段,因而在保证国家财政收入、体现国家经济政策等方面具有十分重要的意义。

（三）消费税的立法沿革

从中华人民共和国成立至今,我国曾几度恢复和废止消费税。首次开征的消费税是特种消费行为税。1950 年 1 月《全国税政实施要则》公布施行后,国家对宴席、娱乐、冷食、饭店等特殊的高消费行为开征了特种消费行为税。该税种 1953 年 1 月取消后,电影、戏剧以及娱乐部分的税目改征文化娱乐税,其他税目被归并到营业税中。第二次开征消费税是 1989 年,为了整顿和治理电视机生产、流通领域的混乱秩序,1989 年 2 月起,国家征收彩色电视机特别消费税,同年 11 月又开征了小轿车特别消费税。第三次则是以 1993 年 12 月《消费税暂行条例》的颁布为标志,同时废除上述两种特别消费税。第四次则是 2006 年 4 月,国务院对以往消费税的税目、税率以及相关政策进行调整,突出促进“环境保护和节约资源”,以及“合理引导消费和间接调节收入分配”两个重点。其除了新增应税消费品的税目,适度扩大消费税征税范围外,还相应对原税制中的很多税目、税率进行了调整。

近年来,我国对消费税税目多次进行了实体内容上的调整,消费税目从 11 类扩展为 15 类。消费税中取消了小排量摩托车的消费税、取消了汽车轮胎税目、取消车用含铅汽油消费税、取消酒精的消费税;同时连续三次拔高了成品油的消费税,增加了电池和涂料的消费税,并规定了部分子税目免征及缓征的情形,并将“化妆品”税目名称更名为“高档化妆品”,取消了对通常化妆品征收的消费税。最近消费税实体规范变动是国税总局针对超豪华小轿车在零售环节加征的消费税。综观消费税税目的变化发展,其中不仅有奢侈品和非生活必需品,而且有具有特定财政意义的消费品。①

二、我国消费税法的主要内容

(一)消费税的纳税主体

1. 纳税人

消费税的纳税人是在中华人民共和国境内生产、委托加工和进口应税消费品的单位和个人,以及国务院确定的销售《消费税暂行条例》规定的应税消费品的其他单位和个人。这里的“单位和个人”与增值税法中的单位和个人的范围相同。所谓的“在中华人民共和国境内”,是指生产、委托加工和进口应税消费品的起运地或者所在地在境内。

2. 扣缴义务人

根据现行消费税法的规定,委托加工应税消费品的,除受托方为个人外,由受托方在向委托方交货时代收代缴税款。

(二)消费税的税目和税率

1. 消费税的税目

我国施行的是有选择性的消费税,其征收范围比较狭窄,同时也会根据经济发展、环境保护等国家大政方针进行相应的修订,1994 年消费税法首次确定的税目为 11 个,现行消费税的征税范围主要分为以下 5 大类,共 15 个税目:

(1)过度消费会对人类健康、社会秩序和生态环境等造成危害的消费品。该类消费品包括 5 个税目:烟、酒、鞭炮与焰火、木制一次性筷子、实木地板。此类消费品在 1994 年立法时仅包括烟、酒、鞭炮与焰火,后于 2006 年出于保护生态环境、节约自然资源的需要,国家开始对木制一次性筷子和实木地板征收消费税,以求宏观调控上下游产业的发展,从而保护生态环境。

(2)奢侈品以及非生活必需品。此类消费品也包括 5 个税目:高档化妆品、贵重首饰及珠宝玉石、游艇、高档手表、高尔夫球及球具。该税目本来主要包括化妆品和贵重首饰及珠宝玉石,2006 年增加了高尔夫球及球具、高档手表以及游艇。

(3)高能耗的高档消费品。这类消费品包括 2 个税目:小汽车、摩托车。当前,乘用车按照排气量的不同设置了 7 类子税目,摩托车也根据排气量分为 250 毫升以下(含)和 250 毫升以上两类。

---

① 叶金育:《消费税制调整的法治逻辑》,载 http://www.shui5.cn/article/39/109011.html,最后访问时间:2018 年 6 月 1 日。

(4)石油类消费品。此类消费品仅有1个税目:成品油。本税目原包含汽油和柴油两个税目,自2006年起合并为成品油税目,并新增了航空煤油、石脑油等子税目。

2. 消费税的税率

消费税采用从价定率计税、从量定额计税和复合计税三种计税方式,其中涉及比例税率和定额税率两种形式。从总体上看,由于针对不同的税目或者子目适用不同的税率,因而与增值税相比,消费税的税率档次更多、也更为复杂。另外,纳税人兼营不同税率的应税消费品,应当分别核算不同税率应税消费品的销售额、销售数量。未分别核算销售额、销售数量的,或者将不同税率的应税消费品组成成套消费品销售的,从高适用税率。

现行消费税税目、税率列表如下:①

表5-3　消费税税目税率

税目	税率
一、烟 1. 卷烟 (1)甲类卷烟[调拨价70元(不含增值税)/条及以上] (2)乙类卷烟[调拨价70元(不含增值税)/条以下] (3)商业批发环节 2. 雪茄烟 3. 烟丝	 56%加0.003元/支(生产进口环节) 36%加0.003元/支(生产进口环节) 11%加0.005元/支(批发环节) 36%(生产进口环节) 30%(生产进口环节)
二、酒 1. 白酒 2. 黄酒 3. 啤酒 (1)甲类啤酒 (2)乙类啤酒 4. 其他酒	 20%加0.5元/500克(或者500毫升) 240元/吨 250元/吨 220元/吨 10%
三、高档化妆品	15%
四、贵重首饰及珠宝玉石 1. 金银首饰、铂金首饰和钻石及钻石饰品 2. 其他贵重首饰和珠宝玉石	 5%(零售环节) 10%(生产环节)
五、鞭炮、焰火	15%

① 根据我国现有规定整理,相关规定截至2018年6月,由于其内容变动频繁,仅供参考。

续表

税目	税率
六、成品油 1. 汽油 2. 柴油 3. 航空煤油 4. 石脑油 5. 溶剂油 6. 润滑油 7. 燃料油	 1.52 元/升 1.20 元/升 1.20 元/升 1.52 元/升 1.52 元/升 1.52 元/升 1.20 元/升
七、摩托车 1. 气缸容量在 250 毫升(含 250 毫升)的 2. 气缸容量在 250 毫升以上的	 3% 10%
八、小汽车 1. 乘用车 (1)气缸容量(排气量,下同)在 1.0 升(含 1.0 升)以下的 (2)气缸容量在 1.0 升以上至 1.5 升(含 1.5 升)的 (3)气缸容量在 1.5 升以上至 2.0 升(含 2.0 升)的 (4)气缸容量在 2.0 升以上至 2.5 升(含 2.5 升)的 (5)气缸容量在 2.5 升以上至 3.0 升(含 3.0 升)的 (6)气缸容量在 3.0 升以上至 4.0 升(含 4.0 升)的 (7)气缸容量在 4.0 升以上的 2. 中轻型商用客车 3. 超豪华小汽车(零售环节)	 1% 3% 5% 9% 12% 25% 40% 5% 10%
九、高尔夫球及球具	10%
十、高档手表	20%
十一、游艇	10%
十二、木制一次性筷子	5%
十三、实木地板	5%
十四、电池 (其中,无汞原电池、金属氢化物镍电池、锂原电池、锂离子蓄电池、太阳能电池、燃料电池和全钒液流电池)	4% (免征①)
十五、涂料	4%

① 其中无汞原电池等属免征,除列举之外的都征收 4%。

(三)消费税应纳税额的计算

1. 消费税应纳税额的一般计算方法

按照现行消费税法规定,消费税应纳税额的计算分为从价计征、从量计征和从价从量复合计征三种方法。

(1)从价定率计征法

适用比例税率的消费品,采用从价计征法。其应纳税额的计算取决于应税消费品的销售额和适用税率两个因素。基本公式为:

$$应纳税额 = 应税消费品的销售额 \times 适用税率$$

上述公式中的销售额为纳税人销售应税消费品向购买方收取的全部价款和价外费用,包括消费税本身但不包括收取的增值税税款。价外费用的范围同增值税法相关规定。

实行从价定率办法计算应纳税额的应税消费品连同包装销售的,无论包装是否单独计价,也不论在会计上如何核算,均应并入应税消费品的销售额中征收消费税。如果包装物不作价随同产品销售,而是收取押金,此项押金则不应并入应税消费品的销售额中征税。但对因逾期未收回的包装物不再退还的或者已收取的时间超过12个月的押金,应并入应税消费品的销售额,按照应税消费品的适用税率缴纳消费税。对既作价随同应税消费品销售,又另外收取押金的包装物的押金,凡纳税人在规定的期限内没有退还的,均应并入应税消费品的销售额,按照应税消费品的适用税率缴纳消费税。

应税消费品的销售额,不包括应向购货方收取的增值税税款。根据《消费税暂行条例实施细则》的规定,如果纳税人应税消费品的销售额中未扣除增值税税款或者因不得开具增值税专用发票而发生价款和增值税税款合并收取的,在计算消费税时,应将含增值税的销售额换算为不含增值税税款的销售额。其换算公式为:

$$应税消费品的销售额 = 含增值税的销售额 \div (1 + 增值税税率或征收率)$$

(2)从量定额计征法

适用定额税率的消费品,采用从量计征法。其应纳税额的计算取决于应税消费品的销售数量和单位税额两个因素。确定销售数量有若干具体规定,首先,销售应税消费品的,为应税消费品的销售数量;其次,自产自用应税消费品的,为应税消费品的移送使用数量;再次,委托加工应税消费品的,为纳税人收回的应税消费品数量;最后,进口应税消费品的,为海关核定的应税消费品进口征税数量。

从量定额的消费税计算基本公式为:

$$应纳税额 = 应税消费品的销售数量 \times 单位税额$$

(3)从价从量复合计征法

目前仅对于卷烟、白酒两类消费品,采用复合计征方法。基本公式为:

$$应纳税额 = 应税消费品的销售数量 \times 定额税率 + 应税消费品的销售额 \times 比例税率$$

生产销售卷烟、白酒从量计征的计税依据为实际销售数量。进口、委托加工、自产自用卷烟、白酒从量计征的计税依据分别为海关核定的进口征税数量、委托方收回数量、移送使用数量。

2. 消费税应纳税额的特殊计算方法

(1)自产自用应税消费品应纳税额的计算

所谓自产自用,就是纳税人生产应税消费品后,不是用于直接对外销售,而是自己用于连续生产应税消费品或用于其他方面。纳税人自产自用的应税消费品,用于连续生产应税消费品的不纳税;用于其他方面的(如生产非应税消费品、在建工程、馈赠、赞助等),按照纳税人生产的同类消费品的不含增值税的销售价格计算纳税。没有同类消费品销售价格的,按照组成计税价格计算纳税。组成计税价格的计算公式是:

实行从价定率办法计算纳税的组成计税价格计算公式:

$$组成计税价格 = (成本 + 利润) \div (1 - 比例税率)$$

$$也可以转写为组成计税价格 = 生产成本 \times (1 + 成本利润率) \div (1 - 比例税率)$$

实行复合计税办法计算纳税的组成计税价格计算公式:

$$组成计税价格 = (成本 + 利润 + 自产自用数量 \times 定额税率) \div (1 - 比例税率)$$

(2)委托加工应税消费品应纳税额的计算

委托加工的应税消费品是指由委托方提供原料和主要材料,受托方只收取加工费和代垫部分辅助加工材料的应税消费品。对于由受托方提供原材料生产的应税消费品,或者受托方先将原材料卖给委托方,然后再接受加工的应税消费品,以及由受托方以委托方名义购进原材料生产的应税消费品,无论纳税人在财务上是否作销售处理,都不得作为委托加工应税消费品,而应当按照销售自制应税消费品缴纳消费税。按照消费税法规定,委托加工的应税消费品,除受托方为个人外,由受托方在向委托方交货时代收代缴税款。

委托加工的应税消费品,按照受托方的同类消费品的销售价格计算纳税;没有同类消费品销售价格的，按照组成计税价格计算纳税。组成计税价格的计算公式为：

实行从价定率办法计算纳税的组成计税价格计算公式：

组成计税价格 =（材料成本 + 加工费）÷（1 - 比例税率）

实行复合计税办法计算纳税的组成计税价格计算公式：

组成计税价格 =（材料成本 + 加工费 + 委托加工数量 × 定额税率）÷（1 - 比例税率）

其中，材料成本是指委托方所提供加工材料的实际成本，加工费是指受托方加工应税消费品向委托方所收取的全部费用（包括代垫辅助材料的实际成本，不包括增值税税金）。

（3）进口应纳消费品应纳税额的计算

进口应税消费品，于报关进口时由海关代征进口环节的消费税。由进口人或者其代理人向报关地海关申报纳税，自海关填发海关进口消费税专用缴款书之日起 15 日内缴纳税款。

纳税人出口应税消费品，按照组成计税价格和规定的税率计算应纳税额。实行从量定额的方法计算应纳税额的，应以海关核定的应税消费品进口数量为计税依据计算应纳税额。组成计税价格的计算公式如下：

实行从价定率办法计算纳税的组成计税价格计算公式：

组成计税价格 =（关税完税价格 + 关税）÷（1 - 消费税比例税率）

实行复合计税办法计算税额的组成计税价格计算公式：

组成计税价格 =（关税完税价格 + 关税 + 进口数量 × 消费税定额税率）÷（1 - 消费税比例税率）

（4）其他特殊情形下应纳税额的计算

为了避免重复征税，现行消费税规定，将外购应税消费品和委托加工收回的应税消费品生产应税消费品销售的，可以将外购应税消费品和委托加工收回应税消费品已缴纳的消费税给予扣除。

纳税人用于换取生产资料和消费资料，投资入股和抵偿债务等方面的应税消费品，应当以纳税人同类应税消费品的最高销售价格作为计税依据计算消费税。纳税人通过自设非独立核算门市部销售的自产应税消费品，应当按照门市部对外销售额或者销售数量征收消费税。

三、消费税的征收管理

(一)消费税出口退税的计算

对纳税人出口应税消费品,免征消费税;国务院另有规定的除外。分不同情形采取出口免税并退税、出口免税但不退税、出口不免税也不退税三种方式。

(二)消费税的纳税环节

消费税多数情况下具有单一环节征税的特点,而生产应税消费品销售是消费税征收的主要环节,对于大多数应税消费品而言,在生产销售环节征税以后,流通环节不用再缴纳消费税。具体包括以下几种情形:

1. 纳税人生产的应税消费品,于纳税人销售时纳税。

2. 纳税人自产自用的应税消费品,用于连续生产应税消费品的,不纳税;用于其他方面的,于移送使用时纳税。

3. 委托加工的应税消费品,除受托方为个人外,由受托方在向委托方交货时代收代缴税款。委托加工的应税消费品,委托方用于连续生产应税消费品的,所纳税款准予按规定抵扣。

4. 进口的应税消费品,于报关进口时纳税。

5. 卷烟除了在生产销售环节征收消费税外,还在批发环节征收一次。纳税人销售给纳税人以外的单位和个人的卷烟于销售时纳税。纳税人之间销售的卷烟不缴纳消费税。

6. 零售环节征收消费税的金银首饰限于金基、银基合金首饰以及金、银和金基、银基合金的镶嵌首饰,在纳税人销售金银首饰、钻石及钻石饰品时征收。

(三)消费税的纳税义务发生时间

消费税纳税义务发生的时间,以货款结算方式或行为发生时间分别确定。

1. 纳税人销售的应税消费品,其纳税义务的发生时间为:(1)纳税人采取赊销和分期收款结算方式的,为书面合同约定的收款日期的当天,书面合同没有约定收款日期或者无书面合同的,为发出应税消费品的当天。(2)纳税人采取预收货款结算方式的,其纳税义务的发生时间,为发出应税消费品的当天。(3)纳税人采取托收承付和委托银行收款方式销售的应税消费品,其纳税义务的发生时间,为发出应税消费品并办妥托收手续的当天。(4)纳税人采取其他结算方式的,其纳税义务的发生时间,为收讫销售款或者取得索取销售款凭据的当天。

2. 纳税人自产自用的应税消费品,纳税义务的发生时间为移送使用的当天。

3. 纳税人委托加工的应税消费品,纳税义务的发生时间为纳税人提货当天。

4. 纳税人进口的应税消费品,纳税义务的发生时间为报关进口的当天。

(四)消费税的纳税期限

按照《消费税暂行条例》规定,消费税的纳税期限分别为 1 日、3 日、5 日、10 日、15

日、1 个月或者 1 个季度。纳税人的具体纳税斯限，由主管税务机关根据纳税人应纳税额的大小分别核定；不能按照固定期限纳税的，可以按次纳税。

纳税人以 1 个月或以 1 个季度为一期纳税的，自期满之日起 15 日内申报纳税；以 1 日、3 日、5 日、10 日或者 15 日为一期纳税的，自期满之日起 5 日内预缴税款，于次月 1 日起至 15 日内申报纳税并结清上月应纳税款。

纳税人进口应税消费品，应当自海关填发海关进口消费税专用缴款书之日起 15 日内缴纳税款。

（五）消费税的纳税地点

国内消费税由税务机关征收，进口应税消费品的消费税由海关代征。

有关消费税的纳税地点，具体规定如下：

1. 纳税人销售的应税消费品，以及自产自用的应税消费品，除国务院财政、税务主管部门另有规定外，应当向纳税人机构所在地或者居住地的主管税务机关申报纳税。

2. 委托加工的应税消费品，除受托方为个人外，由受托方向机构所在地或者居住地的主管税务机关解缴消费税税款。

3. 进口的应税消费品，由进口人或者其代理人向报关地海关申报纳税。

4. 纳税人到外县（市）销售或者委托外县（市）代销自产应税消费品的，于应税消费品销售后，向机构所在地或者居住地主管税务机关申报纳税。

四、我国消费税法存在的问题及其完善

当前，消费税制度存在的最大问题是宏观调控效果不显著，其根源于增值税法设置的征税范围不合理。消费税属于“非中性”的税收，意即其对特定商品进行选择性征收，直接目的即是引导消费行为。但我国消费税的调节效果仍不够显著，经济调控职能的发挥尚不充分。这可能是由于流转税的隐蔽性，导致消费税的调节作用没有直接税显著，同时，也可能是因为部分应税消费品的价格弹性较小，从而使消费者对消费税不敏感，等等。但是，消费税的征税范围偏小，税基相对狭窄，税率、征税环节的调整跟不上经济发展与时代进步，才应当是消费税宏观调控效果不显著的根本原因。具体而言，表现为现行的应税消费品已经同社会的实际发展相脱节，某些货物已经从较高档的消费品普及为生活必需品，若仍在税法上将其认定为限制消费的奢侈品，那么在理论上难以自圆其说的同时，实际上也增加了消费者的税收负担。

针对上述问题，党的十八届三中全会提出我国消费税改革的任务是“调整消费税的征税范围、环节和税率，把高污染高耗能产品，及部分高档消费品纳入征收范围”；“十三五”规划再次强调消费税改革的目标为完善消费税制度。无论从完善流转税体系的角度，抑或强化消费税的宏观调控功能，再或消费税成为后“营改增”时期地方主体税种的角度出发，都决定了消费税改革亟须对应税消费品的范围进行调整，我国未来将从有限型消费税向中间型消费税转变。

消费税征税范围的调整应当坚持“动态调整”与“相对稳定”相结合的原则，并以法

律的方式加以明确。消费税征税范围的调整和扩充,必须充分考虑国家产业政策、消费政策和消费引导方向,同时也需要综合考虑税负水平、消费者经济能力以及心理承受能力,从而更好地发挥消费税调节收入分配的作用。比如,将高档家具、高档保健品等需要限制的货物纳入征收范围;同时可以考虑扩大消费税的征收范围,对高档会所、桑拿按摩、游艺娱乐等奢侈服务征收消费税。

第四节 关 税 法

一、关税与关税制度概述

(一)关税的概念

关税(Custom/Tariff Duty①)是以进出关境的货物或物品的流转额为计税依据征收的流转税。所谓关境又称“关税领域”或者“海关境域”,是指全面实施《海关法》的领域。通常情况下,某国关境与国境是一致的,通常包括国家全部的领土、领海和领空。但当某个国家在国境内设立了自由港、自由贸易区、保税区等,这些区域就进出口关境而言处于关境之外。此时关境的范围小于国境,如根据我国《香港特别行政区基本法》和《澳门特别行政区基本法》,香港特区和澳门特区保持自由港的地位,属于我国的单独关税地区,不完全适用我国《海关法》及有关法律、法规,实施单独海关管理制度。而当几个国家结成关税同盟,实施相同的关税法令并适用统一的对外税则时,这些国家的关境便大于国境。典型例子如欧盟即属于关税同盟,成员国家间货物进出国境不征收关税,只对来自或者运往关税同盟以外的货物,在进出共同关境时征收关税。

(二)关税的特点

关税是相对独立的流转税种,与其他国内流转税相比其具有以下特点:

首先,关税的课税环节是进出口环节。关税只对进出关境的货物进行单环节课征,譬如进口货物在边境口岸征收进口关税后,在国内流通的任何环节均不再征收关税。

其次,关税的计税依据是关税的完税价格。完税价格是关税法中的特有概念,其确定与货物的到岸价格或者离岸价格有关。当到岸价格或者离岸价格无法确定时,则由海关核定价格。

再次,关税具有较强的政策性,是国家执行对外经济政策的工具。对进出口货物征

---

① 英文中“关税”有两个并行的表达即“Custom”和“Tariff”,它们标志着关税的两个不同来源。“Custom”可以理解为“客商税”,古代欧洲封建领主对过往其领域的客商征收客商税,客商缴纳了该种捐税后可免遭领主及强盗的武装抢劫。“Tariff”可以理解为“关卡税”,指古代欧洲地中海西部某个被海盗盘踞的港口 Tariff,商船需要向海盗缴纳该笔税费后方可免遭抢劫。后来上述两种捐税在语言演变中不作区别,成为关境内市场交易的入市税统称。

收关税影响贸易双方的经济利益，以及国家和地区政府的财政收入，在处理国际关系时，关税通常会被作为国家争取经济权利的工具和贯彻决策层对外政策的手段，往往成为国际经济贸易谈判的重要内容。故而关税具有很强的政策性，尽管其他流转税也与政策联系紧密，但关税的这个特点更为突出。该种特点主要通过制定高低不同的税率、关税的减免以及征收反倾销、反补贴等特别关税实现。

最后，关税由海关专门负责征收。国内其他税种通常由税务机关负责征管，而关税在各国通常由海关专门负责征收，我国便是在海关总署及其领导下的各地方口岸海关负责征收。

（三）关税的种类

根据不同的标准，学理上可以将关税划分为不同的种类。

1. 根据征税对象的流向，关税可以分为进口关税、出口关税和过境关税

进口关税是对进入关境的货物或物品征收的关税，目前，世界各国征收的关税通常指的是进口关税，征收进口关税可以起到保护国内产业以及筹措财政收入的作用。出口关税是对运出关境的货物或物品征收的关税，为了提升本国商品的竞争力同时鼓励出口，世界各国通常只对少数货物及物品的出口征收出口关税，旨在保护本国的某些重要资源或者限制某些商品的输出，部分国家甚至废除了出口关税。过境关税是对通过本国关境的货物或物品征收的关税，过境关税的征收主要目的是筹措财政收入，由于其负面影响较大，当今世界各国通常不再征收。

2. 根据征税目的的不同，关税可以分为财政关税、保护关税和混合关税

财政关税又称为收入关税，是以增加财政收入为税收课征目的的关税，其显著特点是税率较低，这样能够鼓励进口，从而达到增加税收收入的目的。财政关税在早期比较普遍，财政关税在当今国家财政收入中的地位已经日趋下降，目前仅有少数国家仍在征收财政关税。所谓保护关税，是以保护本国工农业以及科学技术发展为征收目的的关税，其主要特点便是税率较高，通常会根据行业区分为工业保护关税以及农业保护关税。保护关税可以削弱进口商品在本国市场上的竞争力，以实现保护本国民族经济的目的，但反过来说，保护关税亦是关税壁垒的重要内容，随着关税减让的逐步推进，保护关税的影响及作用将会逐渐削弱。混合关税即兼有财政目的和保护本国经济发展目的的关税。

3. 根据计税依据不同，关税可以分为从价关税、从量关税、复合关税、选择关税、滑动关税、指数关税、季节关税和差价关税等

所谓从价关税，是以进出口货物或物品的价格为计税依据的关税。所谓的从量关税，是以货物的计量单位，即重量、数量、长度、体积等为计税依据的关税。复合关税，是指对货物同时采取从价和从量两种计税依据的关税，此种关税尽管计征复杂，但是在物价上下波动时可以减少对税负和财政收入的影响。选择关税，是对同一税目的货物同时规定从价或从量两种税率，由海关在征收时加以选择的关税。所谓滑动关税又称

“滑准税”或者“伸缩关税”，是对相同税目的货物规定其价格的上下限，按照国内货物价格涨落情况，分别采取几种不同的税率的关税。当进口货物的价格高于规定上限时，采取较低关税税率；反之则采取较高税率；在价格幅度以内，则按原定税率征税。指数关税是以进口商品在市场上的价格指数的倍数为计税依据的关税。季节关税是指根据进口季节的不同而适用不同税率的关税，譬如在本国同类型产品上市的季节就对进口的货物征收较高关税；反之在非上市季节就征收较低的关税。差价关税是指以进口货物价格与该货物的限价差额作为计税依据的关税。

4. 根据税率不同，关税可以分为普通关税、优惠关税和差别关税

所谓普通关税又称为一般关税，是指某个国家与本国没有签署贸易协定、经济互助协定等协定的国家和地区按普通税率征收的关税。

优惠关税是指来自某些特定的受惠国的进口货物，使用比普通税率低的优惠税率征收的关税。优惠关税主要包括：(1)最惠国优惠关税，是指在贸易互惠协议或国际条约中如果适用最惠国待遇条款，则相互给予最惠关税待遇，这是目前普遍适用的优惠关税。值得注意的是，优惠税率是相对于一般关税税率而言的，最惠国待遇通常并非最优惠的关税税率，在最惠国待遇外还有更低的税率。(2)普遍优惠制关税，是指发达国家对发展中国家或地区输入的商品，特别是制成品和半制成品，普遍给予优惠的关税制度。普惠关税有普遍性、非歧视性和非互惠性三项基本原则。(3)特惠关税，指本国对某个国家或某些国家的进口商品基于特定优惠关税待遇，其他国家不得享受的关税。

差别关税是指某国对同类进口商品，采用不同税率征收的关税，主要包括：(1)加重关税，又称为歧视性关税，实质国家为了达到某种特定目的，在征收一般进口关税外又加征的临时进口附加税。典型的加重关税有国籍加重税和间接输入货物加重税。(2)反倾销关税，是指对外国以地价向本国倾销的进口货物按较高的税率附加征收的关税。(3)反补贴关税，是指进口国对直接或间接接受出口津贴或补贴的外国货物在进口到本国时所征收的关税。(4)报复关税，是指进口国在他国对本国输出的货物有歧视或者不利待遇时，对该国输入的货物予以报复，而加重征收的关税。

5. 根据制定关税法的独立性不同，关税可以分为自主关税和协定关税

自主关税是指本国基于主权，独立自主制定关税法并据此课征的关税。而协定关税是指两个或若干个国家间通过缔结关税贸易协定而制定并据以征收的关税，其包括在平等互利基础上形成的自主协定关税和依据不平等条约产生的片面协定关税。通常而言，协定关税的税率低于自主关税的税率。

当前，最惠国关税税率适用于原产于与我国共同适用最惠国待遇条款的 WTO 成员或地区的进口货物；或原产于与我国签订有相互给予最惠国待遇条款的双边贸易协定的国家或地区进口的货物，以及原产于我国境内的进口货物。协定关税税率适用原产于我国参加的含有关税优惠条款的区域性贸易协定有关缔约方的进口货物。特惠税率适用于原产于与我国签订有特殊优惠关税协定的国家或地区的进口货物。普通税率

适用于原产于上述国家或地区以外的其他国家或地区的进口货物。

（四）关税的作用

1. 保护作用

对进出口货物征收关税似乎只是与对外贸易联系的税收问题，实则本国采取何种关税政策关系到国与国之间的主权和经济利益。关税发展到今天已经成为各主权国家及其政府维护本国经济政治利益，乃至进行国际经济斗争（通常所说的“贸易战”）的重要工具。主权国家通过采取相关的关税措施，限制外国产品进口、鼓励本国产品出口，从而达到保护国内相关产业发展的目的。

2. 促进作用

某个国家采取何种关税政策，是使用自由贸易策略抑或采用保护性关税策略，取决于该国的经济发展水平、产业结构状况、市场化水平、国际贸易收支等构成的国际竞争力，该国家通过有差别的关税政策，能够直接推动特定产业或产品的生产进口。尽管关税减让符合经济全球化趋势以及 WTO 的普遍规则框架，但由于发达国家客观上借助关税手段压制发展中国家的产业发展，使保护性的关税政策目前仍有存在的现实必要。

3. 调节作用

关税是国家的重要经济杠杆，通过税率的高低和关税的减免，可以通过影响进出口的规模，进而调控国民经济活动。譬如通过调整关税税率，调节出口产品及其生产企业的利润水平，有意识地引导各类产品的生产，调节进出口商品的数量及其结构，可以促进国内市场商品的供需平衡，保护国内市场的物价稳定等。故而，关税可以发挥调节生产、流通、消费、外贸的作用，从而实现国家对经济的限度干预。

4. 收入手段

通过对包括我国在内的世界大多数国家，尤其是发达国家的税收收入结构进行分析，关税收入在国家财政收入所占的比重不大，并且有逐渐下降的趋势。但当前仍存在部分发展中国家，由于国民经济主要依赖某种或某几种初级资源产品出口，国内工业不发达导致工商税源有限，所需消费品主要依赖进口的国家，征收进出口关税仍然是该种国家获取财政收入的重要手段。

（五）关税法历史沿革与关税税则

关税法是指国家制定的用以调整关税的征税机关以及纳税人之间，在关税的征纳过程中形成的权利义务关系以及征收管理关系的法律规范总称。我国现行的关税法主要有 2017 年修正后的《海关法》第五章“关税”，2017 年修订的《进出口关税条例》、《海关进出口税则》、《关于入境旅客行李物品和个人邮递物品征收进口税办法》以及《关于跨境电子商务零售进口税收政策的通知》（财关税〔2016〕18 号）中有关关税的部分，等等。

鸦片战争以来，我国的海关机构被长期把持在以罗伯特·赫德为典型的外国势力手中。中华人民共和国成立后废除了旧的关税制度，成立了海关总署以领导全国海关机构和海关业务,由其代表共和国执行海关业务的监督管理、征收关税、查禁走私、保护国家的主权以及经贸利益。为了根本上改革旧的关税制度,国家在1950年1月颁布了《关于关税政策和海关工作的决定》,随后在1951年5月又颁布了《暂行海关法》和《海关进出口税则》,从而形成了关税的基本规范,并使我国关税制度逐步走上了正常轨道,我国完全独立的保护性关税制度,以及规范的海关管理制度也建立起来了,直到改革开放后才有了较大的变动。

为了落实经济体制改革以及对外开放政策,我国于1985年全面改革关税制度。该次关税税制改革颁布了《进出口关税条例》,并重新修改发布了《进出口关税税则》,较大范围地调整了关税税率;系统规定了关税的重大政策、基本制度;明确规定了纳税人的权利义务等,同时完善了关税税则的结构。1987年我国正式颁布《海关法》,同时规定国务院成立关税税则委员会,修改关税条例并完善完税价格,以及增加纳税人的申诉程序等内容。1992年对关税税则以国际通用的商品名称及编码协调制定的目录为蓝本进行转换。2001年为配合WTO规则,我国对《海关法》进行了修订,同时对旧的法律法规进行集中清理,明确了进出口货物的原产地确定规则,合理调整了确定完税价格的基础,海关法采用国际通行的海关估价准则,明确规定进出口货物的完税价格以货物的成交价格为基础;成交价格不确定时,完税价格由海关估定。2004年实施新的《进出口关税条例》和《海关进出口税则》,明确了最惠国税率、协定税率、特惠税率、普通税率等,以及关税税率的适用原则和国别范围,增加了暂定税率和关税配额税率的适用规定。此后,《海关法》分别于2013年两度修订,2016年和2017年也进行了修订,其中2017年同时修订了《进出口关税条例》。

关税法的核心规范是关税税则。关税税则又称为海关税则,是指本国政府根据关税政策以及经济政策,通过立法程序制定、审议并公布实施的应税进出口货物和物品的关税税率表,关税税则是关税法中非常重要的概念。关税税则以税率表为主题,通常还包括实施税则的法令、使用税则的有关说明和附录等,其既是我国海关据以征收关税的法律依据,也是我国关税政策的具体体现。关税税则有不同的分类:

根据相同税目税率设置的不同,关税税则可以分为单一税则和复式税则。所谓单一税则即是对相同税目只设置一个税率,对来自各国的同类商品均同意适用相同关税税率的制度,其主要适用于国家贸易不发达时期。复式税则,是指对相同税目设置多个税率,对来自不同国家的同类商品适用差别税率的制度。复式税则的税率可以分为二重税则制和三重税则制。二重税则制是将关税税率分为最低税率与最高税率,或分为优惠税率与普通税率的复式税则。三重税则制可以分为三种税率,即最高税率、中间税率和最低税率,其中,最高税率又称普通税率,适用于没有相互签订优惠贸易协定的国家的商品;中间税率介于最低税率和最高税率之间,适用于相互提供关税最惠国待遇的国家,以及享受普惠制待遇的发展中国家的商品;最低税率又称为特惠税率,适用于相互提供关税特惠待遇的国家的商品。

(六)关税壁垒与非关税壁垒

1. 关税壁垒

所谓关税壁垒,是指用征收高额进口关税和各种附加关税,如征收反倾销税和反补贴税构筑屏障的方式,意图阻止或限制外国商品输入本国的税收措施。国际上贸易保护主义影响甚广,关税壁垒问题一直是自由贸易的重大阻碍。近年来通过相关国际组织以及缔约各方的不懈努力,关税减让逐渐成为国际贸易的主流,世界关税总水平已经显著降低,关税壁垒问题已经在较大程度上得到解决,抑或存在常态化的协调对话渠道。此时,非关税壁垒问题的出现又引起了广泛的关注。

2. 非关税壁垒

所谓非关税壁垒,是指为了阻止或限制外国商品输入本国,而运用关税以外的其他手段,直接或间接地构筑贸易屏障。这些措施主要包括:(1)进口配额制度,即对某些进口商品分配数量指标,超过规定限额的商品不得进口;(2)进口许可证制度,即进口人要进口某些商品必须先向政府主管部门申请许可证,否则不得进口;(3)外汇管理制度,即对进口商品所需的外汇加以严格限制,从而通过限制支付手段限制商品进口;(4)卫生安全和技术标准限制,即通过严格的卫生安全和技术标准,凡无法达到的禁止进口。

关税壁垒和非关税壁垒的存在具有两面性。在21世纪复杂的对外经济贸易形势下,发达国家运用关税壁垒或非关税壁垒,可以保证国内垄断资本获取超额利润,并迫使其他国家就关税和外贸问题作出妥协;发展中国家也需要运用关税壁垒和非关税壁垒,抵制别国低价物品的倾销,从而保护民族工业的发展。但必须承认,过度依赖关税及非关税壁垒的保护性产业政策,往往会对产业发展产生反作用,其往往反而令产业失去国际竞争力,助长经济上不思进取、效率低下的风气。因此,各国必须加强关税领域的国际合作,建立相关的国家组织,逐步消除两种壁垒,从而真正推动经济贸易的全球化。

(七)关税国际组织

当前关税领域内的国际组织主要有世界海关组织、关税同盟、世界贸易组织等,它们对消解关税壁垒以及非关税壁垒,促进世界贸易的发展,作出了不同程度的贡献,现简单介绍如下:

1. 世界海关组织

世界海关组织的前身是1950年成立的海关合作理事会,其宗旨是协调和统一各成员关税制度,研究各国(地区)关税立法,并为各国(地区)完善其关税制度提供建议及依据,以协调和解决各成员遇到的问题。

2. 关税同盟

关税同盟是指数个国家之间缔结协定,取消原各国关税并建立统一关境,实行统一对外税率,彼此间贸易免征关税,而只对同盟外国家的商品征税。关税同盟的目的在于,为结盟国家提供共同的、广泛的商品市场,从而排除其他国家的商品进口。譬如"脱欧"公投生效后的英国,在到2020年的过渡期间内,仍然保留欧洲关税同盟的成员身份。

3. 世界贸易组织

世界贸易组织简称WTO,其前身是1947年在日内瓦签订的《关税及贸易总协定》(General Agreement on Tariffs and Trade,GATT),作为第二次世界大战后支撑世界经济的三大支柱,GATT在削减关税与非关税壁垒,协调成员关税与贸易制度建设,以及促进国际投资贸易自由化方面起到了巨大的作用,被誉为"经济联合国"。1995年以GATT为基础建立的WTO取代了GATT的职能,作为当今规范国际贸易规则的多边经济组织,WTO在公平贸易的原则上主张关税减让,要求缔约方约定特定项目的关税,同时保证在实践中不征收超出约定关税部分的关税或类似费用,从而降低外国(地区)产品进入本国(地区)市场的关税门槛。在WTO及其成员的不断努力下,发达国家(地区)与发展中国家(地区)关税水平的差距越来越小。

(八)保税制度

保税制度,是指海关对特定进口货物暂不征收进口关税而保留征税权力,指定存放场所并加以监管的管理制度。所谓特定进口货物,是指经过海关批准未办理纳税手续进境,在境内储存、加工、装配之后复运出境的保税货物。保税制度是关税制度的重要组成部分,也是简化手续、便利通关、促进外贸发展的海关制度。我国海关于1981年制定并发布了《海关对保税货物和保税仓库监管暂行办法》,先后建立了保税仓库、保税工厂和保税区。

保税的作用在于使企业简化进出口手续,减少因先缴纳关税而造成的资金占用以及利息支出,从而降低产品出口成本。保税制度有多种表现方式,除上述保税仓库、保税工厂和保税区以外,实践中还有保税集团等形式。必须强调的是,保税并不等于免税,保税货物属于海关监管货物。未经海关批准,任何单位和个人均不得擅自出售、转让或将保税货物移作他用。2018年7月1日,修正后的《海关对保税物流园区的管理办法》《海关保税港区管理暂行办法》《海关对保税仓库及所存货物的管理规定》《海关保税核查办法》等诸多与保税制度有关的部门规章付诸实施。

二、我国关税法的主要内容

(一)关税的纳税主体

进口货物的收货人、出口货物的发货人、进出境物品的所有人是关税的纳税义务人。与增值税不同的是,进出口货物的收、发货人是依法取得对外贸易经营权,并进口或出口货物的法人或者其他社会团体。进出境物品的所有人包括该物品的所有人和推定为所有人的人。通常对携带进境的物品,推定其携带人为所有人;对分离运输的行李,推定对应的进出境旅客为所有人;对以邮寄方式进境的物品,推定其收件人为所有人;以邮递或其他运输方式出境的物品,推定其寄件人或托运人为所有人。

(二)关税的征税范围

关税的征税范围包括准许进出境的货物和物品。货物的内涵同增值税法,即包含电热气在内的供贸易的有形动产等商品。物品则是指入境人员随身携带的行李物品、个人邮递物品、各种运输工具上的服务人员携带进口的自用物品、馈赠物品以及以其他方式进境的个人非贸易性商品。

(三)关税的税目

我国进出口货物或物品的税目,其具体内容由关税税则确定。

我国现行关税税则包括《进出口关税条例》《税率适用说明》《海关进出口税则》及《进出口商品从量税、复合税、滑准税税目税率表》《进口商品关税配额税目税率表》《非全税目进口商品税则暂定税率表》《出口商品税则暂定税率表》《非全税目信息技术产品税率表》等附录。从海关总署官网上获知,截至2016年,我国关税税则所规定的税目涵盖1355类货物,总数增加到8294条。

(四)关税的税率

1. 进口关税税率

在我国加入WTO以前,我国进口税则设有两栏税率,即普通税率和优惠税率。对原产于与我国未定有关税互惠协议的国家或地区的进口货物,按照普通税率征税;对原产于与我国定有关税互惠协议的国家或地区的进口货物,按照优惠税率征税。我国加入WTO之后,为了享有WTO成员应有的权利,我国履行"入世"关税减让谈判中的有关承诺,自2002年起,我国进口税则适用最惠国税率、协定税率、特惠税率、普通税率、关税配额税率等税率;对进口货物在一定期限内可以实行暂定税率。按照普通税率征收进口关税的货物,经国务院关税税则委员会特别批准,可以使用最惠国税率;适用最惠国税率、协定税率、特惠税率的国家或者地区名单,由国务院关税税则委员会决定,报国务院批准后执行。

根据经济发展的现实需要,国家对部分进口原材料、零部件、农药原药和中间体、乐器及生产设备实行暂定税率。《进出口关税条例》规定,适用最惠国税率的进口货物有暂定税率的,应当适用暂定税率;适用特惠税率、协定税率的进口货物有暂定税率的,应当从低适用税率;使用普通税率的进口货物则不适用暂定税率。同时,国家对部分农产品和化肥产品实行关税配额,即一定数量内的上述进口商品适用税率较低的配额内税率,超过配额数量的进口商品适用税率较高的配额外税率。现行税则对700多个税目进口商品实行了暂定税率,对小麦、玉米等7种农产品和尿素等3种化肥产品实行关税配额管理。

2. 出口关税税率

我国出口关税为一栏税率,即出口税率。国家主要对少数资源以及需要规范出口的半制成品征收出口关税。现行税则对100多种商品,如部分有色金属矿砂及其精砂计征出口关税,同时对部分商品实行0~25%的暂定税率,此外,根据需要对其他200

多种商品征收暂定税率,该出口暂定税率优先适用于出口税则中所规定的出口税率。

3. 特别关税

特别关税包括报复性关税、反倾销税与反补贴税、保障性关税。征收特别关税的货物、适用国别、税率、期限和征收办法,由国务院关税税则委员会决定,海关总署负责实施。

4. 税率的运用

进出口货物应当依照税则规定的归类原则归入合适的税号,然后按照该税号对应的税率征税。由于关税的税率可能会经常调整,因而必须明确具体适用何时的关税税率。根据《进出口关税条例》和《进出口货物征税管理办法》对税率的适用的详细规定:

(1)进出口货物应当适用海关接收该货物申报进口或者出口之日实施的税率。

(2)进口货物到达前,经海关核准先行申报的,应当适用装载该货物的运输工具申报进境之日实施的税率。

(3)进口转关运输货物,应当适用指运地海关接受该货物申报进口之日实施的税率;货物运抵指运地前,经海关核准先行申报的,应当适用转载该货物的运输工具抵达指运地之日实施的税率。

(4)出口转关运输货物,应当适用启运地海关接受该货物申报出口之日实施的税率。

(5)经海关批准,实行集中申报的进出口货物,应当适用每次货物进出口海关接受该货物申报之日实施的税率。

(6)因超过规定期限未申报而由海关依法变卖的进口货物,其税款计征应当适用装载该货物的运输工具申报进境之日实施的税率。

(7)因纳税义务人违反规定需要追征税款的进出口货物,应当适用违反规定的行为发生之日实施的税率;行为发生之日不能确定的,适用海关发现该行为之日实施的税率。

(8)已申报进境并放行的保税货物、减免税货物、租赁货物或者已申报进出境并放行的暂时进出境货物,有下列情形之一需要缴纳税款的,应当适用海关接收纳税义务人再次填写报关单申报办理纳税及有关手续之日实施的税率:首先是保税货物经批准不复运出境的;然后是保税仓储货物转入国内市场销售的;减免税货物经批准转让或移作他用的;可暂不缴纳税款的暂时进出境货物,经批准不复运出境或者进境的;租赁进口货物,分期缴纳税款的。

(9)补征和退还进出口货物关税,应当按照前述规定确定适用的税率。

(五)关税完税价格与应纳税额的确定

1. 关税的原产地规定

由于关税具有显著的选择性,产自不同国家或地区的进口货物所适用的关税税率不同,故首先应当识别进境货物的原产国,才便于正确适用进口税则的各栏关税税率。

我国识别原产地规定基本上采用“全部产地生产标准”“实质性加工标准”两种国际通用的原产地规定。

(1)全部产地生产标准

全部产地生产标准是指进口货物“完全在一国内生产或制造”,生产国或制造国即为该货物的原产国。完全在一国生产或制造的进口货物包括在该国领土或领海内开采的矿产品等,以及完全使用国内生产或制造产品加工成的制成品。

(2)实质性加工原则

实质性加工标准是适用于确定有两个或两个以上国家参与生产的产品的原产国的标准。实质性加工标准的基本含义是,经过几个国家加工、制造的进口货物,以最后一个对货物进行经济上可以视为实质性加工的国家作为有关货物的原产国。“实质性加工”是指产品加工后,在进出口税则中四位税号以及税则归类已经有了改变,或者加工增值部分所占新产品总值的比例已超过30%及以上的。

(3)其他

对机器、仪器或车辆所用零件、部件、配件等,如与主件同时进口且数量合理的,其原产地按主件的原产地确定,分别进口的则按各自的原产地确定。

2. 关税完税价格

我国对关税的计征主要采取从价计征的办法,即以商品的价格为标准征收关税,因此,完税价格的确定也是计算关税的前提。所谓完税价格,是指由海关确定或估定的纳税人用以缴纳关税税款的货物或物品的价格,进出口货物的完税价格,由海关以该进口货物的成交价格为基础审查;成交价格不确定时,完税价格由海关依法估定。我国加入WTO后,我国海关已经全面实施《世界贸易组织估价协定》,并依据2014年2月实施的《海关审定进出口货物完税价格办法》,遵循客观、公平、统一的估价原则,审定进出口货物的完税价格。

(1)进口货物的完税价格

根据《海关法》的规定,进出口货物的完税价格,包括货物的货价、货物运抵我国境内输入地点起卸前的运输以及相关费用、保险费,即货物的CIF价格。确定进口货物的完税价格大致可以划分为两类方法:一类是以进口货物的成交价格为基础进行调整,从而确定进口货物完税价格的估价方法,简称成交价格估价方法;另一类则是在进口货物的成交价格不符合规定条件,或者成交价格不能确定的情况下,海关用以审查确定进口货物完税价格的估价方法,简称海关估价方法。

所谓的进口货物成交价格,是指卖方向我国境内销售该货物时,买方为进口该货物向卖方实付或应付的,并且按照《海关审定进出口货物完税价格办法》有关规定调整后的价款总额,包括直接支付的价款和间接支付的价款。

假若进口货物的成交价格不符合规定的成交价格估价方法条件,或者成交价格不能确定的,海关经了解情况后,并且与纳税义务人进行价格磋商后,一次以相同货物成交价格估价方法、类似货物成交价格估价方法、倒扣价格估价方法、计算价格估价方法及其他合理方法审查确定该货物的完税价格。纳税义务人向海关提供有关资料后,可以提出颠倒倒扣价格估价方法和计算价格估价方法的适用次序。

相同货物成交价格估价方法,是指海关以与进口货物同时或者大约同时向我国境内销售的相同货物的成交价格为基础,审查确定进口货物的完税价格的估价方法。

类似货物成交价格估价方法,是指海关以与进口货物同时或大约同时向我国境内销售的类似货物的成交价格为基础,审查确定进口货物的完税价格的估价方法。

倒扣价格估价方法,是指海关以进口货物、相同或者相似进口货物在境内的销售价格为基础,扣除境内发生的有关费用后,审查确定进口货物完税价格的估价方法。

计算价格估价方法,是指海关以生产该货物所使用的料件成本和加工费用;向境内销售同等级或者同种类货物通常的利润和一半费用,包括直接费用和间接费用;该货物运抵境内输入地点起卸前的运输、保险及相关费用等的总和为基础,审查确定进口货物完税价格的估价方法。

其他合理方法是指海关在不能根据成交价格估价方法、相同货物成交价格估价方法、类似货物成交价格估价方法、倒扣价格估价方法以及计算价格估计方法确定完税价格时,海关遵循客观、公平、统一的原则,以量化的客观数据资料为基础审查确定进口货物完税价格的估价方法。

(2)出口货物的完税价格

首先是以成交价格为基础的完税价格。出口货物完税价格的取得类似于进口货物完税价格的取得,由海关以该货物的成交价格为基础审查确定,并且应当包括货物运至我国境内输出地点装载后的运输及其相关费用。出口货物的成交价格是指该货物出口销售时,卖方为出口该货物应当向买方直接或间接收取的价款总额,但出口关税以及在货物价款中单独列明的货物运至我国境内输出地点装载后的运输及其相关费用、保险费不应包括在出口货物的成交价格当中。

而在不能确定出口货物的成交价格时,海关以与进口货物相同的估价方法及顺序,经与纳税义务人进行价格磋商后,审查并确定该货物的完税价格。

3. 应纳税额的计算

(1)从价关税应纳税额的计算:

$$\text{关税税额} = \text{应税进(出)口货物数量} \times \text{单位完税价格} \times \text{税率}$$

(2)从量关税应纳税额的计算:

$$\text{关税税额} = \text{应税进(出)口货物数量} \times \text{单位货物税额}$$

(3)复合关税应纳税额的计算：

关税税额 = 应税进(出)口货物数量 × 单位完税价格 × 税率
+ 应税进(出)口货物数量 × 单位货物税额

(4)滑准关税应纳税额的计算：

关税税额 = 应税进(出)口货物数量 × 单位完税价格 × 滑准税税率

(六)关税减免规定

关税减免是对某些纳税人和纳税给予激励的特殊调控手段,也是贯彻国家关税政策的重要措施,其分为法定减免税、特定减免税和临时减免税。根据《海关法》的规定,除法定减免税外的其他减免税均由国务院决定。

1. 法定减免税

法定减免税是税法明确列举的减税或免税。符合税法规定的减免税条件的进出口货物,纳税义务人无须提出申请,海关可按规定直接予以减免税。

《海关法》和《进出口关税条例》明确规定,下列货物、物品予以减免关税：

(1)关税税额在人民币 50 元以下的一票货物,可免征关税；

(2)无商业价值的广告品和货样,可免征关税；

(3)外国政府、国际组织无偿赠送的物资,可免征关税；

(4)进出境运输工具装载的途中必需的燃料、物料和饮食用品,可予免税；

(5)在海关放行前损失的货物,可免征关税；

(6)在海关放行前遭受损坏的货物,可根据海关认定的受损程度减征关税；

(7)我国缔结或参加的国际条约规定减征、免征关税的货物、物品,按照规定予以减免关税；

(8)法律规定减征、免征关税的其他货物、物品。

2. 政策减免税

政策减免税也称为特定减免税。在法定减免税之外,国家按照国际通行规则和我国实际情况,制定发布的有关进出口货物减免关税的政策。该种减免税通常有地区、企业和用途的限制。譬如 2018 年 5 月国务院关税税则委员会发布公告,将整车进口关税从 25% 降到 15%,该公告便属于政策减免税。① 当前我国的政策性减免税主要有：

(1)保税工厂、保税仓库和保税区；

(2)符合国家规定的进口科学研究和教学用品；

---

① 国务院关税税则委员会税委会通告〔2018〕第 3 号。

(3)符合国家规定的残疾人专用物品；

(4)境外法人、自然人或者其他组织等境外捐赠人向我国社会团体或基金会等受赠人捐赠的直接用于慈善事业的物资；

(5)边境地区居民互市贸易和小额贸易；等等。

3. 暂时免税

暂时免税或暂时出境的符合规定的货物，如在展览会等类似活动中展示或使用的货物，在进境或出境时纳税义务人向海关缴纳相当于应纳税款的保证金或提供其他担保的，可以暂不缴纳关税，并应当自进境或出境之日起6个月内复运出境或复运进境。

4. 临时减免税

暂时减免税是指除法定和特定减免税以外的其他减免税，即由国务院根据《海关法》对某个具体纳税人的某次进口货物或物品临时给予的减免，其实行“一案一批”，不具有普遍的关税减免效力。我国在加入 WTO 后严格控制减免税，通常不办理个案临时性减免税，对已有的减免税也在逐步规范、清理，对不符合国际惯例的税收优惠政策将逐步予以废止。

(七)我国关税的征收管理

1. 关税的缴纳时间及方式

进口货物的纳税义务人应当自运输工具申报进境之日起14日内，出口货物的纳税义务人除海关特准的外，应当在货物运抵海关监管区后、装货的24小时以前，向货物的进出境地海关申报。

海关根据税则归类和完税价格计算应缴纳关税和进口环节代征的增值税、消费税等，并填发税款缴款书。纳税义务人应当自海关填发税款缴款书之日起15日内，向指定银行缴纳税款。

关税纳税义务人因不可抗力或者国家税收政策调整的情形下，不能按期缴纳税款的，经依法提供税款担保后，可以延期缴纳税款，但最长不得超过6个月。

2. 关税的强制执行

纳税义务人未在关税缴纳期限内缴纳关税，即构成关税滞纳。《海关法》赋予海关对滞纳关税的纳税义务人强制执行的权利，主要有两类：

第一，征收关税滞纳金。关税滞纳金自关税缴纳期限届满滞纳之日起，至纳税义务人缴纳关税之日止，按滞纳税款万分之五的比例按日征收，周末或法定节假日不予扣除。

第二，强制征收。如纳税义务人自缴纳税款期限届满之日起3个月仍未缴纳税款，经海关关长批准，海关可以采取强制扣缴、变价抵缴等强制措施。强制扣缴，即指海关从纳税义务人在开户银行或者其他金融机构的存款中直接扣缴税款。变价抵缴即海关将纳税义务人的应税货物依法变卖，或者扣留并依法变卖其价值相当于应纳税款的货物或者其他财产，从而以变卖所得抵缴关税税款。

3. 关税的退还

关税退还是关税纳税义务人按海关核定的税额缴纳关税后，由于某种原因的出现，海关将实际征收多于应当征收的税额，即溢征关税退还给原纳税义务人的行政行为。根据《海关法》和《进出口关税条例》的规定，海关多征的税款，海关发现后应当立即退还；纳税义务人发现多缴税款的，自缴纳税款 1 年内，可以书面形式要求海关退还多缴的税款，并加算银行同期活期存款利息。

有下列情形之一的，纳税义务人自缴纳税款之日起 1 年内，可以申请全部退还关税，并应当以书面向海关说明理由，提供原缴款凭证及相关资料：

(1)已征进口关税的货物，因品质或规格原因，原状退货复运出境的；

(2)已征出口关税的货物，因品质或规格原因，原状退货复运进境，并已重新缴纳因出口而退还的国内环节有关税收的；

(3)已征收出口关税的货物，因故未装运出口，申报退关的。

4. 关税的补征、追征

补征和追征是海关在关税纳税义务人按海关核定的税额缴纳关税后，发现实际征收税额少于应当征收的税额，即关税短征时，责令纳税义务人补缴所差税款的行政行为。由于纳税人违反海关规定造成关税短征的，称为关税追征；非因纳税人违反海关规定造成短征关税的，称为补征。

根据《海关法》和《进出口关税条例》的规定，海关放行进出境货物和物品后，发现少征或漏征税款，应当自缴纳税款或者货物、物品放行之日起 1 年内，向纳税义务人补征税款；因纳税义务人违反规定而造成的少征或漏征的税款，海关可以自纳税义务人缴纳税款或者货物、物品放行之日起 3 年以内追征，并加处滞纳金。

5. 关税纳税争议的处理

纳税义务人对海关确定纳税人、完税价格、商品归类、商品原产地、适用税率、适用汇率、减征或者免征税款、退税、补税、征收滞纳金、关税计征方式以及纳税地点有异议的，可以依法向海关申请复议，但同时应当在规定期限内按海关核定的税额缴纳关税，否则预期将构成滞纳。对复议决定不服的，可以向人民法院提起行政诉讼。

第六章　所得税法

第一节　所得税法概述

一、所得税的设置

所得税(Income Tax),是以所得为征税对象,由取得所得的自然人、企事业单位、社会团体为纳税人的一类税的统称。所得税是目前世界上绝大多数国家和地区采用的税种,[①]其名称在不同国家和地区有所不同,例如在日本、韩国称“所得税”,在我国香港特别行政区称“入息税”(包括薪俸税、利得税与物业税)。[②] 在我国,有学者认为所得税与收益税为同一概念,[③]但也有学者认为,从严格意义来说,所得税与收益税不尽相同。[④] 从德国所得税理论与立法看,对所得课税,具有收益税(德语:Ertragsteuer)的属性。收益税的税收客体,在个人综合所得税与营利事业所得税中体现为个人及营利事业所得,在土地增值税中体现为土地自然涨价的利得。此种意义上的“收益税”,是指税收与所得相连接,即将“净收益”或“盈余利润”作为课税对象。[⑤] 通常,按照纳税主体是自然人还是自然人以外的组织的不同,将所得税分为个人所得税和企业所得税(或称为公司所得税、法人所得税等)。从所得税的历史起源看,所得税的目的在于为战争筹款,先出现个人所得税,后出现企业所得税。我国现行的所得税包括企业所得税与个人所得税两类。

(一)域外所得税的确立

有观点认为,所得税首次出现在埃及。[⑥] 罗马共和国初期,公共税收包括对自有财富和财产的适度评估。正常情况下的税率为1%,有时在战争等情况下会上涨3%。这些适度的税收是针对土地,房屋和其他房地产,奴隶,动物,个人物品和货币财富征收的。税收向个人收取,财产越多,交付的税就越多。此后,曾经出现过针对特定人群的

---

① 目前,全世界只有卡塔尔和巴林没有征收所得税。

② 参见《香港法例》第112章之《税务条例》第8条、第14条。

③ 参见刘剑文:《财税法——原理、案例与材料》(第2版),北京大学出版社2015年版,第226页。

④ 参见张守文:《税法学》,法律出版社2011年版,第199页。

⑤ Tipke, Lang, Steuerrecht, 21. Aufl., 2013, § 7 Rz. 22.

⑥ Breasted, Ancient Records, Volume 2, paragraphs 719 – 742.

个人收入和动产,按十分之一征收的所谓"什一税"。①

通常认为,现代意义上的所得税制度起源于1798年由英国首相小威廉·皮特(William Pitt the Younger)为筹措对法战争费用而创设的个人所得税,并于1799年开征,该税主要向高收入者征收。② 在1799年至1816年,随着英法战事变化,所得税几经废立。③ 直到1874年,英格兰规定纳税是国民的长期义务,个人所得税从临时性税收转变为经常性税收。此后,西方各国相继效仿开征个人所得税,并且使之从临时性的税种变为永久性税种。

德国的个人所得税起源于1808年因在普法战争中失败被迫向法国赔款而借鉴英国个人所得税的经验创设,后来由于地主资产阶级的反对而停征,直到1891年再次恢复征收,并进行了重大修改,成为现代世界所得税的典范。1920年,为了偿付第一次世界大战战败赔款,德国颁布联邦所得税法,统一开征联邦所得税。法国在1848年才出现个人所得税的倡议,直至1914年才开征所得税,1949年设置企业所得税。

在美国,1812年战争期间开征所得税,1816年战争结束后被废除;1861年到1865年为了应付内战,④国会于1862年开征所得税(individual income tax),⑤其后历经多次存废。⑥ 1894年,美国国会通过了一项累进制所得税法令,开征所得税的目的是弥补关

---

① Peter Harris, *Income Tax in Common Law Jurisdictions: From the Origins to* 1820, Volume 1, London: Cambrialge Uniuersitg Press, 2006, p. 34.

② Peter Harris, *Income Tax in Common Law Jurisdictions: From the Origins to* 1820, Volume 1, London: Cambrialge Uniuersitg Press, 2006, p. 1.

③ 为了应付战争费用的需要,英国首相威廉·皮德在发行巨额公债的同时,于1798年颁行了具有所得税性质的"三级税"法案。该法案规定:按消费的大小,查定所得的多少,依其支付的内容分三种进行纳税。财政大臣在下议院解释此税时说:英国的所得税,实可称为战争税,它完全是波拿巴野心所造成的战争时代的产物。此税开征仅一年,便因弊漏过多而告失败。同时英国实行新的所得税,新税法确定纳税人有申报个人所得的义务,并按10% 的比例税率征收。新税法于1802年随战争结束而停征。1803年英法战争复起,所得税即随战争复起而恢复,此次征收按所得税来源分为五类,实行源泉控制,谓之"分类所得税"。分类所得税经几次修改,日趋完善,1805年英国所得税收入为642万英镑,1806年猛增到1282万英镑,到1915年英法战争结束时已达1600万英镑,为英国渡过战时财政困难立下了汗马功劳。恢复和平后,1816年被认为是"战时税"的所得税再次被废止。1842年英国政府以平定印度叛乱为名,再次开征所得税。

④ Revenue Act of 1861, sec. 49, ch. 45, 12 Stat. 292, 309 (Aug. 5, 1861).

⑤ 在内战期间,每年从600美元到10,000美元的人士以3%的税率缴税,以及从10,000~50,000美元的收入的5%。See Sections 49, 51, and part of 50 repealed by Revenue Act of 1862, sec. 89, ch. 119, 12 Stat. 432, 473 (July 1, 1862); income taxes imposed under Revenue Act of 1862, section 86 (pertaining to salaries of officers, or payments to "persons in the civil, military, naval, or other employment or service of the United States ...") and section 90 (pertaining to "the annual gains, profits, or income of every person residing in the United States, whether derived from any kind of property, rents, interest, dividends, salaries, or from any profession, trade, employment or vocation carried on in the United States or elsewhere, or from any other source whatever...").

⑥ 1868年,国会再次将税收重点放在烟草和蒸馏酒上,并于1872年取消了所得税。它在1894年和1895年进行了短暂的复兴。1896年,美国最高法院裁定所得税违宪,因为它没有按照宪法分配给各州。

税削减将导致的收入损失。[①] 但一年之后美国联邦最高法院宣布其违宪。最高法院裁定,宪法规定,向人民所征的"直接税"税额应按各州的人口比例分配于各州,而上述所得税违反了该规定。1909 年,政府首次向企业开征所得税。1913 年,美国通过了宪法修正案第 16 条,[②]规定了所得税的征收合法,对个人和公司的收入征税,使所得税成为美国税收制度的永久性税种。

日本于 1887 年引入所得税,目的是筹集用于对外扩张的财政需求,逐步形成了混合所得税制,直到第二次世界大战战败之后,日本开始全面引入美国的综合所得税制。1940 年,从所得税中分离出法人所得税。日本的个人所得税法将利息收入、股息收入、房地产收入、营业收入、薪酬收入、退休收入、森林收入、转移性收入、临时收入、杂项收入 10 项收入作为应税收入。[③]

(二)我国所得税的设立

从历史上看,公元 9 年,王莽开始推行经济改革措施,设立了对工商业者的纯经营利润额征收的税种"贡",可以视为具有"所得税"性质的税收。据《汉书·食货志下》记载:"诸取众物鸟兽鱼鳖百虫于山林水泽及畜牧者,嫔妇桑蚕织纺绩补缝,工匠医巫卜视及它方技商贩贾人,货肆列里区谒舍,皆多自占所为于其所在之其官,除其本、计其得,十一分之,而以其一为贡,敢不自占,自占不以实者,尽没入所采取,而作县官一岁。"[④]

我国现代意义上的所得税制度的设立,受欧美国家和日本的所得税的影响,始于 20 世纪初。清政府曾草拟《所得税章程》(1910 年),包括个人所得税的内容。1912 年,在《所得税章程》的基础上,仿照日本税制而制定的《所得税条例》,于 1914 年年初公布,但在此后 20 多年间未能真正施行。1936 年 7 月,国民政府公布《所得税暂行条例》,8 月行政院通过《所得税暂行条例实施细则》,自 1936 年 10 月起,先行开征薪给报酬所得和公债利息所得。其余各类所得包括营利事业所得等自 1937 年 1 月全部开征。这是中国历史上第一次实质性的开征所得税。1943 年国民政府正式公布《所得税法》,进一步提高了所得税的法律地位,并成为政府组织财政收入的重要方式之一。由于当时的中国政治腐败、经济落后,富人大量逃税,而穷人又无力纳税,所得税法只是徒有虚名,并未得到普遍实施。

---

① Charles F. Dunbar, "The New Income Tax", *Quarterly Journal of Economics*, Vol. 9, No. 1 (Oct., 1894), pp. 26 - 46 in JSTOR.

② 《美国宪法第十六条修正案》允许联邦国会在未按各州比例分配或考虑人口普查数据的情况下直接征收所得税。

③ 参见[日]中里实等编:《日本税法概论》,西村朝日律师事务所西村高等法务研究所监译,法律出版社 2014 年版,第 8 ~ 12 页、第 122 ~ 144 页。

④ 大意为凡是从事采集、狩猎、捕捞、畜牧、养蚕、纺织、缝纫、织补、医疗、卜卦算命之人及其他艺人,以及商贾经营者,都要从其经营收入扣除成本,算出纯利,按纯利额的十分之一纳税,自由申报,官吏核实,如有不报或不实者,没收全部收入,并拘捕违犯之人,罚服劳役苦工一年。

1949年11月底至12月初召开的首届全国税务会议上，通过了统一全国税收政策的基本方案，其中包括对企业所得和个人所得征税的办法。1950年1月30日，政务院发布《全国税政实施要则》，在全国设置了包括对个人所得征税的有工商业税、存款利息所得税和薪给报酬所得税等在内的14种税收。对个体工商户征收所得税的办法几经修改，一直没有停止征收；1950年开征利息所得税，1959年停征；薪给报酬所得税始终没有立法、开征。从1952年起，中国财政部及其税务总局开始正式研究开征个人所得税的问题，并草拟了具体的方案，报经政务院批准。1958年和1973年，进行了两次以简化税制为核心的重大税制改革，其中的工商业税（所得税部分）主要针对集体企业征收，国营企业只征工商税，不征所得税。改革开放以后，为适应引进外资、技术和人才，开展对外经济技术合作的需要，在"七五"计划期间逐步推开税制改革。

二、所得税的概念与所得理论

（一）所得税的概念

由于所得税的计税依据是"所得"。因此，所得的概念是所得税法无法绕开的基本概念。关于所得的概念，存在多种含义，有经济、税收、会计等方面理解的所得概念。在所得中，其本质属性是作为心理的和抽象的收入而存在的。虽然，所得的本质属性构成所得的内涵，但所得的概念包括内涵和外延（能够适用的事物、过程的集合）。所得的概念就是事物的内在属性与外延之间的联系。从逻辑上讲，概念被作为判断的构成要素，但并不是有了概念，并和其结合就能进行判断，而是以有关多数的事物和过程的社会实践中通用的判断为前提和基础形成概念。也就是说，对于所得概念，所得概念＝所得的本质属性＋外延的这种关联形式是成立的。①

我国学者认为，税收上的所得，通常是指纳税人由于提供劳务，从事生产、经营、各种投资而取得的收入，扣除为取得收入而支付的成本、费用后的盈余。按照纳税人的不同，可以分为个人所得与非自然人团体所得，后者也称企事业所得、经济个体所得，并因分别对其征税而产生了个人所得税和企业所得税（在我国台湾地区称为"营利事业所得税"）。② 由于所得的概念受所得的理论影响，即按照各项所得的性质的不同，形成了不同的所得理论。

（二）所得税中的所得理论

在学说上，认定所得税法上所得概念的理论主要有所得源泉理论、净资产增加理论、市场所得理论、营利所得理论等。③

第一，所得源泉理论。该说认为，应税所得必须具备反复性、连续性、循环性的形态，从税务意义上分析和确认，只有通过经济活动而取得的所得才是真正的所得，也是

---

① 北口りえ：「所得課税における所得概念」，载『驹泽大学经济学论集』46卷，1号35～46頁。

② 参见刘佐、靳东升：《中国所得税》，民主与建设出版社2005年版，第1页。

③ 参见柯格钟：《论所得税法上的所得概念》，载《台大法学论丛》2008年第3期。

必须课税的所得,即将"扣除必要费用的"的收入作为课税对象。而偶然性的、临时性的所得,如中彩、中奖所得不属于因经济活动取得的所得,故不属于所得税的征税对象。这种理论所认定的所得很清晰,便于税收的征管,但这种理论被认为有失公平。在日本税法理论中,认为所得是取得的经济价值的观念,被称为取得型(发生型)所得的概念,在这种类型中,按照将哪些所得纳入征税对象的范围,可进一步分为限制性所得与概括性所得。"限制性所得",即指仅把利息、地租、工资等反复、连续产生的利得(利益所得)视为所得的观点。由于从这种观点出发可以得出只将土地、劳动等为源泉的利得当作征税对象的结论,所以又被称为"所得源泉说",或者"反复利得说"。这种观点在欧洲占主流地位,与之对应的是分类所得税。

第二,净资产增加理论。该理论认为,凡是在一定时期内能够增加人们以货币或者实物形式表现的经济能力的收益,都是所得,都增加了纳税人的负税能力,所以都构成所得税的征税基础,即"收入是在某些时候净资产的增加,包括来自他人的收益和货币价值收益"。在日本税法理论中,被称为"概括性所得",即相对于限制性所得概念,它不仅把反复、连续发生的利得,而且把资本所得(资产增值收益)或接受赠与利益等临时性、偶发的、优惠性的利得也包括在征税对象范围内。由于该观点将一定时期的所得等于该期间的消费和资产的净增加之和,所以也被称为"净资产增加说"。这种观点在美国、日本占主要地位,与之对应的是综合所得税。①

第三,市场所得理论。该理论认为,所得必须是纳税主体参与市场活动后所实现的财产上的增益,如果不是参与市场而有所取得者,无论是遗产、赠与、国家提供的社会保障,还是依据法律所定私人扶养义务的给付,均非所得。税法上的课税所得即为市场所得,必须是纳税义务人基于主观获取盈余的意图,即营利意图,并参与经济上交易所实现的经济成果。由于课税是国家参与分配人们的经济活动成果的方式,因而,对于纳税人一切财产上的增益,国家并非均得加以课税,而只有通过市场交易所增加的收益,才有课税的合理性。因为,国家对于私人通过市场而实现的经济成果有贡献,因此国家有权以课税之方式,参与分配私人的经济成果。市场所得理论在德国、瑞士、奥地利等国家的所得税制度中有所体现。

第四,营利所得理论。该理论认为,由于市场所得理论存在对"市场"的不同认识而难以界定市场所得概念的缺陷,市场所得涵盖的范围过于狭窄,因而以营利所得较为妥当。可以看出,营利所得理论是对市场所得理论所称的所得概念在一定程度的扩张而形成的。

(三)应税所得

应纳税所得是指收入扣除成本、费用等之后的纯收益,纳税人取得任何一项所得,

---

① 参见[日]中里实等编:《日本税法概论》,西村朝日律师事务所西村高等法务研究所监译,法律出版社 2014 年版,第 92 ~95 页。

都有相应的消耗和支出,应予以扣除。只有企业取得的所得扣除为取得这些所得而发生的成本费用支出后的余额,才是企业所得税的应税所得。企业所得税的应纳税所得必须是实物或货币所得。各种荣誉性、知识性及体能、心理上的收益,都不是应纳税所得。企业所得税的应纳税所得包括来源于中国境内、境外的所得。按照居民税收管辖权原则,凡中国的企业,应就其来源于境内、境外的所得征收企业所得税。但为了避免重复课税,对本国企业在境外已纳的所得税款可以抵扣。在个人所得税方面,不同于西方国家的综合所得税制,我国现行个人所得税属于分项税制。在个人所得税法中,将个人的应纳税所得划分为11类,并在税法的实施条例和有关规定中,对具体实施范围逐一加以解释。

三、我国所得税的法律渊源

(一)我国所得税的立法

1. 企业所得税立法进程

1980年9月,第五届全国人民代表大会第三次会议通过并公布施行了《中外合资经营企业所得税法》。1981年12月,第五届全国人民代表大会第四次会议通过了《外国企业所得税法》。1983年国务院决定在全国试行国营企业"利改税",即将实行了30多年的国营企业向国家上缴利润改为缴纳企业所得税。1984年9月,国务院发布了《国营企业所得税条例(草案)》和《国营企业调节税征收办法》。1985年4月,国务院发布了《集体企业所得税暂行条例》,原来对集体企业征收的工商税(所得税部分)同时停止执行。1988年6月,国务院发布了《私营企业所得税暂行条例》。为适应中国建立社会主义市场经济体制的新形势,进一步扩大改革开放,努力把国有企业推向市场,按照统一税法、简化税制、公平税负、促进竞争的原则,国家先后完成了外资企业所得税的统一和内资企业所得税的统一。

1990年以来,我国的所得税制度改革向着法制化、科学化和规范化的方向迈进。1991年4月,第七届全国人民代表大会将《中外合资经营企业所得税法》与《外国企业所得税法》合并,颁布了《外商投资企业和外国企业所得税法》,并于同年7月1日起施行。1993年12月13日,国务院将《国营企业所得税条例(草案)》、《国营企业调节税征收办法》、《集体企业所得税暂行条例》和《私营企业所得税暂行条例》整合后,制定了《企业所得税暂行条例》。上述改革标志着中国迈出了重要的步伐。

2007年开始,实行内、外资企业所得税合并立法。2007年3月16日,第十届全国人民代表大会第五次会议通过了《企业所得税法》,于2008年1月1日起实施。① 2007年12月6日,国务院批准《企业所得税法实施条例》。

2. 个人所得税法立法进程

1980年9月10日第五届全国人民代表大会第三次会议通过了《个人所得税法》,

① 2017年2月24日修改了该法第9条关于公益性捐赠支出扣除的相关规定。

分别于1993年、1999年、2005年、2007年(修正2次)、2011年、2018年进行了7次修正。2018年8月31日,全国人民代表大会常务委员会会议通过了修改个人所得税法的决定,我国《个人所得税法》迎来第7次修改。1994年1月28日国务院发布《个人所得税法实施条例》,分别于2005年、2008年、2011年、2018年4次修订。

(二)所得税行政法规规章与规范性文件

在税收立法中,根据《立法法》(2015年修正)第8条第6项的规定,“税种的设立、税率的确定和税收征收管理等税收基本制度”事项只能制定法律;此外,为执行法律的规定需要制定行政法规的事项和履行宪法规定的国务院行政管理职权的事项,国务院根据宪法和法律,制定行政法规。当前,在所得税立法领域,基本贯彻了税收法定原则。为了执行所得税法和所得税法中的明确授权,国务院制定了《企业所得税法实施条例》、《个人所得税法实施条例》、《企业所得税优惠管理办法》(国发〔2007〕39号)等税收行政法规。

《立法法》第80条规定,国务院各部、委员会、中国人民银行、审计署和具有行政管理职能的直属机构,可以根据法律和国务院的行政法规、决定、命令,在本部门的权限范围内,制定规章;部门规章规定的事项应当属于执行法律或者国务院的行政法规、决定、命令的事项。部门规章由部门首长签署命令予以公布。根据税法和《规章制定程序条例》,规章的名称一般称“规定”“办法”,但不得称“条例”。国务院财税主管部门制定的涉及企业所得税和个人所得税的规章也具有法律效力,例如,《企业所得税核定征收办法(试行)》《企业重组业务企业所得税管理办法》《个体工商户个人所得税计税办法》。此外,在税法体系中,还存在大量的由财政部、国家税务总局、海关总署等发布的以“意见”“通知”“公告”命名的财税规范性文件。

拓展思考　所得税概说

所得税是目前世界上大多数国家都在开征的税种。所得(income)是所得税法(income tax)的核心概念,顾名思义,所得税就是对个人和/或实体(纳税人)的所得,按照一定税率(比例的、累进的或者累退的)征收的一种税。各国在确定本国所得税的纳税人、征收范围、税率等方面存在差异。大多数国家的所得税对居民的收入进行广义定义,而对非居民仅针对特定类型的收入予以征税。各国在厘定所得税意义上的“所得”方面,有哪些具体做法?在所得税中,个人收入中包含的内容与实体收入所包含的内容有所不同,确认收入的时间因纳税人的类型或收入类型而异。关于所得税对经济的影响,已经存在多种相互冲突的理论。所得税之所以被广泛视为累进税,是由于随着收入的增加,税收收入也会增加,因此,各国都将所得税作为宏观调控中财税政策的重要手段,从而赋予所得税法一定意义上的宏观调控法的色彩。然而,由于所得税是对企业利润的“剥夺”,所以在所得税法中往往出现税法漏洞和纳税人的避税策略。当纳税人找到避免纳税的法律方法时,税收漏洞就会被创造出来。然后,立法者试图通过额外的立法来弥补漏洞,这导致了更加复杂的避税策略和立法的恶性循环。恶性循环往往使大公司和富有的个人受益,这些公司和富有的个人能够负担得起日益复杂的税收筹划所带来的专业费用。在理解所得税法时,要重视纳税人的避税策略与税收立法中的"补漏规则"。

第二节 企业所得税法

一、企业所得税法总则

(一)企业所得税的概念与特征

1. 企业所得税和企业所得税法的概念

企业所得税,是指对一国境内的所有企业在一定期间的应税所得额为计税依据征收的一种所得税。在国际上,也称公司税、公司所得税、法人税、法人所得税等。企业所得税法,是指调整国家与企业所得税纳税人之间在企业所得税的征纳和管理中所发生的社会关系的法律规范的总称。在我国,即指全国人大通过的《企业所得税法》和国务院公布的《企业所得税法实施条例》。

2. 企业所得税的特征

第一,征税范围广。从纳税人看,企业和取得收入的组织都是纳税人,具有普遍性,是范围最广的税种;从征税对象看,既有生产经营所得,也有其他所得(通常指提供资金或财产取得的所得),具有征收上的广泛性。第二,税负公平。以量能负担为征税原则,多得多征、少得少征、无所得不征;正常情况下按照统一比例的税率实行普遍征收。第三,属于直接税,纳税人与负税人一致,税负不易转嫁,由纳税人负担。第四,应纳税所得额的计算复杂,在计算过程中涉及纳税人经济活动的各个方面、财务会计核算的各个方面、同时还要就税法和会计的差异进行调整。第五,实行预缴和汇算清缴的征收办法,按年度计算,分月或分季预缴,年终汇算清缴。

(二)企业所得税的纳税人

1. 纳税人的范围

在国际上,对企业征收所得税一般采用法人所得税的形式,以法人作为基本纳税单位,这有利于合理规范企业所得税纳税人,消除重复征税。根据我国《企业所得税法》,在中华人民共和国境内,企业和其他取得收入的组织(以下统称企业)为企业所得税的纳税人。我国的企业所得税也是以法人税制为原则,明确规定个人独资企业、合伙企业不缴纳企业所得税。依法在中国境内成立的企业,包括依照中国法律、行政法规在中国境内成立的企业、事业单位、社会团体以及其他取得收入的组织。可以看出,企业所得税的纳税人包括企业和其他取得收入的组织两种类型。其中,企业包括内资企业、国有企业、集体企业、私营企业、外商投资企业、外资企业等。[①] 其他取得收入的组织，如事业单位、社会团体、民办非企业单位、基金会、外国商会、农民专业合作社等组织，只要取得收入，就具备征税的必要条件，属于企业所得税的纳税人。

个人独资企业、合伙企业不征收企业所得税，其投资者的生产经营所得，比照个体工商户的生产、经营所得征收个人所得税。这使我国企业所得税的性质，事实上已经成为法人所得税。个人独资企业和合伙企业，是依照《个人独资企业法》和《合伙企业法》登记成立的；依照《私营企业暂行条例》登记成立的独资、合伙性质的私营企业；依照《律师法》登记成立的合伙制律师事务所；经政府有关部门依照法律法规批准成立的负无限责任和无限连带责任的其他个人独资、个人合伙性质的机构或组织。个人独资企业以投资者为纳税义务人，合伙企业以每一个合伙人为纳税义务人。合伙企业合伙人是自然人的，缴纳个人所得税，合伙企业是法人和其他组织的，缴纳企业所得税。

2. 居民企业与非居民企业

税收管辖权是一国政府在税收管理方面的主权，是国家主权的重要组成部分。为了更好地有效行使我国税收管辖权，最大限度地维护我国的税收利益，企业所得税法根据国际通行做法，选择了地域管辖权和居民管辖权相结合的双重管辖权标准，把纳税人分为居民企业和非居民企业，分别确定不同的纳税义务。

(1)居民企业，是指依法在中国境内成立，或者依照外国(地区)法律成立但实际管理机构在中国境内的企业。实际管理机构，是指对企业的生产经营、人员、账务、财产等实施实质性全面管理和控制的机构。居民企业承担全面纳税义务，就来源于我国境内、境外的全部所得纳税。源于中国境内、境外的所得，按照以下原则确定：销售货物所得，按照交易活动发生地确定；提供劳务所得，按照劳务发生地确定；转让财产所得，不动产转让所得按照不动产所在地确定，动产转让所得按照转让动产的企业或者机构、场所所在地确定，权益性投资资产转让所得按照被投资企业所在地确定；股息、红利等权益性投资所得，按照分配所得的企业所在地确定；利息所得、租金所得、特许权使用费所得，按照负担、支付所得的企业或者机构、场所所在地确定，或者按照负担、支付所得的个人的住所地确定；其他所得，由国务院财政、税务主管部门确定。

(2)非居民企业，是指依照外国(地区)法律成立且实际管理机构不在中国境内，但在中国境内设立机构、场所的，或者在中国境内未设立机构、场所，但有来源于中国境内所得的企业。机构、场所，是指在中国境内从事生产经营活动的机构、场所，包括管理机构、营业机构、办事机构；工厂、农场、开采自然资源的场所；提供劳务的场所；从事建筑、安装、装配、修理、勘探等工程作业的场所；其他从事生产经营活动的机构、场所。非居民企业委托营业代理人在中国境内从事生产经营活动的，包括委托单位或者个人经常

---

① 企业类型的详细划分，参见国家统计局 2006 年发布的《关于划分企业登记注册类型的规定》。

代其签订合同,或者储存、交付货物等,该营业代理人视为非居民企业在中国境内设立的机构、场所。

非居民企业承担有限纳税义务,一般只就来源于我国境内的所得纳税。非居民企业在中国境内设立机构、场所的,应当就其所设机构、场所取得的来源于中国境内的所得,以及发生在中国境外但与其所设机构、场所有实际联系的所得,缴纳企业所得税。所谓实际联系,是指非居民企业在中国境内设立的机构、场所拥有据以取得所得的股权、债权,以及拥有、管理、控制据以取得所得的财产等。非居民企业在中国境内未设立机构、场所的,或者虽设立机构、场所但取得的所得与其所设机构、场所没有实际联系的,应当就其来源于中国境内的所得缴纳企业所得税。

企业所得税法划分居民企业和非居民企业采用"注册地标准"和"实际管理机构标准"的双重标准。实施条例根据注册地标准,将依法在中国境内成立的企业,具体界定为依照中国法律、行政法规在中国境内成立的企业、事业单位、社会团体以及其他取得收入的组织,为居民企业。尽管登记注册地标准便于识别居民企业身份,但同时考虑到目前许多企业为规避一国税负和转移税收负担,往往在低税率地区或避税港注册登记,设立基地公司,人为选择注册地以规避税收负担,因此,新企业所得税法同时采用实际管理机构标准,规定在外国(地区)注册的企业,但实际管理机构在我国境内的,也认定为居民企业,需承担无限纳税义务。实施条例对实际管理机构的概念作了界定,即实际管理机构是指对企业的生产经营、人员、账务、财产等实施实质性全面管理和控制的机构。

(三)企业所得税的征税范围

1. 属于征税范围的收入

根据《企业所得税法》第6条的规定,我国企业所得税的征税范围是企业以货币形式和非货币形式从各种来源取得的收入总额,包括销售货物收入,提供劳务收入,转让财产收入,股息、红利等权益性投资收益,利息收入,租金收入,特许权使用费收入,接受捐赠收入,其他收入。其中,货币形式的收入,包括现金、存款、应收账款、应收票据、准备持有至到期的债券投资以及债务的豁免等。非货币形式的收入,包括固定资产、生物资产、无形资产、股权投资、存货、不准备持有至到期的债券投资、劳务以及有关权益等。企业以非货币形式取得的收入,应当按照公允价值确定收入额。

(1)销售货物收入,是指企业销售商品、产品、原材料、包装物、低值易耗品以及其他存货取得的收入。

(2)提供劳务收入,是指企业从事建筑安装、修理修配、交通运输、仓储租赁、金融保险、邮电通信、咨询经纪、文化体育、科学研究、技术服务、教育培训、餐饮住宿、中介代理、卫生保健、社区服务、旅游、娱乐、加工以及其他劳务服务活动取得的收入。

(3)转让财产收入,是指企业转让固定资产、生物资产、无形资产、股权、债权等财产取得的收入。

(4)股息、红利等权益性投资收益,是指企业因权益性投资从被投资方取得的收入,此类收益除国务院财政、税务主管部门另有规定外,按照被投资方作出利润分配决定的日期确认收入的实现。

(5)利息收入,是指企业将资金提供他人使用但不构成权益性投资,或者因他人占用本企业资金取得的收入,包括存款利息、贷款利息、债券利息、欠款利息等收入。此类收入,按照合同约定的债务人应付利息的日期确认收入的实现。

(6)租金收入,是指企业提供固定资产、包装物或者其他有形资产的使用权取得的收入。此类收入,按照合同约定的承租人应付租金的日期确认收入的实现。如果交易合同或协议中规定租赁期限跨年度,且租金提前一次性支付的,出租人可对上述已确认的收入,在租赁期内,分期均匀计入相关年度收入。

(7)特许权使用费收入,是指企业提供专利权、非专利技术、商标权、著作权以及其他特许权的使用权取得的收入。特许权使用费收入,按照合同约定的特许权使用人应付特许权使用费的日期确认收入的实现。

(8)接受捐赠收入,是指企业接受的来自其他企业、组织或者个人无偿给予的货币性资产、非货币性资产。接受捐赠收入,按照实际收到捐赠资产的日期确认收入的实现。

(9)其他收入,是指企业取得的前述8项收入外的其他收入,包括企业资产溢余收入、逾期未退包装物押金收入、确实无法偿付的应付款项、已作坏账损失处理后又收回的应收款项、债务重组收入、补贴收入、违约金收入、汇兑收益等。

2. 不属于征税范围的收入

不属于征税范围的收入,即不征税收入,是指该收入来源和性质不属于企业营利性活动而产生的经济利益,因而不负有纳税义务,不应作为应纳税所得额组成部分的收入。我国企业所得税纳税人的组织形式具有多样性,除企业外,还有事业单位、公益慈善组织、社会团体等,这些组织中有些主要承担行政性或公共事务职能,不从事或偶尔从事营利性活动,其收入来源主要依靠财政拨款、行政事业性收费等纳入预算管理的收入,对这些收入征税没有实际意义。因此,现行企业所得税法引入"不征税收入"概念。根据《企业所得税法》第7条的规定,财政拨款,依法收取并纳入财政管理的行政事业性收费、政府性基金,以及国务院规定的其他不征税收入作为不征税收入,在计算应纳税所得额时,从收入总额中减除。具体而言,收入总额中的下列收入为不征税收入:

(1)财政拨款。财政拨款是指各级人民政府对纳入预算管理的事业单位、社会团体等组织拨付的财政资金,但国务院和国务院财政、税务主管部门另有规定的除外。包含两层意思:一是作为不征税收入的财政拨款,原则上不包括各级人民政府对企业拨付的各种价格补贴、税收返还等财政性资金,这样有利于加强财政补贴收入和减免税的规范管理,同时与现行财务会计制度处理保持一致;二是对于一些国家重点支持的政策性补贴以及税收返还等,为了提高财政资金的使用效率,根据需要,有可能也给予不征税收入的待遇,但这种待遇应由国务院和国务院财政、税务主管部门来明确。

(2)依法收取并纳入财政管理的行政事业性收费、政府性基金。行政事业性收费,是指依照法律法规等有关规定,按照国务院规定程序批准,在实施社会公共管理,以及在向公民、法人或者其他组织提供特定公共服务过程中,向特定对象收取并纳入财政管理的费用。政府性基金,是指企业依照法律、行政法规等有关规定,代政府收取的具有专项用途的财政资金。

(3)国务院规定的其他不征税收入。此类不征税收入,是指企业取得的,由国务院财政、税务主管部门规定专项用途并经国务院批准的财政性资金。这是一个授权性规定,即授权国务院根据我国的实际情况,制定除符合条件的财政拨款、行政事业性收费及政府性基金之外的其他不征税收入。

(四)企业所得税的税率

税率是税收的核心要素之一,是衡量和影响税负水平的主要因素。在大多数国家,之所以对企业所得税采用比例税率,主要是因为企业所得税最终由企业股东负担,企业净所得与股东收入分配之间并没有确定的联系;而且,企业所得税的本质不是对人税,其计税依据不是按照个人的综合税负能力,因而实行累进税率不能真正实现调节股东个人收入分配差距的作用。我国企业所得税法除了规定基本税率外,还针对不同企业规定了相应的税率。

根据我国《企业所得税法》第4条的规定,企业所得税的税率为25%。非居民企业在中国境内未设立机构、场所的,或者虽设立机构、场所但取得的所得与其所设机构、场所没有实际联系的,应当就其来源于中国境内的所得缴纳企业所得税,适用税率为20%。《企业所得税法》第28条规定,符合条件的小型微利企业,减按20%的税率征收企业所得税;国家需要重点扶持的高新技术企业,减按15%的税率征收企业所得税。

二、应纳税所得额与应纳税额

(一)应纳税所得额及其确定

1. 应纳税所得额及其计算的一般规定

应纳税所得额(也称应税所得额),是指企业每一纳税年度的收入总额,减除不征税收入、免税收入、各项扣除以及允许弥补的以前年度亏损后的余额。如果采用直接计算法,计算公式为:

应纳税所得额 = 纳税年度的收入总额 − 不征税收入 − 免税收入 − 各项扣除 − 弥补上一年度亏损

可见,要确定应纳税所得额,就必须分别确定收入总额与各项依法可以从收入总额中减除的项目金额。但是,在计算应纳税所得额时,企业财务、会计处理办法与税收法律、行政法规的规定不一致的,应当依照税收法律、行政法规的规定计算。非居民企业取得的所得,按照下列方法计算其应纳税所得额:(1)股息、红利等权益性投资收益和利息、租金、特许权使用费所得,以收入全额为应纳税所得额;(2)转让财产所得,以收入全额减除财产净值后的余额为应纳税所得额;(3)其他所得,参照前两项规定的方法计算应纳税所得额。

由于企业应纳税所得额的计算,以权责发生制为原则,属于当期的收入和费用,不论款项是否收付,均作为当期的收入和费用;不属于当期的收入和费用,即使款项已经在当期收付,均不作为当期的收入和费用,但国务院财政、税务主管部门另有规定的除外。权责发生制从企业经济权利和经济义务是否发生作为计算应纳税所得额的依据,注重强调企业收入与费用的时间配比,要求企业收入与费用的确认时间不得提前或滞后。在纳税实践中,一般采用间接计算法,即企业纳税申报表中应纳税所得额,是在会计利润总额的基础上加或减按照税法规定调整的项目金额后,即为应纳税所得额。计算公式为:

应纳税所得额 = 会计利润总额 ± 纳税调整项目金额

纳税调整项目金额包括两方面的内容:一是企业的财务会计处理和税收规定不一致的应予以调整的金额;二是企业按税法规定准予扣除的税收金额。在确定应纳税所得额时,由于收入总额的概念与征税范围所涉及的收入的范围是一致的,因而收入总额、不征税收入和基于税收优惠而享受的免税收入的具体数额都相对容易确定,但依法准予的税前扣除项目较为复杂,为此,企业所得税法及其实施条例对税前扣除有明确而详细的规定。

2. 税前扣除的原则与类型

税前扣除是指在计算企业应纳税所得额时,准予事先扣除的部分,一般包括与取得应税收入有关的成本、费用、税金、损失和其他支出等。为了既维护企业利益,又维护国家税法的平等适用和确保税收“应收尽收”,在确定税前扣除时,应当遵循的首要原则是真实、相关、合理原则。真实性原则是指除税法规定的扣除外,任何费用应是确实已经真实发生,并且是以企业的名义对外发生的费用。相关性和合理性是企业所得税税前扣除的基本要求和重要条件。支出税前扣除的相关性是指与取得收入直接相关的支出,企业的不征税收入用于支出所形成的费用或者财产,不得扣除或者计算对应的折旧、摊销扣除。对相关性的具体判断一般是从支出发生的根源和性质方面进行分析,而不是看费用支出的结果。支出税前扣除的合理性是指符合生产经营活动常规,应当计入当期损益或者有关资产成本的必要和正常的支出,合理性的具体判断,主要是发生的支出其计算和分配方法是否符合一般经营常规。此外,还应当遵循支出与期间匹配、权利与义务对应、不得重复扣除等原则。

按照企业所得税的国际惯例，一般对税前扣除进行总体上的肯定性概括处理（一般扣除规则），辅之以特定的禁止扣除的规定（禁止扣除规则），同时又规定了允许税前扣除的特别规则（特殊扣除规则）。在具体运用上，一般扣除规则服从于禁止扣除规则，同时禁止扣除规则又让位于特殊扣除规则。根据企业所得税法的规定，指企业实际发生的与取得收入有关的、合理的支出，包括成本、费用、税金、损失和其他支出，准予在计算应纳税所得额时扣除，但是，除非有法律明确规定的，不得重复扣除。其中，有关的支出，是指与取得收入直接相关的支出；合理的支出，是指符合生产经营活动常规，应当计入当期损益或者有关资产成本的必要和正常的支出。

（二）准予扣除的项目和不得扣除的支出

1. 准予扣除项目

《企业所得税法》第 8 条规定：企业实际发生的与取得收入有关的、合理的支出，包括成本、费用、税金、损失和其他支出，准予在计算应纳税所得额时扣除。第 9 条规定：企业发生的公益性捐赠支出，在年度利润总额 12% 以内的部分，准予在计算应纳税所得额时扣除。《企业所得税法实施条例》细化了扣除项目及其内容。

（1）工资薪金支出。企业发生的合理的工资、薪金支出。工资、薪金，是指企业每一纳税年度支付给在本企业任职或者受雇的员工的所有现金形式或者非现金形式的劳动报酬，包括基本工资、奖金、津贴、补贴、年终加薪、加班工资，以及与员工任职或者受雇有关的其他支出。对工资支出合理性的判断，主要包括两个方面：一是雇员实际提供了服务；二是报酬总额在数量上是合理的。实际操作中主要考虑雇员的职责、过去的报酬情况，以及雇员的业务量和复杂程度等相关因素。同时，还要考虑当地同行业职工平均工资水平。

（2）社保支出。企业依照国务院有关主管部门或者省级人民政府规定的范围和标准为职工缴纳的基本养老保险费、基本医疗保险费、失业保险费、工伤保险费、生育保险费等基本社会保险费和住房公积金。企业为投资者或者职工支付的补充养老保险费、医疗保险费，在国务院财政、税务主管部门规定的范围和标准内，准予扣除。企业在生产经营活动中发生的合理的不需要资本化的借款费用，准予扣除。

（3）借款费用。企业为购置、建造固定资产、无形资产和经过 12 个月以上的建造才能达到预定可销售状态的存货发生借款的，在有关资产购置、建造期间发生的合理的借款费用，应当作为资本性支出计入有关资产的成本。

（4）利息支出。企业在生产经营活动中发生的合理的不需要资本化的借款费用和企业在生产经营活动中发生的下列利息支出：第一，非金融企业向金融企业借款的利息支出、金融企业的各项存款利息支出和同业拆借利息支出、企业经批准发行债券的利息支出；第二，非金融企业向非金融企业借款的利息支出，不超过按照金融企业同期同类贷款利率计算的数额的部分。

（5）汇兑损失。企业在货币交易中，以及纳税年度终了时将人民币以外的货币性资产、负债按照期末即期人民币汇率中间价折算为人民币时产生的汇兑损失，除已经计入有关资产成本以及与向所有者进行利润分配相关的部分外。

(6)三费支出。企业发生的职工福利费支出，不超过工资、薪金总额14%的部分。企业拨缴的工会经费，不超过工资、薪金总额2%的部分。除国务院财政、税务主管部门另有规定外，企业发生的职工教育经费支出，不超过工资、薪金总额2.5%的部分，准予扣除；超过部分，准予在以后纳税年度结转扣除。

(7)业务招待费和广告宣传费。企业发生的与生产经营活动有关的业务招待费支出，按照发生额的60%扣除，但最高不得超过当年销售(营业)收入的5‰。企业发生的符合条件的广告费和业务宣传费支出，除国务院财政、税务主管部门另有规定外，不超过当年销售(营业)收入15%的部分，准予扣除；超过部分，准予在以后纳税年度结转扣除。

(8)环保支出。企业依照法律、行政法规有关规定提取的用于环境保护、生态恢复等方面的专项资金，但是专项资金提取后改变用途的，不得扣除。

(9)保险费。企业参加财产保险，按照规定缴纳的保险费，准予扣除。

(10)固定资产租赁费。企业根据生产经营活动的需要租入固定资产支付的租赁费，按照以下方法扣除：以经营租赁方式租入固定资产发生的租赁费支出，按照租赁期限均匀扣除；以融资租赁方式租入固定资产发生的租赁费支出，按照规定构成融资租入固定资产价值的部分应当提取折旧费用，分期扣除。

(11)劳保支出。企业发生的合理的劳动保护支出。

(12)企业之间支付的管理费、企业内营业机构之间支付的租金和特许权使用费，以及非银行企业内营业机构之间支付的利息，不得扣除。

(13)非居民企业在中国境内设立的机构、场所，就其中国境外总机构发生的与该机构、场所生产经营有关的费用，能够提供总机构出具的费用汇集范围、定额、分配依据和方法等证明文件，并合理分摊的，准予扣除。

(14)公益性捐赠支出。企业发生的公益性捐赠支出，在年度利润总额12%以内的部分，[①]准予在计算应纳税所得额时扣除；超过年度利润总额12%的部分，准予结转以后3年内在计算应纳税所得额时扣除。企业当年发生及以前年度结转的公益性捐赠支出，准予在当年税前扣除的部分，不能超过企业当年年度利润总额的12%。所谓公益性捐赠，是指企业通过公益性社会团体或者县级以上人民政府及其部门，用于《公益事业捐赠法》规定的公益事业的捐赠。所谓公益性社会团体，是指符合法定条件的基金会、慈善组织等社会团体。公益性社会组织，应当依法取得公益性捐赠税前扣除资格。

(15)资产折旧与摊销费用。在计算应纳税所得额时，企业按照规定计算的固定资

---

① 年度利润总额，是指企业依照国家统一会计制度的规定计算的大于零的数额。

产折旧、企业按照规定计算的无形资产摊销费用、企业发生的支出，①作为长期待摊费用，按照规定摊销的，准予扣除。

（16）企业使用或者销售存货，按照规定计算的存货成本，准予在计算应纳税所得额时扣除。企业转让资产，该项资产的净值，准予在计算应纳税所得额时扣除。

2. 不得扣除的支出

《企业所得税法》第 10 条、11 条、12 条、14 条、17 条、18 条规定，下列支出不得扣除。

（1）与取得收入无关的支出。在计算应纳税所得额时，下列支出不得扣除：向投资者支付的股息、红利等权益性投资收益款项，企业所得税税款，税收滞纳金，罚金、罚款和被没收财物的损失，《企业所得税法》第 9 条规定以外的捐赠支出，赞助支出，未经核定的准备金支出，与取得收入无关的其他支出。

（2）固定资产折旧与无形资产摊销中的不得扣除支出。在计算固定资产折旧时，下列固定资产不得计算折旧扣除：房屋、建筑物以外未投入使用的固定资产，以经营租赁方式租入的固定资产，以融资租赁方式租出的固定资产，已足额提取折旧仍继续使用的固定资产，与经营活动无关的固定资产，单独估价作为固定资产入账的土地，其他不得计算折旧扣除的固定资产。在计算无形资产摊销费用时不得扣除的支出包括：自行开发的支出已在计算应纳税所得额时扣除的无形资产，自创商誉，与经营活动无关的无形资产，其他不得计算摊销费用扣除的无形资产。

（3）对外投资相关的支出。企业对外投资期间，投资资产的成本在计算应纳税所得额时不得扣除。

（4）弥补亏损的相关开支。弥补以前年度亏损：企业在汇总计算缴纳企业所得税时，其境外营业机构的亏损不得抵减境内营业机构的盈利。企业纳税年度发生的亏损，准予向以后年度结转，用以后年度的所得弥补，但结转年限最长不得超过 5 年。亏损，是指企业依照企业所得税法和《企业所得税法实施条例》的规定将每一纳税年度的收入总额减除不征税收入、免税收入和各项扣除后小于零的数额。

（三）应纳税额的计算

1. 应纳税额的一般计算方法

企业的应纳税所得额乘以适用税率，减除依法关于税收优惠的规定减免和抵免的税额后的余额，为应纳税额。具体计算公式为：

应纳税额＝应纳税所得额　适用税率－减免税额－抵免税额

公式中的减免税额和抵免税额，是指依照企业所得税法和国务院的税收优惠规定

① 企业发生的支出限于下列四类：（1）已足额提取折旧的固定资产的改建支出；（2）租入固定资产的改建支出；（3）固定资产的大修理支出；（4）其他应当作为长期待摊费用的支出。

减征、免征和抵免的应纳税额。关于税收优惠,企业所得税法进行了专章规定。

2. 企业所得税的税收抵免

税收抵免制度是国际上为了解决税收管辖权冲突而通常采用的避免对跨国纳税人的所得进行双重征税的制度,一般分为直接抵免和间接抵免。抵免企业所得税税额时,应当提供中国境外税务机关出具的税款所属年度的有关纳税凭证。

(1)直接抵免

根据《企业所得税法》第23条的规定,企业取得的下列所得已在境外缴纳的所得税税额,可以从其当期应纳税额中抵免,抵免限额为该项所得依照《企业所得税法》规定计算的应纳税额;超过抵免限额的部分,可以在以后5个年度内,用每年度抵免限额抵免当年应抵税额后的余额进行抵补:居民企业来源于中国境外的应税所得;非居民企业在中国境内设立机构、场所,取得发生在中国境外但与该机构、场所有实际联系的应税所得。境外缴纳的所得税税额,是指企业来源于中国境外的所得依照中国境外税收法律以及相关规定应当缴纳并已经实际缴纳的企业所得税性质的税款。抵免限额,是指企业来源于中国境外的所得,依照企业所得税法和《企业所得税法实施条例》的规定计算的应纳税额。除国务院财政、税务主管部门另有规定外,该抵免限额应当分国(地区)不分项计算,计算公式如下:

抵免限额 = 中国境内、境外所得依照企业所得税法和其条例的规定计算的应纳税总额 × 来源于某国(地区)的应纳税所得额 ÷ 中国境内、境外应纳税所得总额

另外,前述规定中的5个年度,是指从企业取得的来源于中国境外的所得,已经在中国境外缴纳的企业所得税性质的税额超过抵免限额的当年的次年起连续5个纳税年度。

(2)间接抵免

根据《企业所得税法》第24条的规定,居民企业从其直接或者间接控制的外国企业分得的来源于中国境外的股息、红利等权益性投资收益,外国企业在境外实际缴纳的所得税税额中属于该项所得负担的部分,可以作为该居民企业的可抵免境外所得税税额,在《企业所得税法》第23条规定的抵免限额内抵免。在间接抵免中,直接控制,是指居民企业直接持有外国企业20%以上股份;间接控制,是指居民企业以间接持股方式持有外国企业20%以上股份,具体认定办法由国务院财政、税务主管部门另行制定。

3. 资产的税务处理

企业发生的支出应当区分收益性支出和资本性支出。收益性支出在发生当期直接扣除;资本性支出应当分期扣除或者计入有关资产成本,不得在发生当期直接扣除。在计算应纳税所得额时,企业财务、会计处理办法与税收法律、行政法规的规定不一致的,应当依照税收法律、行政法规的规定计算纳税。企业的各项资产,包括固定资产、生物

资产、无形资产、长期待摊费用、投资资产、存货等,以历史成本为计税基础。所谓固定资产,是指企业为生产产品、提供劳务、出租或者经营管理而持有的、使用时间超过12个月的非货币性资产,包括房屋、建筑物、机器、机械、运输工具以及其他与生产经营活动有关的设备、器具、工具等。所谓生物资产,是指企业为生产农产品、提供劳务或者出租等而持有的生物资产,包括经济林、薪炭林、产畜和役畜等。所谓无形资产,是指企业为生产产品、提供劳务、出租或者经营管理而持有的、没有实物形态的非货币性长期资产,包括专利权、商标权、著作权、土地使用权、非专利技术、商誉等。所谓投资资产,是指企业对外进行权益性投资和债权性投资形成的资产。所谓存货,是指企业持有以备出售的产品或者商品、处在生产过程中的在产品、在生产或者提供劳务过程中耗用的材料和物料等。所谓历史成本,是指企业取得该项资产时实际发生的支出。企业持有各项资产期间资产增值或者减值,除国务院财政、税务主管部门规定可以确认损益外,不得调整该资产的计税基础。

三、税收优惠

(一)税收优惠的主要类型

税收优惠是指列入企业所得税优惠管理的免税收入、定期减免税、优惠税率、加计扣除、抵扣应纳税所得额、加速折旧、减计收入、税额抵免等法定优惠制度和国务院制定的专项优惠政策。当前,我国实行的是"产业和项目优惠为主、特定区域和特定企业优惠为辅"的税收优惠体系。除了将企业的国债利息收入,符合条件的居民企业之间的股息、红利等权益性投资收益,在中国境内设立机构、场所的非居民企业从居民企业取得与该机构、场所有实际联系的股息、红利等权益性投资收益,符合条件的非营利公益组织的收入等作为免税收入之外,主要针对特定项目和特定区域、特定类型的企业实行税收减免。

(二)税收优惠的具体规定

1. 产业和项目优惠

国家对重点扶持和鼓励发展的产业和项目,给予企业所得税优惠。根据《企业所得税法》第27条的规定,企业的下列所得,可以免征、减征企业所得税:从事农、林、牧、渔业项目的所得;从事国家重点扶持的公共基础设施项目投资经营的所得;从事符合条件的环境保护、节能节水项目的所得;符合条件的技术转让所得;非居民企业在中国境内未设立机构、场所的,或者虽设立机构、场所但取得的所得与其所设机构、场所没有实际联系的,其来源于中国境内的所得。所谓国家重点扶持的公共基础设施项目,是指《公共基础设施项目企业所得税优惠目录》规定的港口码头、机场、铁路、公路、城市公共交通、电力、水利等项目。符合条件的环境保护、节能节水项目,包括公共污水处理、公共垃圾处理、沼气综合开发利用、节能减排技术改造、海水淡化等。项目的具体条件和范围由国务院财政、税务主管部门商国务院有关部门制定,报国务院批准后公布施行。符合条件的技术转让所得免征、减征企业所得税,是指一个纳税年度内,居民企业技术转让所得不超过500万元的部分,免征企业所得税;超过500万元的部分,减半征收企业所得税。非居民企业取得来源于中国境内的所得,减按10%的税率征收企业所得税。

2. 小型微利企业和高新技术企业

在各种税收优惠措施中,税率优惠属于最直接、最有力的优惠,根据企业所得税法,对符合条件的小型微利企业,减按20%的税率征收企业所得税;对国家需要重点扶持的高新技术企业,减按15%的税率征收企业所得税。符合条件的小型微利企业,是指从事国家非限制和禁止行业,并符合下列条件的企业:(1)工业企业,年度应纳税所得额不超过30万元,从业人数不超过100人,资产总额不超过3000万元;(2)其他企业,年度应纳税所得额不超过30万元,从业人数不超过80人,资产总额不超过1000万元。[①] 所谓国家需要重点扶持的高新技术企业,是指拥有核心自主知识产权,并同时符合规定的条件的企业。

3. 民族自治地方的企业

民族自治地方的自治机关对本民族自治地方的企业应缴纳的企业所得税中属于地方分享的部分,可以决定减征或者免征。自治州、自治县决定减征或者免征的,须报省、自治区、直辖市人民政府批准。民族自治地方,是指依照《民族区域自治法》实行民族区域自治的自治区、自治州、自治县。对民族自治地方内国家限制和禁止行业的企业,不得减征或者免征企业所得税。

4. 企业特定支出的加计扣除

企业开发新技术、新产品、新工艺发生的研究开发费用和安置残疾人员及国家鼓励安置的其他就业人员所支付的工资,可以在计算应纳税所得额时加计扣除。研究开发费用的加计扣除,是指企业为开发新技术、新产品、新工艺发生的研究开发费用,未形成无形资产计入当期损益的,在按照规定据实扣除的基础上,按照研究开发费用的50%加计扣除;形成无形资产的,按照无形资产成本的150%摊销。企业安置残疾人员所支付的工资的加计扣除,是指企业安置残疾人员的,在按照支付给残疾职工工资据实扣除

---

① 有关小型微利企业的所得税优惠政策,随着近几年针对小微企业的税收让利力度不断加大,其政策变动也较频繁。例如,根据财政部、税务总局《关于扩大小型微利企业所得税优惠政策范围的通知》(财税〔2017〕43号):2017年1月1日至2019年12月31日,将小型微利企业的年应纳税所得额上限由30万元提高至50万元,对年应纳税所得额低于50万元(含50万元)的小型微利企业,其所得减按50%计入应纳税所得额,按20%的税率缴纳企业所得税。2018年7月11日,财政部、税务总局发布的《关于进一步扩大小型微利企业所得税优惠政策范围的通知》(财税〔2018〕77号),废止了财税〔2017〕43号文。财税〔2018〕77号规定:2018年1月1日至2020年12月31日,将小型微利企业的年应纳税所得额上限由50万元提高至100万元,对年应纳税所得额低于100万元(含100万元)的小型微利企业,其所得减按50%计入应纳税所得额,按20%的税率缴纳企业所得税。前款所称小型微利企业,是指从事国家非限制和禁止行业,并符合下列条件的企业:工业企业,年度应纳税所得额不超过100万元,从业人数不超过100人,资产总额不超过3000万元;其他企业,年度应纳税所得额不超过100万元,从业人数不超过80人,资产总额不超过1000万元。

的基础上,按照支付给残疾职工工资的100%加计扣除。残疾人员的范围适用《残疾人保障法》的有关规定;企业安置国家鼓励安置的其他就业人员所支付的工资的加计扣除办法,由国务院另行规定。

5. 创投企业

创业投资企业从事国家需要重点扶持和鼓励的创业投资,可以按投资额的一定比例抵扣应纳税所得额。根据国家税务总局的规定,所谓创业投资企业是指依照《创业投资企业管理暂行办法》(国家发展和改革委员会等10部委令2005年第39号)和《外商投资创业投资企业管理规定》(商务部等5部委令2003年第2号)在中华人民共和国境内设立的专门从事创业投资活动的企业或其他经济组织。① 抵扣应纳税所得额,是指创业投资企业采取股权投资方式投资于未上市的中小高新技术企业2年以上的,可以按照其投资额的70%在股权持有满2年的当年抵扣该创业投资企业的应纳税所得额;当年不足抵扣的,可以在以后纳税年度结转抵扣。

6. 企业因技术进步、节能环保的投资与收入

(1)企业的固定资产由于技术进步等原因,确需加速折旧的,可以缩短折旧年限或者采取加速折旧的方法。采取缩短折旧年限或者采取加速折旧的方法的固定资产,包括:由于技术进步,产品更新换代较快的固定资产;常年处于强震动、高腐蚀状态的固定资产。

(2)企业综合利用资源,生产符合国家产业政策规定的产品所取得的收入,可以在计算应纳税所得额时减计收入。减计收入,是指企业以《资源综合利用企业所得税优惠目录》规定的资源作为主要原材料,生产国家非限制和禁止并符合国家和行业相关标准的产品取得的收入,减按90%计入收入总额。

(3)企业购置用于环境保护、节能节水、安全生产等专用设备的投资额,可以按一定比例实行税额抵免。税额抵免,是指企业购置并实际使用《环境保护专用设备企业所得税优惠目录》、《节能节水专用设备企业所得税优惠目录》和《安全生产专用设备企业所得税优惠目录》规定的环境保护、节能节水、安全生产等专用设备的,该专用设备的投资额的10%可以从企业当年的应纳税额中抵免;当年不足抵免的,可以在以后5个纳税年度结转抵免。

7. 国务院专项优惠政策

与前述企业所得税法明确规定的企业所得税的各种优惠不同的是,国务院专项税收优惠政策,属于政策的范畴,而非法定的针对行业、项目、地区、特定企业以及企业的特定费用和收入进行的优惠措施。根据国民经济和社会发展的需要,或者由于突发事件等原因对企业经营活动产生重大影响的,国务院可以制定企业所得税专项优惠政策,报全国人民代表大会常务委员会备案。其前提特定,具有专项性、针对性,而非普惠性、

① 国家税务总局《关于实施创业投资企业所得税优惠问题的通知》(国税发〔2009〕87号)。

一般性的税收优惠措施,国务院制定的专项税收优惠政策,就企业而言,对于专项税收优惠,一般不得多次享受、与其他专项税收优惠重复享受。专项税收优惠政策的制定权来源于法律授权,并且实行备案制,一般不能由国务院制定税收优惠的具体办法来实施。此类税收优惠政策以区域性税收优惠(西部大开发、经济特区、上海浦东新区、深圳前海、广东横琴、福建平潭)为主。

四、源泉扣缴

(一)法定源泉扣缴

改革开放初期我国资金不足,为吸引外资,原税法规定,对汇出境外的利润暂免征收预提所得税。按照国际通行做法,来源国对汇出境外的利润有优先征税权,一般征收预提所得税。我国对非居民企业取得的来源于中国境内的所得应缴纳的所得税,实行源泉扣缴,以支付人为扣缴义务人。这种实行源泉扣缴的所得税,即预提所得税。对汇出境外利润减按10%的税率征收企业所得税,没有给予普遍的免税政策。对非居民企业在中国境内未设立机构、场所而取得的股息、红利等权益性投资收益和利息、租金、特许权使用费所得,或者是虽设立机构、场所,但取得的上述所得与其机构、场所没有实际联系,按收入全额征收预提所得税。收入全额,是指非居民企业向支付人收取的全部价款和价外费用;支付人,是指依照有关法律规定或者合同约定对非居民企业直接负有支付相关款项义务的单位或者个人;支付,包括现金支付、汇拨支付、转账支付和权益兑价支付等货币支付和非货币支付。税款由扣缴义务人在每次支付或者到期应支付时,从支付或者到期应支付的款项中扣缴。

(二)指定源泉扣缴

对非居民企业在中国境内取得工程作业和劳务所得应缴纳的所得税,税务机关可以指定工程价款或者劳务费的支付人为扣缴义务人。可以指定扣缴义务人的情形,包括:(1)预计工程作业或者提供劳务期限不足一个纳税年度,且有证据表明不履行纳税义务的;(2)没有办理税务登记或者临时税务登记,且未委托中国境内的代理人履行纳税义务的;(3)未按照规定期限办理企业所得税纳税申报或者预缴申报的。

(三)源泉扣缴管理

属于法定源泉扣除和指定源泉扣除规定应当扣缴的所得税,扣缴义务人未依法扣缴或者无法履行扣缴义务的,由纳税人在所得发生地缴纳。纳税人未依法缴纳的,税务机关可以从该纳税人在中国境内其他收入项目的支付人应付的款额中,追缴该纳税人的应纳税款。所谓所得发生地,是指依照《企业所得税法实施条例》第7条规定的原则确定的所得发生地。在中国境内存在多处所得发生地的,由纳税人选择其中之一申报缴纳企业所得税。所谓该纳税人在中国境内其他收入,是指该纳税人在中国境内取得的其他各种来源的收入。

五、特别纳税调整

特别纳税调整的本质在于反避税。为了防止跨国集团利用转让定价向国外转移利润,侵蚀我国税基,我国企业所得税法借鉴国际通行做法,规定了受控外国企业、资本弱化、一般反避税等相关条款,对反避税制度作了进一步规范。赋予税务机关必要的反避税处置权,规定了加收利息条款,通过这些反避税措施的安排,建立了比较全面、规范、与国际惯例接轨的企业所得税反避税制度。我国《企业所得税法》及其实施条例规定的特别纳税调整的主要内容,明确提出将"独立交易原则"作为转让定价的核心原则,增列了成本分摊协议条款,强化了纳税人、关联方和可比企业对转让定价调查的协助义务。

(一)转让定价

随着经济全球化发展,跨国公司正面临着复杂的商业环境,集团内关联交易的数量和类型日益增多、转让定价法规不断完善、各国监管环境愈加严峻,转让定价已成为跨国商业活动中的重要税收问题。转让定价是指关联企业之间对于无形资产转让和使用,有形资产的购销、转让和使用,劳务提供,资金融通等各种业务往来的定价。《企业所得税法》第41条规定,企业与其关联方之间的业务往来,不符合独立交易原则而减少企业或者其关联方应纳税收入或者所得额的,税务机关有权按照合理方法调整。[①]

(二)预约定价安排

预约定价制的核心是企业与税务机关达成预约定价协议。而预约定价协议,经济合作与发展组织1995年关于转移定价指南规定:"预约定价协议是这样一份协议:它在受控交易发生之前,为这些交易的转移定价预先确定一系列恰当的标准(如方法、可比数据等),且规定该标准将在一个确定的时期内有效。"我国企业所得税法所定义的预约定价安排,是指企业就其未来年度关联交易的定价原则和计算方法,向税务机关提出申请,与税务机关按照独立交易原则协商、确认后达成的协议。预约定价安排的谈签与执行经过预备会谈、谈签意向、分析评估、正式申请、协商签署和监控执行6个阶段。预约定价安排包括单边、双边和多边3种类型。

(三)成本分摊协议

企业与其关联方共同开发、受让无形资产,或者共同提供、接受劳务发生的成本,在计算应纳税所得额时应当按照独立交易原则进行分摊。企业可以按照独立交易原则与

---

① 所谓关联方,是指与企业有下列关联关系之一的企业、其他组织或者个人:(1)在资金、经营、购销等方面存在直接或者间接的控制关系;(2)直接或者间接地同为第三者控制;(3)在利益上具有相关联的其他关系。独立交易原则,是指没有关联关系的交易各方,按照公平成交价格和营业常规进行业务往来遵循的原则。所谓合理方法,包括:(1)可比非受控价格法,是指按照没有关联关系的交易各方进行相同或者类似业务往来的价格进行定价的方法;(2)再销售价格法,是指按照从关联方购进商品再销售给没有关联关系的交易方的价格,减除相同或者类似业务的销售毛利进行定价的方法;(3)成本加成法,是指按照成本加合理的费用和利润进行定价的方法;(4)交易净利润法,是指按照没有关联关系的交易各方进行相同或者类似业务往来取得的净利润水平确定利润的方法;(5)利润分割法,是指将企业与其关联方的合并利润或者亏损在各方之间采用合理标准进行分配的方法;(6)其他符合独立交易原则的方法。

其关联方分摊共同发生的成本,达成成本分摊协议。企业与其关联方分摊成本时,应当按照成本与预期收益相配比的原则进行分摊,并在税务机关规定的期限内,按照税务机关的要求报送有关资料。企业与其关联方分摊成本时违反《企业所得税法实施条例》第112条第1款、第2款规定的,其自行分摊的成本不得在计算应纳税所得额时扣除。

我国《企业所得税法》借鉴了国际通行做法,将成本分摊协议引入我国税收立法,该法第41条第2款规定,企业与其关联方共同开发、受让无形资产,或者共同提供、接受劳务发生的成本,在计算应纳税所得额时应当按照独立交易原则进行分摊。成本分摊协议是企业间签订的一种契约性协议,签约各方约定在研发或劳务活动中共摊成本、共担风险,并按照预期收益与成本相配比的原则合理分享收益。企业与其关联方共同开发、受让无形资产,或者共同提供、接受劳务时,应预先在各参与方之间达成协议安排,采用合理方法分摊上述活动发生的成本,即必须遵循独立交易原则:在可比情形下没有关联关系的企业之间共同开发、受让无形资产,或者共同提供、接受劳务所能接受的协议分配方法分摊上述活动发生的成本。

(四)受控外国企业反避税规则

为了防止企业在低税率国家或地区建立受控外国企业,将利润保留在外国企业不分配或少量分配,逃避国内纳税义务,我国参照国际上一些国家的做法,引入了受控外国公司的反避税措施。我国《企业所得税法》第45条规定,由居民企业,或者由居民企业和中国居民控制的设立在实际税负明显低于税法规定税率水平的国家(地区)的企业,并非由于合理的经营需要而对利润不作分配或者减少分配的,上述利润中应归属于该居民企业的部分,应当计入该居民企业的当期收入。

我国税法从三个方面明确了受控外国企业反避税规则。一是明确了构成受控外国企业的控制关系,具体包括:居民企业或者中国居民直接或者间接单一持有外国企业10%以上有表决权股份,且由其共同持有该外国企业50%以上股份;居民企业,或者居民企业和中国居民持股比例没有达到前项规定的标准,但在股份、资金、经营、购销等方面对该外国企业构成实质控制。二是明确实际税负偏低的判定标准。即实际税负明显低于《企业所得税法》第4条第1款规定税率水平,是指低于《企业所得税法》第4条第1款规定税率的50%。三是明确中国居民的含义,是指根据《个人所得税法》从中国境内、境外取得的所得在中国缴纳个人所得税的个人。

(五)资本弱化规则

资本弱化,是指企业通过加大借贷款(债权性筹资)而减少股份资本(权益性筹资)比例的方式增加税前扣除,以降低企业税负的一种行为。由于以下两方面原则,企业往往愿意采用债权投资,相应减少权益投资。第一,由于债务人支付给债权人的利息,作为财务费用一般可以税前扣除,而股东获得的收益即股息却不能在税前扣除,选择借债的融资方式比权益的融资方式,从税收的角度来说更具有优势;第二,许多国家对非居民纳税人获得的利息征收的预提所得税税率,通常比对股息征收的企业所得税税率低,采用债权投资比采用股权投资的税收负担低。对于债务人和债权人同属于一个利益集团的跨国公司来说,就有动机通过操纵融资方式,降低集团整体的税收负担。

纳税人在为投资经营而筹措资金时,常常刻意设计资金来源结构,加大借入资金比例,扩大债务与权益的比率,人为形成“资本弱化”。因此,许多国家在税法上对关联方之间的债权性投资与权益性投资比例作出限制,防范企业通过操纵各种债务形式的支付手段,增加税前扣除、降低税收负担。我国《企业所得税法》规定,企业从其关联方接受的债权性投资与权益性投资的比例超过规定标准而发生的利息支出,不得在计算应纳税所得额时扣除。权益性投资,是指企业接受的不需要偿还本金和支付利息,投资人对企业净资产拥有所有权的投资。债权性投资,是指企业直接或者间接从关联方获得的,需要偿还本金和支付利息或者需要以其他具有支付利息性质的方式予以补偿的融资。

（六）一般反避税条款

前述特别纳税调整都属于特别的反避税措施。然而,商业活动中层出不穷的避税手段,无法通过税收立法一一列举。为了打击和遏制以规避税收为主要目的,但其他反避税措施又无法涉及的避税行为,在借鉴国外立法经验的基础上,我国将一般反避税条款作为兜底的补充性条款,用以弥补特别反避税条款的不足,有利于增强税法的威慑力。《企业所得税法》第47条规定,企业实施其他不具有合理商业目的的安排,而减少其应纳税收入或者所得额的,税务机关有权按照合理方法调整。所谓不具有合理商业目的,是指以减少、免除或者推迟缴纳税款为主要目的。但是,由于对商业目的“合理性”的判断本身存在相对客观的标准,在纳税人和税收征管机构的不同立场,可能对此作出截然相反的判断结论,而现行企业所得税立法将判断权赋予税务机关,这有可能导致税务机关判断不准确,甚至滥用权力,从而导致损害纳税人合法权益。因此,有必要对税务机关的判断权力加以必要的规范和约束。当前实施的《一般反避税管理办法（试行）》（国家税务总局令2014年第32号）在一定程度上可以发挥规范一般反避税管理的作用。当然,被调查企业对主管税务机关作出的一般反避税调整决定不服的,可以按照有关法律法规的规定申请法律救济。

（七）纳税调整的后续措施

根据《企业所得税法》第48条的规定,税务机关依法作出纳税调整,需要补征税款的,应当补征税款,并按照国务院规定加收利息。根据《企业所得税法实施条例》第122条的规定,利息应当按照税款所属纳税年度中国人民银行公布的与补税期间同期的人民币贷款基准利率加5个百分点计算。国家税务总局关于发布《特别纳税调查调整及相互协商程序管理办法》（国家税务总局公告2017年第6号）第44条的规定,税务机关对企业实施特别纳税调整的,应当根据企业所得税法及其实施条例的有关规定对2008年1月1日以后发生交易补征的企业所得税按日加收利息。

六、税收征管

企业所得税的征收管理除《企业所得税法》规定外，依照《税收征收管理法》的规定执行。除国务院另有规定外，企业之间不得合并缴纳企业所得税。

(一)纳税地点与缴纳方式

1. 居民企业的纳税地点与缴纳

根据《企业所得税法》第50条的规定，除税收法律、行政法规另有规定外，居民企业以企业登记注册地确定纳税地点，但登记注册地在境外的，以实际管理机构所在地为纳税地点。在缴纳方式上，居民企业在中国境内设立不具有法人资格的营业机构的，应当汇总计算并缴纳企业所得税。

2. 非居民企业的纳税地点与缴纳

非居民企业在中国境内设立机构、场所的，应当就其所设立机构、场所取得的来源于中国境内的所得，以及发生在中国境外但与其所设机构、场所有实际联系的所得，企业所得税的纳税地点为机构、场所所在地。非居民企业在中国境内设立两个或者两个以上机构、场所的，经税务机关审核批准，可以选择由其主要机构、场所汇总缴纳企业所得税。非居民企业缴纳预提所得税的，以扣缴义务人所在地为纳税地点。非居民企业经批准汇总缴纳企业所得税后，需要增设、合并、迁移、关闭机构、场所或者停止机构、场所业务的，应当事先由负责汇总申报缴纳企业所得税的主要机构、场所向其所在地税务机关报告；需要变更汇总缴纳企业所得税的主要机构、场所的，依照规定办理。

(二)纳税时间

1. 税款计算期

企业所得税按纳税年度计算。纳税年度自公历1月1日起至12月31日止。企业在一个纳税年度中间开业，或者终止经营活动，使该纳税年度的实际经营期不足12个月的，应当以其实际经营期为一个纳税年度。企业依法清算时，应当以清算期间作为一个纳税年度。

2. 税款预缴期

企业所得税分月或者分季预缴。企业依法分月或者分季预缴企业所得税时，应当按照月度或者季度的实际利润额预缴；按照月度或者季度的实际利润额预缴有困难的，可以按照上一纳税年度应纳税所得额的月度或者季度平均额预缴，或者按照经税务机关认可的其他方法预缴。预缴方法一经确定，该纳税年度内不得随意变更。企业应当自月份或者季度终了之日起15日内，向税务机关报送预缴企业所得税纳税申报表，预缴税款。企业应当自年度终了之日起5个月内，向税务机关报送年度企业所得税纳税申报表，并汇算清缴，结清应缴应退税款。

企业在纳税年度内无论盈利或者亏损，都应当依照《企业所得税法》第54条的规定的期限，向税务机关报送预缴企业所得税纳税申报表、年度企业所得税纳税申报表、财务会计报告和税务机关规定应当报送的其他有关资料。

企业在年度中间终止经营活动的，应当自实际经营终止之日起60日内，向税务机关办理当期企业所得税汇算清缴。企业应当在办理注销登记前，就其清算所得向税务机关申报并依法缴纳企业所得税。

七、企业所得税改革及其趋势

近几年，我国经济体制改革和财税体制改革推进迅速，在经济发展进入新常态阶段，企业所得税改革进程却相对缓慢。尤其在全球经济下行压力尚未得到有效缓解的情况下，降低企业宏观税负，对减轻企业负担和增强企业盈利能力具有重要影响。从全球企业所得税改革趋势和我国企业税负看，企业所得税制改革的主要目的应当是降低企业税负，一方面在于扩大费用扣除范围，另一方面在于普遍降低税率。近年来，我国企业实际承担所得税率越来越高，加之，海外国际税收竞争格局突变或将倒逼企业所得税改革，英国、美国等国家都开始将企业所得税税率下调至20%以内，所以，为了减轻企业税负，增强企业盈利能力和国际竞争力，需要考虑继续降低企业所得税税率。

拓展思考　企业所得税改革趋势

2015年的中央经济工作会议上，中央就正式提出了“要降低企业税费负担，进一步正税清费，清理各种不合理收费、营造公平的税负环境”的目标。2017年全国两会期间，国务院总理李克强作政府工作报告时表示，2017年全年再减少企业税负3500亿元左右、涉企收费约2000亿元，一定要让市场主体有切身感受。2017年12月22日，美国总统特朗普签署了《美国减税与就业法案》这一全面税收改革法案，这一次的税改内容广泛，一旦付诸实施，可能对美国经济和世界经济格局产生重大影响。据分析，美国减税政策实施之后，中美企业的税收负担对比将发生很大变化。中国企业原本存在的低所得税优势（以25%对38.5%）不复存在，而流转税方面实际负担约为美国境内企业的近3倍。这对中国境内生产企业的国际竞争力，以及以美国为主体的跨国公司选择投资和生产地，均会产生影响。对比中美减税政策的内容及其实施效果，应思考如何通过企业所得税改革，尤其是针对企业所得税的减税政策，促进我国企业的国际竞争力。

第三节　个人所得税法

一、个人所得税法概述

（一）个人所得税的概念

个人所得税，是以个人所得为征税对象，由个人（自然人）就其一定期间取得的各项应税所得缴纳的一种直接税，取得所得的自然人为纳税人。作为直接税的个人所得税，由取得所得的个人直接承担，因而对国民税权和个人及其家庭的收入影响较大。因其具有比较明显的筹集税收收入和调节个人收入结构的功能,个人所得税是一种在各国普遍开征的税种。在人均收入较高的国家,个人所得税收入在整个税收收入中所占比重较高,因而,个人所得税在所有税种中具有重要地位。个人所得税是目前我国仅次于增值税、企业所得税的第三大税种,在筹集财政收入、调节收入分配等方面发挥着重要作用。

(二)个人所得税法的概念

从立法形式看,个人所得税有广义和狭义两种情形。广义上的个人所得税法是指调整征收机关与自然人之间在个人所得税的征纳和管理过程中发生的社会关系的法律规范的总称,包括税法实体法和税法程序法上有关个人所得税的法律、法规,以及规章和国家税务机关发布的规范性文件。狭义的个人所得税法是指调整个人所得税征纳关系的基本法,即《个人所得税法》。

(三)个人所得税制度的模式

从世界范围看,由于各国的政治制度和经济发展阶段不同,在个人所得税的课征方式和计税依据方面存在一定的差异。归纳起来,个人所得税按照征收方式可以分为综合所得税制、分类所得税制、综合与分类相结合的所得税制3种类型。

1.综合所得税制

综合所得税制,是指将纳税人全年所获得的各种不同来源的所得综合起来,依据税法规定减除各项扣除后,按照统一的累进税率课征的一种所得税制。纳税人的所得包括一定期间实际消费数额和财富的净增加额之和,不论所得来源是经常或偶然,连续或非连续,劳动所得或资本所得。综合所得税最先出现于德国,现为世界各国所普遍采用。其优点在于能够体现纳税人的实际负担能力,最符合量能课税原则和税收公平原则,但也存在计税依据复杂、征管成本高、对纳税人纳税意识和服从程度要求高等前提,需要比较完备的个人所得税法律制度来实现。

2.分类所得税制

分类所得税制,是针对个人的来源于各种不同性质的所得先分类,分别规定相应的计税方式和税率,分别计算应纳税额而课征的一种所得税制。在分类所得税制中,计税依据的基础是税法确定的各项所得,而不是个人的总所得,此类所得税的税率,多为比例税率或超额累进税率。我国目前实行的是分类税制,即将个人各种来源不同、性质各异的所得进行分类,分别扣除不同的费用,按不同的税率课税。其优点在于,征管简便和征纳成本较低,即通过源泉扣缴的办法,实行一次性征收,而且还可以针对不同性质的所得,分别课税,从而贯彻落实特定的税收意图。但存在难以有效实现税收公平原则,以及纳税人通过区分不同收入来源而达到避税目的的问题。

3.综合与分类相结合的所得税制

综合与分类相结合的所得税制是结合了综合课税与分类课税各自的优点,将大部分收入所得综合起来,并按量能负担课税原则实行累进税率,同时对其他特定项目所得采用分类计征,以实现特定政策目标。根据各国对分类课税所得部分是否要再次加总计税的不同,又可分为交叉型综合分类与并立型综合分类两种。交叉型综合分类模式,一般是对纳税人的各项分类所得先按比例实行源扣缴,然后将其全年总所得超规定数额以上的部分,综合加总,按累进税率计税,已扣缴税款在全年结算时予以抵扣;并立型综合分类模式,一般是对分项计征的所得项目不再进行年终加总,综合纳税,对其他大部分所得项目进行合计纳税。在我国,党的十八届三中全会提出逐步建立综合与分类相结合的个人所得税制。

二、纳税人

在我国,按照个人纳税人的住所标准和居住时间标准,将个人所得税的纳税人分为居民纳税人与非居民纳税人两类。另外,个体工商户、个人独资企业投资人、合伙企业的个人合伙人也属于个人所得税的纳税义务人。

1. 居民纳税人。居民纳税人,是指在中国境内有住所,或者无住所而在境内居住满法定期限的个人,居民纳税人就其从中国境内和境外取得的所得,依法缴纳个人所得税,居民纳税人承担无限纳税义务。根据《个人所得税法实施条例》第 2 条的规定,个人所得税法所称在中国境内有住所,是指因户籍、家庭、经济利益关系而在中国境内习惯性居住;所称从中国境内和境外取得的所得,分别是指来源于中国境内的所得和来源于中国境外的所得。

2. 非居民纳税人。非居民纳税人,是指在中国境内无住所又不居住或者无住所而在境内居住不满法定期限的个人,非居民纳税人就其从中国境内取得的所得,依法缴纳个人所得税。对于"从中国境内取得的所得",是以受雇活动的所在地、提供个人劳务的所在地、财产所在地以及资金、产权的实际使用地等标准来确定。根据《个人所得税法实施条例》的规定,除国务院财政、税务主管部门另有规定外,下列所得,不论支付地点是否在中国境内,均为来源于中国境内的所得:(1)因任职、受雇、履约等在中国境内提供劳务取得的所得;(2)将财产出租给承租人在中国境内使用而取得的所得;(3)许可各种特许权在中国境内使用而取得的所得;(4)转让中国境内的不动产等财产或者在中国境内转让其他财产取得的所得;(5)从中国境内企业、事业单位、其他组织以及居民个人取得的利息、股息、红利所得。

2018 年 8 月 31 日第十三届全国人民代表大会常务委员会第五次会议通过的修正后的《个人所得税法》,将个人所得税法的两类纳税人,在概念上进一步明确为居民个人和非居民个人,两类纳税人在纳税义务和征税方式上均有所区别。居民个人,是指在中国境内有住所,或者无住所而一个纳税年度内在中国境内居住累计满 183 天的个人;居民个人从中国境内和境外取得的所得,依照个人所得税法的规定缴纳个人所得税。非居民个人,是指在中国境内无住所又不居住,或者无住所而一个纳税年度内在中国境内居住累计不满 183 天的个人;非居民个人从中国境内取得的所得,依照个人所得税法的规定缴纳个人所得税。

根据《个人所得税法实施条例》的规定，在中国境内无住所的个人，在中国境内居住累计满183天的年度连续不满6年的，经向主管税务机关备案，其来源于中国境外且由境外单位或者个人支付的所得，免予缴纳个人所得税；在中国境内居住累计满183天的任一年度中有一次离境超过30天的，其在中国境内居住累计满183天的年度的连续年限重新起算。在中国境内无住所的个人，在一个纳税年度内在中国境内居住累计不超过90天的，其来源于中国境内的所得，由境外雇主支付并且不由该雇主在中国境内的机构、场所负担的部分，免予缴纳个人所得税。

3. 自然人纳税人的分类

为落实《中共中央关于全面深化改革若干重大问题的决定》及深化财税体制改革总体方案的有关要求，2015年中办、国办印发了《深化国税、地税征管体制改革方案》，对自然人纳税人按收入和资产实行分类管理。2016年，国家税务总局制定了《纳税人分类分级管理办法》，企业纳税人分类以规模和行业为主，兼顾特定业务类型。自然人按照收入和资产分为高收入、高净值自然人和一般自然人。高收入、高净值自然人，是指税务总局确定的、收入或资产净值超过一定额度的自然人；一般自然人，是指除高收入、高净值自然人以外的自然人。

三、应税所得与税率

（一）应税所得与应纳税所得额

1. 应税所得

个人所得税的应税所得也即纳税范围，个人所得来源的范围大致有个人劳动所得、资本所得和偶然所得。从税率、纳税方式等角度看，当前我国实行的是综合与分项相结合的所得税制。根据《个人所得税法》第2条的规定，应当缴纳个人所得税的个人所得包括9项，即工资、薪金所得，劳务报酬所得，稿酬所得，特许权使用费所得，经营所得，利息、股息、红利所得，财产租赁所得，财产转让所得，偶然所得。其中，居民个人取得前述第1项至第4项所得（以下简称综合所得），按纳税年度合并计算个人所得税；非居民个人取得前述第1项至第4项所得，按月或者按次分项计算个人所得税。纳税人取得前述第5项至第9项所得，依照本法规定分别计算个人所得税。根据《个人所得税法实施条例》的规定，个人所得税法规定的各项个人所得的范围分别为：

（1）工资、薪金所得，是指个人因任职或者受雇取得的工资、薪金、奖金、年终加薪、劳动分红、津贴、补贴以及与任职或者受雇有关的其他所得。

（2）劳务报酬所得，是指个人从事劳务取得的所得，包括从事设计、装潢、安装、制图、化验、测试、医疗、法律、会计、咨询、讲学、翻译、审稿、书画、雕刻、影视、录音、录像、演出、表演、广告、展览、技术服务、介绍服务、经纪服务、代办服务以及其他劳务取得的所得。

（3）稿酬所得，是指个人因其作品以图书、报刊等形式出版、发表而取得的所得。

（4）特许权使用费所得，是指个人提供专利权、商标权、著作权、非专利技术以及其他特许权的使用权取得的所得；提供著作权的使用权取得的所得，不包括稿酬所得。

（5）经营所得，是指个体工商户从事生产、经营活动取得的所得，个人独资企业投资人、合伙企业的个人合伙人来源于境内注册的个人独资企业、合伙企业生产、经营的所得；个人依法从事办学、医疗、咨询以及其他有偿服务活动取得的所得；个人对企业、事业单位承包经营、承租经营以及转包、转租取得的所得；个人从事其他生产、经营活动取得的所得。

（6）利息、股息、红利所得，是指个人拥有债权、股权等而取得的利息、股息、红利所得。对股票转让所得征收个人所得税的办法，由国务院另行规定，并报全国人民代表大会常务委员会备案。

（7）财产租赁所得，是指个人出租不动产、机器设备、车船以及其他财产取得的所得。

（8）财产转让所得，是指个人转让有价证券、股权、合伙企业中的财产份额、不动产、机器设备、车船以及其他财产取得的所得。

（9）偶然所得，是指个人得奖、中奖、中彩以及其他偶然性质的所得。

个人取得的所得，难以界定应纳税所得项目的，由国务院税务主管部门确定。各项所得的计算，以人民币为单位。所得为人民币以外的货币的，按照人民币汇率中间价折合成人民币缴纳税款。

2. 应纳税所得额

根据《个人所得税法》第 6 条的规定，居民个人的综合所得，以每一纳税年度的收入额减除费用 6 万元以及专项扣除、专项附加扣除和依法确定的其他扣除后的余额，为应纳税所得额。专项扣除，包括居民个人按照国家规定的范围和标准缴纳的基本养老保险、基本医疗保险、失业保险等社会保险费和住房公积金等；专项附加扣除，包括子女教育、继续教育、大病医疗、住房贷款利息或者住房租金、赡养老人等支出，具体范围、标准和实施步骤由国务院确定，并报全国人民代表大会常务委员会备案。

非居民个人的工资、薪金所得，以每月收入额减除费用 5000 元后的余额为应纳税所得额；劳务报酬所得、稿酬所得、特许权使用费所得，以每次收入额为应纳税所得额。劳务报酬所得、稿酬所得、特许权使用费所得以收入减除 20% 的费用后的余额为收入额。稿酬所得的收入额减按 70% 计算。

经营所得，以每一纳税年度的收入总额减除成本、费用以及损失后的余额，为应纳税所得额。财产租赁所得，每次收入不超过 4000 元的，减除费用 800 元；4000 元以上的，减除 20% 的费用，其余额为应纳税所得额。财产转让所得，以转让财产的收入额减除财产原值和合理费用后的余额，为应纳税所得额。利息、股息、红利所得和偶然所得，以每次收入额为应纳税所得额。

个人将其所得对教育、扶贫、济困等公益慈善事业进行捐赠，捐赠额未超过纳税人申报的应纳税所得额 30% 的部分，可以从其应纳税所得额中扣除；国务院规定对公益慈善事业捐赠实行全额税前扣除的,从其规定。个人将其所得对教育、扶贫、济困等公益慈善事业进行捐赠,是指个人将其所得通过中国境内的公益性社会组织、国家机关向教育、扶贫、济困等公益慈善事业的捐赠;所称应纳税所得额,是指计算扣除捐赠额之前的应纳税所得额。

个人所得的形式,包括现金、实物、有价证券和其他形式的经济利益;所得为实物的,应当按照取得的凭证上所注明的价格计算应纳税所得额,无凭证的实物或者凭证上所注明的价格明显偏低的,参照市场价格核定应纳税所得额;所得为有价证券的,根据票面价格和市场价格核定应纳税所得额;所得为其他形式的经济利益的,参照市场价格核定应纳税所得额。

(二)税率

个人所得税的税率,是指个人所得应纳税额与应纳税所得额之间的比率。我国的个人所得税税率根据“所得”类别的不同,适用不同的税率,有超额累进税率和比例税率两种类型。对于综合所得,适用3% ~45%的超额累进税率(税率表附后);对于经营所得,适用5% ~35%的超额累进税率(税率表附后);对于利息、股息、红利所得,财产租赁所得,财产转让所得和偶然所得,适用比例税率,税率为20%。(见表6-1、表6-2)

表6-1 个人所得税税率(综合所得适用)

级数	全年应纳税所得额	税率
1	不超过36,000元的	3%
2	超过36,000元至144,000元的部分	10%
3	超过144,000元至300,000元的部分	20%
4	超过300,000元至420,000元的部分	25%
5	超过420,000元至660,000元的部分	30%
6	超过660,000元至960,000元的部分	35%
7	超过960,000元的部分	45%

(注1:本表所称全年应纳税所得额是指依照《个人所得税法》第6条的规定,居民个人取得综合所得以每一纳税年度收入额减除费用6万元以及专项扣除、专项附加扣除和依法确定的其他扣除后的余额。注2:非居民个人取得工资、薪金所得,劳务报酬所得,稿酬所得和特许权使用费所得,依照本表按月换算后计算应纳税额。)

表 6－2　个人所得税税率(经营所得适用)

级数	全年应纳税所得额	税率
1	不超过 30,000 元的	5%
2	超过 30,000 元至 90,000 元的部分	10%
3	超过 90,000 元至 300,000 元的部分	20%
4	超过 300,000 元至 500,000 元的部分	30%
5	超过 500,000 元的部分	35%

(注:本表所称全年应纳税所得额是指依照《个人所得税法》第 6 条的规定,以每一纳税年度的收入总额减除成本、费用以及损失后的余额。)

四、税收优惠

个人所得税的税收优惠方面,我国采取直接减免的方式,具体分为免征和减征两种类型。

(一)个人所得税的免征

根据《个人所得税法》第 4 条的规定,下列各项个人所得,免纳个人所得税:(1)省级人民政府、国务院部委和中国人民解放军军以上单位,以及外国组织、国际组织颁发的科学、教育、技术、文化、卫生、体育、环境保护等方面的奖金;(2)国债和国家发行的金融债券利息;①(3)按照国家统一规定发给的补贴、津贴;②(4)福利费、抚恤金、救济金;③(5)保险赔款;(6)军人的转业费、复员费、退役金;(7)按照国家统一规定发给干部、职工的安家费、退职费、基本养老金或者退休费、离休费、离休生活补助费;(8)依照有关法律规定应予免税的各国驻华使馆、领事馆的外交代表、领事官员和其他人员的所得;④(9)中国政府参加的国际公约、签订的协议中规定免税的所得;(10)国务院规定的其他免税所得,该项免税规定,由国务院报全国人民代表大会常务委员会备案。

(二)减征个人所得税的情形

根据《个人所得税法》第 5 条的规定,有下列情形之一的,可以减征个人所得税,具体幅度和期限,由省、自治区、直辖市人民政府规定,并报同级人民代表大会常务委员会

---

① 根据《个人所得税法实施条例》的规定,国债利息是指个人持有中华人民共和国财政部发行的债券而取得的利息;所称国家发行的金融债券利息,是指个人持有经国务院批准发行的金融债券而取得的利息。

② 根据《个人所得税法实施条例》的规定,按照国家统一规定发给的补贴、津贴,是指按照国务院规定发给的政府特殊津贴、院士津贴,以及国务院规定免予缴纳个人所得税的其他补贴、津贴。

③ 根据《个人所得税法实施条例》的规定,所称福利费,是指根据国家有关规定,从企业、事业单位、国家机关、社会组织提留的福利费或者工会经费中支付给个人的生活补助费;所称救济金,是指各级人民政府民政部门支付给个人的生活困难补助费。

④ 依照有关法律规定应予免税的各国驻华使馆、领事馆的外交代表、领事官员和其他人员的所得,是指依照《外交特权与豁免条例》和《领事特权与豁免条例》规定免税的所得。

备案:(1)残疾、孤老人员和烈属的所得;(2)因自然灾害遭受重大损失的。国务院可以规定其他减税情形,报全国人民代表大会常务委员会备案。

为贯彻落实修改后的《个人所得税法》,财政部、税务总局发布的《关于个人所得税法修改后有关优惠政策衔接问题的通知》(财税〔2018〕164 号),明确了关于全年一次性奖金、中央企业负责人年度绩效薪金延期兑现收入和任期奖励,上市公司股权激励,保险营销员、证券经纪人佣金收入,个人领取企业年金、职业年金,解除劳动关系、提前退休、内部退养的一次性补偿收入,单位低价向职工售房,外籍个人有关津补贴等涉及个人所得税优惠政策衔接有关事项。

五、应纳税所得额的计算

我国《个人所得税法》第 6 条和《个人所得税法实施条例》第 13 条至第 20 条规定了个人所得税应纳税所得额的计算。

1. 居民个人的综合所得,以每一纳税年度的收入额减除费用 6 万元以及专项扣除、专项附加扣除和依法确定的其他扣除后的余额,为应纳税所得额。根据《个人所得税法实施条例》,依法确定的其他扣除,包括个人缴付符合国家规定的企业年金、职业年金,个人购买符合国家规定的商业健康保险、税收递延型商业养老保险的支出,以及国务院规定可以扣除的其他项目。专项扣除、专项附加扣除和依法确定的其他扣除,以居民个人一个纳税年度的应纳税所得额为限额;一个纳税年度扣除不完的,不结转以后年度扣除。

2. 非居民个人的工资、薪金所得,以每月收入额减除费用 5000 元后的余额为应纳税所得额;劳务报酬所得、稿酬所得、特许权使用费所得,以每次收入额为应纳税所得额。劳务报酬所得、稿酬所得、特许权使用费所得,属于一次性收入的,以取得该项收入为一次;属于同一项目连续性收入的,以一个月内取得的收入为一次。

3. 经营所得,以每一纳税年度的收入总额减除成本、费用以及损失后的余额,为应纳税所得额。其中,成本、费用,是指生产、经营活动中发生的各项直接支出和分配计入成本的间接费用以及销售费用、管理费用、财务费用;所称损失,是指生产、经营活动中发生的固定资产和存货的盘亏、毁损、报废损失,转让财产损失,坏账损失,自然灾害等不可抗力因素造成的损失以及其他损失。

4. 财产租赁所得,每次收入不超过 4000 元的,减除费用 800 元;4000 元以上的,减除 20% 的费用,其余额为应纳税所得额。财产租赁所得,以一个月内取得的收入为一次。

5. 财产转让所得,以转让财产的收入额减除财产原值和合理费用后的余额,为应纳税所得额。

6. 利息、股息、红利所得和偶然所得,以每次收入额为应纳税所得额。利息、股息、红利所得,以支付利息、股息、红利时取得的收入为一次。偶然所得,以每次取得该项收入为一次。

劳务报酬所得、稿酬所得、特许权使用费所得以收入减除20%的费用后的余额为收入额。稿酬所得的收入额减按70%计算。

个人将其所得对教育、扶贫、济困等公益慈善事业进行捐赠,捐赠额未超过纳税人申报的应纳税所得额30%的部分,可以从其应纳税所得额中扣除;国务院规定对公益慈善事业捐赠实行全额税前扣除的,从其规定。

六、个人所得税的抵免

为了避免对同一所得双重征税,在计算国内应纳税额时,我国也实行税收抵免制度。我国《个人所得税法》第7条规定,居民个人从中国境外取得的所得,可以从其应纳税额中抵免已在境外缴纳的个人所得税税额,但抵免额不得超过该纳税人境外所得依照本法规定计算的应纳税额。纳税义务人从中国境外取得的所得,准予其在应纳税额中扣除已在境外缴纳的个人所得税税额。已在境外缴纳的个人所得税税额,是指居民个人来源于中国境外的所得,依照该所得来源国家(地区)的法律应当缴纳并且实际已经缴纳的所得税税额。

纳税人境外所得依法计算的应纳税额,是居民个人抵免已在境外缴纳的综合所得、经营所得以及其他所得的所得税税额的限额(以下简称抵免限额)。除国务院财政、税务主管部门另有规定外,来源于中国境外一个国家(地区)的综合所得抵免限额、经营所得抵免限额以及其他所得抵免限额之和,为来源于该国家(地区)所得的抵免限额。

居民个人在中国境外一个国家(地区)实际已经缴纳的个人所得税税额,低于依照前款规定计算出的来源于该国家(地区)所得的抵免限额的,应当在中国缴纳差额部分的税款;超过来源于该国家(地区)所得的抵免限额的,其超过部分不得在本纳税年度的应纳税额中抵免,但是可以在以后纳税年度来源于该国家(地区)所得的抵免限额的余额中补扣。补扣期限最长不得超过5年。居民个人申请抵免已在境外缴纳的个人所得税税额,应当提供境外税务机关出具的税款所属年度的有关纳税凭证。

七、反避税规则

在经济全球化进程中,个人运用各种手段逃避个税的现象时有发生。为了堵塞税收漏洞,维护国家税收权益,2018年修订《个人所得税法》时,参照企业所得税法有关反避税规定,建立个人所得税反避税规则。《个人所得税法》第8条规定,有下列情形之一的,税务机关有权按照合理方法进行纳税调整:(1)个人与其关联方之间的业务往来不符合独立交易原则而减少本人或者其关联方应纳税额,且无正当理由;(2)居民个人控制的,或者居民个人和居民企业共同控制的设立在实际税负明显偏低的国家(地区)的企业,无合理经营需要,对应当归属于居民个人的利润不作分配或者减少分配;(3)个人实施其他不具有合理商业目的的安排而获取不当税收利益。

税务机关依法作出纳税调整,需要补征税款的,应当补征税款,并依法加收利息。依法加收的利息应当按照税款所属纳税申报期最后一日中国人民银行公布的与补税期间同期的人民币贷款基准利率计算,自税款纳税申报期满次日起至补缴税款期限届满之日止按日加收。纳税人在补缴税款期限届满前补缴税款的,利息加收至补缴税款之日。

八、税收征管

个人所得税的税款缴纳方式主要有扣缴义务人代扣代缴和纳税人自行申报纳税两种类型,不同的纳税方式与相应的纳税期限、纳税地点对应。

(一)纳税方式

1. 代扣代缴

代扣代缴,是指由扣缴义务人从个人所得的源头直接扣缴个人所得税。个人所得税以所得人为纳税人,以支付所得的单位或者个人为扣缴义务人。纳税人有中国公民身份号码的,以中国公民身份号码为纳税人识别号;纳税人没有中国公民身份号码的,由税务机关赋予其纳税人识别号。扣缴义务人扣缴税款时,纳税人应当向扣缴义务人提供纳税人识别号。

居民个人取得综合所得,按年计算个人所得税;有扣缴义务人的,由扣缴义务人按月或者按次预扣预缴税款;需要办理汇算清缴的,应当在取得所得的次年3月1日至6月30日内办理汇算清缴。预扣预缴办法由国务院税务主管部门制定。居民个人向扣缴义务人提供专项附加扣除信息的,扣缴义务人按月预扣预缴税款时应当按照规定予以扣除,不得拒绝。非居民个人取得工资、薪金所得,劳务报酬所得,稿酬所得和特许权使用费所得,有扣缴义务人的,由扣缴义务人按月或者按次代扣代缴税款,不办理汇算清缴。

居民个人取得工资、薪金所得时,可以向扣缴义务人提供专项附加扣除有关信息,由扣缴义务人扣缴税款时减除专项附加扣除。纳税人同时从两处以上取得工资、薪金所得,并由扣缴义务人减除专项附加扣除的,对同一专项附加扣除项目,在一个纳税年度内只能选择从一处取得的所得中减除。居民个人取得劳务报酬所得、稿酬所得、特许权使用费所得,应当在汇算清缴时向税务机关提供有关信息,减除专项附加扣除。

纳税人取得经营所得,按年计算个人所得税,由纳税人在月度或者季度终了后15日内向税务机关报送纳税申报表,并预缴税款;在取得所得的次年3月31日前办理汇算清缴。纳税人取得利息、股息、红利所得,财产租赁所得,财产转让所得和偶然所得,按月或者按次计算个人所得税,有扣缴义务人的,由扣缴义务人按月或者按次代扣代缴税款。

扣缴义务人每月或者每次预扣、代扣的税款,应当在次月15日内缴入国库,并向税务机关报送扣缴个人所得税申报表。对扣缴义务人按照所扣缴的税款,付给2%的手续费。

2. 申报纳税

根据《个人所得税法》的规定,有下列情形之一的,纳税人应当依法办理纳税申报:(1)取得综合所得需要办理汇算清缴;(2)取得应税所得没有扣缴义务人;(3)取得应税所得,扣缴义务人未扣缴税款;(4)取得境外所得;(5)因移居境外注销中国户籍;(6)非居民个人在中国境内从两处以上取得工资、薪金所得;(7)国务院规定的其他情形。

根据《个人所得税法实施条例》的规定,取得综合所得需要办理汇算清缴的情形包括:(1)从两处以上取得综合所得,且综合所得年收入额减除专项扣除的余额超过6万元;(2)取得劳务报酬所得、稿酬所得、特许权使用费所得中一项或者多项所得,且综合所得年收入额减除专项扣除的余额超过6万元;(3)纳税年度内预缴税额低于应纳税额;(4)纳税人申请退税。纳税人申请退税,应当提供其在中国境内开设的银行账户,并在汇算清缴地就地办理税款退库。纳税人可以委托扣缴义务人或者其他单位和个人办理汇算清缴。扣缴义务人应当按照纳税人提供的信息计算办理扣缴申报,不得擅自更改纳税人提供的信息。

扣缴义务人应当按照国家规定办理全员全额扣缴申报,并向纳税人提供其个人所得和已扣缴税款等信息。全员全额扣缴申报,是指扣缴义务人在代扣税款的次月15日内,向主管税务机关报送其支付所得的所有个人的有关信息、支付所得数额、扣除事项和数额、扣缴税款的具体数额和总额以及其他相关涉税信息资料。

纳税人取得应税所得没有扣缴义务人的,应当在取得所得的次月15日内向税务机关报送纳税申报表,并缴纳税款。纳税人取得应税所得,扣缴义务人未扣缴税款的,纳税人应当在取得所得的次年6月30日前,缴纳税款;税务机关通知限期缴纳的,纳税人应当按照期限缴纳税款。居民个人从中国境外取得所得的,应当在取得所得的次年3月1日至6月30日内申报纳税。非居民个人在中国境内从两处以上取得工资、薪金所得的,应当在取得所得的次月15日内申报纳税。纳税人因移居境外注销中国户籍的,应当在注销中国户籍前办理税款清算。

(二)信息共享与联合惩戒

公安、人民银行、金融监督管理等相关部门应当协助税务机关确认纳税人的身份、金融账户信息。教育、卫生、医疗保障、民政、人力资源和社会保障、住房和城乡建设、公安、人民银行、金融监督管理等相关部门应当向税务机关提供纳税人子女教育、继续教育、大病医疗、住房贷款利息、住房租金、赡养老人等专项附加扣除信息。

个人转让不动产的,税务机关应当根据不动产登记等相关信息核验应缴的个人所得税,登记机构办理转移登记时,应当查验与该不动产转让相关的个人所得税的完税凭证。个人转让股权办理变更登记的,市场主体登记机关应当查验与该股权交易相关的个人所得税的完税凭证。有关部门依法将纳税人、扣缴义务人遵守本法的情况纳入信用信息系统,并实施联合激励或者惩戒。

纳税人发现扣缴义务人提供或者扣缴申报的个人信息、所得、扣缴税款等与实际情况不符的,有权要求扣缴义务人修改。扣缴义务人拒绝修改的,纳税人应当报告税务机关,税务机关应当及时处理。纳税人、扣缴义务人应当按照规定保存与专项附加扣除相关的资料。税务机关可以对纳税人提供的专项附加扣除信息进行抽查,具体办法由国务院税务主管部门另行规定。税务机关发现纳税人提供虚假信息的，应当责令改正并通知扣缴义务人；情节严重的，有关部门应当依法予以处理，纳入信用信息系统并实施联合惩戒。

拓展思考 纳税人信息保护

2018年修正后的《个人所得税法》扩大了减除费用扣除范围，将综合所得的费用扣除额扩大为每年6万元；专项扣除，包括居民个人按照国家规定的范围和标准缴纳的基本养老保险、基本医疗保险、失业保险等社会保险费和住房公积金等；专项附加扣除，包括子女教育、继续教育、大病医疗、住房贷款利息或者住房租金、赡养老人等支出，具体范围、标准和实施步骤由国务院确定，并报全国人民代表大会常务委员会备案。此后，国务院印发了《个人所得税专项附加扣除暂行办法》（国发〔2018〕41号），明确了六项专项附加扣除的具体范围、享受条件、额度标准、信息提交等。其中规定"纳税人首次享受专项附加扣除，应当将专项附加扣除相关信息提交扣缴义务人或者税务机关，扣缴义务人应当及时将相关信息报送税务机关，纳税人对所提交信息的真实性、准确性、完整性负责。专项附加扣除信息发生变化的，纳税人应当及时向扣缴义务人或者税务机关提供相关信息。"为贯彻落实新修改的《个人所得税法》和国务院《个人所得税专项附加扣除暂行办法》（国发〔2018〕41号），国家税务总局制定了《个人所得税专项附加扣除操作办法（试行）》（国家税务总局公告2018年第60号），进一步详细规定了享受扣除所涉及的报送信息及留存备查资料、信息报送方式等。例如，规定"纳税人享受住房租金专项附加扣除，应当填报主要工作城市、租赁住房坐落地址、出租人姓名及身份证件类型和号码或者出租方单位名称及纳税人识别号（社会统一信用代码）、租赁起止时间等信息；纳税人有配偶的，填写配偶姓名、身份证件类型及号码。纳税人需要留存备查资料包括：住房租赁合同或协议等资料。"

这些涉及纳税人信息的资料通过国家税务总局开发的手机应用APP或者书面资料报送的方式汇总到税务机关后，税务机关如何更好地保护纳税人的个人信息不被非法泄露或者滥用，是涉及纳税人权利的重要事项。请思考：(1)如何保护纳税人隐私权？(2)如果严格执行纳税人享受住房租金专项附加扣除所需信息申报，会对我国房地产租赁，甚至房地产市场造成哪些影响？

第七章　财产和资源税法

我国的财产和资源税法主要可以分为环境与资源税法、土地税法、房产税法等,本章通过对上述三个不同税法的详细介绍,以便更加清楚地了解环境与资源税法、土地税法及房产税法等法律制度的特征及其现状,有利于寻找各法律制度的不足,以促使其不断改进与完善,促进我国财产和资源税法更好地发展。

第一节　环境与资源税法律制度

环境税,也可表述为环境保护税,我国《环境保护税法》中并没有对环境税的概念作出明确界定。我国《环境保护税法》对应税污染物作了规定,主要包括大气污染物、水污染物、固体废弃物和噪声四种。我国《环境保护税法》于 2018 年 1 月 1 日正式实施,有关环境税的相关法律规定体现在《环境保护法》及《环境保护税法》中,《环境保护税法》分别对环境税的计税依据及应纳税额、税收减免、征收管理等作了详细规定。环境与资源税法律制度主要包括资源税和能源税两部分内容,其中资源税与能源税的法律规定不尽相同,但也有一定相似之处。此外,资源税与能源税法律制度也各有其不足之处,在了解各法律制度的前提下,寻找完善能源税与资源税的改革路径是当前我国环境与资源税法制度发展的重要工作之一。

一、资源税

资源税,是对开采、利用自然资源的单位及个人所征收的税。资源税法是国家制定的以调整资源税的征收与缴纳间权利义务关系的法律规范。我国现行资源税的法律规范是 1993 年国务院颁布的《资源税暂行条例》。

(一)我国资源税的现状

1. 资源税的纳税义务人

资源税的纳税义务人是在我国境内对《资源税暂行条例》所规定的矿产品或生产盐进行开采的单位及个人。未税矿产品的收购单位是资源税的扣缴义务人,即独立矿山,联合企业以及其他未税矿产品的收购单位。独立矿山是只有采矿或者只有采矿及选矿,并可以独立核算与自负盈亏的收购单位。联合企业指采矿、选矿与冶炼连续生产的单位,其采矿单位一般为该单位的二级及以下核算单位。[1] 将未税矿产品的收购单

---

① 参见中国注册会计师协会编:《税法》,经济科学出版社 2006 年版,第 161 页。

位划定为资源税的扣缴义务人的目的是要加强对资源税的征管力度。主要适用于税源小、零散不定期开采以及易漏税等状况,税务机关认为较难控管的,可以由扣缴义务人在收购时代缴代扣,扣缴义务人代缴代扣的资源税,应向收购地的税务主管机关缴纳。

2. 资源税的税目及单位税额

资源税的税目及税额主要包括 7 大类,在 7 个税目之下又设有若干子税目。现行资源税及其子税目的设置主要是根据资源税的应税产品以及纳税人的开采资源行业进行设置的,主要包括:(1)原油;(2)天然气;(3)煤炭;(4)其他非金属矿原矿;(5)黑色金属矿原矿;(6)有色金属矿原矿;(7)固体盐。

新一轮的国家税制改革将会充分体现环境保护要求。如可以对消费税及资源税的范围进行适当扩大,适当调整其税额与税率等。一方面可以鼓励有利于环境保护及资源节约的经济活动不断发展壮大,另一方面可以限制损害环境与浪费资源的相关经济活动。

3. 资源税的征收管理与纳税申报

按照税法的相关规定,纳税人应向应税产品的开采或生产地的主管税务机关缴纳资源税。在具体实施过程中,跨省、自治区或直辖市进行开采的资源税应税产品单位,其下属生产单位及核算单位不在相同省、自治区或直辖市的,其矿产品的资源税,一律在开采地进行纳税,其应纳税款由可以独立核算及自负盈亏的企业,按开采地的实际销售量以及适用单位的税额计算划拨。在本省、自治区或者直辖市范围内进行开采或生产应税产品的纳税人,需要调整纳税地点的,由省、自治区或者直辖市的人民政府确定。

资源税的缴纳可以分为预缴税款、纳税申报与税款缴纳三个步骤:按照相关规定,以 1 日、3 日、5 日、10 日或 15 日为一期进行纳税的,应该自期满之日起的 5 日内预缴税款。在月度终了之后,企业应当如实填制资源税的纳税申报表,并向主管税务机关如实纳税申报。对于以 1 日、3 日、5 日、10 日或 15 日为一期纳税的,应于月度终了之后,根据税务机关纳税申报表所核准的应纳税额进行补缴税款。若预缴税款大于应纳税额,则多出部分可以由税务机关退回或抵作下月税款。

(二)资源税的发展趋势

按不同的征收目的,资源税可以分为一般资源税与级差资源税两种。一般资源税是指对国有自然资源进行开发的主体进行普遍征收的税种,通过国有自然资源的有偿使用以达到政府对资源的保护以及限制资源开采的目的;级差资源税是指对国有自然资源的开发主体因条件差异而获得的级差收入进行征收的税种,通过对级差收入的调节,为企业创造平等的外部竞争条件。我国资源税的指导思想主要为调节级差以及普遍征收相结合,但实际上实行的却是以调节级差收入为主的资源税。

1. 调整资源税的征收标准

在厘清资源的价格体系基础上,适当调节资源税的征收标准具有很大必要性。考虑到资源的开发利用过程中会对环境产生不同的影响,对不同污染程度的资源可以实行差别税率。例如,我国的煤炭燃烧过程中产生的二氧化硫量非常大,造成了严重的大气污染,对高硫煤实行相对较高的税额,从而加强对高硫煤开采利用的限制。①

2. 扩大资源税的征收范围

在中国现行的税制框架下,目前我国开征的资源税主要有土地使用税、耕地占用税以及土地增值税。根据1993年的《资源税暂行条例》的相关规定,应税的矿产资源主要包括原油、天然气、煤炭、其他非金属矿原矿、黑色和有色金属矿原矿以及盐7种。其中并不包括人造石油、煤矿生产过程中产生的天然气、洗煤选煤以及其他煤炭制品。②不难发现,我国的资源税收规制主要是针对与土地相关的资源税、盐税,与矿产相关的资源税范围相对较小,而其他与人们的生产、生活密切相关的,作为国民经济重要战略的资源(如海洋资源、森林资源、水资源等)则被排除在资源税的调控之外。针对目前的状况,我们有必要对环境资源税进行改革和完善,使其更好地发挥保护资源、维持可持续发展的作用。

3. 完善资源税的计税依据③

建议将资源税的计税依据由销售量或自用量完善为产量为计税依据,这可以使企业在开采后但没有出售的资源成为应税资源,从而增加企业成本压力,引导企业出于经济利润考虑而节约资源,避免资源的过度开采。同时,还应该考虑资源本身的价值及稀缺性,应针对不同的资源类型、不同地区的不同资源,结合从价计征的征税标准,体现对资源的价值认同,不断完善我国的资源税计税依据。

4. 完善资源税的优惠政策

税收优惠是国家为体现鼓励及扶持政策,在税收方面所采取的激励措施。目前我国税法所规定的税收优惠主要包括以下形式:减税、免税、退税、投资抵免、快速折旧、亏损结转抵补和延期纳税等。④

我国目前的环境税收优惠政策相对来说较为单一,主要体现在增值税、内资企业所得税以及外商投资企业与外国企业所得税三个税种之中,⑤大多限于直接优惠与事后鼓励,对于如何有效地控制环境污染、减少资源消耗的技术研发却缺乏对应的税收优惠

---

① 参见张怡、李明朝:《论环境税收法律制度》,载李昌麒主编:《经济法论坛》(第4卷),群众出版社2006年版,第269页。

② 参见戴正华主编:《国家税收新编》,上海交通大学出版社2000年版,第221~222页。

③ 参见方堃:《我国环境税收法律制度改革探讨》,载刘剑文主编:《财税法论丛》(第5卷),法律出版社2004年版,第198页。

④ 参见钱晟主编:《税收管理》,中国人民大学出版社1996年版,第15页。

⑤ 参见张怡、李明朝:《以可持续发展理念为视角构建环境税收法律制度》,载《资源节约型、环境友好型社会建设与环境资源法的热点问题研究——2006年全国环境资源法学研讨会论文集》(四),北京,2006年8月,第455页。

政策支持。[①] 由于环境资源具有公共物品的特性，这决定了环保投资周期性长、见效较慢、收益相对较小，因此有必要对低能耗、无污染的生产及消费行为通过税收优惠给予一定税收减免，或给予一定的政府补贴，从而引导绿色生产与绿色消费。可以采用国际通行的加速折旧、再投资退税以及延期纳税等方式，对企业产业结构调整、传统工艺改革、生产设备改进、环境污染治理的投资给予税收减免，通过税收减免及财政补贴等方式扶持环保技术的研发与环保企业的发展，以便促进资源的可循环利用。[②]

拓展思考　环境税与环境利益分享的公平性[③]

环境利益公平分享是改革成果分享的重要组成部分，但现行产权框架下环境利益的公平性分享却面临尴尬局面。在矫正环境利益分享公平性的诸多政策工具之中，环境税扮演着举足轻重的地位，其通过环境利益的可持续性保障进而实现环境利益的公平分享。

环境税对环境利益公平分享的可持续性保护主要体现在环境税对环境利益供给和需求的影响效应，由于环境的再生能力有限，即环境只有在自身再生能力的限度范围内才能得以可持续，超越其再生能力限度会造成对环境的破坏，最终会影响环境利益的分享。由于环境税会使环境利益分享者承担一定的经济成本，这会在某种程度上减少人们对环境利益分享的需求，遵循环境利益分享市场供给和需求市场的均衡规律，环境利益分享需求的减少会使环境利益分享的供给也随之减少。加之环境的再生能力有限，特别是对不可再生环境资源而言，环境税通过影响环境市场的供给与需求来保护环境的可持续性发展，从而保障环境利益分享的可持续性。

就环境利益分享来说，对环境利益的分享者征收环境税时，环境税的成本负担会影响社会主体的行为选择，当环境税造成的成本负担高于社会主体分享环境利益的意愿时，受环境税影响的这类社会主体也就会放弃环境利益的分享。因此，环境税在有效保护环境及其利益可持续性的同时，如何有效保证环境利益的公平分享是环境税制度健康发展的重要组成部分。

要想保持环境利益分享的公平性，首先要注意的是不能因为环境税具有限制某些社会主体分享环境利益的效应而否认环境税的效率功能，环境税在克服环境利益分享外部性并保障社会整体的环境利益资源有效配置方面仍具有重大意义。其次需要注意环境税确实使某些社会主体特别是穷人原有或者应有的环境利益分享受到了限制甚至是剥夺，这确实是对环境税积极功能的挑战，其阻碍了环境利益公平分享目标的实现。

---

① 参见曹明德、王京星：《我国环境税收制度的价值定位及改革方向》，载《法学评论》2006 年第 1 期。

② 同上。

③ 参见王慧：《试论环境税与环境利益公平分享的实现》，载《中共南京市委党校南京市行政学院学报》2007 年第 1 期。

二、能源税

能源,是指可以直接或者需要通过转换提供给人类所需的资源。世界上的能源大体可以分为以下 11 种:电能、水能、风能、太阳能、核能、海洋能、地热能、化石能源、氢能、生物质能、受控核聚变。①

(一)能源税的内容

我国在能源领域面临的挑战之一就是能源安全,能源为我国的经济发展提供了可持续的支持,但国家及消费者需要为此付出一定代价,其中就包括环境利益。我国能源安全的挑战主要分为以下五方面:主要能源稀缺、能源地区差异较大、能源生产与供给不足、能源终端使用不足以及煤炭使用和运输中产生的污染问题。可持续发展也就是意味着要暂时牺牲低成本及较快发展速度所带来的利益,从国家安全和经济保障、社会长远利益角度出发,将节约能源上升到基本国策角度,通过政府政策鼓励、公众参与、总量控制以及排污权交易等手段实施环境友好型能源战略,优化能源结构,从而加大能源领域革新,保障我国的能源安全。② 改革开放以来,政府补贴以及税收等经济调控手段是我国政府协调与管理能源市场的重要手段。

能源税改革的最主要目的是保护国家资源,促使企业有效利用及开采能源,提高资源的回收率。根据资源的回收率进行征收,征收的高低应该与回收率的高低成反比。目前我国税收体系中的"资源税"是以固定成本价格为基数,以较低税率收取的,上缴地方财政的一种税收,其是为调节中央及地方的财政关系进行设定的,本质上还不算严格意义上的资源税赋。从事应税能源的开发、利用以及消费的主体应当对其能源的开发利用行为和在能源消费过程中造成的环境污染依法缴纳能源税,主要包括:

1. 对燃料征收普通燃料税。对当下普遍征收的养路费以及其他费用合并而成的燃料税,意图通过法律方式对各部门之间的利益关系进行整合,最大限度地节省普通燃料能源与基础设施的开支费用。

2. 对能源征收增值税。在能源的流转中产生的增值额所征收的一种流转税,是通过对能源的生产、流通以及劳务服务等多个环节的增值价值进行征收的一种税种。

3. 对石油、天然气、煤炭、液化石油气、汽油和国内航空燃料征收二氧化碳税。为减少化石燃料的消耗以及控制二氧化碳的排放量,通过对石油、天然气、煤炭、液化石油气、汽油和国内航空燃料等化石燃料的含碳量进行征税的税种。

4. 对石油、煤炭的含硫量征收二氧化硫税。与上述二氧化碳税相类似,二氧化硫税是对石油、煤炭等化石燃料的含硫量进行征收的税种,以防止二氧化硫的过度排放。

---

① 参见朱亚杰编:《能源词典》,中国石化出版社 1992 年版,第 3 页。

② 参见中国能源发展战略与政策研究课题组:《中国能源发展战略与政策研究》,经济科学出版社 2004 年版,序第 1 ~6 页。

对能源产品进行征税,有利于解决我国目前能源利用效率低下的问题,有利于保护环境,也可以使政府获取较为稳定的财政收入。目前我国的能源消费不断增加,除与经济增长相伴而生的真实需求外,最主要的原因是我国长期以来控制性定价所引发的能源低价问题,特别是各种与能源消费相关的税收政策施行较晚,消费者因此没有动力采取节能措施。

(二)我国能源税的立法现状

我国有关部门正在研究一些税收方面的具体政策,以加强对资源和环境的保护,其中包括允许从事新能源开发和利用的企业在税前提取风险准备金的政策。对可再生能源的开发和利用,是今后国家能源战略中的一个新重点。据悉,国家将出台更多税收优惠措施,鼓励社会资本更多投向绿色能源产业。

综观我国税收立法,尚未有专门以能源税命名的税收,而是散见于各特定税的规定中。我国目前与能源有关的主要税种有:消费税、资源税、车船税、城市维护建设税以及固定资产投资方向调节税、增值税中规定的有关差别税率、企业所得税中规定的有关减免税条款等。但是,能源税应当追求的目标和总体调控作用仍然比较模糊,严格来说我国还没有真正意义的能源税。不论是能源税体系的完整性还是具体税种的税目、税率设计都尚需进一步完善。能源税价值和目标存在多元化倾向,主要包括:效率目标,即以最小的投入获得最大的产出和资源的高效化分配;分配公平目标,即能源在贫穷和富裕群体之间的公平正义的分配;财政目标,即向能源使用企业收费,提供政府经费;宏观经济目标,即保持能源供给和价格的稳定以及安全目标等。

税收在各国财政收入中的至尊地位,已使现代国家成为名副其实的"税收国家"。国家征税通常要考虑两个方面:一方面是经济上的可能性与可行性,另一方面是法律上的合理性与合法性,称为"法律上的可税性"。征税是否合理,不应当仅看经济上的承受能力,还要看征税上是否平等和普遍;征税是否合法不仅应看是否符合狭义上的制定法,还应当看是否合宪,是否符合民意和公平正义的法律精神。从税法原理上看,征税权作为国家管辖权的重要方面,是国家主权的体现,因而从理论上说,它只能由国家享有,或者由国家委托专门的机关或者职能部门来具体地行使征税权。不管形式如何,因能源具有鲜明的公共性,通过税收维护能源的可持续有效利用是毋庸置疑的。在课税要素中,征税范围是一个核心要素。国家在确定征税范围时,主要应当考虑两个最基本的因素,即收益性和公共性。从纯经济的理论上说,有收益就可以征税,而不管这种收益的来源、性质如何以及是否合法等。[①] 就立法的角度而言,现行立法已经确立了部分利用能源的税种,这也从实证角度验证了能源的可税性。

现行立法之局限表现在:其一,能源税的课税范围太窄,单位税额过低,各档之间差别较小,对能源利用的调节作用不明显。我国现有能源税的征税范围包括原油、天然

① 参见张守文:《财税法疏议》,北京大学出版社2005年版,第141页。

气、煤炭、黑色金属矿原矿、其他非金属矿原矿、有色金属矿原矿,其征收范围主要限于不可再生的矿产品,对大部分非矿产品资源没有征税,也未包括可再生能源的税收减免。其二,与能源有关的税收其税率采用定额税率,主要目的是通过征收调节资源级差收入,无法通过征收资源税表达保护资源和限制资源开采的意图。其三,由于能源税的单位税额过低,只是部分地反映了资源的级差收入,这也使应税资源的市场流通价格不能反映其内在价值,造成资源的过度使用。其四,从现在征收的规模来看,能源税对能源生产和消费的抑制作用微乎其微。①

(三)我国能源税的完善措施

1. 完善税收优惠措施

增强税收优惠手段的针对性和多样性,便于灵活运用各种不同税收优惠形式激励企业采取措施充分利用能源、利用清洁能源,提高税收优惠措施的实施效果。除继续保留原有的减税免税和零税率等税收优惠形式外,针对不同优惠对象的具体情况,分别采取多种税收优惠形式。主要包括:

(1)在增值税制度中增加对企业购置的用于可再生能源利用等方面的环境保护设备允许抵扣进项增值税额的优惠规定。

(2)在内、外资企业所得税和个人所得税制度中增加对企业和个体经营者节约能源、利用清洁能源而调整产品结构、改革工艺、改进生产设备发生的投资给予税收抵免的规定。

2. 改革消费税制度②

(1)提高含铅汽油的税率,以抑制含铅汽油的消费使用,推动汽车燃油无铅化的进程。

(2)在继续实行对不同排气量的小汽车用差别税率的基础上,应对排气量相同的汽车视其是否安装尾气净化装置而实行区别对待,并应明确规定对使用"绿色"燃料的汽车用户免征消费税,以促使消费者和制造商作出有利于降低污染的选择。

3. 完善开征能源税的基本内容

(1)明晰能源税的课征对象。按照国际通行的开征能源税的做法,能源税的课征对象应是开发利用能源的行为和在消费能源过程中会造成环境污染的产品。从税收的公平性考虑,能源税的征收范围应具有普遍性,即凡属此类行为和产品均应纳入课征范围。但考虑到我国目前缺乏这一税种的制度设计和征收管理经验,在开征此税的初期,课征范围不宜太宽。应采取循序渐进的办法,先从主要能源和易于征管的课征对象入手,待取得经验、条件成熟后再扩大征收范围。目前应列入能源税征收范围的首先是开发利用燃气、石油、煤炭(主要是指工业生产使用能源)的行为。因为此类能源的利用

---

① 参见杨向英:《我国开征环境税的必要性探讨》,载《生态经济》2003 年第 4 期。

② 参见蒋亚娟:《比较法视域下的能源战略与能源税改革》,载《改革与战略》2007 年第 2 期。

对我国能源现状和能源安全的影响最大,并且直接关系到二氧化碳的排放量,同时对于减轻“温室效益”具有国际意义。而且对此类行为课税,我国既有资源税的经验作为基础,也可以借鉴国外经验。其次应把那些不可再生的能源和在使用中会对环境造成严重污染的能源及其产品纳入征收范围。此类能源及其产品对环境污染比较严重,且不易消除,而对其课税在操作上又比较简便。

(2)明确能源税的纳税人。根据国际通行的“污染者付费”的原则,能源税应对能源使用者课征。但是在税收实践中,为了易于控制税源和便利征收管理,对能源税的纳税人可作出不同的选择,通过税负的“转嫁”,借助于价格机制达到课征目的。我国能源税的纳税人应暂定为从事应税能源开发、利用和消费的企业、企业性单位和个体经营者。对行政事业单位和居民个人暂不征收。

(3)加强能源税的征收管理。①能源税是一种目的税,其税收收入应当作为专用基金,严格实行专款专用制度,全部用于环境保护方面的开支。②根据目前我国各级政府之间的职权划分情况,能源税应作为地方税,由地方税务局系统负责征收管理,并按照属地原则划分税收管辖权。③由于能源税的制度设计及征收管理涉及诸多环保科技问题,因而,在该税种的立法乃至征收管理过程中,税务部门应加强与环境保护部门的联系与协作。

4. 发挥生态税收政策,在生态环保中发挥调节功能

虽然征收能源费同征收能源税的原理一样,都是使能源利用者为维护一定的环境质量支付代价,但收费改为征税,可使征管工作统一到税务部门,并更具法律效力。鉴于税收具有其他措施不可比拟的优越性,结合我国目前能源收费的特点,从实际出发不断采取措施,积极、稳妥地将能源收费政策过渡到能源征税制度,从而发挥其更大效用。①

5. 运用税收优惠、差别税率等政策,积极有效引导社会资金投向节能和清洁能源的技术开发和实践运用

我国目前没有专项的能源税种,但在一些税种的规定中直接或间接地含有环保因素。如《清洁生产法》和《可再生能源法》等对规定的优惠政策。在环保投资政策上,国家财政也有一些相应的投资渠道。但与国外发达国家相比,我国税收政策在能源方面的内容还比较少,规定较为笼统,现有政策远远不足以对生态环保投资产生有效的影响。

第二节　土地税法律制度

土地税是一种重要的经济工具,其对土地资源的有效利用及合理配置,对土地投机

① 参见蒋亚娟:《论中国能源税的立法生产:模式与构建》,载《理论与改革》2007 年第 6 期。

行为的抑制,对贫富差距的调节都起着至关重要的作用。[①] 不可忽视的是,随着社会的不断发展,我国与土地税相关的现行法律规定,已经透露出很多弊端,对现行土地税法进行修改和完善是我们应该关注的焦点。

一、土地税的特点

根据现行法律的相关规定,我国土地税主要包括土地使用税、耕地占用税以及土地增值税三类。[②] 土地税与其他税种具有很多差别之处,这主要是土地税的特点体现的。概言之,土地税主要有以下特点:

(一)政策性

土地税法的税制内容设计和种类设计都具有较强的政策性。土地作为一种稀缺资源,其不仅仅具有单纯的自然资源属性,还是重要的应税财产,具有双重属性。一方面,作为一种应税财产,土地资源的保有涉及财富的公平分配,影响着分配正义等在内的社会价值目标;另一方面,作为一种自然资源,土地不仅是其他自然资源的载体,也是一种生态要素,是可持续发展战略的客体。因此,土地税法律制度作为一种调整土地税收的法律规范,该制度安排具有非常强的政策性,如平均地权、地权共享、可持续利用等都是这方面的体现。以我国现有的三种税制为例,国家为加强土地管理,实现对耕地的保护采取的一项重要措施,因此耕地占用税具有较强的政策性;城镇土地使用税的开征是国家为调节土地资源的不平等收入,促进企业间的公平竞争所采取的一项税收政策,该税收也具有极强的政策性;土地增值税的征收目的是抑制房地产的投机行为,维护市场的秩序稳定,保障不动产消费群体的生存利益,其也具有一定的政策性属性。

(二)广泛性

土地税的税目涉猎广泛,涉及了纳税财产的多个应税环节,因此土地税具有广泛性的特点。土地税的广泛性还体现在土地税的税种分类上,一方面,按土地税课税对象的不同性质,西方发达国家一般将税收区分为以下三大类:所得税类,以收入所得为征收对象的税收;商品税类,以商品或者劳务为征收对象的税收;财产税,以财产为征收对象的税收。土地税收则涉及了上述两大类别税收种类,土地税可以具体划分为所得税性质的土地税和财产税性质的土地税。另一方面,土地税按照财产及权利主体间的法律状态可以分为取得、保有以及流转三个种类,相应地,各国土地税制也可以分为以下三类:取得税、保有税以及流转税。土地税的广泛性一方面来源于土地作为一种财产的动态特征,另一方面也取决于土地收益对于税源的稳定贡献以及土地税收对公共政策实现的特殊调控作用。[③]

---

① 参见曲顺兰、路春城:《构建节约型社会与土地税制的完善》,载《税务研究》2002 年第 2 期。

② 参见张怡、李明朝:《论环境税收法律制度》,载李昌麒主编:《经济法论坛》(第 4 卷),群众出版社 2006 年版,第 263 ~ 264 页。

③ 参见张怡:《税法学》,法律出版社 2010 年版,第 381 页。

（三）税费并存

现实实践中，土地税的征收往往与相关土地费用的征收并举，也就是说，现实中会发生税费并存的混乱现象。土地税费并存是土地的多重功能以及重要社会经济作用的体现，土地资源具有财产属性，由于在全球范围内，土地资源自然分布很不均衡，在社会化利用需求产生的前提下，土地资源的所有权与使用权往往会发生分离，依据市场交换规律以及民法中的等价有偿原则，土地资源的非权利人在占有、使用他人土地资源时，应当向土地权利人支付一定土地使用费。土地税是国家通过该参与社会收入再分配过程依法取得的收益，由于税、费的性质并不相同，并且这些费用都是因为土地而发生的，所以各国的土地收益分配制度基本都包含了上述三种费用，并设置了不同规则。①

二、我国土地税的立法现状及其不足

（一）土地税立法分散，可操作性差②

我国现行涉及土地税的规定有《耕地占用税暂行条例》《城镇土地使用税暂行条例》《土地增值税暂行条例》，这些规定都是由国务院颁行的行政法规，并不属于法律，其相较于法律来说权威性不高。另外，上述法规的条文规定较为粗泛，在内容规定上均有不足之处，各地区的法律适用不统一，可操作性较差。在此基础上，我国应该尽快补充土地税法律空白，使土地税上升到法律层面。

（二）税种设计不合理，土地税征收过窄③

我国目前征收的土地税种繁多，现实实践中对同一土地重复征税的现象十分严重。原则上，城镇土地使用税只能对城市范围内的土地进行征收，对农村的非农用地并不能征收城镇土地使用税；耕地占用税只能对耕地和其他农用地进行征收，对于占用滩涂、草地以及荒地等不能征收耕地占用税；土地增值税也只能对有偿转让土地进行征税，不能对土地使用权的出租、入股等进行征税，只能对土地移转的增值额进行征税，不能对土地租赁的增值额进行征税。④ 此外，我国除税种设计不合理外，土地税的征收还过于狭窄，在集体所有土地方面的征税规定存在空白，这些导致我国土地税的征收过窄，税收收入较少。

（三）税费重复⑤

税费重复是上述土地税的税费并存特点的具体体现，主要表现为，第一，税中含租。例如城镇土地使用税中就存在部分以税代租的现象。第二，以费代税。例如，土地闲置

---

① 参见郭洁：《土地税收法律制度》，载刘剑文主编：《财税法论丛》（第7卷），法律出版社2005年版，第189～192页。

② 参见张同清、苑新丽：《土地课税的国际比较》，载《税务研究》2000年第1期。

③ 参见高建文、朱军栋：《健全和完善我国环境税收体系的构想》，载《税务研究》2004年第12期。

④ 参见张怡、何志明等：《税法案例教程》，清华大学出版社2009年版，第128页。

⑤ 参见张美芳：《美国的环境税收体系及其启示》，载《现代经济探讨》2002年第7期。

费的征收就是一种罚税,也就是空地税。第三,以费代租。现实生活中,仍然有人将土地使用费和地租相提并论。由于税、费界定不清,导致房地产的收益极不明确,造成了严重的乱收费现象,对税收的规范性产生了一定影响。

(四)税率设置及税收优惠严重落后①

城镇土地使用税对于闲置土地现象并不能起到抑制作用,对土地资源的合理利用起不到预期的调节作用。土地增值税的税率设计过高,致使逃税避税现象较为严重,使税收流失过多;我国的耕地占用税实行的幅度税率,最高档税率也仅有每平方米10元,不利于耕地资源的保护。此外,上述三者都存在税收减免范围过宽的现象,导致了大量土地的流失及破坏。

(五)税收征管混乱②

我国的税收监管混乱主要表现在两类所有权土地的纳税主体难以确定;对房地产的交易价格缺乏积极有效的监控措施,因此对税收征管造成了一定障碍;房地产交易中仍存在"隐形市场"现象,逃税避税现象导致了国有资产的大量流失;土地增值税的征收大多采用预征收制,并且税率相对较低,与房地产行业的高收入明显不符。③

三、土地税的立法完善措施

(一)科学界定土地税、费

土地税、费在本质、特点以及范畴上存在很大差别,土地税所反映的是一种法律关系,是国家依靠政治权力,通过立法形式强制、无偿取得的一部分经济收入。而地租反映的是土地资源的所有者及使用者间的租赁关系以及经济关系,是土地资源所有者依据经济原则,向土地使用者索取的一种经济收入,原则上,只要存在土地所有权与土地使用权的分离,就必然会发生地租费用。土地费则是对政府所提供的相关土地行政服务的一种经济补偿,反映的是等价有偿的行政服务关系,但是由于政府行为具有特殊性,执行过程中可能会发生一定偏差,很可能会成为一种变相的强制行为。土地产生的租、税、费都对增加财政收入具有一定促进作用,三类费用侧重点不同,土地税具有宏观调控的作用,地租则只是具有区域性的调控作用,土地费则不具有宏观调控作用。因此,在实践中,必须对土地税、租、费进行分离,明确界定土地税、租、费的含义及关系,解决我国当前土地税、租、费的混乱问题。目前状况下,建立合理的土地税、费法律体系,是我国土地税收制度改革的重要内容,也是社会主义市场经济发展的必然结果。理论上,科学的土地税、费体系由三个层次构成:第一,合理的土地地租体制,土地所有者的法人代表向土地使用者收取一定的地租;第二,合理的土地税收体制,主要包括土地增

---

① 参见席晓娟、徐亮:《中国现行土地税完善之法律研究》,载《社会科学家》2007年第5期。

② 参见郭洁:《土地税收法律制度》,载刘剑文主编:《财税法论丛》(第7卷),法律出版社2005年版,第189~192页。

③ 参见席晓娟、徐亮:《中国现行土地税完善之法律研究》,载《社会科学家》2007年第5期。

值税、耕地占用税和农业土地税等内容;第三,合理的土地费体制,对涉及补偿性质的服务内容收取一定的土地费,如劳务补偿费等。

(二)建立健全土地税、费立法

对于上述土地租、税、费体系建设,应该建立与之相配套的土地租、税、费等方面的相关法律。我国已有土地出租方面的相关法规规定,但是还有很多不足之处,仍需不断完善;我国对于土地行政收费的相关法律文件也在不断修改完善之中。其中最大的问题是土地税的法律规定,我国目前的土地税制度并没有一部统一的法律规定,我国应该制定一部土地税法,对我国与土地税相关的规范文件进行重新整合,使土地税的相关规定上升到法律层面。我国可以依循房地产市场的运行规律,结合我国的具体土地国情,建立健全土地税的法律制度,增强土地税的法律可操作性。另外,在制定土地税法律时也应该与《土地管理法》及《房地产管理法》等相关法律法规相衔接,避免出现矛盾及重复现象。①

(三)科学设置土地税的税种税率

现实实践中,城镇土地使用税的征收过程能够加大对建设用地税收的调节力度,从而抑制建设用地的大幅度扩张。国务院于 2006 年 12 月发布了《关于修改〈中华人民共和国城镇土地使用税暂行条例〉的决定》,该决定提高了城镇土地使用税的税额标准,将城镇土地的使用税征收范围扩大到了外商投资企业以及外国企业。但是,现行城镇土地使用税对于土地级差收入的调节功能,明显具有一定的地租性质,而且对于计入房产价值的土地来说,不仅从价征收了房产税,还从量计征收了城镇土地使用税,存在较为严重的重复征税问题。因此,在长远来看,应当取消城镇土地使用税,由土地产权法人代表缴纳土地地租,将集体用地纳入土地税的征收范围,明确土地的产权关系,合理考虑设置城镇地价税,以此加大对城市地租级差收入的调节作用,达到土地税的预期作用。②

(四)强化土地税征收管理

我国土地税的征收监管存在一系列问题,在明晰该问题的前提下,我国应该建立健全土地法律法规,加大对房地产市场行为的规范作用,消除地产市场存在的非法批租现象,为土地税收的征管提供坚实的法律保障。应该加快土地税法及实施细则的制定,为税务机关税收征收提供法律依据,及时弥补地产税收的流失漏洞,通过建立健全规范化的地产市场管理体制,保证土地税的有效运行。建立地产管理机构与税务机关的信息沟通制度和人员培训制度,保证地产交易的正常运行,加强土地税收的征收管理。同时,建立以地产估价、咨询、代理交易等内容在内的地产服务体系,保证地产交易的公开及公正性,为税务机关提供征税信息及专业化服务,不断协助税务机关进行地产税收征

① 参见许合进:《我国土地税立法的完善》,载《税务研究》2000 年第 1 期。

② 参见张怡:《税法》,清华大学出版社 2007 年版,第 124 页。

管工作。[①]

第三节　房产税法律制度

自2011年1月28日起,重庆、上海两市对部分个人住房开始征收房产税,向个人拥有的住房征收财产税,这开创了我国住房制度改革的先河,是我国房产税改革的重要进程。但是从房产税的征收对象、税率以及税收减免等方面的相关规定来看,个人住房房产税虽然起到了收入分配调节、住房资源有效利用的促进作用,但是作为一种政策工具,房产税的调控市场目的更为明显,在税收的公平性及可操作性方面还有很多进步空间。

一、房产税的内容

房产税是一种典型的财产税,是房产保有环节中设置的重要税种。房产税是地方政府税收体系的主要税种之一,是地方政府的收入来源之一。在纳税义务人主体方面,房产税主要以房产产权的所有人为纳税人,另外还包括房产的相关经营管理单位、房产的代管人以及房产的实际使用人等。在房产税的计税依据方面,应该区分自用和出租两种用途类型,分别进行了不同规定;在房产税的税率水平方面,专门针对自用房产设计了1.2%的税率,对于出租房产则设计了12%的税率;在房产税的税收优惠方面,主要规定了四类房产可以享受免税待遇;在房产税的税收征管方面,主要由房产所在地的税务机关进行征收管理,实行按年征收、分期缴纳的办法,房产税的纳税期限由省政府加以确定。

二、房产税的立法现状及不足

(一)房产税税率设计不公平[②]

我国现行房产税对于出租房产规定了12%的税率水平,而对于自用房产却设定了1.2%的税率水平,相比之下税负差高达10倍,很明显,这一制度设计存在很严重的税收歧视问题,不利于税收公平原则的实施。此外,现行的房产税税率应当由中央政府进行统一制定,在全国范围内统一实施。在房产税的税率水平安排上,并没有考虑到各地房产的具体情况,没有授权地方政府对税率的调整权力,不利于地方政府对房地产市场进行调控监管,有悖于税收调节原则。[③]

(二)划定统一标准难度很大[④]

我国房产税的征收目的是抑制投机性的住房需求,并不是打击自住性的住房需求。

---

① 参见张怡等:《衡平税法研究》,中国人民大学出版社2012年版,第77页。

② 参见王玉华、赵宇等编:《中国税制》,经济科学出版社2003年版,第176页。

③ 参见李承益:《我国房产税改革研究》,载《宏观经济研究》2015年第1期。

④ 参见石晖、程非:《关于构建我国环境税收制度的思考》,载《内蒙古财经学院学报》2004年第4期。

这就需要政府明确房产税应该从第几套住房开始起征并确定一定的免征额。但是由于我国国内经济发展水平参差不齐,各地情况差异较大,因而房产税的计税依据及税率设计面临如何确定才能保证公平性的问题。例如,房产地段的差异会对房产价值产生巨大影响,在全国范围内,众多的影响因素都会对房价产生影响。因此,如何明确房产税的征税对象,动态评估房产税的纳税额将是一项难度极大的工程。

(三)重复征税加重税负成本①

我国目前的房地产开发、转让以及出租环节涉及了近 11 个税种,其中直接以房地产为课税对象的税种有 5 个,与房地产相关的税种有 6 个。房产税作为房地产持有环节的一种税种,会与房产购买环节的税种出现重复现象。并且新房产税的征收对象为住宅所有人,目前我国房地产的交易过程中,对个人住宅已经征收了大量的与房产基础设施及公共服务相关的一系列税费,再征收新房产税,会直接加重房产所有人的赋税及其生活成本。

(四)实际征管面临诸多难题②

我国房产税在调整后涉及的个人非经营性房产为私有财产性质,涉及范围较广,实际征收难度较大。房产税的征管方式、征管负责部分以及税后如何对房产税进行处置等众多问题都需要根据具体国情进行一一制定。每一项具体细则的制定又需要大量的经验及实证分析作为基础。对于房产税的相关用途,虽然有关部委及相关规定明确要求房产税将投向保障性住房的建设领域,但是如何加强对房产税的监管,对地方政府提出了较大考验。在我国现状下,全国范围内开展房产税征收工作还不现实,不具有现实可行性。只有在全国部分城市进行试点后,才能将房产税在更广范围内推行。

三、房产税的立法完善

(一)厘清房产税与土地税之间的关系

对于房产税及土地税之间的关系问题,学界主要存在以下两种观点。一种观点认为我国在现行房产税、城镇土地使用税以及耕地占用税的实现基础上,应该实现房地合一的统一的房地产税。另一种观点主张房产税不应该与土地税合并。我国对于房产税与土地征税的征收是不同产权角度出发的,房产税是专门针对房屋产权进行的征税,而土地税则是针对土地产权进行的征税,这两种税收都应该建立在私有产权的基础上,目前我国的房屋产权已具备私有产权性质,土地只能是国家或集体所有,并且土地所有权并不能以任何方式进行交易,除了国家出于公共利益需要对集体土地实施征用外,我国的土地所有权归属不能改变。由于房屋与土地产权的形式不同,因此不能将二者一起合并征税。

---

① 参见武汉市国际税收研究课题组:《房地产税制的研究》,载《税务研究》2001 年第 1 期。

② 参见陈少英、薛忠焕:《论我国现行房地产税制的改革与完善》,载《中国法学》1997 年第 4 期。

（二）科学设置房产税税率

根据我国现实情况，房产税税率应该采用差别化的税率。采用比例税率主要是出于以下三方面考虑：首先，我国目前的房产税改革的目的在于筹集财政收入，并不是为发挥房产税对房地产行业的调控作用，出于该种目的，采用比例税率比较合理。① 其次，从税收提升的角度出发，采用比例税率更容易被公众接受，有利于我国房产税改革的持续推进。最后，在比例税率的约束下，相对于低价房产的所有权人来说，高价房产的所有权人将缴纳更高的房产税，这充分体现了税收的公平原则。采用比例税率，主要考虑到了房产所属区域及房产使用用途的不同，在税收上进行差别对待，采取不同的税率较为适宜。根据不同的地区情况，可以依据当地经济发展水平，对不同地区划分不同的房产比例税率。根据不同的房产用途，对不同类别用途的房产划分不同的比例税率。②

（三）完善房地产登记及评估机制

进一步完善房地产登记制度，在房地产税的征收过程中应当要求税收对象出具相关的土地证明及房屋产权管理资料，在出示完备的证明材料后，才能对房产税的征收进行征管。各基层政府也应当出台一系列完善详细的房屋产权登记及土地等级信息管理措施，需要专门指定土地档案记录负责部门，对房屋权属及房屋面积相关的资料建立起系统完备的档案制度，充分运用科技手段进行网络管理，为地方税务部门提供有效的房产信息。此外，还应该完善房地产评估机制，房产价格评估机制的健全与否将直接影响房地产的税收管理质量，对房地产价格评估机构的指定、评估方法的选择及房产税收的使用问题是建立房产评估机制需要考虑的主要问题。

（四）提高房产税的税收效率

税收效率，是政府征税时应当促进社会资源的优化配置以及经济机制的有效发挥，促使宏观经济效益不断提高，同时还要节省征管费用，以此提高税务的行政效率。③ 根据房地产相关的经济学理论，在物业税开征后，将减少居民家庭的部分可支配收入，导致购房者的购房支出需求下降，从而对房地产市场供需产生一定影响。但是，房产税征收的效率原则要求在房产税开征后对经济造成的损失控制在最小限度，不能过分影响居民家庭的住房愿望需求，否则将会加大政府的住房保障责任，从而导致政府的公共支出持续增加。税收效率原则还要求对房产税的减免税范围进行合理设置，因为减免税的范围过大，将影响税收的充分性，会导致税收的总体规模减小，从而增加税收征管的成本支出，使税收效率下降。

---

① 参见张怡：《税收法定化：从税收衡平到税收实质公平的演进》，载《现代法学》2015 年第 3 期。

② 参见张薇：《我国房产税改革的困境与出路》，载《东北师大学报》（哲学社会科学版）2016 年第 1 期。

③ 参见刘洪玉：《房产税改革的国际经验与启示》，载《改革》2011 年第 2 期。

第八章　税收程序法

税收程序法有狭义和广义之分。狭义的税收程序法,通常是指税收征收管理法律制度;广义的税收程序法,则包括税收征收管理法律制度、税收处罚法律制度、税收行政复议与行政诉讼法律制度等以程序性规定为主要内容的制度。

第一节　税收征收管理法律制度

税收征收管理(以下简称税收征管),是指国家税务机关依照法定程序和标准,向纳税人收取税款的行政活动,具体表现为税务机关在征税过程中实施的征收、管理、监督、检查等一系列行为,涵盖税务管理、税款征收、税务检查等各个环节。

一、税收征收管理法概述

(一)税收征收管理法的概念

税收征收管理法,是指调整税收征收与管理过程中所发生的社会关系的法律规范的总称。狭义的税收征收管理法是指第七届全国人民代表大会常务委员会第二十七次会议于1992年9月4日通过的《税收征收管理法》,截至目前,该法先后经历1995年、2001年、2013年、2015年4次修改。广义的税收征收管理法则除了《税收征收管理法》外,还包括国务院制定的《税收征收管理法实施细则》,财政部、国家税务总局制定的有关税收征管方面的规章和规范性文件,以及其他法律法规和国际税收条约中有关税收征收管理的法律规范。[①] 税收征收管理法具有较明显的程序法性质,通说认为其在税法体系中处于对税收实体法的保障地位。有学者指出,"其重要性应不逊于民法典编纂,二者共同为法治中国奠定基石"。[②]

(二)我国税收征收管理法的历史沿革

中华人民共和国成立后,我国的税收征收管理法大致经历了以下三个发展阶段:

第一阶段(1949~1986年),分散立法阶段。由于中华人民共和国成立后很长一段时期内,我国实行高度集中的计划经济体制,有关税收征管的制度主要分散规定于各单行税收法规之中,同时针对不同经济成分实行不同的管理办法。因此,这个阶段的税收征收管理立法具有明显的分散立法特点。

---

① 刘剑文主编:《税法学》(第4版),北京大学出版社2010年版,第282~283页。

② 滕祥志:《论〈税收征管法〉的修改》,载《清华法学》2016年第3期。

第二阶段(1986～1992年),初步统一立法阶段。为了改变税收征收管理制度分散且不规范的状况,我国开始探索税收征收管理统一立法。1986年4月,国务院颁布了《税收征管暂行条例》,该条例于1986年7月1日施行,初步实现了税收实体立法和税收程序立法的相对分离,进而为税收征收管理的统一立法奠定了基础。但是,由于我国仍然区分国内税收和涉外税收适用不同征管制度,缺乏统一适用于不同经济形式和经营方式的征收管理法律规范,同时,还存在对纳税人权利保护不足、税务机关执法权较为薄弱、立法层次较低等缺陷,因此这个阶段的税收征收管理立法还较为初步。

第三阶段(1992年至今),统一立法阶段。1992年9月4日,第七届全国人民代表大会常务委员会第二十七次会议通过了《税收征收管理法》,自1993年1月1日起施行。《税收征收管理法》颁布后,迄今为止先后进行了4次修改:1995年2月28日,第八届全国人民代表大会常务委员会第十二次会议第一次修正;2001年4月28日,第九届全国人民代表大会常务委员会第二十一次会议修订;2013年6月29日第十二届全国人民代表大会常务委员会第三次会议第二次修正;2015年4月24日,第十二届全国人民代表大会常务委员会第十四次会议第三次修正。

(三)税收征收管理体制

在中国的现实语境中,税收征收管理体制通常又被称为税收管理体制,是指在中央和地方政府之间划分税收管理权限的制度。税收征收管理体制是财政管理体制的重要组成部分。目前,中国的税收分别由税务、财政、海关等系统负责征收管理。其中,税务机关是负责税收征收管理的主要部门;在大部分地区,农业税、牧业税及其地方附加,契税,耕地占用税,现由地方财政部门征收和管理;海关系统负责征收和管理的项目有:关税、行李和邮递物品进口税,还负责代征进口环节的增值税和消费税。

1993年,国务院下发《关于实行分税制财政管理体制的决定》(国发〔1993〕85号),决定从1994年1月1日起,对各省、自治区、直辖市以及计划单列市实行分税制财政管理体制。作为分税制改革的配套改革,税收管理体制改革同步进行,即从1994年1月1日起,在现有税务机构基础上,建立起分设中央税务机构和地方税务机构的征管体制。同年12月,经国务院同意,国务院办公厅转发国家税务总局《关于组建在各地的直属税务机构和地方税务局的实施意见》(国办发〔1993〕87号),对实行分税制和组建两个税务机构相关工作作出了具体部署。

从征收管理范围划分来看,国家税务局系统主要负责下列各税的征收和管理:(1)增值税;(2)消费税;(3)进口产品消费税、增值税、直接对台贸易调节税(委托海关代征);(4)铁道、各银行总行、保险总公司集中缴纳的营业税、所得税和城市建设维护税;(5)中央企业所得税;(6)地方和外资银行及非银行金融企业所得税;(7)海洋石油企业所得税、资源税;(8)证券交易税(未开征前先征收在上海、深圳市证券交易证券的印花税);(9)对境内外商投资企业和外国企业的各项税收以及外籍人员(华侨、港澳台同胞)缴纳的个人所得税(按税种分别入中央库和地方库);(10)出口产品退税的管理;

(11)集贸市场和个体户的各项税收(按税种分别入中央库和地方库);(12)中央税的滞补罚收入;(13)按中央税、共享税附征的教育费附加(属于铁道、银行总行、保险总公司缴纳的入中央库,其他入地方库);(14)国家能源交通重点建设基金、国家预算调节基金。

地方税务局主要负责下列各税的征收和管理(不包括已明确由国家税务局负责征收的地方税部分):(1)营业税;(2)个人所得税;(3)土地增值税;(4)城市建设维护税;(5)车船使用税;(6)房产税;(7)屠宰税;(8)资源税;(9)城镇土地使用税;(10)固定资产投资方向调节税;(11)地方企业所得税(包括地方国有、集体、私营企业);(12)印花税;(13)筵席税;(14)地方税的滞补罚收入;(15)按地方营业税附征的教育费附加。

2018 年 3 月,第十三届全国人民代表大会第一次会议批准了《国务院机构改革方案》,根据该方案规定:"改革国税地税征管体制。将省级和省级以下国税地税机构合并,具体承担所辖区域内各项税收、非税收入征管等职责。国税地税机构合并后,实行以国家税务总局为主与省(区、市)人民政府双重领导管理体制。"

二、税务登记

税务登记,也称纳税登记,是指纳税人根据税法规定就其设立、变更、终止等事项,在法定时间内向主管税务机关办理书面登记的一项税务管理制度。税务登记种类包括:开业登记,变更登记,停业、复业登记,注销登记,外出经营报验登记,纳税人税种登记,扣缴税款登记等;也可以根据税务登记所处的时间阶段,将税务登记种类大致划分为设立税务登记、变更税务登记和注销税务登记三种。

目前我国税务登记法律制度主要包括:《税收征收管理法》(第二章第一节"税务登记");《税收征收管理法实施细则》(第二章);国家税务总局《税务登记管理办法》(国家税务总局令〔2003〕7 号);《关于完善税务登记管理若干问题的通知》(国税发〔2006〕37 号)。

(一)开业税务登记

开业税务登记(设立登记),是指纳税人经由工商登记而设立或者依照法律、行政法规的规定成为法定纳税人之时,依法向税务机关办理的税务登记。根据现行规定,企业,企业在外地设立的分支机构和从事生产、经营的场所,个体工商户和从事生产、经营的事业单位(以下简称从事生产、经营的纳税人),均向生产、经营所在地税务机关申报办理税务登记;前款规定以外的纳税人,除国家机关、个人和无固定生产、经营场所的流动性农村小商贩外,也应当依法办理税务登记。

1. 开业税务登记的要求

根据现行规定,开业登记的具体要求为:(1)从事生产、经营的纳税人领取工商营业执照(含临时工商营业执照)的,应当自领取工商营业执照之日起 30 日内申报办理税务登记,税务机关核发税务登记证及副本(纳税人领取临时工商营业执照的,税务机关核发临时税务登记证及副本);(2)从事生产、经营的纳税人未办理工商营业执照但经有关部门批准设立的,应当自有关部门批准设立之日起 30 日内申报办理税务登记,税务机关核发税务登记证及副本;(3)从事生产、经营的纳税人未办理工商营业执照也未经有关部门批准设立的,应当自纳税义务发生之日起 30 日内申报办理税务登记,税务机关核发临时税务登记证及副本;(4)有独立的生产经营权、在财务上独立核算并定期向发包人或者出租人上交承包费或租金的承包承租人,应当自承包承租合同签订之日起 30 日内,向其承包承租业务发生地税务机关申报办理税务登记,税务机关核发临时税务登记证及副本;(5)从事生产、经营的纳税人外出经营,自其在同一县(市)实际经营或提供劳务之日起,在连续的 12 个月内累计超过 180 天的,应当自期满之日起 30 日内,向生产、经营所在地税务机关申报办理税务登记,税务机关核发临时税务登记证及副本;(6)境外企业在中国境内承包建筑、安装、装配、勘探工程和提供劳务的,应当自项目合同或协议签订之日起 30 日内,向项目所在地税务机关申报办理税务登记,税务机关核发临时税务登记证及副本。根据《税务登记管理办法》第 9 条规定,该办法第 8 条规定以外的其他纳税人,除国家机关、个人和无固定生产、经营场所的流动性农村小商贩外,均应当自纳税义务发生之日起 30 日内,向纳税义务发生地税务机关申报办理税务登记,税务机关核发税务登记证及副本。

2. 开业税务登记的程序

纳税人在申报办理开业税务登记时,应当根据不同情况向税务机关提供有关证件和资料,并如实填写税务登记表。纳税人应当向税务机关提供的证件和资料包括:(1)工商营业执照或其他核准执业证件;(2)有关合同、章程、协议书;(3)组织机构统一代码证书;(4)法定代表人或负责人或业主的居民身份证、护照或者其他合法证件。其他需要提供的有关证件、资料,由省、自治区、直辖市税务机关确定。

纳税人提交的证件和资料齐全且税务登记表的填写内容符合规定的,税务机关应及时发放税务登记证件。纳税人提交的证件和资料不齐全或税务登记表的填写内容不符合规定的,税务机关应当场通知其补正或重新填报。纳税人提交的证件和资料明显有疑点的,税务机关应进行实地调查,核实后予以发放税务登记证件。

(二)变更税务登记

变更税务登记,是指纳税人在税务登记内容发生变化之后,依法向原税务机关申报变更税务登记内容的一种登记制度。

纳税人已在工商行政管理机关办理变更登记的,应当自工商行政管理机关变更登记之日起 30 日内,向原税务登记机关如实提供下列证件、资料,申报办理变更税务登记:(1)工商登记变更表及工商营业执照;(2)纳税人变更登记内容的有关证明文件;(3)税务机关发放的原税务登记证件(登记证正、副本和登记表等);(4)其他有关资料。纳税人按照规定不需要在工商行政管理机关办理变更登记,或者其变更登记的内容与工商登记内容无关的,应当自税务登记内容实际发生变化之日起 30 日内,或者自有关机关批准或者宣布变更之日起 30 日内,持下列证件到原税务登记机关申报办理变更税务登记:(1)纳税人变更登记内容的有关证明文件;(2)税务机关发放的原税务登记证件(登记证正、副本和税务登记表等);(3)其他有关资料。

纳税人提交的有关变更登记的证件、资料齐全的,应如实填写税务登记变更表,经税务机关审核,符合规定的,税务机关应予以受理;不符合规定的,税务机关应通知其补正。税务机关应当自受理之日起30日内,审核办理变更税务登记。纳税人税务登记表和税务登记证中的内容都发生变更的,税务机关按变更后的内容重新核发税务登记证件;纳税人税务登记表的内容发生变更而税务登记证中的内容未发生变更的,税务机关不重新核发税务登记证件。①

(三)停业、复业登记

实行定期定额征收方式的个体工商户需要停业的,应当在停业前向税务机关申报办理停业登记。纳税人的停业期限不得超过1年。纳税人在停业期间发生纳税义务的,应当按照税收法律、行政法规的规定申报缴纳税款。

纳税人在申报办理停业登记时,应如实填写停业申请登记表,说明停业理由、停业期限、停业前的纳税情况和发票的领、用、存情况,并结清应纳税款、滞纳金、罚款。税务机关应收存其税务登记证件及副本、发票领购簿、未使用完的发票和其他税务证件。纳税人停业未按规定向主管税务机关申请停业登记的,应视为未停止生产经营;纳税人在批准的停业期间进行正常经营的,应按规定向主管税务机关办理纳税申报并缴纳税款。未按规定办理的,按照税收征管法的有关规定处理。纳税人停业期满未按期复业又不申请延长停业的,税务机关应当视为已恢复生产经营,实施正常的税收管理。

纳税人应当于恢复生产经营之前,向税务机关申报办理复业登记,如实填写《停业复业报告书》,领回并启用税务登记证件、发票领购簿及其停业前领购的发票。纳税人停业期满不能及时恢复生产经营的,应当在停业期满前向税务机关提出延长停业登记申请,并如实填写《停业复业报告书》。

(四)注销税务登记

依照现行规定,纳税人发生以下情形,需要办理注销税务登记:(1)纳税人发生解散、破产、撤销以及其他情形,依法终止纳税义务的;(2)纳税人被工商行政管理机关吊销营业执照或者被其他机关予以撤销登记的;(3)纳税人因住所、经营地点变动,涉及改变税务登记机关的;(4)境外企业在中国境内承包建筑、安装、装配、勘探工程和提供劳务的,项目结束时。

纳税人办理注销税务登记前,应当向税务机关提交相关证明文件和资料,结清应纳税款、多退(免)税款、滞纳金和罚款,缴销发票、税务登记证件和其他税务证件,经税务机关核准后,办理注销税务登记手续。

---

① 详见国家税务总局《税务登记管理办法》第16条至第20条。

（五）外出经营报验登记

纳税人到外县（市）临时从事生产经营活动的，应当在外出生产经营以前，持税务登记证向主管税务机关申请开具《外出经营活动税收管理证明》。税务机关按照一地一证的原则，核发《外出经营活动税收管理证明》，《外出经营活动税收管理证明》的有效期限一般为30日，最长不得超过180日。

纳税人应当在《外出经营活动税收管理证明》注明地进行生产经营前向当地税务机关报验登记，并提交下列证件、资料：(1)税务登记证件副本；(2)《外出经营活动税收管理证明》。纳税人在《外出经营活动税收管理证明》注明地销售货物的，除提交以上证件、资料外，应如实填写《外出经营货物报验单》，申报查验货物。纳税人应当于外出经营地开始生产经营前，持《外出经营活动税收管理证明》向外出经营地税务机关报验登记；自《外出经营活动税收管理证明》签发之日起30日内未办理报验登记的，所持证明作废，纳税人需要向税务机关重新申请开具。纳税人外出经营活动结束，应当向经营地税务机关填报《外出经营活动情况申报表》，并结清税款、缴销发票。

（六）非正常户处理

已办理税务登记的纳税人未按照规定的期限申报纳税，在税务机关责令其限期改正后，逾期不改正的，税务机关应当派员实地检查，查无下落并且无法强制其履行纳税义务的，由检查人员制作非正常户认定书，存入纳税人档案，税务机关暂停其税务登记证件、发票领购簿和发票的使用。

纳税人被列入非正常户超过3个月的，税务机关可以宣布其税务登记证件失效，其应纳税款的追征仍按《税收征收管理法》及其实施细则的规定执行。

（七）税务登记证照管理

税务登记证件包括税务登记证及其副本、临时税务登记证及其副本。扣缴税款登记证件包括扣缴税款登记证及其副本。税务登记证件的主要内容包括：纳税人名称、税务登记代码、法定代表人或负责人、生产经营地址、登记类型、核算方式、生产经营范围（主营、兼营）、发证日期、证件有效期等。根据现行税收登记制度规定，除按照规定不需要发给税务登记证件的外，纳税人办理下列事项时，必须提供税务登记证件：(1)开立银行账户；(2)申请减税、免税、退税；(3)申请办理延期申报、延期缴纳税款；(4)领购发票；(5)申请开具外出经营活动税收管理证明；(6)办理停业、歇业；(7)其他有关税务事项。

需说明的是，目前我国正在推进“三证合一”“五证合一”登记制度改革。这里作一说明。

所谓“三证合一”登记制度，是指将企业登记时依次申请，分别由工商行政管理部门核发工商营业执照、质量技术监督部门核发组织机构代码证、税务部门核发税务登记证，改为一次申请，由工商行政管理部门核发一个营业执照的登记制度。

2014年，国务院颁布《关于促进市场公平竞争维护市场正常秩序的若干意见》（国发〔2014〕20号）,对于市场准入制度改革作出了新的要求,其中明确提出“鼓励探索实行工商营业执照、组织机构代码证和税务登记证‘三证合一’登记制度”。2015年6月29日,国务院办公厅颁发《关于加快推进“三证合一”登记制度改革的意见》（国办发〔2015〕50号）,对“三证合一”登记制度改革作出了总体部署。2015年8月7日,国家工商总局、中央编办、国家发展改革委、税务总局、质检总局和国务院法制办六部门联合颁发《关于贯彻落实〈国务院办公厅关于加快推进“三证合一”登记制度改革的意见〉的通知》（工商企注字〔2015〕121号）,对推进“三证合一”登记制度改革进行了具体规定。

2016年7月5日,国务院办公厅颁布《关于加快推进“五证合一、一照一码”登记制度改革的通知》（国办发〔2016〕53号）,进一步要求,在全面实施工商营业执照、组织机构代码证、税务登记证“三证合一”登记制度改革的基础上,再整合社会保险登记证和统计登记证,实现“五证合一、一照一码”。该项改革从2016年10月1日起正式实施。国家工商总局、发展改革委、人力资源和社会保障部、统计局、国务院法制办五部门颁布《关于贯彻落实〈国务院办公厅关于加快推进“五证合一”登记制度改革的通知〉的通知》（工商企注字〔2016〕150号）,明确提出,从2016年10月1日起在全国范围推行“五证合一”改革。

从“多证并存”到“三证合一”再到“五证合一”,这是我国企业登记制度的重大改革。改革不仅减少了企业办理证照的时间成本,减轻了企业负担,而且有助于增强对企业的有效监管,解决政府部门之间信息交换不畅的问题。

同时也应当看到,“五证合一”登记改革还面临着不少问题。过去企业登记时的营业执照、税务登记证、组织机构等多证并存局面的出现,是因为我国公司法、税收征管法、组织机构代码管理办法对相关登记颁证作出了规定,政府部门对相关证件的管理也依据这些法律规定进行。实行“五证合一”之后,这些法律并未因此而修改,“五证合一”登记制度就存在同现行立法规定不一致的问题,这可能对政府监管带来障碍。例如,根据我国现行税务登记管理规定,已办理税务登记的纳税人未按照规定期限申报纳税,税务机关可依法将其认定为非正常户,暂停其税务登记证件、发票领购簿和发票的使用。纳税人被列入非正常户超过3个月的,税务机关可以宣布其税务登记证件失效;认定为非正常户超过2年的,税务机关可以注销其税务登记证件。但是,实行“五证合一”之后,企业登记涉及多个部门,由于缺乏明确的法律依据,税务机关对企业登记证件的处理就遇到困难。

三、账簿、凭证和发票管理

账簿、凭证管理,是指税务机关按照税法和财务会计制度规定对纳税人的发票凭证、会计凭证、会计账簿、会计报表等核算资料实施监督和管理。

（一）账簿、凭证管理

1. 账簿的设置

此处所称账簿,是指总账、明细账、日记账以及其他辅助性账簿。根据现行立法规定,总账、日记账应当采用订本式。账簿、会计凭证和报表,应当使用中文。民族自治地方可以同时使用当地通用的一种民族文字。外商投资企业和外国企业可以同时使用一种外国文字。

《税收征收管理法》第19条对账簿设置作出了规定,纳税人、扣缴义务人按照有关法律、行政法规和国务院财政、税务主管部门的规定设置账簿,根据合法、有效凭证记账,进行核算。《税收征收管理法实施细则》进一步规定:(1)从事生产、经营的纳税人应当自领取营业执照或者发生纳税义务之日起15日内,按照国家有关规定设置账簿。(2)生产、经营规模小又确无建账能力的纳税人,可以聘请经批准从事会计代理记账业务的专业机构或者财会人员代为建账和办理账务。(3)扣缴义务人应当自税收法律、行政法规规定的扣缴义务发生之日起10日内,按照所代扣、代收的税种,分别设置代扣代缴、代收代缴税款账簿。

《税收征收管理法实施细则》还对电子计算机记账作出了规定:(1)纳税人、扣缴义务人会计制度健全,能够通过计算机正确、完整计算其收入和所得或者代扣代缴、代收代缴税款情况的,其计算机输出的完整的书面会计记录,可视同会计账簿。(2)纳税人、扣缴义务人会计制度不健全,不能通过计算机正确、完整计算其收入和所得或者代扣代缴、代收代缴税款情况的,应当建立总账及与纳税或者代扣代缴、代收代缴税款有关的其他账簿。

2. 账簿、凭证的保管

从事生产、经营的纳税人、扣缴义务人必须按照国务院财政、税务主管部门规定的保管期限保管账簿、记账凭证、完税凭证及其他有关资料。账簿、记账凭证、完税凭证及其他有关资料不得伪造、变造或者擅自损毁。《税收征收管理法实施细则》第29条则进一步规定,账簿、记账凭证、报表、完税凭证、发票、出口凭证以及其他有关涉税资料应当合法、真实、完整。账簿、记账凭证、报表、完税凭证、发票、出口凭证以及其他有关涉税资料应当保存10年;但是,法律、行政法规另有规定的除外。

(二)发票管理

发票,是指在购销商品、提供或者接受服务以及从事其他经营活动中,开具、收取的收付款凭证。单位、个人在购销商品、提供或者接受经营服务以及从事其他经营活动中,应当按照规定开具、使用、取得发票。

发票管理是指对发票印制、领购、开具、取得、保管、缴销的管理和监督。就发票管理体制而言,现行《税收征收管理法》规定,税务机关是发票的主管机关。《发票管理办法》则进一步对发票管理体制作出了明确规定,即国务院税务主管部门统一负责全国的发票管理工作。省、自治区、直辖市国家税务局和地方税务局(以下统称省、自治区、直辖市税务机关)依据各自的职责,共同做好本行政区域内的发票管理工作。财政、审计、工商行政管理、公安等有关部门在各自的职责范围内,配合税务机关做好发票管理工作。

目前我国关于发票管理的主要法律文件包括：(1)财政部发布的《发票管理办法》(1993 年 12 月国务院批准，同年 12 月财政部发布，2010 年修订)；(2)国家税务总局发布的《发票管理办法实施细则》(2011 年 2 月公布，2014 年 12 月和 2018 年 6 月两次修正)；(3)国家税务总局发布的《增值税专用发票使用规定》(2006 年 10 月修订)。

1. 发票的印制与领购

(1)发票的印制

《发票管理办法》关于发票印制的规定主要包括：增值税专用发票由国务院税务主管部门确定的企业印制；其他发票，按照国务院税务主管部门的规定，由省、自治区、直辖市税务机关确定的企业印制。禁止私自印制、伪造、变造发票。印制发票应当使用国务院税务主管部门确定的全国统一的发票防伪专用品。禁止非法制造发票防伪专用品。发票实行不定期换版制度。发票应当使用中文印制。民族自治地方的发票，可以加印当地一种通用的民族文字。有实际需要的，也可以同时使用中外两种文字印制。禁止在境外印制发票。

(2)发票的领购

关于发票领购的程序和要求：需要领购发票的单位和个人，应当持税务登记证件、经办人身份证明、按照国务院税务主管部门规定式样制作的发票专用章的印模，向主管税务机关办理发票领购手续。主管税务机关根据领购单位和个人的经营范围和规模，确认领购发票的种类、数量以及领购方式，在 5 个工作日内发给发票领购簿。单位和个人领购发票时，应当按照税务机关的规定报告发票使用情况，税务机关应当按照规定进行查验。

关于临时使用发票的领购：需要临时使用发票的单位和个人，可以凭购销商品、提供或者接受服务以及从事其他经营活动的书面证明、经办人身份证明，直接向经营地税务机关申请代开发票。依照税收法律、行政法规规定应当缴纳税款的，税务机关应当先征收税款，再开具发票。税务机关根据发票管理的需要，可以按照国务院税务主管部门的规定委托其他单位代开发票。禁止非法代开发票。

关于临时到外地从事经营活动的发票领购：临时到本省、自治区、直辖市以外从事经营活动的单位或者个人，应当凭所在地税务机关的证明，向经营地税务机关领购经营地的发票。

2. 发票的开具和保管

(1)发票的开具

销售商品、提供服务以及从事其他经营活动的单位和个人，对外发生经营业务收取款项，收款方应当向付款方开具发票；特殊情况下，由付款方向收款方开具发票。所有单位和从事生产、经营活动的个人在购买商品、接受服务以及从事其他经营活动支付款项，应当向收款方取得发票。

取得发票时，不得要求变更品名和金额。对于不符合规定的发票，不得作为财务报销凭证,任何单位和个人有权拒收。开具发票应当按照规定的时限、顺序、栏目,全部联次一次性如实开具,并加盖发票专用章。任何单位和个人不得有下列虚开发票行为:①为他人、为自己开具与实际经营业务情况不符的发票;②让他人为自己开具与实际经营业务情况不符的发票;③介绍他人开具与实际经营业务情况不符的发票。

任何单位和个人应当按照发票管理规定使用发票,不得有下列行为:①转借、转让、介绍他人转让发票、发票监制章和发票防伪专用品;②知道或者应当知道是私自印制、伪造、变造、非法取得或者废止的发票而受让、开具、存放、携带、邮寄、运输;③拆本使用发票;④扩大发票使用范围;⑤以其他凭证代替发票使用。税务机关应当提供查询发票真伪的便捷渠道。

(2)发票的保管

开具发票的单位和个人应当按照税务机关的规定存放和保管发票,不得擅自损毁。发生发票丢失情形时,应当于发现丢失当日书面报告税务机关,并登报声明作废。已经开具的发票存根联和发票登记簿,应当保存5年。保存期满,报经税务机关查验后销毁。

四、纳税申报

纳税申报,是指纳税人依照税法规定,就纳税事项向征税机关提交相关资料的一项税收征管制度。作为纳税人的一项法定义务,即使纳税人在纳税期内没有应纳税款的,也应当按照规定办理纳税申报;纳税人享受减税、免税待遇的,在减税、免税期间应当按照规定办理纳税申报。

目前我国关于纳税申报的法律规定主要包括:(1)《税收征收管理法》(第2章第3节);(2)《税收征收管理法实施细则》(第4章);(3)其实体税法中关于纳税申报的规定,如《增值税暂行条例》第22条、第23条、第25条中都涉及对增值税纳税申报的规定;(4)国税总局关于纳税申报的规范性法律文件,如《个人所得税自行纳税申报办法(试行)》(国税发〔2006〕162号)。

(一)纳税申报的主体

根据《税收征收管理法》的规定,我国存在两类纳税申报主体:纳税人和扣缴义务人。纳税人因为负有纳税义务成为当然的申报主体,扣缴义务人则因为负有法律规定的代扣代缴、代收代缴义务而成为申报主体。

(二)纳税申报的内容

纳税人、扣缴义务人的纳税申报或者代扣代缴、代收代缴税款报告表的主要内容包括:税种、税目,应纳税项目或者应代扣代缴、代收代缴税款项目,计税依据,扣除项目及标准,适用税率或者单位税额,应退税项目及税额、应减免税项目及税额,应纳税额或者应代扣代缴、代收代缴税额,税款所属期限、延期缴纳税款、欠税、滞纳金等。

(三)纳税申报的方式

根据《税收征收管理法》的规定,纳税人、扣缴义务人可以采取以下多种方式进行纳税申报:(1)直接到税务机关办理纳税申报;(2)报送代扣代缴、代收代缴税款报告表;(3)按照规定采取邮寄、数据电文;(4)其他方式。

(四)纳税申报的期限

申报期限是纳税人、扣缴义务人申报纳税或解缴税款的法定期限。我国不少法律文件都规定了纳税申报期限,现结合部分常见的实体税种加以说明:

对于增值税,由于增值税的纳税期限分别为1日、3日、5日、10日、15日、1个月或者1个季度,因此,增值税纳税人以1个月或者1个季度为1个纳税期的,自期满之日起15日内申报纳税;以1日、3日、5日、10日或者15日为1个纳税期的,自期满之日起5日内预缴税款,于次月1日起15日内申报纳税并结清上月应纳税款。扣缴义务人解缴税款的期限,依照前述规定执行。对于企业所得税,《企业所得税汇算清缴管理办法》规定,纳税人12月或者第四季度的企业所得税预缴纳税申报,应在纳税年度终了后15日内完成。并且,纳税人除另有规定外,应在纳税年度终了后4个月内,向主管税务机关报送《企业所得税年度纳税申报表》和税务机关要求报送的其他有关资料,办理结清税款手续。对于个人所得税,《个人所得税自行纳税申报办法(试行)》则规定了几种不同的纳税申报期限:(1)应当于纳税年度终了后向主管税务机关办理纳税申报,适用于年所得12万元以上的纳税人。(2)应当于取得所得后向主管税务机关办理纳税申报,适用于以下3类情形:从中国境内两处或者两处以上取得工资、薪金所得的;从中国境外取得所得的;取得应税所得,没有扣缴义务人的。

此外,纳税人、扣缴义务人按照规定的期限办理纳税申报或者报送代扣代缴、代收代缴税款报告表确有困难,需要延期的,应当在规定的期限内向税务机关提出书面延期申请,经税务机关核准,在核准的期限内办理。纳税人、扣缴义务人因不可抗力,不能按期办理纳税申报或者报送代扣代缴、代收代缴税款报告表的,可以延期办理;但是,应当在不可抗力情形消除后立即向税务机关报告。税务机关应当查明事实,予以核准。

五、税款征收

税款征收,是指征税机关依法将纳税人的应纳税款征收入库的一系列税收行政行为的总称。税款征收直接关系国家税款及时、足额地征收与入库,是国家征税过程中最具实质意义的环节。

(一)税款征收的原则

《税收征收管理法》将依法征收规定为税款征收的基本原则,其基本含义为:税务机关依照法律、行政法规的规定征收税款,不得违反法律、行政法规的规定开征、停征、多征、少征、提前征收、延缓征收或者摊派税款。

(二)税款征收的基本制度

1. 征收方式

我国税款征收方式主要有以下类型:

(1)查账征收。指税务机关按照纳税人提供的账表所反映的经营情况,依照适用税率计算缴纳税款的方式。适用于账簿、凭证、会计等核算制度比较健全,能够据以如实核算生产经营情况，准确计算应纳税款的纳税人。查账征收是最为基本、普遍的征收方式。

（2）核定征收。指税务机关对不能完整、准确提供纳税资料的纳税人，采用特定方法确定其应纳税收入或应纳税额，纳税人据以缴纳税款的一种征收方式。具体包括：①查定征收。指根据纳税人的从业人员、生产设备、原材料消耗等因素，在正常生产经营条件下，对其生产的应税产品，查实核定产量、销售额并据以征收税款的一种方式。适用于生产规模较小、账册不健全、产品零星、税源分散的小型厂矿和作坊。②查验征收。即对纳税人的应税商品，通过查验数量，按市场一般销售单价计算其销售收入并据以征税的方式。适用于对城乡集贸市场中的临时经营者和机场、码头等场所的经销商的课税。③定期定额征收。指对一些营业额、所得额不能准确计算的小型工商户，经过自报评议，由税务机关核定一定时期的营业额和所得税附征率，实行多税种合并征收方式。

（3）代扣代缴、代收代缴征收。代扣代缴征收是指由支付纳税人收入的单位和个人从所支付的纳税人收入中扣缴其应纳税款并向税务机关解缴的行为；代收代缴征收是指由与纳税人有经济往来关系的单位和个人借助经济往来关系向纳税人收取其应纳税款并向税务机关解缴的行为。这两种征收方式适用于税源零星分散、不易控管的纳税人。

（4）自核自缴。自核自缴也称“三自纳税”，是指纳税人按照税务机关的要求，在规定的缴款期限内，根据其财务会计情况，依照税法规定，自行计算税款，自行填写纳税缴款书，自行向开户银行缴纳税款，税务机关对纳税单位进行定期或不定期检查的一种税款征收方式。

（5）委托代征。是指税务机关根据国家法律、法规的授权，依法委托给其他部门和单位代为执行税款征收任务的一种税款征收方式。

2. 应纳税额的确定

应纳税额的确定，也称应纳税额的核定，是指税务机关对纳税人当期或以前纳税期应纳税额的核实与确定。根据《税收征收管理法》第35条的规定，纳税人存在下列6种情形之一的，税务机关有权核定其应纳税额：（1）依照法律、行政法规的规定可以不设置账簿的；（2）依照法律、行政法规的规定应当设置账簿但未设置的；（3）擅自销毁账簿或者拒不提供纳税资料的；（4）虽设置账簿，但账目混乱或者成本资料、收入凭证、费用凭证残缺不全，难以查账的；（5）发生纳税义务，未按照规定的期限办理纳税申报，经税务机关责令限期申报，逾期仍不申报的；（6）纳税人申报的计税依据明显偏低，又无正当理由的。《税收征收管理法实施细则》第47条进一步规定了税务机关核定应纳税额的方法：（1）参照当地同类行业或者类似行业中经营规模和收入水平相近的纳税人的税负水平核定；（2）按照营业收入或者成本加合理的费用和利润的方法核定；（3）按照耗用的原材料、燃料、动力等推算或者测算核定；（4）按照其他合理方法核定。采用前款所列一种方法不足以正确核定应纳税额时，可以同时采用两种以上的方法核定。

3. 征纳期限

征纳期限可分为征税机关的征税期限和纳税人的纳税期限。

(1)征税期限。征税期限是指征税机关依法行使税款征收权的期限,包括正常征税期限、补征期限和追征期限。应当注意补征期限和追征期限的区别:补征期限针对征税机关自身的责任而言,根据《税收征收管理法》的规定,因税务机关的责任,致使纳税人、扣缴义务人未缴或者少缴税款的,税务机关在3年内可以要求纳税人、扣缴义务人补缴税款,但是不得加收滞纳金。追征期限针对纳税人或扣缴义务人的责任而言,即因纳税人、扣缴义务人计算错误等失误,未缴或者少缴税款的,税务机关在3年内可以追征税款、滞纳金;有特殊情况的,追征期可以延长到5年。当然,对偷税、抗税、骗税的,税务机关追征其未缴或者少缴的税款、滞纳金或者所骗取的税款,不受前述期限的限制。

(2)纳税期限。纳税期限是纳税人和扣缴义务人向国家缴纳税款或者解缴税款的期限,包括纳税计算期和税款缴库期。纳税计算期是指纳税主体据以计算应纳税额的期限。正常情况下,纳税计算期届满,纳税人即应当立即完成税款缴纳。但是由于纳税主体在纳税计算期内所取得的应税收入和应纳税款以及代扣、代收税款需要一定时间进行结算和办理手续,因此税法又根据不同税种的特点和纳税计算期的长短,规定了不同的税款缴库期。①

(3)延期缴税。纳税人、扣缴义务人应当按照法定或税务机关依法确定的期限纳税,但是当纳税人确实有困难而不能按期缴纳税款的,这就存在延期缴税的问题。《税收征收管理法》第31条中规定,纳税人因有特殊困难,不能按期缴纳税款的,经税务机关批准,可以延期缴纳税款。由于延期缴税直接关系到国家征税的效果,因此应当严格限定延期纳税的适用。根据现行法律规定,延期缴税的适用需要满足以下4个条件:①纳税人有特殊困难。此处所谓的“特殊困难”仅限于两种情形:一是因不可抗力,导致纳税人发生较大损失,正常生产经营活动受到较大影响的;二是当期货币资金在扣除应付职工工资、社会保险费后,不足以缴纳税款的。②需经有权税务机关依法批准。有权批准延期缴税的税务机关,包括:省、自治区、直辖市国家税务局、地方税务局和计划单列市国家税务局、地方税务局。③依法提出申请。纳税人应当在缴纳税款期限届满前提出延期缴税申请,并报送下列材料:申请延期缴纳税款报告,当期货币资金余额情况及所有银行存款账户的对账单,资产负债表,应付职工工资和社会保险费等税务机关要求提供的支出预算。税务机关应当自收到申请延期缴纳税款报告之日起20日内作出批准或者不予批准的决定;不予批准的,从缴纳税款期限届满之日起加收滞纳金。④延期缴税最长不得超过3个月。

4. 税收减免

税收减免(减免税),是指国家对特定纳税人或征税对象,给予减轻或者免除税收负担的一种税收优惠措施。现行税法通常是针对国家经济社会发展的一般情况制定的,但是,当国家社会经济发展过程中出现了一些个别性、特殊性、临时性的情况时,继

---

① 徐孟洲主编:《税法原理》,中国人民大学出版社2008年版,第431页。

续按照税法规定征税未必有利于国家经济社会健康稳定运行。因此，当纳税人在生产经营活动中面临某些特殊情况时，由征税机关依法对其应纳税款进行减税、免税，有助于发挥税收在提升经济效率、促进社会公平等方面的功能，有利于国家宏观经济社会政策的落实。①

现行《税收征收管理法》第33条对税收减免作出了原则性的规定。纳税人应当依照法律、行政法规的规定办理减税、免税。地方各级人民政府、各级人民政府主管部门、单位和个人违反法律、行政法规规定，擅自作出的减税、免税决定无效，税务机关不得执行，并向上级税务机关报告。同时，《税收征收管理法实施细则》第43条的规定，享受减税、免税优惠的纳税人，减税、免税期满，应当自期满次日起恢复纳税；减税、免税条件发生变化的，应当在纳税申报时向税务机关报告；不再符合减税、免税条件的，应当依法履行纳税义务；未依法纳税的，税务机关应当予以追缴。为严格管理税收减免事宜，国家税务总局2015年颁布了《税收减免管理办法》，对税收减免相关问题进行了专门规定。

减免税可以按照实施的方式不同分为税基式减免、税率式减免和税额式减免三类（不包括出口退税和财政部门办理的减免税）。同时，按照是否需要税务机关核准的不同，减免税还可以分为核准类减免税和备案类减免税。所谓核准类减免税，是指法律法规规定应由税务机关核准的减免税项目。纳税人享受核准类减免税，应当提交核准材料，提出申请，经依法具有批准权限的税务机关按《税收减免管理办法》规定核准确认后执行。未按规定申请或虽申请但未经有批准权限的税务机关核准确认的，纳税人不得享受减免税。备案类减免税是指不需要税务机关核准的减免税项目。纳税人享受备案类减免税，应当具备相应的减免税资质，并履行规定的备案手续。

5. 税款退还

税款退还，即退税，是指征税机关基于法定职权或者纳税人的请求，依法将已经征收的税款退还给纳税人的行为。

征税机关退税的原因主要是纳税人多纳税款。根据现行法律规定，纳税人超过应纳税额缴纳的税款，税务机关发现纳税人多缴税款的，应当自发现之日起10日内办理退还手续。纳税人自结算缴纳税款之日起3年内发现的，可以向税务机关要求退还多缴的税款并加算银行同期存款利息（按照税务机关办理退税手续当天中国人民银行规定的活期存款利率计算），税务机关应当自接到纳税人退还申请之日起30日内查实并办理退还手续。加算银行同期存款利息的多缴税款退税，不包括依法预缴税款形成的

---

① 例如，2008年四川汶川地震后，国家为支持受灾地区灾后重建工作，就曾经出台了一系列减免税措施。详见财政部、海关总署、国家税务总局《关于支持汶川地震灾后恢复重建有关税收政策问题的通知》（财税〔2008〕104号）。

结算退税、出口退税和各种减免退税。[1]

6. 税款入库

税款入库,是指税务机关将依法征收的税款缴入国库的行为,这是税款征收的最后一个环节。

7. 完税凭证

税务机关收到税款后,应当向纳税人开具完税凭证。纳税人通过银行缴纳税款的,税务机关可以委托银行开具完税凭证。扣缴义务人代扣、代收税款时,纳税人要求扣缴义务人开具代扣、代收税款凭证的,扣缴义务人应当开具。根据《税收征收管理法实施细则》的规定,此处的完税凭证,是指各种完税证、缴款书、印花税票、扣(收)税凭证以及其他完税证明。

(三)税款征收的保障制度

1. 税收保全措施

税收保全,是指为防止纳税人逃避税款缴纳义务以至于以后税款的征收不能保证或难以保证,税务机关在规定的纳税期之前,采取的限制纳税人处理可用作缴纳税款的财产的行政强制措施。

现行立法所规定的税收保全措施主要包括以下内容:(1)责令限期缴纳税款。税务机关由根据认为从事生产、经营的纳税人有逃避纳税义务行为的,可以在规定的纳税期之前,责令限期缴纳应纳税款。(2)责成纳税人提供纳税担保。在限期内发现纳税人有明显的转移、隐匿其应纳税的商品、货物以及其他财产或者应纳税的收入迹象的,税务机关可以责成纳税人提供纳税担保。(3)冻结纳税人的存款。税务机关可以书面通知纳税人开户银行或者其他金融机构冻结纳税人的金额相当于应纳税款的存款。(4)扣押、查封纳税人的价值相当于应纳税款的商品、货物或者其他财产。应当指出的是,上述第3种和第4种税收保全措施,其适用是有前提条件的:一是只能在纳税人不能提供纳税担保的情形下适用,二是应当经县以上税务局(分局)局长批准。

此外,税务机关还可以采取扣押的措施。具体适用情形是:对未按照规定办理税务登记的从事生产、经营的纳税人以及临时从事经营的纳税人,由税务机关核定其应纳税额,责令缴纳;不缴纳的,税务机关可以扣押其价值相当于应纳税款的商品、货物。扣押后缴纳应纳税款的,税务机关必须立即解除扣押,并归还所扣押的商品、货物;扣押后仍不缴纳应纳税款的,经县以上税务局(分局)局长批准,依法拍卖或者变卖所扣押的商品、货物,以拍卖或者变卖所得抵缴税款。

税务机关采取税务保全措施后可能会面临两种情况:一是纳税人在规定的期限内缴纳税款,税务机关必须立即解除纳税保全措施;二是纳税人在规定的限期期满仍未缴纳税款的,经县以上税务局(分局)局长批准,税务机关可以书面通知纳税人开户银行

---

① 严格来讲,出口退税和再投资退税均不属于我国税收征管法所规定的退税情形。

或者其他金融机构从其冻结的存款中扣缴税款,或者依法拍卖或者变卖所扣押、查封的商品、货物或者其他财产,以拍卖或者变卖所得抵缴税款。

为防止税务机关滥用权力,现行立法对税务机关采取税收保全措施的权力进行了必要的限制。具体包括:(1)税务机关采取税收保全措施必须依照法定的权限和程序进行;①(2)个人及其所扶养家属维持生活必需的住房和用品,不在税收保全措施的范围之内;②(3)纳税人在规定的限期内缴纳税款的,税务机关必须立即解除税收保全措施;(4)税务机关滥用职权违法采取税收保全措施、强制执行措施,或者采取税收保全措施、强制执行措施不当,使纳税人、扣缴义务人或者纳税担保人的合法权益遭受损失的,应当依法承担赔偿责任。

2. 税收强制执行措施

税收强制执行措施,是指对于纳税人、扣缴义务人在规定期限内未履行纳税义务的,税务机关得以对其采取强制手段,强迫其履行纳税义务的行政行为。税收强制执行措施属于行政强制,自然应当受到《行政强制法》的调整,但是《税收征收管理法》及其实施细则关于税收强制执行措施的规定在适用上具有优先性。

税务机关既可以自行采取强制执行措施,也可以申请人民法院强制执行。税务机关可以采取两类强制执行措施:(1)书面通知其开户银行或者其他金融机构从其存款中扣缴税款;(2)扣押、查封、依法拍卖或者变卖其价值相当于应纳税款的商品、货物或者其他财产,以拍卖或者变卖所得抵缴税款。税收强制执行措施的适用条件包括:(1)适用对象是未按照规定的期限缴纳或者解缴税款的纳税人、扣缴义务人和未按照规定期限缴纳所担保的税款的纳税担保人;(2)适用时间是由税务机关责令限期缴纳期满仍未缴纳的情况;(3)必须经县以上税务局(分局)局长批准;(4)个人及其所扶养家属维持生活必需的住房和用品,不在强制执行措施的范围之内。③ 还应当注意,税务机关采取强制执行措施时,对前述纳税人、扣缴义务人、纳税担保人未缴纳的滞纳金同时强制执行。

3. 税收优先权制度

税收优先权主要体现在以下三个方面:(1)税收优先于无担保债权,法律另有规定

---

① 根据《税收征收管理法实施细则》第63条、第64条的规定,税务机关执行扣押、查封商品、货物或者其他财产时,应当由2名以上税务人员执行,并通知被执行人。被执行人是自然人的,应当通知被执行人本人或者其成年家属到场;被执行人是法人或者其他组织的,应当通知其法定代表人或者主要负责人到场;拒不到场的,不影响执行。税务机关扣押、查封价值相当于应纳税款的商品、货物或者其他财产时,参照同类商品的市场价、出厂价或者评估价估算。

② 根据《税收征收管理法实施细则》第59条、第60条的规定,个人所扶养家属,是指与纳税人共同居住生活的配偶、直系亲属以及无生活来源并由纳税人扶养的其他亲属;住房,不包括豪华住宅或者一处以外的住房;用品,不包括机动车辆、金银饰品、古玩字画和单价5000元以下的其他生活用品。

③ 《税收征收管理法实施细则》第59条、第60条关于个人所扶养家属、住房、用品的规定,同样适用税收强制执行措施。

的除外;(2)纳税人欠缴的税款发生在纳税人以其财产设定抵押、质押或者纳税人的财产被留置之前的,税收应当先于抵押权、质权、留置权执行;(3)纳税人欠缴税款,同时又被行政机关决定处以罚款、没收违法所得的,税收优先于罚款、没收违法所得。

4. 其他税收保障措施

其他税收保障措施包括:欠税公告制度,欠税设定担保说明制度,欠税人处分财产的报告制度,纳税人合并、分立时的清税制度,欠税人离境清税制度,重大财产处分的报告制度。

(1)税收代位权和撤销权制度。欠税人因怠于行使到期债权,或者放弃到期债权,或者无偿转让财产,或者以明显不合理的低价转让财产而受让人知道该情形,对国家税收造成损害的,税务机关可以依照《合同法》第 73 条、第 74 条的规定行使代位权、撤销权。税务机关行使代位权、撤销权的,不免除欠缴税款的纳税人尚未履行的纳税义务和应承担的法律责任。

(2)欠税人离境清税制度。欠缴税款的纳税人或者他的法定代表人需要出境的,应当在出境前向税务机关结清应纳税款、滞纳金或者提供担保。未结清税款、滞纳金,又不提供担保的,税务机关可以通知出境管理机关阻止其出境。

(3)欠税公告制度。县级以上各级税务机关应当将纳税人的欠税情况,在办税场所或者广播、电视、报纸、期刊、网络等新闻媒体上定期公告。

(4)欠税设定担保说明制度。纳税人有欠税情形而以其财产设定抵押、质押的,应当向抵押权人、质权人说明其欠税情况。抵押权人、质权人可以请求税务机关提供有关的欠税情况。

(5)纳税人合并、分立时的清税制度。纳税人有合并、分立情形的,应当向税务机关报告,并依法缴清税款。纳税人合并时未缴清税款的,应当由合并后的纳税人继续履行未履行的纳税义务;纳税人分立时未缴清税款的,分立后的纳税人对未履行的纳税义务应当承担连带责任。

(6)欠税人处分财产的报告制度。欠缴税款数额较大的纳税人在处分其不动产或者大额资产之前,应当向税务机关报告。

六、税务检查

税务检查,是税务机关根据国家税法和财务会计制度的规定,对纳税人履行纳税义务的情况进行的监督、审查制度。税务检查可以分为日常检查和稽查。[①] 日常检查是

① 我国《税收征收管理法》第 11 条规定"税务机关负责征收、管理、稽查、行政复议的人员的职责应当明确,并相互分离、相互制约",但是该法及其实施细则都只规定了税务检查而没有对税务稽查作出规定。这导致财税法学界关于税务检查和税务稽查关系存在不同的认识:有学者认为二者是一种交叉关系而非包容关系,因此税务检查和税务稽查存在区别(徐孟洲主编:《税法原理》,中国人民大学出版社 2008 年版,第 428 页),也有学者对二者暂时未作特别的区分,即税务检查包含税务稽查。参见刘剑文主编:《税法学》(第 5 版),北京大学出版社 2017 年版,第 383 页。

指税务机关清理漏管户、核查发票、催报催缴、评估问询,了解纳税人生产经营和财务状况等不涉及立案核查与系统审计的日常管理行为。税务稽查,则是依法查处税收违法行为,保障税收收入,维护税收秩序,促进依法纳税的行为。我国《税收征收管理法》和《税收征收管理法实施细则》对税务检查制度作出了较为系统的规定,国税总局发布的《税务稽查工作规程》(2009年修订)则对税务稽查制度进行了专门规定。[①]

(一)税务检查权的实现方式

税务机关有权进行下列税务检查:(1)检查纳税人的账簿、记账凭证、报表和有关资料,检查扣缴义务人代扣代缴、代收代缴税款账簿、记账凭证和有关资料;(2)到纳税人的生产、经营场所和货物存放地检查纳税人应纳税的商品、货物或者其他财产,检查扣缴义务人与代扣代缴、代收代缴税款有关的经营情况;(3)责成纳税人、扣缴义务人提供与纳税或者代扣代缴、代收代缴税款有关的文件、证明材料和有关资料;(4)询问纳税人、扣缴义务人与纳税或者代扣代缴、代收代缴税款有关的问题和情况;(5)到车站、码头、机场、邮政企业及其分支机构检查纳税人托运、邮寄应纳税商品、货物或者其他财产的有关单据、凭证和有关资料;(6)经县以上税务局(分局)局长批准,凭全国统一格式的检查存款账户许可证明,查询从事生产、经营的纳税人、扣缴义务人在银行或者其他金融机构的存款账户。税务机关在调查税收违法案件时,经设区的市、自治州以上税务局(分局)局长批准,可以查询案件涉嫌人员的储蓄存款。

税务机关对从事生产、经营的纳税人以前纳税期的纳税情况依法进行税务检查时,发现纳税人有逃避纳税义务行为,并有明显的转移、隐匿其应纳税的商品、货物以及其他财产或者应纳税的收入的迹象的,可以依法采取税收保全措施或者强制执行措施。

税务机关依法进行税务检查时,有权向有关单位和个人调查纳税人、扣缴义务人和其他当事人与纳税或者代扣代缴、代收代缴税款有关的情况,有关单位和个人有义务向税务机关如实提供有关资料及证明材料。

(二)税务检查相对人权益的保障

在税务检查过程中,税务机关应当保障相对人的合法权益。其主要内容包括:

1. 税务机关应当建立科学的检查制度,统筹安排检查工作,严格控制对纳税人、扣缴义务人的检查次数。

2. 税务机关示证检查的规定。税务机关派出的人员进行税务检查时,应当出示税务检查证和税务检查通知书,未出示税务检查证和税务检查通知书的,被检查人有权拒绝检查。

---

① 国家税务总局《关于进一步加强税收征管基础工作若干问题的意见》(国税发〔2003〕124号)规定了划分征收管理部门与稽查部门在税务检查上的职责范围的三个原则:一是在征管过程中,对纳税人、扣缴义务人履行纳税义务的日常性检查及处理由基层征收管理机构负责;二是税收违法案件的查处(包括选案、检查、审理、执行)由稽查局负责;三是专项检查部署由稽查局负责牵头统一组织。

3. 税务机关保密义务的规定。税务机关派出的人员进行税务检查时有责任为被检查人保守秘密。

4. 依法查账和限期退还的规定。税务机关在税务检查过程中，经县以上税务局（分局）局长批准，可以将纳税人、扣缴义务人以前会计年度的账簿、记账凭证、报表和其他有关资料调回税务机关检查，但是税务机关必须向纳税人、扣缴义务人开付清单，并在3个月内完整退还；有特殊情况的，经设区的市、自治州以上税务局局长批准，税务机关可以将纳税人、扣缴义务人当年的账簿、记账凭证、报表和其他有关资料调回检查，但是税务机关必须在30日内退还。

5. 回避制度。税务人员在进行税务检查时，与纳税人、扣缴义务人或者其法定代表人、直接责任人有下列关系之一的，应当回避：夫妻关系；直系血亲关系；三代以内旁系血亲关系；近姻亲关系；可能影响公正执法的其他利害关系。

（三）税务检查的程序

根据《税务稽查工作规程》的规定，可将税务稽查的程序分为选案、检查、审理、执行4个环节。

1. 选案。选案即确定稽查对象，选案部门通过多种渠道获取案源信息，集体研究，合理、准确地选择和确定稽查对象。选案部门确定稽查对象的基础是案源信息。选案部门对案源信息进行筛选，发现有税收违法嫌疑的，应当确定为待查对象，经稽查局局长批准后立案检查；对上级税务机关指定和税收专项检查安排的检查对象，应当立案检查。经批准立案检查的，由选案部门制作《税务稽查任务通知书》，连同有关资料一并移交检查部门。

2. 检查。检查部门接到《税务稽查任务通知书》后，应当及时安排人员实施检查。检查前，应当告知被查对象检查时间、需要准备的资料等，但预先通知有碍检查的除外。检查应当由2名以上检查人员共同实施，并向被查对象出示税务检查证和《税务检查通知书》。检查应当自实施检查之日起60日内完成；确需延长检查时间的，应当经稽查局局长批准。检查部门实施检查时，依照法定权限和程序，可以采取实地检查、调取账簿资料、询问、查询存款账户或者储蓄存款、异地协查等方法，并可以依法采取税收保全措施。检查完毕，检查部门应当制作《税务稽查报告》，并移交审理部门审理。

3. 审理。审理部门应当及时安排进行审理。审理完毕，审理人员应当制作《税务稽查审理报告》。审理部门区分下列情形分别作出处理：认为有税收违法行为，应当进行税务处理的，拟制《税务处理决定书》；认为有税收违法行为，应当进行税务行政处罚的，拟制《税务行政处罚决定书》；认为税收违法行为轻微，依法可以不予税务行政处罚的，拟制《不予税务行政处罚决定书》；认为没有税收违法行为的，拟制《税务稽查结论》。前述4种税务文书，经稽查局局长或者所属税务局领导批准后由执行部门送达执行。

4. 执行。执行部门接到《税务处理决定书》《税务行政处罚决定书》《不予税务行政处罚决定书》《税务稽查结论》等税务文书后，应当依法及时将税务文书送达被执行人。税务执行人员在执行过程中，可以依法采取强制执行措施，或者依法申请人民法院强制执行。

七、税务代理

（一）税务代理制度概述

税务代理，是指税务代理人接受纳税人的委托以纳税人名义代为办理税务事宜的行为。从法律性质上看，税务代理属于民事委托代理的一种，因此民法中关于委托代理的规定原则上适用于税务代理。①

由于税务事宜专业性很强，因此世界上很多国家都对税务代理有专门的规定：②日本作为世界上最早推行税务代理制度的国家，早在1942年就制定了《日本税务代理士法》，1951年又将该法修改为《日本税理士法》。德国于1961年颁布了《德国税务顾问法》，将税务代理、咨询作为一种行业进行管理，1975年将该法修订为《德国税务咨询法》，将代理、咨询合并。韩国于1961年制定《韩国税务士法》。美国财政部于1966年发布第230公告《联邦税务局开业的律师、注册会计师、注册代理人、注册保险审计员及估价人员的业务规则》，对在联邦税务局注册的开业人员关于资格取得、取消条件、程序、惩戒措施、注册续期等进行了规定。

（二）中国税务代理制度的发展

我国1992年颁布的《税收征收管理法》在第57条中明确规定了税务代理制度。1996年，人事部、国家税务总局联合下发《注册税务师资格制度暂行规定》，在税务代理行业实行注册税务师资格制度。2005年，国家税务总局颁布《注册税务师管理暂行办法》，将注册税务师界定为“在中华人民共和国境内依法取得注册税务师执业资格证书，从事涉税服务和鉴证业务的专业人员”，该办法明确规定了注册税务师的业务范围，其中大部分属于税务代理的内容。从税务代理的法律依据来看，现行《税收征收管理法》仅在附则简单规定了税务代理制度，《税收征收管理法实施细则》第98条则进一步规定了税务代理人违法行为的法律责任。此外，1994年，国家税务总局制定了《税务代理试行办法》；2017年发布《涉税专业服务监管办法（试行）》。

（三）涉税专业服务监管

2017年5月，国家税务总局发布《涉税专业服务监管办法（试行）》，该办法已于2017年9月1日起施行。根据该办法第3条的规定，涉税专业服务是指涉税专业服务机构接受委托，利用专业知识和技能，就涉税事项向委托人提供的税务代理等服务。可见，涉税专业服务包括但不限于税务代理服务。

---

① 关于民事委托代理制度，参见我国《民法总则》第七章（特别是第二节）的规定。

② 详见刘剑文主编：《税法学》（第5版），北京大学出版社2017年版，第389～390页；徐孟洲主编：《税法原理》，中国人民大学出版社2008年版，第436～440页。

1. 涉税专业服务机构

涉税专业服务机构包括税务师事务所和从事涉税专业服务的会计师事务所、律师事务所、代理记账机构、税务代理公司、财税类咨询公司等机构。

2. 涉税专业服务的业务范围

涉税专业服务机构可以从事下列涉税业务：(1)纳税申报代理。对纳税人、扣缴义务人提供的资料进行归集和专业判断，代理纳税人、扣缴义务人进行纳税申报准备和签署纳税申报表、扣缴税款报告表以及相关文件。(2)一般税务咨询。对纳税人、扣缴义务人的日常办税事项提供税务咨询服务。(3)专业税务顾问。对纳税人、扣缴义务人的涉税事项提供长期的专业税务顾问服务。(4)税收策划。对纳税人、扣缴义务人的经营和投资活动提供符合税收法律法规及相关规定的纳税计划、纳税方案。(5)涉税鉴证。按照法律、法规以及依据法律、法规制定的相关规定要求，对涉税事项真实性和合法性出具鉴定和证明。(6)纳税情况审查。接受行政机关、司法机关委托，依法对企业纳税情况进行审查，作出专业结论。(7)其他税务事项代理。接受纳税人、扣缴义务人的委托，代理建账记账、发票领用、减免退税申请等税务事项。(8)其他涉税服务。前款第3项至第6项涉税业务，应当由具有税务师事务所、会计师事务所、律师事务所资质的涉税专业服务机构从事，相关文书应由税务师、注册会计师、律师签字，并承担相应的责任。可以看出，前述8项涉税业务中，只有第1项(纳税申报代理)和第7项(其他税务事项代理)属于严格意义上的税务代理，因此，《涉税专业服务监管办法(试行)》规定的涉税专业服务已经延伸到广义的纳税咨询服务的全部领域。

3. 涉税专业服务的监管规定

涉税专业服务机构从事涉税业务，应当遵守税收法律、法规及相关税收规定，遵循涉税专业服务业务规范。涉税专业服务机构为委托人出具的各类涉税报告和文书，由双方留存备查，其中，税收法律、法规及国家税务总局规定报送的，应当向税务机关报送。

税务机关应当对税务师事务所实施行政登记管理。未经行政登记不得使用“税务师事务所”名称，不能享有税务师事务所的合法权益。税务师事务所合伙人或者股东由税务师、注册会计师、律师担任，税务师占比应高于50%，国家税务总局另有规定的除外。税务师事务所办理商事登记后，应当向省税务机关办理行政登记。从事涉税专业服务的会计师事务所和律师事务所，依法取得会计师事务所执业证书或律师事务所执业许可证，视同行政登记。

税务机关对涉税专业服务机构及其从事涉税服务人员进行实名制管理。税务机关依托金税三期应用系统，建立涉税专业服务管理信息库。涉税专业服务机构应当向税务机关提供机构和从事涉税服务人员的姓名、身份证号、专业资格证书编号、业务委托协议等实名信息。

税务机关应当建立业务信息采集制度，利用现有的信息化平台分类采集业务信息，加强内部信息共享，提高分析利用水平。涉税专业服务机构应当以年度报告形式，向税务机关报送从事涉税专业服务的总体情况。税务师事务所、会计师事务所、律师事务所从事专业税务顾问、税收策划、涉税鉴证、纳税情况审查业务，应当在完成业务的次月向税务机关单独报送相关业务信息。

税务机关应当建立信用评价管理制度，对涉税专业服务机构从事涉税专业服务情况进行信用评价，对其从事涉税服务人员进行信用记录。

涉税专业服务机构及其涉税服务人员违反法律、法规和监管规范行为的，应当依法承担法律责任或受到行业纪律处分。①

第二节　税收行政复议与税收行政诉讼制度

综观整个征税过程，征税机关和纳税人之间始终存在一种紧张关系：征税对于国家而言意味着财政收入的增加，但是同时也必然反映为纳税人个人财产权的减少，因此，涉税争议的出现在所难免。税收救济制度即为解决涉税争议的法律制度。税收救济法律制度可以分为税收行政救济和税收司法救济两部分，前者即为税收行政复议，后者即为税收行政诉讼。这也是本节论述的内容。②

一、税收行政复议

（一）税收行政复议的概念

税收行政复议，又称为税务行政复议，是指纳税主体及其他税务当事人认为征税机关的行政行为侵犯了其合法权益时，依法向税收行政复议机关提出审查相关行政行为并申请裁决的一种行政复查制度。

（二）税收行政复议制度的产生与发展

中华人民共和国成立后，政务院于 1950 年 12 月 15 日通过了《税务复议委员会组织通则》，对税务复议委员会的性质、任务和受案范围作出了规定，由此建立起税收行政复议制度。但是在 1973 年的税制改革中，税收行政复议制度被取消。

改革开放之后，税收行政复议制度逐渐得到恢复。1980 年制定的《中外合资经营企业所得税法》、1981 年制定的《外国企业所得税法》《个人所得税法》中都有关于税收行政复议的相关规定。1986 年，国务院发布《税收征收管理暂行条例》（现已废止）中

---

① 详见《涉税专业服务监管办法（试行）》第 14 条、第 15 条的规定。

② 我国有学者认为，税收救济手段只包括行政复议和行政诉讼两种，而税收行政赔偿制度不是一种独立的税收救济方式，但是也有学者认为，税收行政赔偿确实具有相对的独立性。详见刘剑文主编：《税法学》（第 5 版），北京大学出版社 2017 年版，第 479 ~ 488 页；徐孟洲主编：《税法原理》，中国人民大学出版社 2008 年版，第 496 ~ 501 页。

对税收行政复议制度进行了统一规定。1989年10月,国家税务局在前期试点基础上,发布了《税务行政复议规则(试行)》。1990年12月,国务院颁布了《行政复议条例》,并于1991年1月1日正式施行,国家税务局根据《行政复议条例》对《税务行政复议规则(试行)》进行了修改。1992年9月《税收征收管理法》对税务行政复议问题作出了具体规定,国家税务总局于1993年11月颁布了《税务行政复议规则》。1999年4月《行政复议法》通过后,国家税务总局于1999年5月修订发布了《税务行政复议规则(试行)》,2004年1月国家税务总局通过了《税务行政复议规则(暂行)》,自2004年5月1日起施行。2007年5月,国务院发布《行政复议法实施条例》,国家税务总局随后颁布《税务行政复议规则》并对其进行了两次修正。

(三)税收行政复议机关的职责

税务行政复议机关的职责包括:(1)受理行政复议申请;(2)向有关组织和人员调查取证,查阅文件和资料;(3)审查申请行政复议的具体行政行为是否合法和适当,起草行政复议决定;(4)处理或者转送对《税务行政复议规则》第15条所列有关规定的审查申请;(5)对被申请人违反行政复议法及其实施条例和《税务行政复议规则》规定的行为,依照规定的权限和程序向相关部门提出处理建议;(6)研究行政复议工作中发现的问题,及时向有关机关或者部门提出改进建议,重大问题及时向行政复议机关报告;(7)指导和监督下级税务机关的行政复议工作;(8)办理或者组织办理行政诉讼案件应诉事项;(9)办理行政复议案件的赔偿事项;(10)办理行政复议、诉讼、赔偿等案件的统计、报告、归档工作和重大行政复议决定备案事项;(11)其他与行政复议工作有关的事项。

(四)税收行政复议的受案范围

根据《税务行政复议规则》第14条的规定,税收行政复议机关的受案范围一共包括两大类行政行为:具体行政行为和抽象行政行为。

1. 具体行政行为

(1)征税行为,包括确认纳税主体、征税对象、征税范围、减税、免税、退税、抵扣税款、适用税率、计税依据、纳税环节、纳税期限、纳税地点和税款征收方式等具体行政行为,征收税款、加收滞纳金,扣缴义务人、受税务机关委托的单位和个人作出的代扣代缴、代收代缴、代征行为等。

(2)行政许可、行政审批行为。

(3)发票管理行为,包括发售、收缴、代开发票等。

(4)税收保全措施、强制执行措施。

(5)行政处罚行为:①罚款;②没收财物和违法所得;③停止出口退税权。

(6)不依法履行下列职责的行为:①颁发税务登记;②开具、出具完税凭证、外出经营活动税收管理证明;③行政赔偿;④行政奖励;⑤其他不依法履行职责的行为。

(7)资格认定行为。

(8)不依法确认纳税担保行为。

(9)政府信息公开工作中的具体行政行为。

(10)纳税信用等级评定行为。

(11)通知出入境管理机关阻止出境行为。

(12)其他具体行政行为。

2. 抽象行政行为

《行政复议法》第7条规定,公民、法人或者其他组织认为行政机关的具体行政行为所依据的部分规定不合法,可以在对具体行政行为申请行政复议时,一并向行政复议机关提出对该规定的审查申请。[①]《税务行政复议规则》第15条据此规定,申请人认为税务机关的具体行政行为所依据的下列规定不合法,对具体行政行为申请行政复议时,可以一并向行政复议机关提出对有关规定的审查申请;申请人对具体行政行为提出行政复议申请时不知道该具体行政行为所依据的规定的,可以在行政复议机关作出行政复议决定以前提出对该规定的审查申请:(1)国家税务总局和国务院其他部门的规定;(2)其他各级税务机关的规定;(3)地方各级人民政府的规定;(4)地方人民政府工作部门的规定。[②]

(五)税收行政复议管辖

税收行政复议管辖,是指各级税务机关受理行政复议案件的具体分工和权限划分,管辖解决的是申请人向哪一级机关申请行政复议的问题。根据《税务行政复议规则》的规定,我国税收行政复议管辖主要包括以下情形:

1. 对各级国家税务局的具体行政行为不服的,向其上一级国家税务局申请行政复议。

2. 对各级地方税务局的具体行政行为不服的,可以选择向其上一级地方税务局或者该税务局的本级人民政府申请行政复议。省、自治区、直辖市人民代表大会及其常务委员会、人民政府对地方税务局的行政复议管辖另有规定的,从其规定。

3. 对国家税务总局的具体行政行为不服的,向国家税务总局申请行政复议。对行政复议决定不服,申请人可以向人民法院提起行政诉讼,也可以向国务院申请裁决。国务院的裁决为最终裁决。

4. 对下列税务机关的具体行政行为不服的,按照下列规定申请行政复议:(1)对计划单列市国家税务局的具体行政行为不服的,向国家税务总局申请行政复议;对计划单列市地方税务局的具体行政行为不服的,可以选择向省地方税务局或者本级人民政府申请行政复议。(2)对税务所(分局)、各级税务局的稽查局的具体行政行为不服的,向

---

① 具体包括三类规定:国务院部门的规定;县级以上地方各级人民政府及其工作部门的规定;乡、镇人民政府的规定。但是不含国务院部、委员会规章和地方人民政府规章。规章的审查依照法律、行政法规办理。

② 此处的规定不包括规章。

其所属税务局申请行政复议。(3)对两个以上税务机关共同作出的具体行政行为不服的,向共同上一级税务机关申请行政复议;对税务机关与其他行政机关共同作出的具体行政行为不服的,向其共同上一级行政机关申请行政复议。(4)对被撤销的税务机关在撤销以前所作出的具体行政行为不服的,向继续行使其职权的税务机关的上一级税务机关申请行政复议。(5)对税务机关作出逾期不缴纳罚款加处罚款的决定不服的,向作出行政处罚决定的税务机关申请行政复议。但是对已处罚款和加处罚款都不服的,一并向作出行政处罚决定的税务机关的上一级税务机关申请行政复议。有前述第2~5项所列情形之一的,申请人也可以向具体行政行为发生地的县级地方人民政府提交行政复议申请,由接受申请的县级地方人民政府依法转送。

(六)税收行政复议参加人

税收行政复议参加人主要包括申请人、被申请人、第三人和代理人。

1. 申请人

有权申请税收行政复议的主体包括纳税人、扣缴义务人、纳税担保人和其他当事人。

合伙企业申请行政复议的,应当以工商行政管理机关核准登记的企业为申请人,由执行合伙事务的合伙人代表该企业参加行政复议;其他合伙组织申请行政复议的,由合伙人共同申请行政复议。前述规定以外的不具备法人资格的其他组织申请行政复议的,由该组织的主要负责人代表该组织参加行政复议;没有主要负责人的,由共同推选的其他成员代表该组织参加行政复议。

股份制企业的股东大会、股东代表大会、董事会认为税务具体行政行为侵犯企业合法权益的,可以以企业的名义申请行政复议。

有权申请行政复议的公民死亡的,其近亲属可以申请行政复议;有权申请行政复议的公民为无行为能力人或者限制行为能力人,其法定代理人可以代理申请行政复议。有权申请行政复议的法人或者其他组织发生合并、分立或终止的,承受其权利义务的法人或者其他组织可以申请行政复议。

非具体行政行为的行政管理相对人,但其权利直接被该具体行政行为所剥夺、限制或者被赋予义务的公民、法人或其他组织,在行政管理相对人没有申请行政复议时,可以单独申请行政复议。

同一行政复议案件申请人超过5人的,应当推选1名至5名代表参加行政复议。

2. 被申请人

申请人对具体行政行为不服申请行政复议的,作出该具体行政行为的税务机关为被申请人。

申请人对扣缴义务人的扣缴税款行为不服的,主管该扣缴义务人的税务机关为被申请人;对税务机关委托的单位和个人的代征行为不服的,委托税务机关为被申请人。

税务机关与法律、法规授权的组织以共同的名义作出具体行政行为的,税务机关和法律、法规授权的组织为共同被申请人。税务机关与其他组织以共同名义作出具体行政行为的,税务机关为被申请人。

税务机关依照法律、法规和规章规定,经上级税务机关批准作出具体行政行为的,批准机关为被申请人。申请人对经重大税务案件审理程序作出的决定不服的,审理委员会所在税务机关为被申请人。

税务机关设立的派出机构、内设机构或者其他组织,未经法律、法规授权,以自己名义对外作出具体行政行为的,税务机关为被申请人。

3. 第三人

行政复议期间,行政复议机关认为申请人以外的公民、法人或者其他组织与被审查的具体行政行为有利害关系的,可以通知其作为第三人参加行政复议。行政复议期间,申请人以外的公民、法人或者其他组织与被审查的税务具体行政行为有利害关系的,可以向行政复议机关申请作为第三人参加行政复议。第三人不参加行政复议,不影响行政复议案件的审理。

4. 代理人

申请人、第三人可以委托1名至2名代理人参加行政复议。申请人、第三人委托代理人的,应当向行政复议机构提交授权委托书。授权委托书应当载明委托事项、权限和期限。公民在特殊情况下无法书面委托的,可以口头委托。口头委托的,行政复议机构应当核实并记录在卷。申请人、第三人解除或者变更委托的,应当书面告知行政复议机构。

被申请人不得委托本机关以外人员参加行政复议。

(七)税收行政复议的基本程序

1. 申请

(1)申请条件

根据现行税收争议解决制度,我国原则上实行行政复议和行政诉讼自由选择模式,仅部分情形实行复议前置。

复议前置的情形。申请人对税务机关征税行为不服的,[①]应当先向行政复议机关申请行政复议;对行政复议决定不服的,可以向人民法院提起行政诉讼。具体而言,申请人必须依照税务机关根据法律、法规确定的税额、期限,先行缴纳或者解缴税款和滞纳金,或者提供相应的担保,才可以在缴清税款和滞纳金以后或者所提供的担保得到作出具体行政行为的税务机关确认之日起60日内提出行政复议申请。此外,申请人对税

---

① 《税务行政复议规则》第14条第1项规定的行为,包括:确认纳税主体、征税对象、征税范围、减税、免税、退税、抵扣税款、适用税率、计税依据、纳税环节、纳税期限、纳税地点和税款征收方式等具体行政行为,征收税款、加收滞纳金,扣缴义务人、受税务机关委托的单位和个人作出的代扣代缴、代收代缴、代征行为等。

务机关作出逾期不缴纳罚款加处罚款的决定不服的,应当先缴纳罚款和加处罚款,再申请行政复议。

复议和诉讼自由选择的情形。申请人对实行复议前置以外的其他具体行政行为不服,可以申请行政复议,也可以直接向人民法院提起行政诉讼。

申请人向行政复议机关申请行政复议,行政复议机关已经受理的,在法定行政复议期限内申请人不得向人民法院提起行政诉讼;申请人向人民法院提起行政诉讼,人民法院已经依法受理的,不得申请行政复议。

(2)申请方式和期限

申请人书面申请行政复议的,可以采取当面递交、邮寄或者传真等方式提出行政复议申请。有条件的行政复议机关可以接受以电子邮件形式提出的行政复议申请。对以传真、电子邮件形式提出行政复议申请的,行政复议机关应当审核确认申请人的身份、复议事项。

申请人书面申请行政复议的,应当在行政复议申请书中载明下列事项:①申请人的基本情况,包括公民的姓名、性别、出生年月、身份证件号码、工作单位、住所、邮政编码、联系电话;法人或者其他组织的名称、住所、邮政编码、联系电话和法定代表人或者主要负责人的姓名、职务。②被申请人的名称。③行政复议请求、申请行政复议的主要事实和理由。④申请人的签名或者盖章。⑤申请行政复议的日期。申请人口头申请行政复议的,行政复议机构应当依照前述规定的事项,当场制作行政复议申请笔录,交申请人核对或者向申请人宣读,并由申请人确认。

申请人可以在知道税务机关作出具体行政行为之日起60日内提出行政复议申请。因不可抗力或者被申请人设置障碍等原因耽误法定申请期限的,申请期限的计算应当扣除被耽误时间。

2. 受理

行政复议机关收到行政复议申请以后,应当在5日内审查,决定是否受理。

行政复议申请符合下列规定的,行政复议机关应当受理:(1)属于《税务行政复议规则》规定的行政复议范围;(2)在法定申请期限内提出;(3)有明确的申请人和符合规定的被申请人;(4)申请人与具体行政行为有利害关系;(5)有具体的行政复议请求和理由;(6)符合《税务行政复议规则》第33条和第34条规定的条件;①(7)属于收到行政复议申请的行政复议机关的职责范围;(8)其他行政复议机关尚未受理同一行政复议申请,人民法院尚未受理同一主体就同一事实提起的行政诉讼。

对符合规定的行政复议申请,自行政复议机构收到之日起即为受理;受理行政复议申请,应当书面告知申请人。

对不符合《税务行政复议规则》规定的行政复议申请,决定不予受理,并书面告知

① 指前述复议前置情形中要求先缴纳、解缴税款及滞纳金或提供担保的规定。

申请人。对不属于本机关受理的行政复议申请,应当告知申请人向有关行政复议机关提出。行政复议机关收到行政复议申请以后未按照前述规定期限审查并作出不予受理决定的,视为受理。

上级税务机关认为行政复议机关不予受理行政复议申请的理由不成立的,可以督促其受理;经督促仍然不受理的,责令其限期受理。上级税务机关认为行政复议申请不符合法定受理条件的,应当告知申请人。上级税务机关认为有必要的,可以直接受理或者提审由下级税务机关管辖的行政复议案件。

对应当先向行政复议机关申请行政复议,对行政复议决定不服再向人民法院提起行政诉讼的具体行政行为,行政复议机关决定不予受理或者受理以后超过行政复议期限不作答复的,申请人可以自收到不予受理决定书之日起或者行政复议期满之日起15日内,依法向人民法院提起行政诉讼。

行政复议期间具体行政行为不停止执行;但是有下列情形之一的,可以停止执行:(1)被申请人认为需要停止执行的;(2)行政复议机关认为需要停止执行的;(3)申请人申请停止执行,行政复议机关认为其要求合理,决定停止执行的;(4)法律规定停止执行的。

3. 证据规则

税收行政复议的证据类型包括:(1)书证;(2)物证;(3)视听资料;(4)电子数据;(5)证人证言;(6)当事人的陈述;(7)鉴定意见;(8)勘验笔录、现场笔录。

在行政复议中,被申请人对其作出的具体行政行为负有举证责任。

行政复议机关应当依法全面审查相关证据。行政复议机关审查行政复议案件,应当以证据证明的案件事实为依据。定案证据应当具有合法性、真实性和关联性。

下列证据材料不得作为定案依据:(1)违反法定程序收集的证据材料;(2)以偷拍、偷录和窃听等手段获取侵害他人合法权益的证据材料;(3)以利诱、欺诈、胁迫和暴力等不正当手段获取的证据材料;(4)无正当事由超出举证期限提供的证据材料;(5)无正当理由拒不提供原件、原物,又无其他证据印证,且对方不予认可的证据的复制件、复制品;(6)无法辨明真伪的证据材料;(7)不能正确表达意志的证人提供的证言;(8)不具备合法性、真实性的其他证据材料。①

在行政复议过程中,被申请人不得自行向申请人和其他有关组织或者个人收集证据。

行政复议机构认为必要时,可以调查取证。行政复议工作人员向有关组织和人员调查取证时,可以查阅、复制和调取有关文件和资料,向有关人员询问。调查取证时,行政复议工作人员不得少于2人,并应当向当事人和有关人员出示证件。被调查单位和

---

① 行政复议机构依据《税务行政复议规则》第11条第2项规定的职责所取得的有关材料,不得作为支持被申请人具体行政行为的证据。

人员应当配合行政复议工作人员的工作，不得拒绝、阻挠。需要现场勘验的，现场勘验所用时间不计入行政复议审理期限。

申请人和第三人可以查阅被申请人提出的书面答复，作出具体行政行为的证据、依据和其他有关材料，除涉及国家秘密、商业秘密或者个人隐私外，行政复议机关不得拒绝。

4. 审查过程

行政复议机构应当自受理行政复议申请之日起 7 日内，将行政复议申请书副本或者行政复议申请笔录复印件发送被申请人。被申请人应当自收到申请书副本或者申请笔录复印件之日起 10 日内提出书面答复，并提交当初作出具体行政行为的证据、依据和其他有关材料。①

行政复议机构审理行政复议案件，应当由 2 名以上行政复议工作人员参加。

行政复议原则上采用书面审查的办法，但是申请人提出要求或者行政复议机构认为有必要时，应当听取申请人、被申请人和第三人的意见，并可以向有关组织和人员调查了解情况。对重大、复杂的案件，申请人提出要求或者行政复议机构认为必要时，可以采取听证的方式审理。

行政复议机关应当全面审查被申请人的具体行政行为所依据的事实证据、法律程序、法律依据和设定的权利义务内容的合法性、适当性。

申请人在行政复议决定作出以前撤回行政复议申请的，经行政复议机构同意，可以撤回。申请人撤回行政复议申请的，不得再以同一事实和理由提出行政复议申请。但是，申请人能够证明撤回行政复议申请违背其真实意思表示的除外。

行政复议期间被申请人改变原具体行政行为的，不影响行政复议案件的审理。但是，申请人依法撤回行政复议申请的除外。

申请人在申请行政复议时，依据《税务行政复议规则》规定一并提出对有关规定的审查申请的，行政复议机关对该规定有权处理的，应当在 30 日内依法处理；无权处理的，应当在 7 日内按照法定程序逐级转送有权处理的行政机关依法处理，有权处理的行政机关应当在 60 日内依法处理。处理期间，中止对具体行政行为的审查。

行政复议机关审查被申请人的具体行政行为时，认为其依据不合法，本机关有权处理的，应当在 30 日内依法处理；无权处理的，应当在 7 日内按照法定程序逐级转送有权处理的国家机关依法处理。处理期间，中止对具体行政行为的审查。

5. 决定

行政复议机构应当对被申请人的具体行政行为提出审查意见，经行政复议机关负责人批准，按照下列规定作出行政复议决定：

---

① 对国家税务总局的具体行政行为不服申请行政复议的案件，由原承办具体行政行为的相关机构向行政复议机构提出书面答复，并提交当初作出具体行政行为的证据、依据和其他有关材料。

(1)具体行政行为认定事实清楚,证据确凿,适用依据正确,程序合法,内容适当的,决定维持。

(2)被申请人不履行法定职责的,决定其在一定期限内履行。

(3)具体行政行为有下列情形之一的,决定撤销、变更或者确认该具体行政行为违法;决定撤销或者确认该具体行政行为违法的,可以责令被申请人在一定期限内重新作出具体行政行为:①主要事实不清、证据不足的;②适用依据错误的;③违反法定程序的;④超越职权或者滥用职权的;⑤具体行政行为明显不当的。

(4)被申请人不按照《税务行政复议规则》第62条的规定提出书面答复,提交当初作出具体行政行为的证据、依据和其他有关材料的,视为该具体行政行为没有证据、依据,决定撤销该具体行政行为。

行政复议机关责令被申请人重新作出具体行政行为的,被申请人不得以同一事实和理由作出与原具体行政行为相同或者基本相同的具体行政行为;但是行政复议机关以原具体行政行为违反法定程序决定撤销的,被申请人重新作出具体行政行为的除外。行政复议机关责令被申请人重新作出具体行政行为的,被申请人不得作出对申请人更为不利的决定;但是行政复议机关以原具体行政行为主要事实不清、证据不足或适用依据错误决定撤销的,被申请人重新作出具体行政行为的除外。行政复议机关责令被申请人重新作出具体行政行为的,被申请人应当在60日内重新作出具体行政行为;情况复杂,不能在规定期限内重新作出具体行政行为的,经行政复议机关批准,可以适当延期,但是延期不得超过30日。公民、法人或者其他组织对被申请人重新作出的具体行政行为不服,可以依法申请行政复议,或者提起行政诉讼。

有下列情形之一的,行政复议机关可以决定变更:①认定事实清楚,证据确凿,程序合法,但是明显不当或者适用依据错误的;②认定事实不清,证据不足,但是经行政复议机关审理查明事实清楚,证据确凿的。

有下列情形之一的,行政复议机关应当决定驳回行政复议申请:①申请人认为税务机关不履行法定职责申请行政复议,行政复议机关受理以后发现该税务机关没有相应法定职责或者在受理以前已经履行法定职责的;②受理行政复议申请后,发现该行政复议申请不符合行政复议法及其实施条例和《税务行政复议规则》规定的受理条件的。上级税务机关认为行政复议机关驳回行政复议申请的理由不成立的,应当责令限期恢复受理。行政复议机关审理行政复议申请期限的计算应当扣除因驳回耽误的时间。

行政复议期间,有下列情形之一的,行政复议中止:①作为申请人的公民死亡,其近亲属尚未确定是否参加行政复议的;②作为申请人的公民丧失参加行政复议的能力,尚未确定法定代理人参加行政复议的;③作为申请人的法人或者其他组织终止,尚未确定权利义务承受人的;④作为申请人的公民下落不明或者被宣告失踪的;⑤申请人、被申请人因不可抗力,不能参加行政复议的;⑥行政复议机关因不可抗力原因暂时不能履行工作职责的;⑦案件涉及法律适用问题,需要有权机关作出解释或者确认的;⑧案件审理需要以其他案件的审理结果为依据,而其他案件尚未审结的;⑨其他需要中止行政复议的情形。行政复议中止的原因消除以后,应当及时恢复行政复议案件的审理。行政复议机构中止、恢复行政复议案件的审理,应当告知申请人、被申请人、第三人。

行政复议期间,有下列情形之一的,行政复议终止:①申请人要求撤回行政复议申请,行政复议机构准予撤回的;②作为申请人的公民死亡,没有近亲属,或者其近亲属放弃行政复议权利的;③作为申请人的法人或者其他组织终止,其权利义务的承受人放弃行政复议权利的;④申请人与被申请人依照《税务行政复议规则》第 87 条的规定,经行政复议机构准许达成和解的;⑤行政复议申请受理以后,发现其他行政复议机关已经先于本机关受理,或者人民法院已经受理的。依照《税务行政复议规则》第 79 条第 1 款第 1 项、第 2 项、第 3 项规定中止行政复议,满 60 日行政复议中止的原因未消除的,行政复议终止。

申请人在申请行政复议时可以一并提出行政赔偿请求,行政复议机关对符合国家赔偿法的规定应当赔偿的,在决定撤销、变更具体行政行为或者确认具体行政行为违法时,应当同时决定被申请人依法赔偿。申请人在申请行政复议时没有提出行政赔偿请求的,行政复议机关在依法决定撤销、变更原具体行政行为确定的税款、滞纳金、罚款和对财产的扣押、查封等强制措施时,应当同时责令被申请人退还税款、滞纳金和罚款,解除对财产的扣押、查封等强制措施,或者赔偿相应的价款。

行政复议机关应当自受理申请之日起 60 日内作出行政复议决定。情况复杂,不能在规定期限内作出行政复议决定的,经行政复议机关负责人批准,可以适当延期,并告知申请人和被申请人;但是延期不得超过 30 日。行政复议机关作出行政复议决定,应当制作行政复议决定书,并加盖行政复议机关印章。行政复议决定书一经送达,即发生法律效力。

被申请人应当履行行政复议决定。被申请人不履行、无正当理由拖延履行行政复议决定的,行政复议机关或者有关上级税务机关应当责令其限期履行。

申请人、第三人逾期不起诉又不履行行政复议决定的,或者不履行最终裁决的行政复议决定的,按照下列规定分别处理:①维持具体行政行为的行政复议决定,由作出具体行政行为的税务机关依法强制执行,或者申请人民法院强制执行;②变更具体行政行为的行政复议决定,由行政复议机关依法强制执行,或者申请人民法院强制执行。

6. 和解与调解

对下列行政复议事项,按照自愿、合法的原则,申请人和被申请人在行政复议机关作出行政复议决定以前可以达成和解,行政复议机关也可以调解:(1)行使自由裁量权作出的具体行政行为,如行政处罚、核定税额、确定应税所得率等;(2)行政赔偿;(3)行政奖励;(4)存在其他合理性问题的具体行政行为。行政复议审理期限在和解、调解期间中止计算。

申请人和被申请人达成和解的,应当向行政复议机构提交书面和解协议。和解内容不损害社会公共利益和他人合法权益的,行政复议机构应当准许。经行政复议机构准许和解终止行政复议的,申请人不得以同一事实和理由再次申请行政复议。

调解应当符合下列要求:(1)尊重申请人和被申请人的意愿;(2)在查明案件事实的基础上进行;(3)遵循客观、公正和合理原则;(4)不得损害社会公共利益和他人合法权益。行政复议机关按照下列程序调解:(1)征得申请人和被申请人同意;(2)听取申请人和被申请人的意见;(3)提出调解方案;(4)达成调解协议;(5)制作行政复议调解书。行政复议调解书应当载明行政复议请求、事实、理由和调解结果,并加盖行政复议机关印章。行政复议调解书经双方当事人签字,即具有法律效力。调解未达成协议,或者行政复议调解书不生效的,行政复议机关应当及时作出行政复议决定。申请人不履行行政复议调解书的,由被申请人依法强制执行,或者申请人民法院强制执行。

二、税收行政诉讼

(一)税收行政诉讼概述

税收行政诉讼,是指税收行政相对人认为征税机关及其工作人员的行政行为侵犯其合法权益,依法向人民法院提起诉讼的司法活动。

我国目前税收行政诉讼适用的是一般行政诉讼程序。税收行政诉讼的法律渊源主要有:(1)法律。《行政诉讼法》(2017年6月27日第二次修正),《行政复议法》(2017年9月1日第二次修正),《税收征收管理法》(2015年4月24日第三次修正)。(2)行政法规。《行政复议法实施条例》(2007年8月1日起施行),《税收征收管理法实施细则》(2016年2月6日第三次修订)。(3)司法解释。最高人民法院《关于适用〈中华人民共和国行政诉讼法〉的解释》(2018年2月8日起施行)。

拓展思考　关于建立纳税人诉讼制度的思考

在现代国家,公民有依法纳税的义务已经成为一种常识。然而,当国家从纳税人处获得税款之后,能否保证合法有效地使用税款就成为一个关键问题。纳税人诉讼即是体现纳税人对财政资金使用监督权的制度。纳税人诉讼,是指纳税人以纳税人的身份就财政支出过程中的违法行为和不合理行为向法院提起的诉讼。纳税人诉讼不同于传统的税收行政诉讼,起诉的原告往往同被诉行政机关的财政行为并无直接利害关系,因此,理论界一般认为纳税人诉讼的性质属于公益诉讼。

纳税人诉讼制度在不少国家都已建立。在英国,纳税人诉讼起源于19世纪衡平法上的"相关人诉讼"。由于纳税人对公共资金享有衡平法上的所有权,因此,纳税人有权对政府的违法开支行为提起诉讼。就地方政府层面而言,选民对地方政府不合法的支出可以向区审计员提出反对意见,或向法院申诉;就中央政府层面,纳税人有权以纳税人资格控告中央政府的财政违法开支行为。美国的纳税人诉讼制度主要是通过一系列法院判例建立起来的，但是在联邦和州（及地方）等不同的层面存在很大区别：在联邦层面，联邦最高法院在对纳税人诉讼的态度也经历了一个由否定到有限度地认可的变化，最后形成了"以禁止纳税人诉讼为一般原则，以允许纳税人诉讼为例外"的模式；在州和地方层面，则在通过制定法或者普通法广泛认可纳税人诉讼的同时，也设置了对纳税人诉讼的限制机制。在日本，纳税人诉讼最初表现为"住民诉讼"（也称居民诉讼），即住民对地方自治体的财会上的违法行为（公共资金的支出，财产的取得、管理或处分，契约的缔结与履行等）或懈怠事实（对公共资金的课赋征收及对公共财产的管理等），提出要求改进与纠正的诉讼。日本的行政诉讼法还在1962年规定了"民众诉讼"制度，即为纠正国家或公共团体的违法行为，以选举人资格提起的诉讼。20世纪90年代之后，日本国内掀起的一类以纳税人身份提起的要求交际费、食粮费情报公开的诉讼，则进一步对住民诉讼制度起到了完善补充的作用。在法国，纳税人可以对市镇议会和省议会通过的影响市镇和省的财政或财产的违法决定，提起越权之诉。

中国目前尚未引入纳税人诉讼制度，法学界对于纳税人诉讼的态度也不一致。支持者认为，开放纳税人诉讼制度有助于纳税人对政府征税权和用税权的监管，使纳税人的宪法权利有了实现的有效途径；但是也有学者认为，现有的诉讼理论和税法理论暂时无法支持个体的纳税人诉讼，因此实现纳税人基本权利的途径只能寄托在公民权的行使上。①

（二）税收行政诉讼的受案范围

我国目前的税收争议原则上实行复议和诉讼自由选择，仅部分情形实行复议前置的模式，即当事人只有在经过行政复议之后，才能提起行政诉讼。这种现状是《税收征收管理法》所确定的，②并且国家税务总局通过《税务行政复议规则》进一步加以明确。

1. 实行复议前置的情形

对征税行为的行政诉讼均实行复议前置。征税行为包括：确认纳税主体、征税对象、征税范围、减税、免税、退税、抵扣税款、适用税率、计税依据、纳税环节、纳税期限、纳税地点和税款征收方式等具体行政行为，征收税款、加收滞纳金，扣缴义务人、受税务机关委托的单位和个人作出的代扣代缴、代收代缴、代征行为等。

2. 自由选择复议或诉讼的情形

《税收征收管理法》第88条第2款规定，当事人对税务机关的处罚决定、强制执行

---

① 关于纳税人诉讼制度的详细分析，参见刘洲：《财政支出法律控制研究——基于公共预算的视角》，法律出版社2012年版，第237～253页。

② 现行《税收征收管理法》第88条规定，纳税人、扣缴义务人、纳税担保人同税务机关在纳税上发生争议时，必须先依照税务机关的纳税决定缴纳或者解缴税款及滞纳金或者提供相应的担保，然后可以依法申请行政复议；对行政复议决定不服的，可以依法向人民法院起诉。当事人对税务机关的处罚决定、强制执行措施或者税收保全措施不服的，可以依法申请行政复议，也可以依法向人民法院起诉。

措施或者税收保全措施不服的,可以依法申请行政复议,也可以依法向人民法院起诉。税收征管法仅针对3种税务行政行为明确规定适用自由选择模式,实际上,税务机关实施的税务行政行为远远超出了前述3种类型。从法理上讲,在法律没有明确规定实行复议前置的情形下,当事人既可以选择行政复议,也可以选择行政诉讼。

据此,对下列税务行政行为的救济采取当事人自由选择模式:(1)税务机关行政许可、行政审批行为。(2)发票管理行为。(3)税收保全措施、强制执行措施。(4)行政处罚行为。(5)不依法履行下列职责的行为:颁发税务登记;开具、出具完税凭证、外出经营活动税收管理证明;行政赔偿;行政奖励;其他不依法履行职责的行为。(6)资格认定行为。(7)不依法确认纳税担保行为。(8)政府信息公开工作中的具体行政行为。(9)纳税信用等级评定行为。(10)通知出入境管理机关阻止出境行为。(11)其他具体行政行为。

3. 人民法院不予受理的情形

《行政诉讼法》规定,人民法院不受理对国家行为、抽象行政行为、内部行政行为以及终局行政行为提起的诉讼。[①] 因此,征税机关制定和发布的具有约束力的规范性文件、国务院的税务行政复议裁决以及征税机关的内部行政行为均不属于法院受案范围。

由于受到"抽象行政行为不可诉"观念的影响,我国并未将抽象行政行为纳入行政诉讼受案范围。值得注意的是,针对抽象行为的司法审查问题,我国2014年《行政诉讼法》修订之后,已相较之前的立法有所突破和发展。这主要表现在两个方面:其一,该法第2条规定,公民、法人或者其他组织认为行政机关和行政机关工作人员的行政行为侵犯其合法权益,有权依照本法向人民法院提起诉讼。这意味着,修改后的行政诉讼法废弃了"具体行政行为"的概念,确立了以"行政行为"为受案范围的基准。[②] 其二,该法第53条规定,公民、法人或者其他组织认为行政行为所依据的国务院部门和地方人民政府及其部门制定的规范性文件不合法,在对行政行为提起诉讼时,可以一并请求对该规范性文件进行审查。前述规定的规范性文件不含规章。第64条规定,人民法院在审理行政案件中,经审查认为该法第53条规定的规范性文件不合法的,不作为认定行政行为合法的依据,并向制定机关提出处理建议。尽管该法第13条依然保留着抽象行政行为不可诉的条款,但是该法第53条和第64条的规定仍然意义重大,因为这意味着我们可以通过在对具体行政行为起诉的同时,可以一并要求对部分抽象行政行为进行附带审查。这"最少也是在之前的绝对禁止的条文上开了个口子,为以后对抽象行政

---

① 《行政诉讼法》第13条规定,人民法院不受理公民、法人或者其他组织对下列事项提起的诉讼:(1)国防、外交等国家行为;(2)行政法规、规章或者行政机关制定、发布的具有普遍约束力的决定、命令;(3)行政机关对行政机关工作人员的奖惩、任免等决定;(4)法律规定由行政机关最终裁决的行政行为。

② 邓刚宏:《行政诉讼受案范围的基本逻辑与制度构想——以行政诉讼功能模式为分析框架》,载《东方法学》2017年第5期。

行为司法审查的进一步发展奠定了坚实的基础”。①

（三）税收行政诉讼的管辖

税收行政诉讼管辖，是指人民法院之间对于受理第一审税收行政案件的权限划分。对于法院而言，管辖所要解决的是应当由哪一个法院负责对某个具体税务行政案件行使审判权的问题；对于当事人而言，则是解决发生争议后到哪一个法院去起诉或者应诉的问题。在此，根据现行《行政诉讼法》及相关司法解释，结合《税收征收管理法》及其实施细则的规定，主要论述税收行政诉讼的级别管辖、地域管辖，其他管辖问题，则不再赘述。

1. 级别管辖

级别管辖，是指按照法院组织系统划分上下级人民法院之间受理第一审税务行政案件的分工。根据我国行政诉讼法的相关规定，税务行政案件级别管辖主要包括以下内容：(1)基层人民法院管辖一般的一审税务行政案件；(2)中级人民法院管辖本辖区内重大、复杂的一审税务行政案件、关税案件和以国家税务总局为被告的税务行政案件；(3)高级人民法院管辖本辖区内重大、复杂的一审税务行政案件；(4)最高人民法院管辖全国范围内重大、复杂的一审税务行政案件。

2. 地域管辖

地域管辖，是确定同级人民法院之间以辖区为标志受理第一审税务行政案件的分工。地域管辖包括一般地域管辖、特殊地域管辖、专属管辖和选择管辖四种。

关于一般地域管辖。行政案件由最初作出税收行政行为的行政机关所在地人民法院管辖。经复议的案件，也可以由复议机关所在地人民法院管辖。

关于特殊地域管辖。对限制人身自由的行政强制措施不服提起的诉讼，由被告所在地或者原告所在地人民法院管辖。例如，《税收征收管理法》第 44 条规定了欠税人离境清税制度，如果欠税的纳税人或其法定代表人未结清税款、滞纳金，又不提供担保的，税务机关可以采取通知出境管理机关阻止其出境的强制措施。行政相对人对该强制措施不服而提起诉讼的，应当由作出通知行为的税务机关所在地或者原告所在地人民法院管辖。

关于专属管辖。因不动产提起的行政诉讼，由不动产所在地人民法院管辖。根据司法解释规定，不动产已登记的，以不动产登记簿记载的所在地为不动产所在地；不动产未登记的，以不动产实际所在地为不动产所在地。

关于选择管辖。两个以上人民法院都有管辖权的案件，原告可以选择其中一个人民法院提起诉讼。原告向两个以上有管辖权的人民法院提起诉讼的，由最先立案的人民法院管辖。

---

① 周剑波、刘霞：《对行政诉讼法受案范围修改之检讨》，载《江汉大学学报》（社会科学版）2017 年第 4 期。

(四)税务行政诉讼中的举证责任

根据行政法的原则,行政机关及其工作人员应当依法实施行政行为,这意味着,行政机关在作出行政行为时理应根据相应的事实与法律。既然如此,行政诉讼制度在分配举证责任时就应当考虑到这个现实,从而要求行政机关承担更多的举证责任。我国《行政诉讼法》和最高人民法院《关于行政诉讼证据若干问题的规定》都对举证责任问题作了规定,基本内容包括:

1. 被告对作出的行政行为负有举证责任

被告应当提供作出该行政行为的证据和所依据的规范性文件。被告不提供或者无正当理由逾期提供证据,视为没有相应证据。但是,被诉行政行为涉及第三人合法权益,第三人提供证据的除外。在诉讼过程中,被告及其诉讼代理人不得自行向原告、第三人和证人收集证据。

被告在作出行政行为时已经收集了证据,但因不可抗力等正当事由不能提供的,经人民法院准许,可以延期提供。原告或者第三人提出了其在行政处理程序中没有提出的理由或者证据的,经人民法院准许,被告可以补充证据。

原告可以提供证明行政行为违法的证据。原告提供的证据不成立的,不免除被告的举证责任。

2. 原告承担举证责任的情形

在行政诉讼中原告在特定情形下也应当承担一定的举证责任,主要包括以下情形:一是在起诉被告不履行法定职责的案件中,原告应当提供其向被告提出申请的证据。但有下列情形之一的除外:(1)被告应当依职权主动履行法定职责的;(2)原告因正当理由不能提供证据的。二是在行政赔偿、补偿的案件中,原告应当对行政行为造成的损害提供证据。因被告的原因导致原告无法举证的,由被告承担举证责任。根据司法解释的规定,在行政赔偿、补偿案件中,因被告的原因导致原告无法就损害情况举证的,应当由被告就该损害情况承担举证责任。

3. 人民法院有权依法调取证据

人民法院调取证据有两种情形:一种情形是人民法院依职权主动调取证据,即人民法院有权向有关行政机关以及其他组织、公民调取证据。但是,不得为证明行政行为的合法性调取被告作出行政行为时未收集的证据。另一种情形是人民法院依照申请调取证据。对于与本案有关,但是原告或者第三人又不能自行收集的证据,可以申请人民法院调取,具体包括:由国家机关保存而须由人民法院调取的证据;涉及国家秘密、商业秘密和个人隐私的证据;确因客观原因不能自行收集的其他证据。

(五)税收行政诉讼的基本程序

我国税收行政诉讼适用《行政诉讼法》。行政诉讼程序分为一审程序(普通程序和简易程序)、二审程序、审判监督程序、执行程序等,在此仅介绍一审程序。

1. 起诉

当事人①对征税机关的具体行政行为不服或者对复议决定不服的，可以向有管辖权的人民法院提起行政诉讼。《行政诉讼法》第 49 条明确规定了行政相对人提起诉讼的基本条件。

(1) 有适格的原告

原告应当是税收行政行为的相对人以及其他与税收行政行为有利害关系的公民、法人或者其他组织。② 有权提起诉讼的公民死亡，其近亲属可以提起诉讼。有权提起诉讼的法人或者其他组织终止，承受其权利的法人或者其他组织可以提起诉讼。

2017 年修改的《行政诉讼法》第 25 条中新增了检察公益诉讼的规定，即人民检察院在履行职责中发现生态环境和资源保护、食品药品安全、国有财产保护、国有土地使用权出让等领域负有监督管理职责的行政机关违法行使职权或者不作为，致使国家利益或者社会公共利益受到侵害的，应当向行政机关提出检察建议，督促其依法履行职责。行政机关不依法履行职责的，人民检察院依法向人民法院提起诉讼（第 4 款）。从该款表述中的“等”字来看，如果检察机关在履行职责过程中发现税务机关在税收征管中违法行使职权或者不作为，造成国家和社会公共利益受到侵害，公民、法人和其他社会组织由于没有直接利害关系，没有也无法提起诉讼的，检察机关有权以税务机关为被告提起行政公益诉讼。实际上，在行政诉讼法此次修改之前，我国就不乏地方检察机关提起税收行政公益诉讼的实践。③

(2) 有明确的被告

根据《行政诉讼法》及相关司法解释的规定，在确定被告时应当注意以下内容：第一，公民、法人或者其他组织直接向人民法院提起诉讼的，作出行政行为的行政机关是被告。第二，经复议的案件，复议机关决定维持原行政行为的，作出原行政行为的行政机关和复议机关是共同被告；复议机关改变原行政行为的，复议机关是被告。复议机关在法定期限内未作出复议决定，公民、法人或者其他组织起诉原行政行为的，作出原行政行为的行政机关是被告；起诉复议机关不作为的，复议机关是被告。第三，两个以上行政机关作出同一行政行为的，共同作出行政行为的行政机关是共同被告。第四，行政机关委托的组织所作的行政行为，委托的行政机关是被告。第五，行政机关被撤销或者

---

① 具体到税收行政诉讼中，包括纳税人、扣缴义务人和纳税担保人，也可统称纳税主体。

② 根据司法解释，“与行政行为有利害关系”包括下列情形：(1) 被诉的行政行为涉及其相邻权或者公平竞争权的；(2) 在行政复议等行政程序中被追加为第三人的；(3) 要求行政机关依法追究加害人法律责任的；(4) 撤销或者变更行政行为涉及其合法权益的；(5) 为维护自身合法权益向行政机关投诉，具有处理投诉职责的行政机关作出或者未作出处理的；(6) 其他与行政行为有利害关系的情形。

③ 例如，2016 年 12 月 23 日，安徽省合肥市蜀山区人民检察院因合肥市国家税务局怠于履行职责，向蜀山区人民法院提起行政公益诉讼；2017 年 2 月 14 日，山东省聊城市东昌府区检察院因聊城经济开发区国家税务局怠于履行税收征管职责，依法向东昌府区法院提起行政公益诉讼。

职权变更的,继续行使其职权的行政机关是被告。第六,行政机关被撤销或者职权变更,没有继续行使其职权的行政机关的,以其所属的人民政府为被告;实行垂直领导的,以垂直领导的上一级行政机关为被告。

原告所起诉的被告不适格,人民法院应当告知原告变更被告;原告不同意变更的,裁定驳回起诉。应当追加被告而原告不同意追加的,人民法院应当通知其以第三人的身份参加诉讼,但行政复议机关作共同被告的除外。

(3)有具体的诉讼请求和事实根据

根据司法解释的规定,"有具体的诉讼请求"是指:①请求判决撤销或者变更行政行为;②请求判决行政机关履行特定法定职责或者给付义务;③请求判决确认行政行为违法;④请求判决确认行政行为无效;⑤请求判决行政机关予以赔偿或者补偿;⑥请求解决行政协议争议;⑦请求一并审查规章以下规范性文件;⑧请求一并解决相关民事争议;⑨其他诉讼请求。

当事人单独或者一并提起行政赔偿、补偿诉讼的,应当有具体的赔偿、补偿事项以及数额;请求一并审查规章以下规范性文件的,应当提供明确的文件名称或者审查对象;请求一并解决相关民事争议的,应当有具体的民事诉讼请求。

(4)属于人民法院受案范围和受诉人民法院管辖

起诉应当在法定期限内提起,具体而言:①当事人直接向人民法院提起诉讼的,应当自知道或者应当知道作出行政行为之日起6个月内提出。法律另有规定的除外。因不动产提起诉讼的案件自行政行为作出之日起超过20年,其他案件自行政行为作出之日起超过5年提起诉讼的,人民法院不予受理。②当事人不服复议决定的,可以在收到复议决定书之日起15日内向人民法院提起诉讼。复议机关逾期不作决定的,申请人可以在复议期满之日起15日内向人民法院提起诉讼。法律另有规定的除外。③公民、法人或者其他组织因不可抗力或者其他不属于其自身的原因耽误起诉期限的,被耽误的时间不计算在起诉期限内。公民、法人或者其他组织因前款规定以外的其他特殊情况耽误起诉期限的,在障碍消除后10日内,可以申请延长期限,是否准许由人民法院决定。

2. 受理

人民法院在接到起诉状时应当就起诉状内容和材料是否完备以及是否符合行政诉讼法规定的起诉条件进行审查。起诉状内容或者材料欠缺的,人民法院应当给予指导和释明,并一次性全面告知当事人需要补正的内容、补充的材料及期限。在指定期限内补正并符合起诉条件的,应当登记立案。当事人拒绝补正或者经补正仍不符合起诉条件的,退回诉状并记录在册;坚持起诉的,裁定不予立案,并载明不予立案的理由。

人民法院应当在7日内立案或者作出不予立案的裁定。原告对裁定不服的,可以提起上诉。人民法院既不立案,又不作出不予立案裁定的,当事人可以向上一级人民法院起诉。上一级人民法院认为符合起诉条件的,应当立案、审理,也可以指定其他下级人民法院立案、审理。

3. 审理

人民法院审理税收行政案件，由审判员组成合议庭，或者由审判员、陪审员组成合议庭。合议庭的成员，应当是3人以上的单数。

人民法院应当在立案之日起5日内，将起诉状副本发送被告。被告应当在收到起诉状副本之日起15日内向人民法院提交作出行政行为的证据和所依据的规范性文件，并提出答辩状。人民法院应当在收到答辩状之日起5日内，将答辩状副本发送原告。被告不提出答辩状的，不影响人民法院审理。

4. 判决

行政诉讼判决，是指人民法院根据当事人的诉讼请求，经过全面审理，就被诉行政行为的合法性及相关争议依法作出的实体性处理决定。人民法院应当在立案之日起6个月内作出第一审判决。有特殊情况需要延长的，由高级人民法院批准，高级人民法院审理第一审案件需要延长的，由最高人民法院批准。

根据现行《行政诉讼法》及相关司法解释，人民法院根据不同情况，分别作出以下判决：

(1)维持判决

对于行政行为证据确凿，适用法律、法规正确，符合法定程序的，或者原告申请被告履行法定职责或给付义务理由不成立的，人民法院判决驳回原告的诉讼请求。

(2)撤销判决

被诉行政行为有下列情形之一的，人民法院判决撤销或者部分撤销，并可以判决被告重新作出行政行为：主要证据不足的；适用法律、法规错误的；违反法定程序的；超越职权的；滥用职权的；明显不当的。人民法院判决被告重新作出行政行为的，被告不得以同一的事实和理由作出与原行政行为基本相同的行政行为。

(3)履行判决

人民法院经过审理，查明被告不履行法定职责的，判决被告在一定期限内履行。人民法院经过审理，查明被告依法负有给付义务的，判决被告履行给付义务。

(4)确认判决

被诉行政行为有下列情形之一的，人民法院判决确认违法，但不撤销行政行为：行政行为依法应当撤销，但撤销会给国家利益、社会公共利益造成重大损害的；行政行为程序轻微违法，但对原告权利不产生实际影响的。

被诉行政行为有下列情形之一，不需要撤销或者判决履行的，人民法院判决确认违法：行政行为违法，但不具有可撤销内容的；被告改变原违法行政行为，原告仍要求确认原行政行为违法的；被告不履行或者拖延履行法定职责，判决履行没有意义的。

行政行为有实施主体不具有行政主体资格或者没有依据等重大且明显违法情形，原告申请确认行政行为无效的，人民法院判决确认无效。

人民法院判决确认违法或者无效的,可以同时判决责令被告采取补救措施;给原告造成损失的,依法判决被告承担赔偿责任。

(5)变更判决

行政处罚明显不当,或者其他行政行为涉及对款额的确定、认定确有错误的,人民法院可以判决变更。

人民法院判决变更,不得加重原告的义务或者减损原告的权益。但利害关系人同为原告,且诉讼请求相反的除外。

图书在版编目(CIP)数据

财税法学 / 张怡主编. -- 北京 : 法律出版社,
2019

ISBN 978-7-5197-3212-7

Ⅰ. ①财… Ⅱ. ①张… Ⅲ. ①财政法－中国－研究生－教材②税法－中国－研究生－教材 Ⅳ. ①D922.2

中国版本图书馆 CIP 数据核字(2019)第 038757 号

财税法学
CAISHUIFAXUE

张　怡 主编

策划编辑 陈　妮
责任编辑 陈　妮
装帧设计 马　帅

出版 法律出版社
总发行 中国法律图书有限公司
经销 新华书店
印刷 固安华明印业有限公司
责任校对 马　丽
责任印制 吕亚莉

编辑统筹 法治与经济出版分社
开本 710 毫米×1000 毫米　1/16
印张 16.75
字数 350 千
版本 2019 年 6 月第 1 版
印次 2019 年 6 月第 1 次印刷

法律出版社/北京市丰台区莲花池西里 7 号(100073)
网址/www.lawpress.com.cn
投稿邮箱/info@lawpress.com.cn
举报维权邮箱/jbwq@lawpress.com.cn
销售热线/010-83938336
咨询电话/010-63939796

中国法律图书有限公司/北京市丰台区莲花池西里 7 号(100073)
全国各地中法图分、子公司销售电话:
统一销售客服/400-660-6393
第一法律书店/010-83938334/8335　西安分公司/029-85330678　重庆分公司/023-67453036
上海分公司/021-62071639/1636　深圳分公司/0755-83072995

书号:ISBN 978-7-5197-3212-7　**定价**:53.00 元
(如有缺页或倒装,中国法律图书有限公司负责退换)